그래픽/비주얼 C++를 이용한

지능형 로봇시스템 제어

남상엽 · 정완균 · 오상록 · 김석중 공저

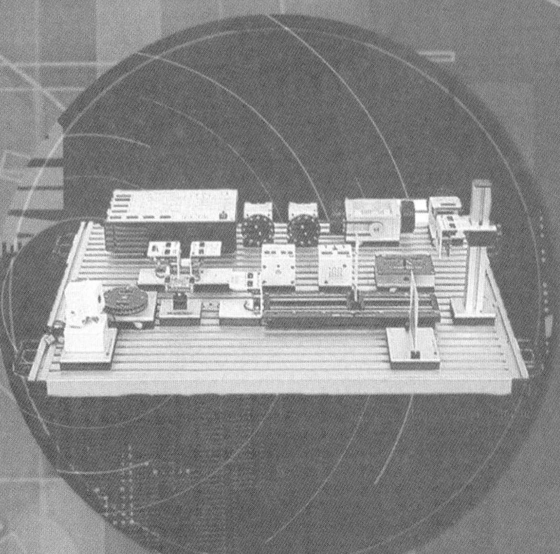

도서출판 상학당

Preface

지능형 로봇이란 외부환경의 변화를 인식(Perception)하고, 스스로 상황을 판단(Congnition)하여 자율적으로 동작(Mobility & Manipulation)하거나 인간과 상호작용을 하는 로봇을 의미한다. 그러기 위해서는 기계와 전기적 구조이외에 주변을 인식하고 외부에 작용을 할 수 있도록 하는 인간의 오감을 모방한 각종 센서기술, 음성인식기술, 물체인식기술, 수평감지 및 가속도 감지기술이 필요하다. 판단기능으로는 인공지능기술이 필요하며 신경망이론, 퍼지이론, 진화 알고리즘 등의 제어기술이 또한 필요하다. 그리고 통신기능이 첨가되어 상호로봇간의 의사전달이 가능하도록 첨단화되고 있다.

로봇 기술(RT-Robot Technology)은 차세대를 이끌어갈 산업으로 각광받고 있는 IT, BT, NT 산업과 함께 정부의 정책적 지원이 지식경제부에서 활발하게 이루어지고 있다. 로봇 산업은 기술의 정도에 따라 고부가가치화가 가능한 기술집약적 산업으로서 다가올 유비쿼터스 사회에 적합한 컨버전스 형태의 융합형 종합기술이라 할 수 있다.

로봇은 전기, 전자, 기계, 자동화, 전산 등의 복합기술이 총 망라된 첨단기술의 산물이지만, 특히 지능형 로봇은 인공지능과 신경회로망, 퍼지이론, 음성과 화상인식기술, 마이크로프로세서와 모터의 제어, 센서 사용 등 다양한 기술이 접목되는 첨단 기술체이며, 인간이 로봇에게 명령을 내리거나 로봇으로부터 인간이 정보를 전달받기 위하여 명령을 전달하기 위한 각종 입력기구와 로봇을 연결하고, 로봇이 작업하는 환경의 여러 가지 정보(즉, 오감을 느끼는 시각, 촉각, 역각, 위치감, 청각 등)를 인간에게 전달시키게 된다.

그러므로 로봇기술의 기반이 물리학, 화학 등 기초과학 분야에서 기계공학, 전자공학, 소재공학 등의 응용학문까지 범위가 다양한 복합기술이기 때문에 산학연 및 정부가 체계적이고 전략적으로 육성해나가야 하는 산업이라 할 수 있다. 이에 따라 우리나라 정부에서도 21세기 유망지식 기반산업의 하나로 로봇 산업을 선정하여 이를 중점 육성하고 있는 실정이다. 이러한 유비쿼터스의 로봇시대에 맞추어 적용될 요소의 기초 로봇제어 프로그래밍 기술이 필요해짐에 따라 《그래픽/비주얼 C++를 이용한 지능형 로봇 시스템 제어》를 구성하여 발간하게 되었다.

이 교재에서는 MFC를 처음 접하는 사람이라도 쉽게 따라 할 수 있도록 단계별로 그림과 함께 각 실습에서 사용하는 함수들에 대한 사용방법과 코드들을 나타내었다. 함수들과 프로그램 흐름에 대한 간략한 설명, 그리고 각 함수들이 쓰이는 목적, 용도 등을 생각하며 순서에 맞게 따라서 하면 각 장별로 실습 목표에 부합하는 프로그램 작성과 함께 지능형 로봇 플랫폼의 제어가 쉽게 다가올 것이다. 각 실습에서 작성된 프로그램들은 프로그램 언어에 대하여 문외한 혹은 입문자를 기준으로 작성하였으므로, 어느 정도 숙달

Preface

된 사람들에 있어서는 너무 쉽게 보일 수도 있으나 그런 만큼 다른 각도에서의 프로그래밍을 통하여 지능형 로봇을 더욱 능숙하게 제어하길 바란다.

이 교재는 시중에 나와 있는 프로그램 언어에 대한 전문적인 해설이나 설명을 하는 교재가 아닌, 지능형 로봇 응용시스템의 제어를 위한 프로그래밍 기법을 되도록이면 쉽게 접근하고 사용할 수 있도록 하는 목적으로 작성된 교재이므로, 보다 깊은 이해와 응용을 하고자 한다면 프로그램 언어에 대한 별도의 공부가 필요할 것이다. 특히 새로운 시대의 변화에 발맞추어 이론만 구현되던 기초 로봇 제어를 지능형 로봇 제어 프로그램을 통하여 로봇 이론과 제어실습을 동시에 구현할 수 있다.

RT산업의 차세대 엔진으로 성장할 수 있는 기초 로봇 제어들의 제어이론과 지능형 로봇의 동작원리 및 특성들을 공부함으로써 앞으로 좀 더 고차원적인 제어이론과 지능형 로봇을 공부하는 데 바탕이 된다.

이 교재는 지능형 로봇의 기초가 되는 제어소자와 제어 프로그램의 기초이론에 근거를 둔 응용회로를 공부하고 실험을 통해 이론을 증명하는 형태로 구성되어 있다. 단지 일반 로봇 구조의 책처럼 깊이 있는 내용보다는 쉽게 이해할 수 있도록 구성하였으므로, 좀 더 깊이 있고 보다 전문적인 내용은 이 교재를 통하여 개념을 이해하고 추가적인 참고서적을 통하여 학습하는 것이 효과적일 것이다.

이 교재는 ED7271 지능형 로봇 교육용 시뮬레이션 소프트웨어와 병행하여 컴퓨터, 전자, 제어, 통신분야의 관련 학생 및 초보개발자를 대상으로 한 기초 로봇 제어에 대한 기본 학습 및 실습을 위한 교재로, 처음 기초 로봇 제어 및 로봇 구조의 응용을 접하는 학생에게 쉽고 빠르게 접근할 수 있도록 초점을 맞추었으므로 기초 지능형 로봇 및 제어이론의 작동원리에 대한 이해와 프로그래밍 감각을 키우는 데 부족함이 없을 것이라 생각된다.

이 교재의 주요 구성은 다음과 같다.

제I부는 지능형 로봇의 개론으로써 1장은 지능형 로봇의 개론으로 구성되어 있다.

제II부는 지능형 로봇 응용시스템의 제어 프로그램으로, 2장은 지능형 로봇 응용시스템의 환경설정 및 IRES 설치, 3장은 지능형 로봇 제어 프로그램으로 구성되어 있다.

제III부는 지능형 로봇 응용시스템의 구성으로서 4장은 지능형 로봇 응용시스템의 구성 및 특징, 5장은 지능형 로봇 응용시스템의 제어 모듈, 6장은 지능형 로봇 응용시스템의 모터 모듈, 7장은 지능형 로봇 응용시스템의 센서 모듈, 8장은 지능형 로봇 응용시스템의 영상처리 모듈로 서술하였다.

Preface

제IV부는 지능형 로봇 응용시스템의 제어실습으로서 지능형 로봇 응용시스템에서 사용하는 로봇 제어 소프트웨어인 IRES과 ED7271을 이용하여 21종의 지능형 로봇에서 사용되는 기술 및 프로그램으로서 9장은 외부 밝기에 따른 광원 모듈의 제어실습, 10장은 빛의 밝기에 따른 모터의 속도 제어실습, 11장은 기울기 센서와 스텝 모터의 속도 제어실습, 12장은 전자나침반의 모듈을 이용한 바이디렉션 모듈의 제어실습, 13장은 RFID 리더 모듈을 이용한 DC 모터의 제어실습, 14장은 초음파 센서 모듈을 이용한 DC 모터의 이동거리 제어실습, 15장은 적외선 센서와 스텝 모터의 방향 제어실습, 16장은 자동문 제어실습, 17장은 터치 센서와 DC 모터의 제어실습, 18장은 음성인식 및 합성 모듈의 제어실습, 19장은 경보장치 제어실습, 20장은 보안자동문 제어실습, 21장은 영상 카메라를 이용한 얼굴추적, 22장은 영상처리를 이용한 로봇의 이동 제어실습, 23장은 VB 스크립터 제어, 24장은 3중 보안문 제어실습, 25장은 타이머를 이용한 실시간 제어실습, 26장은 지능 로봇 제어실습으로 구성되어 있다.

끝으로 이 책을 집필하는 데 많은 도움을 주신 (주)ED의 박용후 사장님, 황규섭 부사장님 그리고 기술연구소의 지능형 로봇팀의 문병준 주임, 공창희 주임 등 관계자 여러분과 도서출판 상학당의 관계자 여러분에게 감사의 마음을 전한다.

어떤 일이든 첫발을 내딛고 개척하는 것이 가장 힘든 일일 것이나 그 어려움을 극복하고 얻는 것이 무엇보다 값진 결실이 될 것이다. 아직은 열악하고 힘든 개발환경이지만 이 책이 보다 많은 지능형 로봇 관련 인력양성에 힘이 되어주길 바란다.

저 자 씀

Contents

Contents

Contents

Contents

Contents

Contents

PART I

지능형 로봇의 개론

CHAPTER 1 지능형 로봇의 개론

CHAPTER 01

지능형 로봇의 개론

01 지능형 로봇의 정의

지능형 로봇이란 외부환경의 변화를 인식(Perception)하고 스스로 상황을 판단(Congnition)하여, 자율적으로 동작(Mobility & Manipulation)하거나 인간과 상호작용을 하는 로봇을 의미한다. 그러기 위해서는 기계와 전기적 구조이외에 주변을 인식하고 외부에 작용을 할 수 있도록 하는 인간의 오감을 모방한 각종 센서기술, 음성인식 기술, 물체인식 기술, 수평감지 및 가속도 감지기술이 필요하다.

판단기능으로는 인공지능 기술이 필요하며 신경망이론, 퍼지이론, 진화 알고리즘 등의 제어기술이 또한 필요하다. 그리고 통신기능이 첨가되어 상호 로봇간의 의사전달이 가능하도록 첨단화되고 있다.

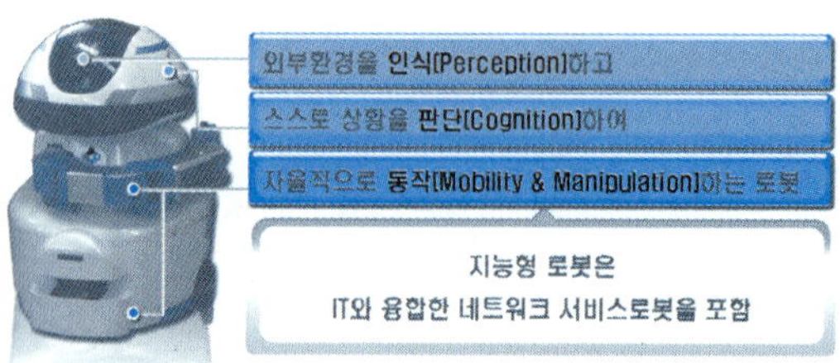

[그림 1-1] 지능형 로봇의 정의

지능형 로봇은 인공지능, 네트워크 등 IT 기술을 바탕으로 인간과 서로 상호작용하면서 가사지원, 교육, 엔터테인먼트 등 다양한 형태의 서비스를 제공하는 인간지향적인 로봇을 말한다.

지능형 로봇은 IT와 융합한 네트워크 서비스 로봇을 포함하므로 궁극적으로 "유비쿼터스의 개념 로봇인 언제, 어디서나, 나와 함께 하며 나에게 필요한 서비스를 제공하는 로봇"의 개념을 접목시켜 URC(Ubiquitous Robotic Companion)로 정의하고 있다.

기존의 로봇 개념에 네트워크를 부가한 URC의 개념을 도입함으로써 다양한 고도의 기능이나 서비스 제공이 가능하고 이동성(Mobility)와 휴먼 인터페이스(Human interface)가 향상된 로봇 시스템으로 진화함을 의미하며, URC 개념의 도입은 사용자 측면에서는 보다 저렴한 가격으로 다양한 서비스와 즐거움을 제공받을 수 있는 가능성이 확대됨을 의미한다.

결국은 지능형의 로봇인 소프트 로봇, 정보 콘텐츠 로봇, 임베디드 로봇, 공공도우미 로봇 등이 유비쿼터스 네트워크으로 연결되어 서비스하고 있다는 의미이다.

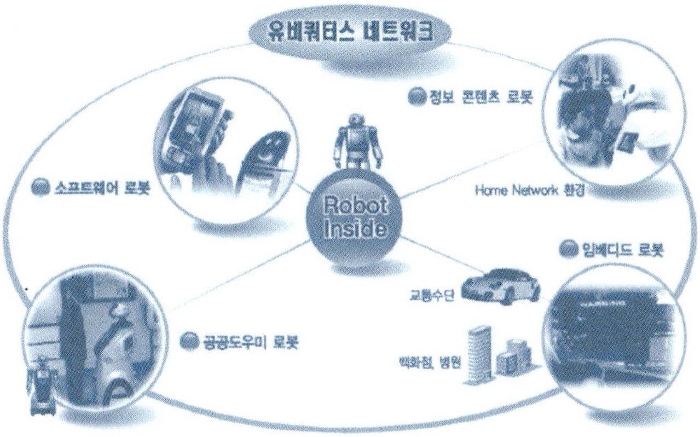

[그림 1-2] 지능형 로봇의 구성

02 지능형 로봇의 발전

초창기의 단순히 인간과 인간의 움직임을 모방하는 기계들을 제외시키고 최근의 로봇의 역사만 살펴보면 왕성한 인간의 상상력과 그 당시의 공업상황, 사회적 이슈, 수치적 컴퓨터에 의한 기계의 제어 분야의 발전, 우주탐사 분야와의 밀접한 관계를 알 수 있다.

칼렐차펙의 저서인 Rossum's Universal Robots에서부터 시작하여 Flash Gordon, Metropolis, Lost In Space, The Day The Earth stood still, I Robot 등의 영화까지 살펴보면 R2D2, C3PO, 로보캅, I Robot 등에 등장하는 로봇과 같은 기계가 인간의 작업을 수행

하는 단계까지 와 있다.

다음은 산업발전 및 사회적 흐름에 따라 로봇의 발전방향에 대하여 요약한 로봇(Intelligence Robot)의 역사이다.

1. 지능형 로봇의 역사

(1) 창세기~1800년대의 로봇

인류역사의 태동과 함께 진화해온 로봇은 '신에 의해 창조된 인간', 아담과 이브에서 그 근원을 찾을 수 있다.

초혼적 곡선을 거쳐 SF문화의 태동과 함께 본격적으로 전개된 로봇의 진보는 레오나르도 다빈치의 '인체 황금분할도'를 통해 비로소 개념적 정립이 전개되며, 인간의 모습을 닮은 최초의 동화 로봇 '피노키오'의 탄생으로 이어진다.

[그림 1-3] 창세기~1800년대의 로봇 유형

그 후 중세가 되고 나서도 많은 사람들이 건물의 문을 열든가, 악기를 연주하는 자동인형을 만들었다. 이들 자동인형은 장식용이었거나 또 사람들을 놀라게 하거나 또는 신과 결부시켜 지배자의 권위를 과시하는 데 이용되었으며, 한편으로 기계기술자들의 장난이기도 하였다.

(2) 1900년~1930년의 로봇

1900년 '오즈의 마법사'에 나오는 최초의 양철 로봇 '틴맨(Tin Man)'은 인텔리젠트 로봇의 본격적인 성장을 주도하기 시작한다. 독일, 미국을 중심으로 발전하기 시작한 로봇 문화는 최초의 SF영화 '달나라 여행A', '로섬의 만능 로봇' 등 다양한 문화를 자양분으로 '슈퍼맨'이라는 미국의 시대적 영웅을 탄생시킨다.

[그림 1-4] 1900년~1930년의 로봇 유형

(3) 1940년~1960년의 로봇

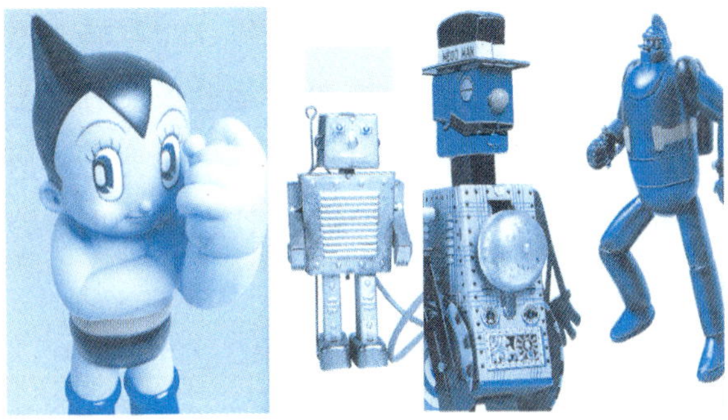

[그림 1-5] 1940년~1960년의 로봇 유형

1940년대 세계를 경악하게 만든 2차 대전은 세계 로봇 산업의 새로운 패러다임(Paradigm)을 보였다. 일본이 패전국의 열등감을 치유하고, 로봇 산업의 강국으로 세계시장을 석권하는데 결정적인 역할을 한 '아톰(ATOM)'을 창조해낸 것도 바로 이 시기이다.

(4) 1970년~1980년의 로봇

일본의 마징가 Z가 히트하던 1970년대에 들어서서 로봇 연구개발의 황금기로 본격적으로 연구가 시작되었다. 이 세대의 로봇은 미리 결정된 범위나 궤적을 따라서 작업 대상물을 이동시키거나 용접이나 도장을 반복하는 정도였다.

이때에 사용한 제어는 기구의 위치제어를 주제로 한 것으로 로봇은 자동적이지 못한 수준이었다. 그러나 자동차 등의 대량 생산공장에 작업라인의 생산성과 신뢰성의 향상에 커다란 역할을 하였지만 실질적인 보급은 1980년 전후로 절정에 달했다.

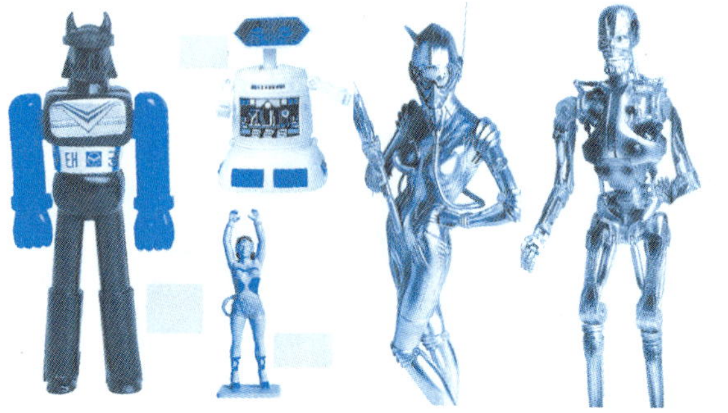

[그림 1-6] 1970년~1980년의 로봇 유형

(5) 1990년~현재의 로봇

이제 로봇의 진화는 인간을 닮은 첨단 지능 로봇의 등장으로 발빠른 행보를 거듭하고 있다. 영화 '터미네이터'와 '스타워즈'를 통해 만난 첨단 로봇이 어느새 우리생활에 가까이 다가왔다. 특히 일본은 엔터테인먼트 분야의 장난감 로봇과 휴머노이드 로봇 분야인 2족보행 로봇에서 상당한 기술력 인정을 받았으며, 일부 상품의 경우에 연구 수준에 이어서 시장화에 성공을 거두고 있다.

1999년에 처음 출시된 소니의 강아지 로봇인 AIBO를 비롯하여 혼다의 아시모가 본격적인 로봇시대를 열고 있다. 국내에서는 국내 벤처 기업에서 가정용 청소로봇과 공공도우미 로봇의 상품화가 진행되고 있으며, 청소로봇의 경우에는 현재 일반인이 직접 구매할 수 있는 1가구 1대 로봇의 시대를 열고 있다.

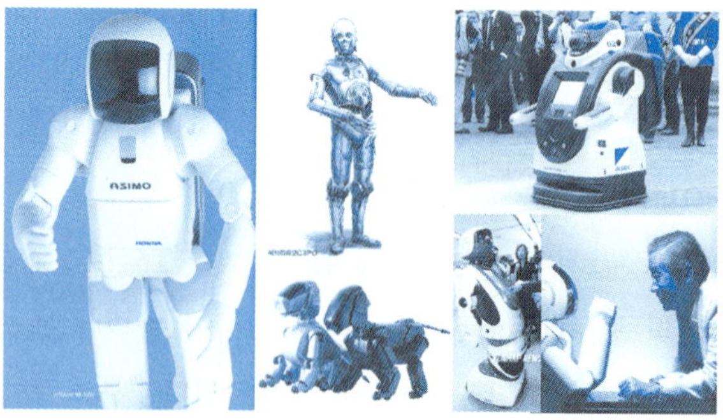

[그림 1-7] 1990년~현재의 로봇 유형

2. 지능형 로봇의 변천

(1) 피노키오의 변화

[그림 1-8] 피노키오의 변화 유형

1881년에 출간된 이태리 작가 카롤로 콜로다가 탄생시킨 '피노키오'는 인간을 닮은 최초의 동화 로봇이자 목각인형이다. 1세기가 지나도록 전 세계 어린이들에게 변함없는 사랑을 받고 있는 피노키오는 진화를 거듭하여 21세기 첨단 로봇 '피노(PINO)'로 재탄생되었다.

(2) 아톰의 변화

[그림 1-9] 아톰의 변화 유형

전쟁의 상처를 치유하기 위해 데스카 오사무에 의해 탄생한 국민적 캐릭터 '아톰'은 다양한 진화를 거듭해왔다. 마치 슈퍼맨과 미키마우스를 합성한 듯한 형상으로 1980년대에는 절정기를 보여준다. 그러다가 검은색과 흰색으로 채색되어 장기불황을 반영하듯 휴면기에 들어가더니 최근에 다시 모습을 보여주고 있다.

(3) 모바일 로봇의 변화

[그림 1-10] 모바일 로봇의 변화 유형

1980년대는 인간의 생명체와 유사한 안드로이드 로봇의 출현과 함께 로봇 캐릭터 산업 또한 절정기를 가진다. 1982년 영화 'ET'는 엄청난 파장을 몰고 온다. 그 후 1984년 '터미네이터', 1987년의 '로보캅' 등이 사이버 로봇의 상징이 되었다. 그리고 SF의 대명사인 '스타워즈'는 모든 로봇의 교과서가 되었다.

(4) 휴머노이드 로봇의 변화

세계최초 인간형(휴머노이드) 로봇 '아시모'는 일본의 혼다가 2000년 11월 세계 최초로 걸어다니는 '자율 2족 보행' 로봇으로 만들면서 세계의 주목을 받았으며, 2004년 12월엔 걷는 것은 물론 시속 6km로 달릴 수 있는 기능까지 갖춘 차세대 아시모가 선을 보였다. 차세대 아시모는 음성인식 기능과 함께 물 컵을 집거나 전기 스위치 작동, 문을 열고 닫는 동작 등 30여 가지 몸동작 기능까지 갖췄다. 이후 이 후 한국과학기술원(KAIST)에서는 아시모 보다 세밀한 동작이 가능한 휴보를 개발하였으며, 이후 휴보 2세를 개발을 하고 있다.

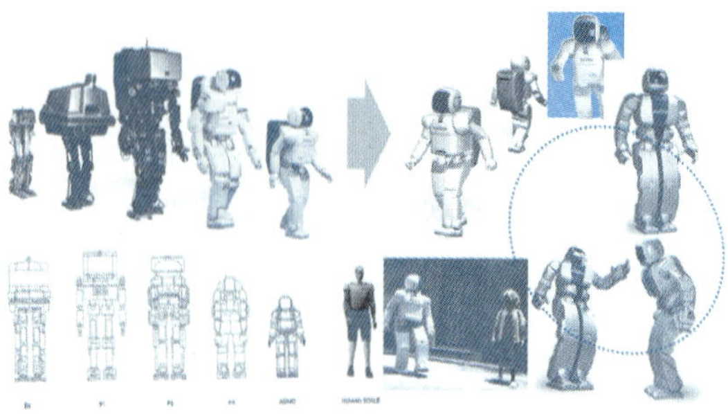

[그림 1-11] 휴머노이드 로봇의 변화 유형

[표 1-1] 휴머노이드 비교

항 목		ASIMO	HUBO	마루-1	마루-2
플랫폼	개발자/연도	일본 Honda/2005	KAIST/2005.12	KAIST/2005.1	KAIST/2006.1
	신장/무게	120cm/53kg	125cm/55kg	150cm/67kg	150cm/70kg
	자유도	총26자유도 (팔10+다리12+손2+머리2)	총41자유도 (팔12+다리12+손10+머리6+몸통1)	총35자유도 (팔12+다리12+손8+머리2+몸통1)	총32자유도 (팔12+다리12+손4+머리3+몸통1)
	센서	F/T센서, 자세센서, 스테레오 카메라	F/T센서, 경사센서, 스테레오 카메라	F/T센서, 경사센서, 스테레오 카메라	F/T센서, 경사센서, 스테레오 카메라
동작	기본보행	0~6.0km/h (가변속도, 가변보족, 계단보행, 곡선달리기)	최대 1.2km/h (고정속도, 고정보족)	최대 10.9km/h (고정속도, 고정보족)	최대 1.2km/h (고정속도, 고정보족)
	전방향 보행	○	×	×	대각선 보행
	계단보행	○	×	×	×
	팔유연제어(악수)	○		○	○
	시각기반 물체조작	×	×	×	○
인식	음성/음원인식	○	×	○/×	○
	목표물 감지·추적	○		○	○
	물체인식(삼차원)	×	×	○	○
	얼굴인식	×	×	○	○
	제스처 인식	○(40)	×	○(60)	○(80)
	장애물 감지(시각)	×	×	○	○
	장애물 회피	○	×	×	○
	자기위치인식	○	×	×	○
응용	사람 알아보고 악수	?	×	○	○
	물건을 집어 전달	○	?	×	○
특징	주요 특징 (동작 및 지능)	유연한 동작 원격제어	보행/손가락 동작 원격제어	네트워크 기반지능	네트워크 기반지능

[표 1-2] 소형 휴머노이드 비교

항 목		QRIO	SNBH-1
플랫폼	개발자/연도	일본 Sony/2004 사양	2006.1
	신장/무게	58cm/7kg	60cm/7kg
	자유도	총26자유도 (팔10+다리12+손2 +머리2)	총25자유도 (팔8+다리12+허리1 +손2+머리2)
	센서	스테레오 비전, 압력센서(각발에 4개씩), 기울기 센서, 마이크 7개(음원추적), 터치센서	컬러카메라 1대, 압력센서(각발에 4개씩), 기울기 센서
동작	직진 보행 속도 (변속능력)	최대 0.9km/h (가변속도, 가변보폭)	최대 0.3km/h (고정속도, 가변보폭)
	전방향 보행	○	○
	비평지/계단보행	○/○	×/×
	달리기속도	최대 1.6km/h	최대 0.6km/h
인식 및 상호작용	얼굴인식	○	×
	제스처 인식/사람추적	×/×	×/○
	장애물 감지/회피	○	×
	단어인식	○	×
	감정표현	×	×
	환경 모델링 및 자기위치 추정	○	×
특징	연산처리방식	내장형 제어기 (64-비트 RISC 프로세서)	네트워크 기반
	사업화 전략	완제품으로 일반대상 (시스템 비공개)	연구용 플랫폼으로 1차 상품화

03 지능형 로봇의 구성

지능형 로봇의 구성요소는 기구(메커니즘, 이동성), 지능 및 제어(지능, 제어 & 알고리즘 HRI), 부품(센서, 액추에이터) 및 시스템(시스템, 네트워크 기반기술)으로 구성되어 있다.

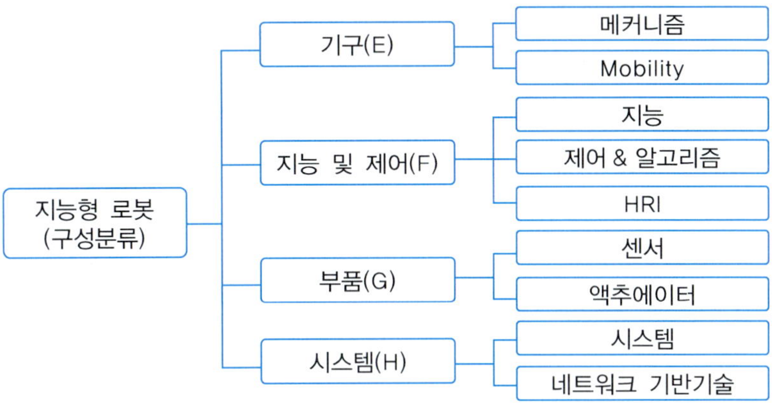

[그림 1-12] 지능형 로봇 구성별 분류

(1) 조 건

외부의 조건을 각종 센서를 통해 받아들이는 부분이다. 카메라로 비전 인식을 하고 마이크 등 소리센서로 소리를 받아들이는 등 사람으로 보면 감각기관에 비교할 수 있을 것이다.

(2) 프로그래밍

외부의 조건을 받아들이면 다양한 조건에 맞는 행동을 로봇에게 알려주는 부분이다. 사람으로 비교하면 학습이라고 할 수 있을 것이다. 로봇이 해당 조건에 맞는 올바른 행동을 할 수 있도록 미리 적절한 행동을 지정하는 것이다. 섬세한 행동을 하는 로봇일수록 프로그래밍이 매우 복잡할 것이다.

(3) 동 작

실제로 로봇이 행동을 취하는 부분이다. 사람으로 비교하면 뇌에서 각 근육으로 명령을 전달하여 움직이는 것이라 볼 수 있다. 로봇에서는 각종 전선, 모터, 스피커, 프레임 등이 몸체에 해당한다.

- 매니퓰레이터 : 운동이 실제 행해지는 부분인 관절, 관절과 관절을 연결해주는 링크로 구성된 로봇의 주 몸체에 해당한다.
- 로봇의 손에 해당하는 부분으로 대상물을 End effector : 조작하고 다른 시스템과의 연동이 가능하게 한다.
- 구동기 : 관절을 움직이는 장치로 매니퓰레이터의 근육에 해당하며 모터, 유공압 실린더 등으로 이루어졌다.
- 센서 : 로봇의 감각기관에 해당하는 부분으로 로봇의 상태나 외부 환경에 대하여 정보를 수집한다.
- 제어 시스템 : 로봇의 뇌에 해당하여 센서에서 들어온 정보를 처리하여 로봇으로 하여금 적절한 동작을 하게 한다.

04 지능형 로봇의 분류

1. 지능형 로봇 분류방안

로봇의 분류는 용도별, 형태별 등 여러 가지 방법으로 분류할 수 있으나, "지능형 로봇"은 IFR(International Federation of Robotics : 국제로봇연맹) 및 ISO/TC-184(International Organization for Standardization의 로봇담당 Technical Committee)의 분류를 참고하고 국내 로봇산업화 방향설정에 따라 개인서비스용, 전문서비스용, 제조업용, 네트워크 기반 로봇 등 [표 1-3]처럼 4분야로 구분한다.

[표 1-3] 로봇의 분류

<table>
<tr><th rowspan="2">분류</th><th colspan="2">서비스로봇</th><th rowspan="2">제조업용 로봇</th><th rowspan="2">네트워크 기반 로봇</th></tr>
<tr><th>개인서비스</th><th>전문서비스</th></tr>
<tr><td>정의</td><td>인간의 생활범주에서 제반 서비스를 제공하는 인간공생형 대인지원 로봇</td><td>불특정 다수를 위한 서비스 제공 및 전문화된 작업을 수행하는 로봇</td><td>각 산업의 제조현장에서 제품생산에서 출하까지 공정 내 작업을 수행하기 위한 로봇</td><td>로봇과 네트워크가 융합되어 언제, 어디서나 서비스 제공이 가능한 유비쿼터스형 로봇</td></tr>
<tr><td rowspan="2">일본공업협회분류</td><td rowspan="2">비산업용 (개인용)</td><td colspan="3">산업용</td></tr>
<tr><td colspan="2">비제조업용</td><td>제조업용</td></tr>
<tr><td>IFR 분류</td><td>Service Robot for Personal Use</td><td>Service Robot for Professional Use</td><td colspan="2">Industrial Robot</td></tr>
</table>

2. 지능형 로봇 산업별 분류

지능형 로봇 산업의 주요 분야는 독립형 로봇 외에 네트워크 활용 로봇을 추가하여 개인서비스용 로봇, 전문서비스용 로봇, 제조업용 로봇 산업, 네트워크 기반 로봇 산업 등 4분야로 구분한다.

[그림 1-13] 지능형 로봇의 응용분야별 종류

[표 1-4] 지능형 로봇의 응용분야별 종류

구분	서비스로봇		제조업용	네트워크 기반 로봇
	개인서비스	전문서비스		
종류	•청소 및 경비 •여가지원용 (오락, 애완, 헬스케어, 게임 등) •노인/재활지원용 (간병, 장애자보조, 재활훈련 등) •교육용 (연구용, 가정교사) •가사지원 (심부름, 조리, 제초 등)	•재난극복 (소방, 인명구조) •군사용/사회안전 •활선작업용 •건설작업용 (건축, 고소, 관로) •원전용 •해양수산용 •의료용 •농업/임업/광업 •우주	•자동차제조용 •초소형 전자제품제조용 •디스플레이 제조용 •반도체 제조용 •바이오 신약용 •조선산업용	•정보 콘텐츠 •공공도우미 (공공업무지원) •임베디드 로봇 •소프트웨어 로봇

05 지능형 로봇의 기술

지능형 로봇의 공통기술은 다양한 로봇에 공통적으로 활용될 수 있는 기술과 앞으로 미래원천 기술로 개발하여야 되는 기술이다.

지능형 로봇 제품군별 세부기술과 공통기술과 연계하여 공통기술은 다음과 같다.

(1) 매니퓰레이션

로봇의 매니퓰레이터가 주위환경과 물리적인 상호작용을 통하여 환경에 물리적 변화를 일으키며, 이러한 변화는 작업 대상 물체의 이동, 두 개 이상의 물체의 결합, 물체의 기하학적 형상의 변경 등을 포함하는 기술이다.

(2) 주 행

환경을 인식하여 지도를 작성하고, 지도를 기반으로 로봇의 위치를 추정하고, 원하는 목표지까지 최적경로를 계획하고, 장애물들을 회피하면서 이동하는 기술이다.

(3) 지 능

로봇의 감지기능과 동작기능을 연결하여 자율적 및 효율적으로 임무를 정의하고 수행하는 집적된 인지, 추론 및 학습기술이다.

(4) 인간 - 로봇 상호작용(HRI)

인간 - 로봇 상호작용은 다양한 의사소통 채널을 통해 인지적/정서적 상호작용을 할 수 있도록 로봇 및 상호작용 환경을 설계, 구현 및 평가하는 기술이다.

(5) 센서 및 구동기

로봇이 외부환경의 정보를 획득하기 위해서 필요한 시각, 청각, 촉각 등의 센서 등과 마이크로 나노 액추에이터, 인공근육 등 신소재 구동기 설계기술이다.

(6) 시스템

로봇의 지능과 기능이 구현될 하드웨어 및 소프트웨어 모듈들을 효과적으로 통합시키는 시스템 기술이다.

(7) 네트워크

로봇을 디지털 홈네트워크, 센서 네트워크 등과 연동하는데 필요한 네트워크 기반 기술과 이를 바탕으로 음성인식이나 환경인식과 같이 로봇이 수행해야 할 기능을 외부 서버에 분담시켜서 처리하기 위한 분산처리/제어 기반 기술이다.

[표 1-5] 지능형 로봇 공통기술 분류

	대분류	중분류	소분류
제어	매니퓰레이션 (Manipulation)	매니퓰레이터	경량화, 모듈화, 유연화, 시각기반조작, 센서 기반조작, 하이브리드 힘/위치 제어, 수동/능동 컴플라이언스
		로봇 손	3지/5지 손, 센서 기반 스마트 핸드
		햅틱 장치	웨어러블 햅틱 장치, 햅틱 암마스터, 햅틱 핸드컨트롤러, 햅틱 글러브, 촉각제시기
		마이크로/나노로봇 기술	마이크로 액추에이터, 마이크로 센서, 마이크로 위치/힘 측정, 마이크로/나노 평면부품용 그리퍼
		작업도구 메커니즘	청소 메커니즘
		구조설계	경박구조설계, 전복방지, 내열, 방수설계
		조작제어	여유자유도 제어, 양팔협조, 작업/모션/파지 planner 개발, mobile manipulation, 학습기반 매니퓰레이션, 비주얼서보잉, 센서융합, 시각기반조작, 인체 핸들링, 다개체군 제어, 원격제어
		작업 알고리즘	청소 알고리즘
		고등제어 알고리즘	가상환경 연동제어, 행위기반제어
	주행	휠구동 메커니즘	무한궤도형, 바퀴형, 전방향 바퀴, 카펫 주행
		특수이동메커니즘	문턱극복, 계단승월, 비행, 벽면이동
		보행 메커니즘	보행 메커니즘, 2족 보행, 자세제어, 4족 보행, 운동예측, 안전 메커니즘
		주행 알고리즘	지도작성, 위치추정, 경로계획, 장애물 회피, 영상기반 주행, SLAM
		보행 알고리즘	ZMP 제어, 자세제어, 모션 시뮬레이션
지능 및 인식	지능	환경인식	3차원 물체인식, 실시간 인식, 조명변화/가려짐에 강인한 인식
		학습 및 추론	작업환경의 모델링, 작업계획, 지능형 에이전트, 학습추론기반 인터페이스, Social Intelligence
		Context/Semantics	Context/Semantics 모델링 및 학습기술, ontology 기반 지식기반 시스템, 대화 및 의사소통
		센서 융합	칼만 필터링
	HRI	시각인식	얼굴인식, 표정인식, 제스처 인식, 이동물체의 실시간 추적, 조명/포즈에 강인한 인식, 문자인식
		음성인식	대화음성인식, 음원감지/추적, 대화음성생성, 잡음에 강인한 음성 전처리
		촉각인식	촉각제시, 힘반영 원격제어, 시간지연 대처기술
		감정표현	감정 모델링, 얼굴표정, 자세생성, 가상인성
		감성인식	인간-로봇 상호작용 모델링, 사용자의도 인식, 멀티모달 매개 인터페이스, 지능형 사용자 HRI, 학습자 상황인식

		생체인식	운동측정, 생체상호작용, 무구속인체 모니터링, 수면 모니터링, 바이오피드백
		센서 인식	센서 기반인지 모듈
부품	센서	시각 센서	CCD/CMOS, 스테레오 비전, Depth map
		청각 센서	마이크로폰
		촉각 센서	3축힘(수직력, 전단력) 감지, 인공피부로서의 유연성, 신호처리, 질감/물체인식
		거리 센서	초음파 센서, 레이저스캐너, IR센서
		운동 센서	자이로센서, 가속도 센서
		힘 센서	6축 힘/토크센서, 촉각 센서
		생체 센서	근육경직부위 탐지 센서, 사용점 측정위치 센서
		특수 센서	먼지 센서, 물감지 센서
	액추에이터	모터	소형 고출력 모터
		인공근육	Dielectric elastomer actuator, Conducting polymer actuator
		감속기	Harmonic drive, RV감속기
		에너지	고효율 배터리, 자동충전
시스템	시스템	제어구조	Deliberative control, Reactive control, Hybird deliberative/reactive control, 실시간 제어, 원격제어
		하드웨어	회로안정화, SoC설계, 모듈 설계, 컴포넌트 설계
		미들웨어	Interoperability, 분산 미들웨어, 임베디드 미들웨어, 실시간성, 이종 네트워크간 통신, RTOS, Linux, 실시간 분산제어, 임베디드 OS
		언어	로봇 언어
		표준화 및 평가	초정밀 로봇 표준화기술, 초정밀 로봇 평가기술
		진단 알고리즘	자기고장/진단, 능동적 자율극복
		시스템 통합	비주얼 서보잉, 접촉 탐색기술, 개방형 분산제어 시스템 전투 로봇 설계기술, 건축 로봇 설계기술
		시뮬레이션	3차원가시화, 운동상태모사
		콘텐츠	교육, 오락, 재활
	네트워크	네트워크 인프라 기술	종단간 QoS 보장을 위한 네트워킹 기술, 디지털 홈네트워크 연동기술, 센서 네트워크 연동기술, 실시간 멀티미디어 스트리밍 기술, 실시간 원격제어 프로토콜 처리기술, 로봇 및 서버 네트워크 보안기술, 로봇과 서버간 응용 프로토콜 표준화 기술, 로봇과 서버간 유무선 통신품질 진단 및 분석기술, 실시간 음성/영상/제어/센서 정보처리를 위한 고성능 서버 기술, 로봇을 이용한 실시간 원격 모니터링 기술, 로봇 위치 원격 인식기술
		시스템 프레임워크 기술	분산 컴포넌트 기반의 행위/태스크 모델링 및 개발기술, 네트워크 기반 실시간 제어 프레임워크 기술, 휴대 가능한 초소형 네트워크 로봇에 대한 제어 프레임워크 기술, 네트워크 기반 멀티-로봇 제어 프레임워크 기술, 가변우선순위 기반의 로봇 행위선택 프레임워크 기술, 하드웨어 및 소프트웨어 컴포넌트의 Plug & Play 기술, 네트워크 기반 로봇 고장 자가진단 및 복구 프레임워크 기술, 분산 컴포넌트 기반의 지능형 S/W 에이전트 프레임워크 기술

06 지능형 로봇센서

1. 시각 센서

인간이 외부로부터 얻는 정보의 대부분이 시각을 통하여 얻는 것과 마찬가지로, 로봇에서의 시각 센서는 지각의 중추적인 역할을 담당하고 있다. 시각 센서는 주로 카메라 모듈을 이용하여 실시간으로 영상을 취득하고, 고속 영상처리 모듈을 이용하여 방대한 양의 영상 데이터를 실시간으로 처리를 한다. 영상 데이터를 얻은 후에는 영상으로부터 물체의 크기, 위치, 색깔 등의 정보를 분석하여 물체를 인지한다. 더불어, 사람의 얼굴 특징을 분석하여 개개인을 식별하는 기술 등이 연구 중에 있다. 기술적 측면에서 볼 때 실시간 거리영상의 생성기술은 지능형 로봇의 안전한 자율주행과 인간에게 더욱 인간다운 서비스를 제공하는데 필수적일 뿐만 아니라 영화, 애니메이션, 방송, 가상현실 등의 여러 분야에서 요소기술로서 응용될 수 있으므로 그 기술적 파급 효과가 크다고 할 수 있다.

(1) 실시간 스테레오 시각 시스템

로봇이 물체 또는 주변환경에 대한 영상정보를 실시간으로 획득하여 작업환경에 대한 정보를 보다 정확하게 판단할 수 있는 수단을 제공하는 시스템이다.

이를 위해서는 아래와 같은 세부기술이 필요하다.

- 소형 양안식 또는 다안식 입체 카메라 시스템
- 입체 카메라의 줌, 초점 주시각 및 자동감지기술
- 입체영상신호 무선화를 위한 부호화/복원기술

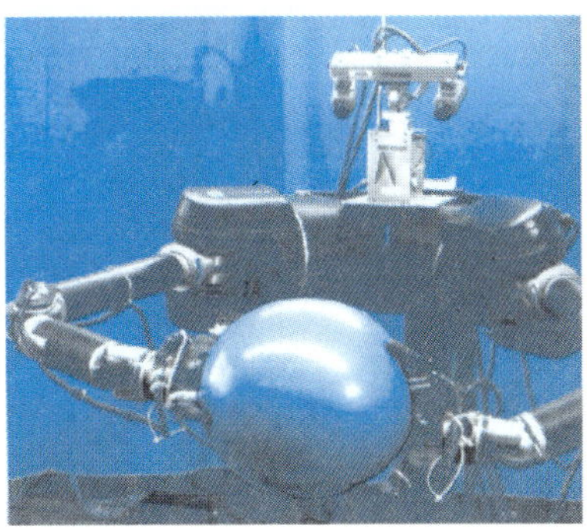

[그림 1-14] 실시간 스테레오 로봇

(2) 스마트 스테레오 시각 시스템

인간의 시각과 유사한 기능을 로봇에게 부여하기 위한 것으로 로봇이 주변환경 및 대상 물체 사이의 3차원 정보를 측정하여 측정된 정보를 이용하여 주변환경 및 대상 물체를 검출, 인식, 재상, 추적하는 기술이며, 주변환경 및 대상 물체의 3차원 형상을 사람과 같이 실시간으로 인식할 수 있게 하여 로봇이 스스로 판단하여 주어진 임무를 수행할 수 있는 기능을 제공하여야 한다.

이를 위해서는 아래와 같은 세부기술이 필요하다.

- 물체간 삼차원 형상정보 실시간 획득기술
- 입체영상정보를 이용한 형상인식 및 추적기술
- 3차원 형상 복원 및 학습기술

(3) 열화상 인식 시스템

화재현상 또는 심야에 주변의 열분포를 인식하여 열함유 물체를 인식하고 위치를 추적하는 기술을 말한다.

이를 위해서는 아래와 같은 세부기술이 필요하다.

- 소형, 경량, 고분해능의 적외선 카메라 시스템 기술
- 적외선을 이용한 물체 감지기술

[그림 1-15] 열화상 카메라

2. 청각 센서

청각 센서는 주로 사람의 음성인식을 위한 센서를 말한다. 청각 센서는 음파가 공기를 통하여 센서에 도달하면 센서에서 진동판을 이용하여 음파를 감지하게 된다. 음파를 감지하는 방식에 따라 Dynamic 방식, Condenser 방식, Piezoelectric 방식, Piezoresistive 방

식 등으로 나누어진다. 청각 센서와 더불어 청각 시스템에서 중요한 것은 음성인식기술이다. 음성인식기술은 사람이 명령하는 음성을 인식하여 명령에 따라 움직이게 하는 기술로서 여러 가지 잡음 중에서 사람의 명령하는 음성만을 추출하여 인식하는 기술이다. 현재까지의 기술로는 아직까지 인간의 청각과 비교하여 구조와 성능의 보완이 필요하다.

(1) 음성명령 언어 인식기술

로봇이 명령어(Keyword)만을 인식하거나, 명령어 전후에 임의의 음성이 발성되어도 명령어만을 추출하여 인식하거나, 또는 정형화된 문장 형태로 발음된 음성을 인식하여 명령을 수행하는 기술을 말한다.

이를 위해서는 아래와 같은 세부기술이 필요하다.

- 고립음성 인식기술
- 연속음성 인식기술
- 음성명령 차례

(2) 감정 대화 인식기술

로봇 시스템에 효과적으로 적용하기 위하여 로봇에 응용되는 영역을 제한하여 기술을 개발하고, 이를 토대로 응용 영역을 확대하고 영역을 전환하는 기술을 말한다.

이를 위해서는 아래와 같은 세부기술이 필요하다.

- 응용영역 제한 감정이해 대화인식기술
- 감정이해·구현 인식·합성기술

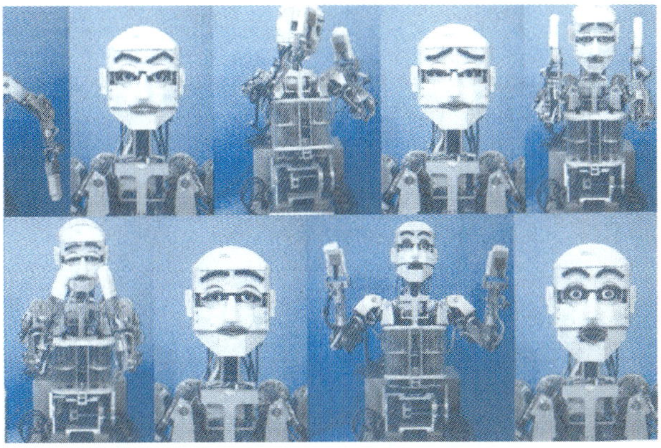

[그림 1-16] 음성인식에 따른 표정변화

3. 촉각 센서

인간 친화적 지능형 로봇을 위하여서는 외부의 접촉 자극을 수용할 수 있는 촉각 센서의 역할이 매우 중요하다. 인간의 고도화된 촉각 시스템 기능을 로봇에게 부여하기 위해서는 매우 복잡하고 정교한 촉각 센서가 필요하다. 이러한 관점에서 촉각 센서는 아직 그 다양성과 정교성이 부족한 것이 현실이다. 촉각 센서는 크게 접촉 센서, 압력 센서, 미끄러짐 센서, 온도 센서 등으로 구분된다. 접촉 센서는 물체와 로봇이 접촉되었을 때 접촉 부위를 검지하는 방법이고 압력 센서는 접촉 센서와 더불어 접촉 부위의 압력 또는 힘을 검지하는 작용을 한다.

미끄러짐 센서는 로봇이 가진 고유의 센서로서 물체를 잡았을 경우 물체의 미끄러짐을 검지하는 센서이고, 온도 센서는 접촉 부위나 주위의 온도를 검지하는 역할을 한다. 물체 접촉에 대한 정보 처리를 위한 네트워크 기반의 촉각 센싱 시스템의 개발은 지능형 로봇뿐만 아니라 향후 혈관 내의 미세 수술 또는 외과의 미세 절개 수술 등의 원격 의료 진단 및 시술 부문, 장애우 등을 위한 재활 의료 분야에도 적용이 가능할 것으로 기대된다. 또한 접촉에 관한 정교한 정보를 신호화할 수 있는 촉각 센서의 개발은 로봇의 수요자들에게 다양한 기능의 부여를 가능하게 하면서 실버 로봇, 생활 로봇의 효율성을 인식시키며 시장을 창출할 수 있는 핵심요소가 될 것으로 기대된다.

햅틱 인터페이스의 넓은 의미로는 가상환경과 촉각적 상호작용을 하는 시스템 전체를 일컫기도 하지만 좁은 영역의 의미로 사람에게 촉감을 전달하기 위한 물리적 장치(Device)를 말하며, 통상적으로 촉각 디바이스(햅틱 디바이스)라고 부르기도 한다. 원격지에서 로봇을 제어하는 방법으로 촉각 인터페이스를 이용하여 제어를 하게 되며, 주로 정밀도를 요구하는 작업에서 주로 사용된다.

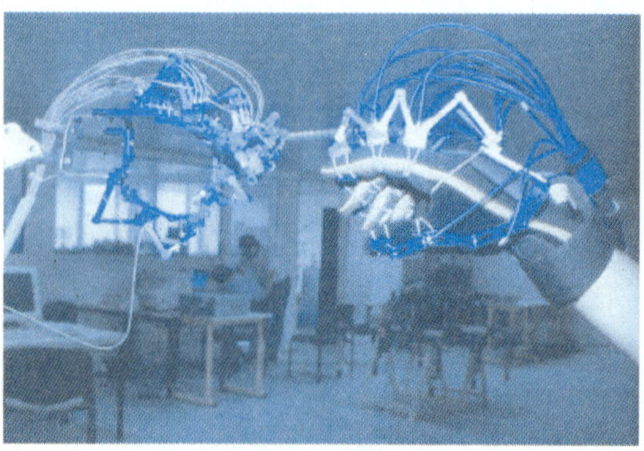

[그림 1-17] 손의 촉각 디바이스

07 지능형 로봇 구동기

1. 구동기의 종류

로봇용 정밀구동 메커니즘과 관련 부품의 핵심은 구동기(Actuator)이며 메커니즘과 구동기를 분리해서 기술하는 것은 불가능하다. 로봇을 위한 구동기의 핵심요소는 Controllable Stiffness, Noise-free, Safety, Scalability, Maintainability로 구분되며 아직까지 이와 같은 특성을 모두 만족하는 구동기가 개발되지 않은 것은 매우 아쉬운 점이다.

로봇에 사용되는 구동기 중 가장 보편적인 것은 모터이다. 현재 50Watt이하의 출력이 요구되는 용도에서는 대개 DC 서보모터가 사용되고 있으며 그 이상에서 200Watt정도의 용도에 BLDC 모터가 주로 사용되고 있다. DC 서보모터나 BLDC 모터의 경우 Encoder나 Resolver와 같이 제어를 위한 센서가 모터에 탑재되어야 한다. 아울러 모터는 고속, 저토크(Torque)의 특성을 가지고 있는 반면에 로봇에 응용하기 위해서는 저속, 고토크의 특성이 요구되므로 모터에는 감속기가 반드시 포함돼야 한다.

따라서 로봇용 모터는 모터, 감속기, 센서 및 이를 구동하기 위한 전력공급회로, 외부와의 통신기능 등이 포함된 전체를 하나의 시스템으로 이해해야 하는 것이다. 이는 로봇의 설계시 구동기의 크기, 중량, 형상, 전력소모 등이 전체 시스템에 미치는 영향에 대한 고려가 우선이 되어야 함을 의미한다. 현재 로봇용 모터의 경우 거의 100%를 수입에 의존하고 있으며 일본, 스위스, 미국이 주요한 부품 공급처이다.

국내의 경우 대개 센서, 모터, 감속기가 포함된 상용화된 모터를 사용하여 구동회로 등을 자체 제작한 후 사용하는 경우가 대부분이다. 국내에서도 일반적인 용도의 상용화된 모터를 찾을 수는 있으나 정밀 서보, 혹은 로봇용의 모터는 찾기가 어렵다. 로봇 기술의 자립을 위해서는 구동기 관련 부품기술의 국산화가 가장 중요하며 이를 위한 부단한 투자와 노력이 필요하다.

모터와 이외에 대출력이 요구되는 용도에는 유압구동기가 많이 사용된다. 유압구동 시스템은 무게, 부피, 청결도, 부대장비 등에 관해서 고출력의 용도가 아닐 경우 모터에 비하여 경쟁력을 상실하게 되는 단점이 있다. 실제로 특수한 용도로 제작된 경우를 제외하고 로봇을 위한 본격적인 유압구동 시스템이 판매되고 있지는 않다. 로봇 기술의 중요한 핵심기술의 하나로 작고, 가벼우면서 효율이 높은 유압구동 시스템의 개발이 시급하게 요구된다. 최근에 유압 시스템을 채용한 로봇팔, 보행로봇 등이 발표되고 있으나 이는 기존에 상용화된 유압부품을 개조해 제작한 것들이며 로봇을 위한 유압구동기의 개발은 아직 진행되고 있지 않다.

유압과 함께 공압구동기도 오랫동안 사용되어 온 구동 시스템의 하나이다. 공압구동기 중에서 Mckibben Muscle이라고 하는 선형 구동기는 일명 공압 인공근육이라고도 불리고 있으며 매우 보편화된 대출력 구동기의 하나이다.

공압구동기는 매우 작고, 견고하며 높은 출력을 생성하는 것이 가능한 장점이 있으나 압축공기를 공급하기 위한 공기압축기 혹은 공기저장 탱크와 같은 부대 장비가 필요하다는 것과 공기 자체가 압축성이므로 빠르고 정밀한 움직임을 생성하기가 어렵다는 단점이 있다. 실제로 Mckibben Muscle을 사용한 로봇팔이나 보행로봇 등이 지속적으로 발표되고 있으나 실용화에는 아직까지 시간이 필요하다. 비행체와 같은 응용분야에는 소형 엔진이 사용되기도 한다.

또한, 이보다 소형 혹은 Micro/Nano Scale의 용도에는 Piezo, SMA(Shape Memory Alloy), EAP(ElectroActive Polymer) 등이 응용되고 있다. 특히 EAP의 경우 모터와 같은 기존의 구동기를 대체할 만한 새로운 구동기술로서 최근에 관심을 끌고 있다. EAP의 경우 마이크로/나노 응용에서는 이미 충분하게 실용성이 입증되어 있으며, 최근에 들어서 Milli/Macro Scale의 응용분야에서 본격적으로 모터를 대체하기 위한 구동수단으로 연구가 시작되고 있다.

EAP 중에서 Dielectric Elastomer, Conducting Polymer, IPMC(Ionic Polymer Metal Composite) 같은 구동기들은 Milli / Macro 영역에서도 이미 실용성이 높은 기술로 인정을 받고 있다. 인간의 근육과 같은 큰 힘을 낼 수 있는 응용분야에는 Dielectric Elastomer가 가장 빠른 시일 내에 상용화될 것으로 보이며, 미국의 SRI, 이탈리아의 Pisa대, 국내에서는 성균관대 등에서 가능성이 있는 로봇 응용사례를 보고하고 있다.

IPMC에 관해서는 일본의 EMAX사가 실용화에 나서고 있으며 최근에 마이크로 렌즈 구동기, 인공수족관 등의 제품을 발표하고 있다. Conducting Polymer의 경우 미국의 MIT대, 캐나다의 British Columbia대학, 일본의 이화학연구소 등에서 연구개발을 수행하고 있으며 빠른 시일내에 응용 가능한 기술의 개발이 가능할 것으로 예상된다.

로봇의 구동 시스템을 설계하기 위해서는 관련되는 요소부품들의 정합(Matching)관계에 대한 고려가 매우 중요하며 이 중에서 구동기 시스템의 선정이 가장 중요한 단계이다. 구동 시스템과 가장 밀접한 관계가 있는 또 하나의 중요한 요소는 에너지 공급원(Power source)이라고 할 수 있다. 전기에너지, 유압에너지, 공압에너지, 화학에너지 등 공급되는 에너지의 종류에 따라서 전체인 시스템의 성능이 결정되므로 로봇 구동 메커니즘은 항상 시스템의 관점에서 조망하는 것이 필수적이다.

2. 모터의 구성

(1) 모터의 정의

모터(Moter)는 전기적 에너지를 기계적 에너지로 변환시켜 회전 또는 직선운동 동력을 얻는 기계로 시동 및 운전이 용이하고, 부하에 적합한 기종을 선택하기 쉽고, 소음 및 진동이 작고, 배기공해도 없는 소형 경량의 원동기이다.

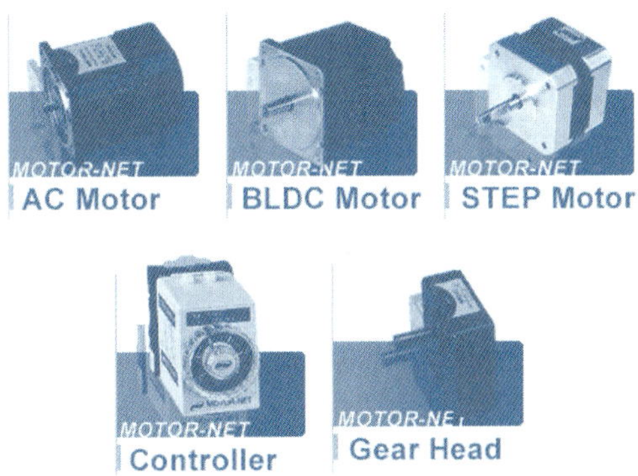

[그림 1-18] 모터의 종류

(2) 모터의 종류

① 전원종류에 의한 분류

- 교류(AC)전동기 : 교류 전원으로 동작하는 전동기. 예로서 유도전동기, 동기전동기, 교류 정류자 전동기 등이다.
- 직류(DC)전동기 : 전기자에 직류를 공급함으로써 회전하는 전동기. 자극 N과 S사이에 코일을 두고, 이 코일에 전류를 흘림으로써 생기는 토크에 의해 회전시킨다. 이 코일이 중성축을 통할 때마다 전류의 방향을 반전시켜 연속적으로 회전시킨다. 분권전동기, 직권전동기, 타려전동기, 복권전동기 등 이다.

② 기능에 의한 분류

- 일정한 속도를 내는 모터

(a) Induction Motor(유도전동기) : 회전하지 않는 고정자와 회전할 수 있는 회전자로 이루어지며, 고정자 권선에 회전자계가 발생하는 전류를 공급하면 전자유도에 의해

회전자 권선에 유도전류가 흘러 토크를 발생하여 회전하는 전동기. 유도전동기는 보통 정류자를 갖지 않고, 정상 운전상태에서는 동기속도보다 느린 속도로 회전한다. 단산, 3상의 것이 있으며, 회전자의 구조에 따라 농형, 권선형으로 나뉜다.

(b) Reversible Motor : 유도전동기(Induction Motor)의 일종이며, 우회전, 좌회전 어느 방향으로도 같은 특성이 얻어지게 되어 있는 모터이다. 원리적으로도 유도전동기(Induction Motor)와 같으나 빈번한 정역전에 견디고 큰 시동 토크를 얻기 위해 일반 유도전동기(Induction Motor)와 같이 주코일, 보조코일의 관계는 없다.

- Brake Motor

(a) 전자 Brake 부착 Motor
  - 무여자 작동형 전자 Brake를 내장한 Motor이다.
  - 제동이 확실히 작동하여 유지력을 얻을 수 있다.
  - 제동의 작동은 전원이 고장일 때에 작동해 안전하게 사용하는 Brake로 적합하다.

(b) Brake Pack SB Series
  - Induction Motor, Reversible Motor 전용의 순시제동용 회로의 전자 Brake이다.
  - 유접점 Brake Pack과 무접점 Brake Pack 2종류가 있다.

(c) 속도조절 Motor
  - Unit Type : 속도제어기와 Motor를 간단하게 접속하여 사용할 수 있는 Type이다.
  - Plug in Type : 속도제어기와 Motor를 따로 하여 속도제어기와 Motor를 사용 용도, 사용목적에 따라 맞게 선택하여 사용할 수 있는 형태(Type)이다.

3. 감속기의 개요

(1) 감속기의 정의

기어(Gear)를 이용한 속도 변환기로써, 구동원(Moter)의 회전수를 필요한 회전수로 감속하는 동시에 큰 토크(Torque)를 얻을 수 있는 기구적인 장치이다.

(2) 감속기의 특징

- 소형으로 전달능력이 크다.
- 미끄러짐이 생기지 않아 감속비가 매우 일정하다.
- 내구성이 있다.

- 감속비를 광범위하게 선택한다.

(3) 감속기의 종류

① 외형의 크기

- 60mm 기어 헤드(Gear Head)
- 70mm 기어 헤드(Gear Head)
- 80mm 기어 헤드(Gear Head)
- 90mm 기어 헤드(Gear Head)

② 축교차 방향

- 2축이 평행한 경우 : 평치차, 헬리칼치차, 내치차 등
- 2축이 한점에서 교차하는 경우 : 베벨치차 등
- 2축이 엇갈리는 경우 : 나사치차, 웜치차 등

4. BLDC(Brushless DC) 모터 기술

(1) BLDC 모터의 정의

브러시(Brush)가 부착된 DC 모터에서는 정류자와 브러시의 접촉에 의해서 코일에 전류를 흐르게 함과 동시에 전류시키는 기능을 하지만, 브러시가 마모되는 단점이 있다. 그러나 브러시 없는 직류(Brushless DC)모터는 브러시를 사용하지 않고 비접촉의 위치 검출기와 반도체 소자로서 통전 및 전류시키는 기능을 바꾸어 놓은 모터이다. 따라서 브러시 없는 직류 모터의 토크 발생원리는 DC모터의 경우와 같은 형태이다.

(2) 브러시 없는 직류(BLDC) 모터의 구조

① 회전기의 구조

브러시 없는(Brushless) 직류(DC) 모터를 구조면에서 분류하면 권선으로의 통전은 브러시(Brush) 등 접동요소를 사용하지 않는 고정식으로 하기 때문에 자계를 만드는 마그네트 회전기를 어디에 배치하느냐에 따라서 자로의 구성방법, 권선의 배치방법이 변한다.

② 회전자 위치 검출장치

브러시가 부착된 DC모터와 같은 모양으로 전류의 방향과 자속의 방향을 직교시키기 위해 마그네트 모터 위치를 정확하게 파악해서 그 신호에 의해 권선에 전류를 흐르게 하기도 하고 차단하기도 할 필요가 있다. 그 기능이 회전자 위치 검출장치이다. 검출수단으

로서는 광소자와 자기저항소자, 그밖에 다른 것들이 있지만 소형이면서 가격이 싸다는 점에서 홀소자가 가장 실용화되어 있다. 모터의 발열에 의해 고온하에 있기 때문에 온도 특성이 좋은 갈륨비소와 같은 것이 주류이다. 홀소자는 반도체에 전류를 흘리고 전류와 직각방향으로 자계를 주면 직각방향으로 홀전압을 발생하는 것이다.

③ 마그네트

Brushless DC 모터에 사용되는 마그네트로는 소형 모터에 있어서는 그 대부분이 성능과 가격면에서 페라이트 마그네트가 주류이지만 최근에는 그것보다도 한층 더 성능이 좋은 플라스틱 네어듐을 사용하는 체적효율(경박 단소화)을 보다 높인 방향이 보이고 있다.

[표 1-6] BLDC 모터의 종류 및 특징

종 류	구 조	특 징
Outer Rotor형 Brushless DC 모터	모터의 외주측으로 회전자를 배치, 모터의 내주측으로 회전자계를 만든다.	회전자의 관성 모멘트가 크므로 정속도 주행에 유리하다. 마드네트를 비교적 크게 할 수 있으므로 고효율, 고토크화하기 쉽다. 권선의 1코일 평균길이가 짧게 되어 손실절감, 고효율화하기 쉽다. 회전자 지지기구가 복잡하다. 밀폐구조로 하기 어렵다.
Inner Rotor형 Brushless DC 모터	모터의 내주측으로 회전자를 배치, 모터의 외주측으로 회전자계를 만든다.	회전자의 관성 모멘트가 Outer Rotor에 비하여 작다. 모터 구조를 비교적 간단하게 구성할 수 있다.
Axial Gap형 Brushless DC 모터	축방향의 두께를 비교적 얇게 한 원판상의 모터 회전자의 전기자를 측방향으로 나열한 구조	축수간 간격이 짧기 때문에 공작의 정확을 요한다. 축수구조도 복잡, 권선과 전기자를 분리 Slotless 구조로 한다. 회전율을 저감시킬 필요가 있는 곳에서 많이 사용되고 있지만, 권선의 밸런스를 작게 하여야 할 필요가 있다.

④ 구동회로

Brushless DC 모터는 통전, 전류(轉流)의 기능은 반도체로 구성된 구동회로를 모터의 내부 또는 모터의 외부로 접속해서 최초로 회전한다. 회전의 논리는 위치검출을 해서 홀소자에서의 신호를 인버터용 트랜지스터의 베이스로 구동하기 위한 분배기능을 한다. 더욱 이 회전의 논리회로는 회전수에 비례한 펄스를 발생하고 동시에 회전수의 피드백 신호로 해서 이용할 수도 있다.

(3) BLDC 모터의 특징

[표 1-7] BLDC 모터의 장단점

구분	내용
장점	기계적 정류기구를 전자화(무접점화)한 것에 대해 • 전기적 노이즈(불꽃), 기계적 노이즈가 작다. • 신뢰성이 높고 수명이 길다. • 고속화가 용이하다. • 기기의 고밀도화에 따른 요청에 용이하게 대응된다. (형상, 구조의 자유도화 → 경박단소화 → 기전일체화) • 기기의 다기능화에 쉽게 대응된다. (일정 속도제어, 가변 속도제어 등)
단점	모터에 영구자석을 사용하므로 • 저관성화에는 제한이 있다. • 일반적으로 페라이트 자석을 사용할 경우가 많으므로 체적당 토크가 적다. (이 결점을 개선하기 위해 예를 들면 에너지곱이 높은 회토류자석을 사용하는데 비용이 높아진다.) • 정류기구를 전산화하기 위해 반도체 회로를 필요로 하여 비용이 높아진다. (이 결점은 최근의 반도체 기술의 진보에 의해 개선되어 가고 있다.)

08 지능형 로봇 제어 시스템

1. 제어 시스템의 개요

산업용 로봇의 기본적인 구성요소와 운동에 관련된 매니퓰레이터, 동력 공급장치, 제어기, 운동의 유형, 그리고 경로제어에 대해 간략히 기술하였다. 이 장에서는 로봇의 작동과 제어 시스템을 다룬다.

모든 로봇은 지능제어 기능이 필요하다. 그 기능의 형태는 매우 간단하고, 비교적 제한된 형태로부터 다양한 작업조건과 환경의 변화에 대해 계속적인 적응 기능을 갖춘 매우 복잡하고, 정교한 시스템에 이르기까지 광범위하다. 그러한 제어 시스템에는 제어 기능을 수행하기 위한 다양한 종류의 컴퓨터, 다수의 마이크로프로세서, 기억 매개체 (memory media), 다수의 입출력 포트, 절대식 및 증분식 인코더, 그리고 다양한 종류의 센서들이 포함되는 것이 필요하다.

로봇을 작동하기 위해서는 로봇이 가지는 여러 개의 링크의 위치, 로봇의 작업이 제대로 수행되는지의 여부, 환경의 상태, 그리고 작업 조건들을 검출할 필요성이 있을 수 있다. 경우에 따라서는 센서들이 로봇 내에 설치되기도 하고, 머신 비전(Machine vision), 음성인식, 그리고 초음파 거리측정기처럼 부속물의 형태로 로봇에 부착되어 전체 로봇

시스템에 통합되어 작동되기도 한다.

2. 제어 시스템의 종류

일반적으로 제어 시스템은 통상 개루프(Open-loop) 시스템과 폐루프(Closed-loop) 시스템이라 불리어지는 두 가지 종류로 분류된다. 두 가지 모두 산업용 로봇에 사용된다. 개루프 시스템의 한 예로 스테핑 모터를 들 수 있다.

스테핑 모터의 제어신호는 바로 모터의 위치를 지정하며, 피드백(Feedback)은 없다. 현재 폐루프 시스템으로는 두 가지 종류가 사용되고 있으며, 각각 비서보(Nonservo)와 서보(Servo)라 불리어진다. 이들은 모두 피드백 신호를 사용한다. 로봇 작동의 이해를 돕기 위해 이 두 가지 종류의 제어 시스템을 상세히 기술한다.

서보라는 단어는 계속적으로 위치를 제어하는 장치를 의미한다. 비서보 로봇은 종착점 또는 원하는 위치에 도착했는지를 검출하기 위해 리밋 스위치(Limit switch)를 사용한다. 서보 시스템은 로봇이 움직이는 경로에 따라 연속적인 위치정보를 제공한다.

개루프와 폐루프의 개념은 모든 종류의 로봇 매니퓰레이터에 관련해서 사용될 수 있다. [그림 1-19]는 서로 다른 다섯 가지 종류의 로봇 제어기들의 블록선도를 나타낸다. 그림 (a)에서 보이는 첫 번째 형태는 피드백 신호를 사용하지 않는 개루프 축제어기를 나타낸다. 그림 (b)에서 보이는 두 번째 형태는 on/off의 피드백 신호만을 받는 비서보 제어기를 나타낸다. 이러한 형태는 제어기가 최근 일반적으로 사용되는 모든 종류의 개루프 제어기로서 부분적으로는 요소별로 폐루프 관절제어가 이루어진다.

세 번째 형태인 그림 (c)는 각 축에 대하여 서보모터와 피드백을 사용하는 서보 제어기를 나타낸다. 널리 이용되는 이러한 형태의 제어는 지역적인 환경을 측정하기 위한 위치 및 속도 센서를 사용하여 피드백 정보를 제공한다.

네 번째 형태인 그림 (d)는 전체적인 피드백 제어를 위해 지역적인 환경과 광역적인 환경, 모두에 대한 센서를 갖추어 보다 지능적인 제어를 가능하게 하는 폐루프 시스템이다. 이러한 종류의 제어는 산업용 로봇에 아직까지는 적용되지 않고 있다. 그림 (e)에 보여지는 마지막 다섯 번째는 지능 폐루프 제어기로서 지역 센서와 광역 센서들이 로봇의 작업을 생성하고 수정하는 데 사용된다. 이러한 형태의 제어기는 현재 연구단계에 있다. 지능적인 로봇은 시각과 촉각(Visual and tactile) 센서 등을 통해 작업환경의 변화를 감지할 수 있고, 의사결정 능력에 의해 적절한 동작을 수행할 수 있다.

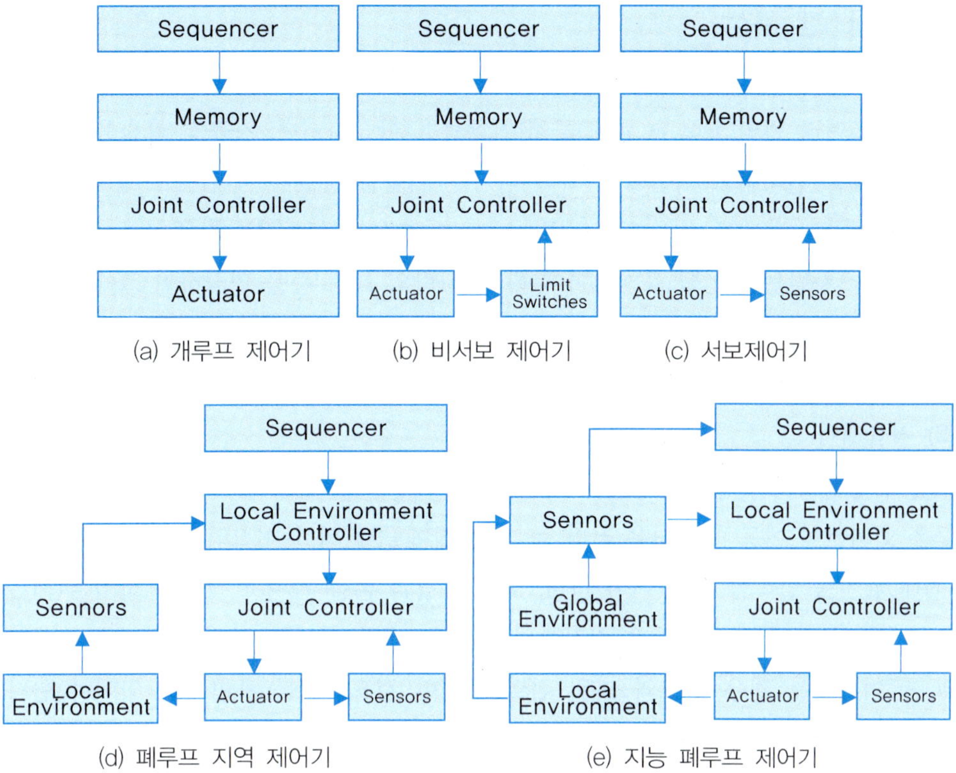

[그림 1-19] 로봇 제어기의 5가지 형태

[그림 1-19] 로봇 제어기의 5가지 형태에서

(a) 개루프 제어기 ; 구동신호는 액추에이터로 전달되지만 피드백은 없음, 예로는 스테핑 모터와 서보모터가 있다.

(b) 뱅뱅 (Bangbang), 온오프(on-off), 또는 비서보 제어기 ; 구동신호는 액추에이터로 전달되지만 지정된 위치에 도달했을 때에만 피드백 신호가 있다.

(c) 서보 제어기 ; 액추에이터로 보내어진 구동신호는 구동축에서 측정된 신호와 비교되어 운동을 제어한다.

(d) 폐루프 지역 제어기 ; 잘 조직된 방식에 의하여 모든 축을 제어한다.

(e) 지능 폐루프 제어기 ; 지역 및 광역 센서들이 사용되어 로봇의 운동과 작업을 생성 및 수정한다.

3. 제어 시스템 구성

(1) 학습 및 인지

로봇에게 여러 번의 교육을 통해 물체나 행동을 학습시키며, 자율적 학습을 통하여 스스로 대상체를 인식하고 학습을 강화해 나가는 기술을 말한다. 학습에 이용되는 도구로는 비전(Vision), 센서(Sonar), 인코더(Encoder) 등으로부터의 정보를 종합하여 집안 등의 외부환경을 3차원으로 인식 표시하여야 하며, 사람의 표정 등을 인식하여 그에 대한 로봇의 반응을 표현하여야 한다.

(2) 자율제어

로봇이 영상정보나 음성명령의 지시를 받고 외부환경으로부터 이동계획을 세우고 장애물을 회피하여 이동하는 경우 문턱 등 집안 장애물에 의한 미끄러짐 등이 있어도 자기의 절대 위치를 인식할 수 있어야 하며, 로봇의 팔과 손을 가지고 작업을 하기 위해 여러 자유 도중 어느 것을 이용할지 최적화된 계획을 세워 제어를 하여야 한다.

PC를 이용하는 경우 신호와 파워 전달을 위한 컴포넌트를 포함하고 있어야 한다.

신호전달은 주로 아날로그, 디지털 신호, 또는 통신 포트를 통해 이루어진다. 전달되는 신호를 PC에서 취득하기 위해서 DAQ라고 통칭되는 신호처리용 하드웨어 시스템이 필요하다.

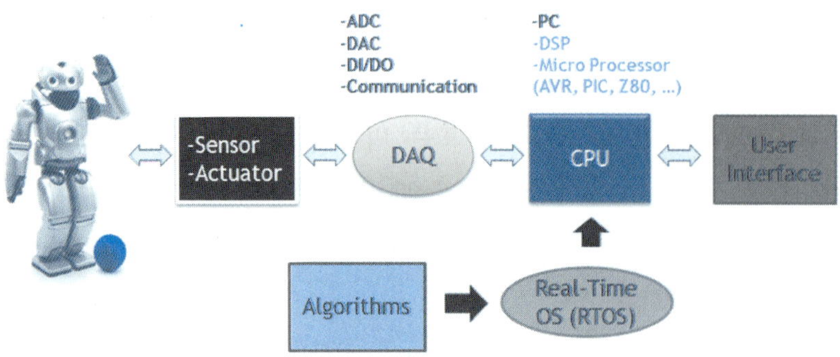

[그림 1-20] 로봇 제어를 위한 인터페이스 요구조건

(3) 통 신

과거에는 대부분 제어대상 시스템의 규모가 크지 않고 단순하여 단일제어기로 제어가 가능하였으나 근래에 와서는 제어대상 시스템의 규모가 커지고 그 안에 투입되는 계기

및 구동기기 등이 정밀해지고 성능이 향상되고 있으며 그 수가 증가하는 추세에 있다.

이와 같이 제어 대상의 수가 증가하고 처리해야 하는 정보의 양도 늘어나게 되어 과거와 같이 단일제어기를 이용한 방식에는 한계가 나타나고 있다.

이러한 한계를 극복하기 위해 제어기를 다수 분산 배치하여 각자 독자적으로 시스템의 정보를 수집하고 제어를 수행하며 동급의 제어기 및 상 하위 제어기들간에는 통신을 통해 정보를 교환하는 방식의 분산제어 시스템과 산업용 통신망이 등장하게 되었다.

산업용 자동화 시스템의 하위 레벨에 위치한 센서, 모터, 로봇, 논리연산 제어장치 등 필드레벨의 기기를 통제하는 산업용 네트워크를 필드버스(fieldbus)라 하며, 디지털 방식을 기반으로 하고 있어 다량의 신호를 원거리까지 전송할 수 있고, 현장기기나 입출력 모듈의 엄청난 가닥수의 케이블 대신 한 가닥의 네트워크선을 사용함으로써 배선을 절약할 수 있고 설치를 간소화할 수 있다.

소형 완구용 로봇과 기존의 각종 산업분야에서 제어나 계측 용도로 사용되는 제품에서 지원하는 통신망 인터페이스 위주로 산업용 제어 통신망을 몇 가지로 구분해 보면 다음과 같다.

① 스타 토폴로지

대부분의 PC와 산업용 원보드 컨트롤러, 마이크로프로세서에서 기본으로 제공하는 RS-232C가 이에 해당한다. 이 인터페이스를 지원하는 기능 단말로는 KEYENCE의 레이저 변위계 등이 있다. 호스트와 단말이 1:1로 연결되어야 하기 때문에 하나의 상위 컨트롤러에 연결할 수 있는 단말의 개수가 1개나 2개로 제한되는 단점이 있다.

그러나, 로봇의 메인 프로세서 모듈로서 PCI 슬롯을 갖춘 PC 메인보드를 사용한다면 MOXA 등에서 판매하는 시리얼포트 확장 카드를 이용하여 하나의 PC 메인보드에 RS-232C 단말장치를 16개까지도 연결할 수 있다. 하지만, 스타 형태의 제어망은 로봇에 적용하기 곤란한 측면이 있다.

예를 들어 로봇의 바깥 표면을 따라 여러 개가 배치되어야 하는 초음파 센서나 근접센서에 RS-232C를 적용하면 메인 프로세서 모듈로 집중되는 배선은 로봇 내부의 한 단면을 차지하게 되는데, 한정된 공간 내부에 높은 밀도로 부품들이 배치되기 마련인 로봇의 특성상 생산성과 유지 보수성이 매우 나빠지게 된다. 와이어 정형을 통해서 로봇의 내부 공간을 순서대로 지나가는 선의 형태로 배치한다고 하더라도 와이어 하니스의 굵기는 로봇 내부 설계에 하나의 제약이 된다.

여전히 다른 방식에 비해 구성 가능한 노드 수가 비교적 적은 것도 단점이다.

RS-232 단말을 멀티드롭 구성이 가능한 RS-485 버스나 CAN 버스에 접속할 수 있도록 하는 컨버터가 많이 출시되고 있기 때문에 RS-232 단말을 사용한 로봇 구성이 전혀 불가능한 것은 아니지만 단말 개수만큼의 컨버터 비용과 공간이 추가로 필요하다는 점에서 로봇의 단가를 낮추는 효과도 크지 않을 것으로 예상된다.

② 버스 토폴로지(멀티드롭, 데이지 체인)

일직선의 버스에 여러 개의 단말이 연결되는 형태는 로봇의 구성에 있어서 스타 토폴로지에 비해 유리하다. 앞서 논한 초음파 센서같이 로봇의 바깥면을 따라 설치되는 센서들에 버스 형태의 제어망 인터페이스를 적용하면 로봇 내부로 배선이 가로지르는 경우를 현저히 줄일 수 있으며, 직렬로 연결되는 액추에이터에 데이지 체인 방식으로 적용하면 배선 집중으로 인한 와이어 하니스의 단면적이 증가하는 경우도 없게 된다.

- UART

국내 완구형 소형 휴머노이드 로봇업체인 메가로보틱스의 AI MOTOR는 데이지 체인 방식로 서로 연결되어 하나의 소형 로봇을 구성하는 소형 액추에이터 모듈이다.

연결하고자 하는 대상이 수 cm 이내로 매우 가깝고 총 연결 길이가 수십 cm 이내인 점을 이용하여 드라이버단을 생략하고 UART의 TTL 레벨 출력끼리 바로 연결함으로써 버스 방식으로 구성되도록 하였다. 매우 가깝고 이상적인 환경에서 한정된 용도로만 사용이 가능하다.

- RS-422/485

UART의 드라이버 규격 중에서 버스를 구성할 수 있는 규격이다. 디퍼런셜 드라이브 방식이므로 전송거리가 길고, 하나의 라인에 여러 개의 단말을 설치할 수 있는 멀티드롭(Multi-drop) 방식의 구성이 가능하므로 여러 개의 단말로 구성되는 네트워크의 배선을 일렬로 간단하게 구성할 수 있다.

RS-422는 하나의 송신 단말과 32개까지의 수신단말로 이루어지는 1 : N 구성이 가능하며, RS-485는 최대 32개의 단말로 N : N 구성이 가능하다.

프로토콜을 원하는 대로 구성할 수 있다는 장점이 있으나, 여러 단말간의 데이터 전송 중재를 위한 하드웨어적인 방안이 없기 때문에 소프트웨어적인 처리에 전적으로 의존하고, 표준화된 프로토콜이 거의 없다는 단점이 있다.

국내 업체에서 개발하여 판매하고 있는 완구형 소형 휴머노이드 로봇용 액추에이터 시리즈에 데이지 체인 방식으로 RS-485가 적용되었다.

- CAN

RS-422/485와 마찬가지로 버스 방식이며 높은 신뢰성을 바탕으로 산업용 기계나 자동차용 전장 부품의 통신망 인터페이스로 점차 사용되기 시작하는 규격이다. 다양한 산업용 마이크로프로세서에 기본적으로 CAN 컨트롤러가 포함되는 추세이며, 모토롤라의 LITE5200처럼 CAN 인터페이스를 갖춘 산업용 원보드 컨트롤러도 출시되고 있다.

CAN을 기반으로 몇 가지 종류의 상위 레이어 프로토콜이 정의되어 있기 때문에 서로 다른 제작사간의 호환이 어느 정도 가능한 장점이 있다. 이를 이용해서 타산업 분야의 부품을 로봇에 적용할 가성도 충분하다고 본다.

지능형 로봇 내부의 센서와 액추에이터 등을 메인 프로세서와 연결할 때 좀 더 효과적인 배선 설계가 가능하고 설치를 간소화할 수 있도록 하는 Serial 제어 버스에 대해 검토하였으며, 특히 그 내부구성이 유사하리라 생각되는 차량내부 제어에 대해 널리 사용되고 있는 CAN이다.

CAN은 최대 8바이트로 제한된 한 CAN 프레임 내에 오버로드가 많아 전송대역의 손실이 있긴 하지만, 현재 개발되어 발표되고 있는 2족보행 로봇에서 성공적으로 사용되고 있기도 하다.

그러나, 로봇 시장을 열어나갈 수 있는 현실적인 가격 구현과 사용자의 다양한 요구를 만족시킬 수 있는 다양한 로봇 부품의 개발과 적용을 위해 유연한 확장성과 전문적인 제어망 관리 기능을 제공하는 상위 레벨 프로토콜을 적극적으로 도입할 필요가 있겠다.

최근에는 제어 유니트들간의 데이터 전송용량이 증가함에 따라 높은 데이터 전송속도를 제공할 수 있는 TDMA 방식에 기초한 TTP가 도입되고 있으므로 이에 대한 검토 또한 지속적으로 이루어져야 할 것이다.

09 지능형 로봇의 위치인식

위치추정 또는 위치인식은 지역 및 전역 위치추정으로 분류할 수 있다. 지역 위치추정(Local localization or position tracking)은 로봇의 초기위치를 알고 있는 경우에 추측항법(Dead reckoning) 및 센서 기반의 지도 매칭을 통하여 로봇의 현재 위치를 추정하는 방식으로 EKF(Extended Kalman Filter) 방식이 주로 사용된다. 전역 위치추정(Global localization)은 로봇의 초기위치를 모르는 경우에 센서 기반의 지도 매칭만으로 주어진 지도상에서 자신의 절대적인 위치를 추정하는 방식으로 현재는 Particle Filter를 사용하는 Monte Carlo Localization 방식이 주로 사용된다.

위치추정 분야에서는 격자지도를 기반으로 하는 환경에 대하여 로봇의 초기위치를 알고 있는 경우에는 EKF 기반의 위치추정 방식이 초기위치를 모르는 전역 위치추정의 경우에는 Monte Carlo 위치추정 방식이 주로 사용되고 있다. 위상지도를 통한 효율적인 위치 추정의 구현을 위해 토폴로지컬 매칭 기법에 대한 연구도 수행되고 있다. 동적 환경 및 불확실성에 대처할 수 있는 강인한 알고리즘을 개발하려는 연구가 수행되고 있으며, 현재 실내환경과 더불어 실외환경에서의 위치추정 분야에서도 많은 연구도 진행되고 있다. 레이저스캐너와 같은 거리 센서 외에 영상 센서를 사용하여 위치추정을 수행하는 영상기반 주행 알고리즘에 대한 연구가 활발히 진행되고 있으며, 다수의 로봇이 주행하면서 정보를 공유하여 위치추정을 수행하는 방식에 대한 연구가 진행되고 있다. 이동로봇의 위치추정은 별도의 인공표식을 사용하지 않고, 저가의 다양한 센서의 융합을 통하여 자연표식을 인식함으로써 지도상에서 로봇의 위치를 추정하는 방향으로 나아갈 것으로 예상된다. 그러나 일부에서는 현재 급속도로 보급되고 있는 RFID 태그 등을 건물의 바닥에 설치하고, 로봇에 장착된 RFID reader를 통하여 그 정보를 인식함으로써 로봇의 위치를 정확히 추정하려는 연구도 활발히 진행되고 있으며, 향후 유비쿼터스 컴퓨팅 환경과 접목되어 위치추정 기술의 중요한 한 방식을 형성하리라 전망된다.

위치추정에 있어서 정확한 거리측정이 가능한 레이저스캐너가 가장 많이 사용되고 있지만, 가격이 고가이므로 현재로는 상용로봇에 사용하기 어려운 문제점이 있다. 향후 서비스 로봇 시장이 커지게 되면 레이저스캐너의 가격이 많이 낮아지리라 생각되지만, 여전히 다른 센서에 비하여 고가일 수밖에 없으므로 새로운 센서의 개발이나 저가의 여러 센서를 융합하는 방법 등에 대한 연구가 활발히 진행되리라 전망된다.

90년대 중후반부터 확률기반의 로봇 기술(Probabilistic robotics)이 많이 연구되고 있으며, 앞으로도 불확실성이 많은 환경에 적용하기 위해서는 주행에도 확률기반 알고리즘이 주류가 되리라 전망된다. 영상기반의 주행 및 위치추정에 대한 연구가 오랫동안 진행되어 왔지만, 여러 기술적인 문제로 큰 성공을 거두지 못하였다. 그러나 최근에 와서 비전 시스템의 저가화, 영상처리의 발전 등으로 인하여 많은 연구 성과가 발표되고 있으며, ERSP 등과 같은 상용제품이 출시되면서 향후 주행 분야에서 중요한 역할을 하리라 전망된다. 향후 위치추정은 거리 센서 또는 영상 센서 단독이 아니라, 두 종류의 센서 정보를 융합하여 상호보완적으로 활용하는 방향으로 발전하리라 예상된다.

1. Map Building

주행에 사용되는 지도로는 환경을 동일한 크기의 셀로 나누어 각 셀의 물체에 의한 점유여부를 표현하는 격자지도(Grid map), 지하철 지도와 같이 환경을 특징을 나타내는 노드와 이들 노드간을 연결하는 에지로 표현하는 위상지도(Topological map), 환경에서 코너 및 문 등과 같은 특징만을 나타내는 특징지도(Feature map), 국부적으로는 격자지도나 특징지도로 환경을 표현하지만, 이들의 전체적인 연결성은 위상지도로 표현하는 하이브리드 지도(Hybrid map) 등으로 분류할 수 있다.

지도작성 분야에서는 현재 다양한 거리 센서(예, 레이저 스캐너, 초음파 센서, 적외선 센서 등)를 활용하고 있으며, 각 센서의 특성에 맞는 적절한 알고리즘이 개발되고 있다. 격자지도를 기반으로 하는 환경의 모델링 기술은 거의 완성단계에 있으며, 대규모 환경의 모델링을 위해서 위상지도 작성 기술에 대한 연구가 활발히 진행되고 있다. 또한, 방과 같은 지역 환경은 격자지도 또는 특징지도로 표현하고, 이들 지역 환경 사이의 관계는 위상지도로 표현하여 전역환경을 커버하는 하이브리드 지도의 작성 기술에 대한 연구도 진행되고 있다. 2차원 지도를 확장하여 거리 센서 또는 영상 센서를 사용하여 환경을 3차원적으로 모델링하는 연구도 현재 활발히 진행되고 있다.

격자지도의 정확성와 위상지도의 간결성의 장점을 취하는 메트릭-토폴로지컬 하이브리드 지도에 대한 연구가 활발히 진행되고 있으며, 향후 기본적인 메모리가 증대함에 따라서 대규모 환경에 대해서도 격자지도와 같은 메트릭 지도의 사용이 활발해지리라 예상된다. 로봇이 미지의 환경에서 자신의 위치를 추정하면서 지도를 작성하는 SLAM (Simultaneous Localization And Mapping) 기술이 활발히 연구되고 있으며, 향후에는 SLAM 기술이 더욱 발전하리라 전망된다. 이들 SLAM 기술은 현재까지는 주로 EKF(Extended Kalman Filter)를 기반으로 개발되어 왔는데, 최근에는 EKF와 더불어 Particle filter를 활용하는 FastSLAM 기법이 활발히 연구되고 있다. 궁극적으로는 주행과 조작에 모두 적용될 수 있도록 3차원 환경을 모델링하는 3차원 지도가 사용될 전망이다. 그러나 주행용 지도보다는 조작용 지도가 높은 정확성과 분해능을 요구하므로, 이러한 점을 잘 감안하여 주행용으로는 필요 이상의 정확도를 갖는 환경 모델링이 수행되지 않도록 하는 것이 필요하다. 지도형성 기술의 성능은 다음과 같다.

- 수 km 이상의 주행거리에서 100개 이상의 사이클들을 매핑해야만 한다.
- 확장가능 영역(문, 엘리베이터)에 대한 지능적인 판단을 해야만 한다.
- 위치 영역(계단, 난간)에 대한 지능적인 판단을 해야만 한다.

- 물체의 이동, 지도 변화에 대한 능동적인 대체를 해야만 한다.

2. 위치(Localization)인식 기술의 특징 및 종류

① Fusion 중에 센서의 인코더(Encoder)인 이동(Traveling) 거리(Distance), 자이로스코프(Gyroscope)인 회전속도, 초음파 원(Ultrasonic)인 장애물(Obstacle) 감지(Detection)가 이에 포함한다.

② 신호처리 중의 노이즈로써 센서 노이즈와 외부 노이즈가 이에 포함한다.

③ 위치의 종류

- 절대위치(Absolute Localization) : 전세계 구조에서 알기 위한 조건
- 상대위치(Relative Localization) : 초기 점부터 내부 구조에서 알고자 할 때

3. 매핑(Mapping)의 특징 및 종류

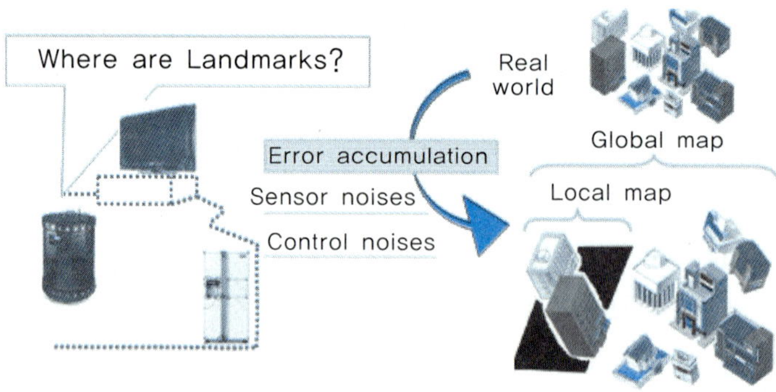

- 글로벌 매핑
- 로컬 매핑

4. 내비게이션의 개요

이동 로봇이 가정환경 내에서 현재 위치에서 목표지점까지 안전하게 이동하기 위해서는 경로생성(Path Planning)과 장애물 회피(Obstacle Avoidance)기술이 필요하다. 경로생성은 2가지가 있다. 알고 있는 지도를 가지고 경로를 생성하는 글로벌 경로생성(Global Path Planning)과 알고 있지 않은 지도를 가지고 경로를 생성하는 로컬 경로생성(Local Path Planning)으로 구분된다.

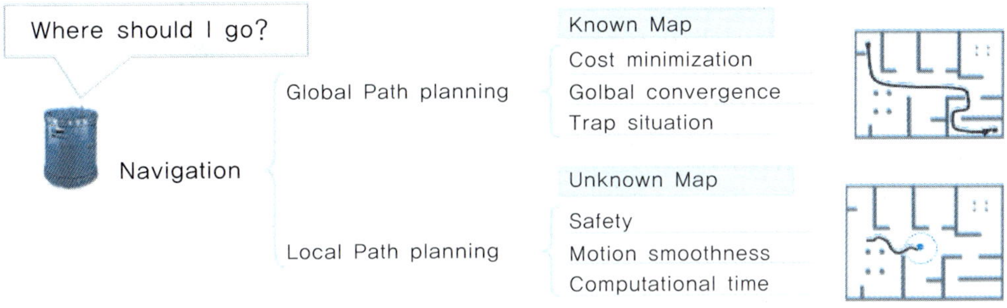

5. SLAM의 개요

SLAM(Simultaneous Localization And Map-building)은 CML(Concurrent Mapping and Localization)으로써 이동로봇에서의 로봇이 미지의 환경을 돌아다니면서 로봇에 부착되어 있는 센서만으로 외부의 도움 없이 환경에 대한 정확한 지도를 작성하는 작업이다. SLAM은 지능로봇의 자율 주행 구현을 위한 가장 기본적이면서도 핵심이 되는 기술로써 정확한 지도를 작성하기 위해서는 로봇의 위치추정이 정확하여야 하고, 정확한 위치추정을 위해서는 지도가 정확하여야 한다. 실제 상황에서 불확실성이 포함된 지도에서의 위치추정의 결과는 부정확하고, 센서의 불확실성에 기인한 부정확한 로봇의 위치는 지도의 부정확성으로 이어지게 된다.

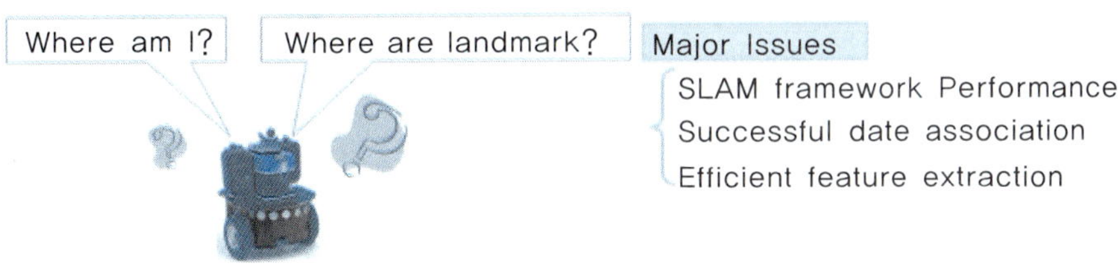

6. SLAM의 중요성

(1) 저가의 센서를 사용하는 경우

예를 들면 소나(Sonar) 센서(약 $50)는 많은 센서의 불확실성. 위치추정 혹은 매핑이 미약하다.

(2) 고가의 센서를 사용하는 경우

예를 들면 레이저 센서(약 6000)는 센서정보를 추출할 수 있고 위치추정이나 매핑이 용이하다. 그러므로 저가 센서를 사용하기 위해 SLAM이 중요하다.

7. SLAM의 원리 및 동작원리

- 거리 센서, 인코더 등의 센서를 사용하며 이를 탑재한 로봇에 적용
- 바퀴의 모터에 장착된 인코더를 이용하여 기본적인 로봇의 위치를 계산
- 실내환경에 존재하는 직선 정보, 코너 정보와 같은 특징 정보를 위치추정에 활용
- 특징 정보를 사용하여 로봇의 위치를 추정한 후 지도 정보를 갱신

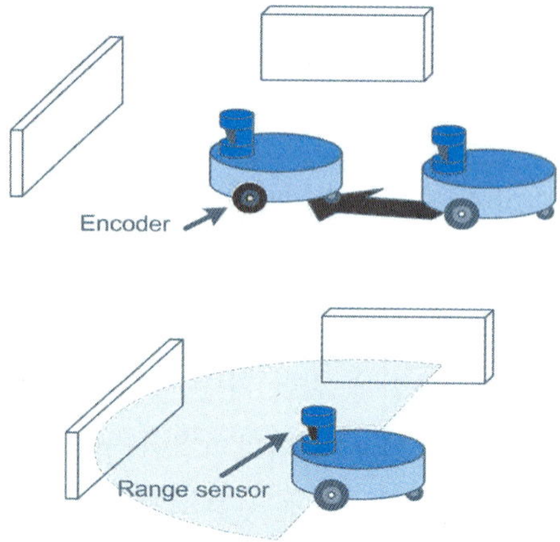

[그림 1-21] Mobile robot – prediction(위 그림)과 observation(아래 그림).

(1) SLAM의 동작원리

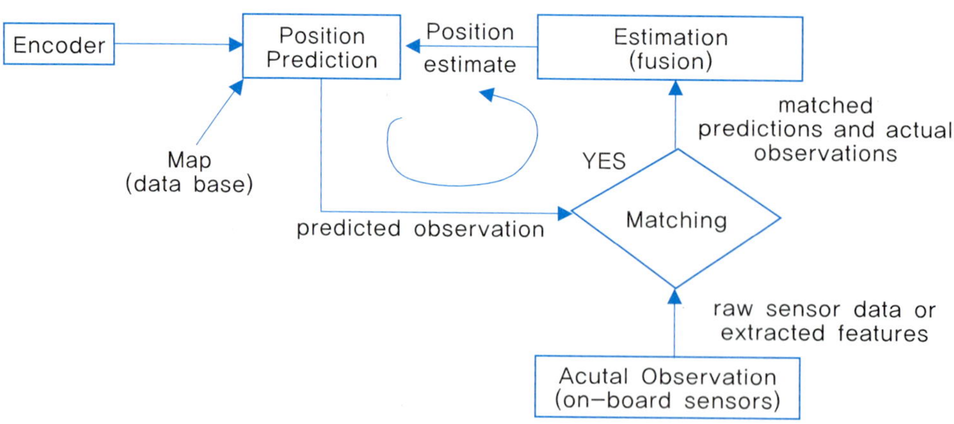

[그림 1-22] SLAM의 흐름도

① 인코더 정보로부터 한 주기 동안 이동한 로봇의 다음 위치를 계산한다.

② 계산한 로봇 위치에서 거리 센서에 의하여 관찰될 환경을 예측한다.

③ 로봇에 장착된 거리센서에서 실제 측정값을 받아들인다.

④ 예측된 환경과 관찰된 환경을 매칭한다.

⑤ 매칭된 값을 바탕으로 로봇의 실제 위치를 추정한다.

⑥ 추정된 위치에서 지도를 갱신한다.

⑦ 위의 과정을 반복한다.

(2) 세선화 기반의 위상정보를 이용한 SLAM

- 세선화 기반의 위상정보의 노드에는 근처의 특징의 정보가 저장되어 있다.
- 로봇의 근처에 있는 특징 정보를 검색하는 데 노드를 사용한다.
- 효율적인 특징 검색 및 정합 가능하다.

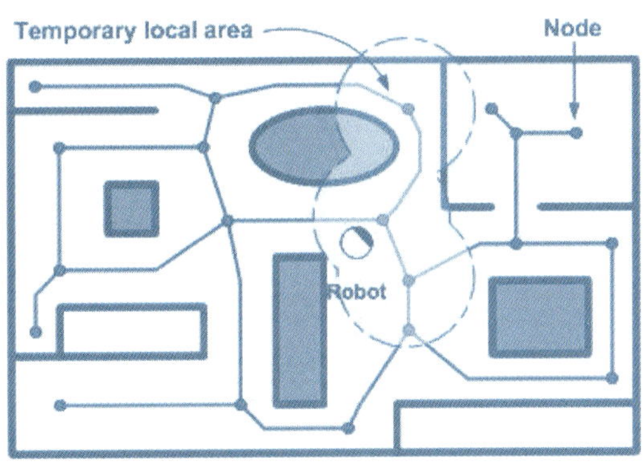

[그림 1-23] 세선화 기반의 위상정보를 이용한 SLAM

(3) SLAM의 응용

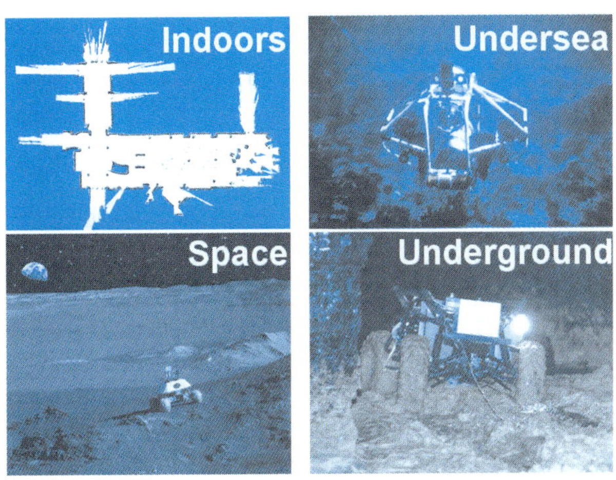

PART II

지능형 로봇 응용시스템의 제어 프로그램

지능형 로봇 응용시스템에서 사용하는 순서도 기반의 로봇 제어 소프트웨어는 'IRES(Intelligent Robot Education Studio)'라고 한다. IRES는 ED7271뿐만 아니라 로봇 ED7270, 7272, 7273의 제품에도 사용할 수 있는 지능형 로봇 응용시스템의 제어 프로그램이다. 이 부에서는 IRES의 설치 및 구성/사용법에 대하여 서술하였다.

CHAPTER

02 지능형 로봇 응용시스템의 환경설정 및 IRES 설치

01 지능형 로봇 응용시스템의 환경설정 및 IRES 설치

지능형 로봇 응용시스템의 하드웨어는 USB 2.0 인터페이스 방식으로 제어를 하며, 모든 하드웨어에는 아래와 같이 디바이스 드라이버를 설치하여야 한다.

지능형 로봇 응용시스템의 아래 부분에 대한 디바이스 드라이버가 설치된 상태이며, 사용 도중 드라이버 설치를 요구하는 경우 아래와 같이 디바이스 드라이버를 설치하면 된다.

드라이버 설치 전에 제공되는 IRES Setup 프로그램을 설치한 후 드라이버 설치를 한다.

1. ED Motion Control Device 설치

① 전원 스위치를 켠 후 USB 케이블로 PC와 연결한다.

② PC는 "ED Motion Control Device"라는 하드웨어를 발견한다.

③ "목록 또는 특정 위치에서 설치(고급)(S)"를 선택한다(자동설치 가능).

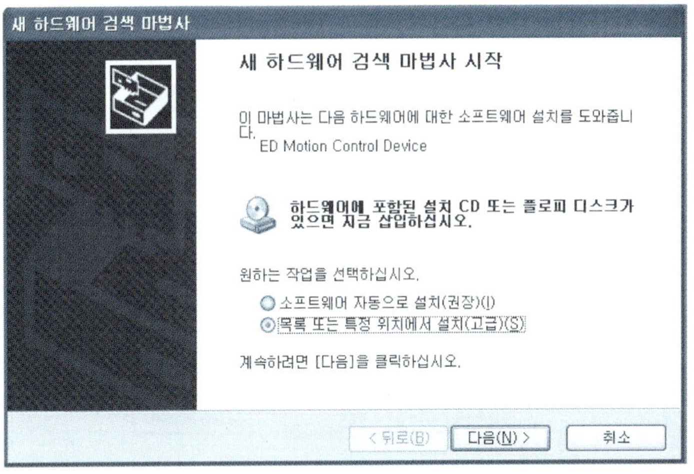

④ "Motion Control Device" USB 드라이버 폴더를 지정해준다.

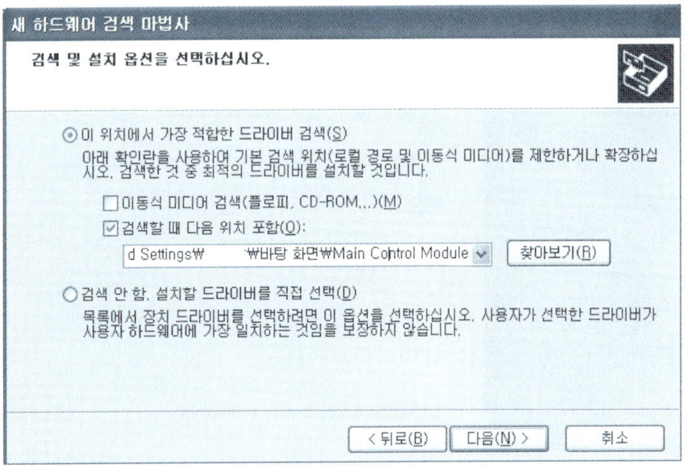

※ C\Program Files\ED.co.kr\ED_IRES\Driver\ED-4509

⑤ "ED Intelligent Robot Motion Control Device"가 선택되고 "계속"을 클릭한다.

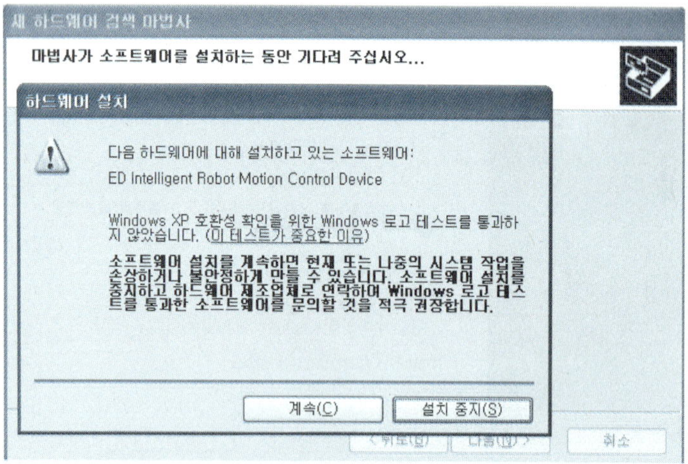

⑥ 다음과 같은 메시지가 출력되면 모션 컨트롤러 부분의 USB 드라이버 설치는 완료된다.

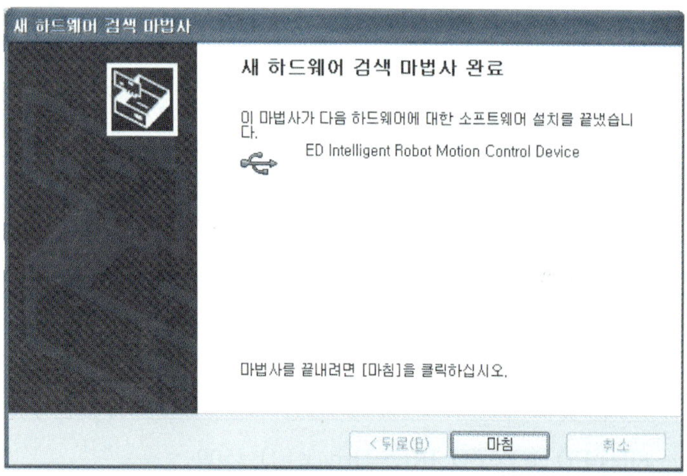

2. USB To Serial 드라이브 설치

① PC는 "USB Device"라는 하드웨어를 발견한다.

② "목록 또는 특정 위치에서 설치(고급)(S)"를 선택한다(자동설치 가능, 설치가 안될 경우 고급선택).

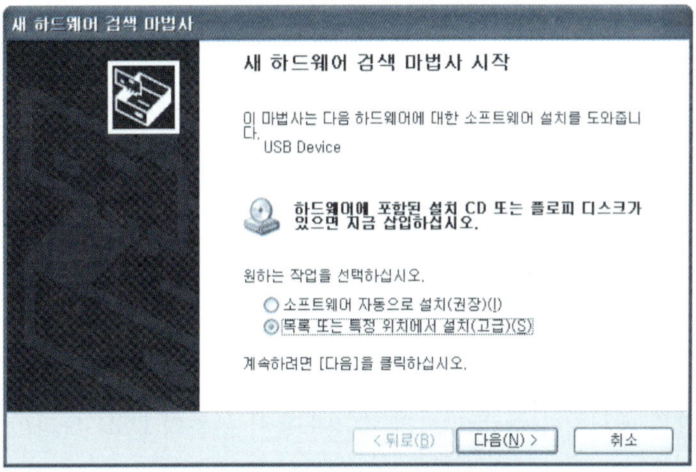

③ "USB Device"의 USB 드라이버 폴더를 지정해준다.

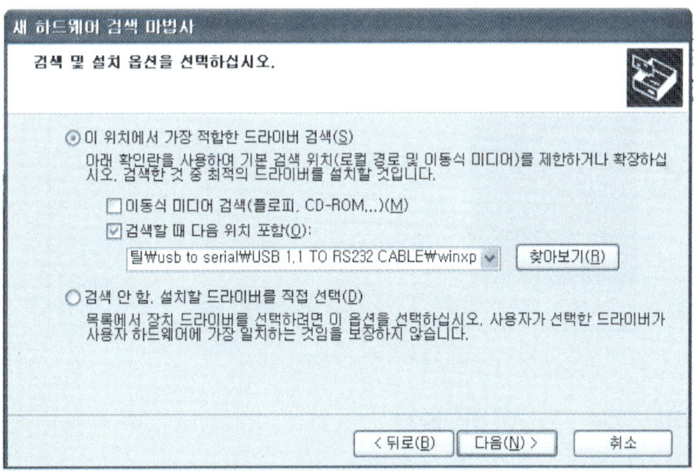

※ C:\Program Files\ED.co.kr\ED_IRES\Driver\USB To Serial\ED7271\USB 2.0 TO RS232 CABLE\pc driver

④ "Prolific USB-to-Serial Comm Port"가 선택되고 "계속"을 클릭한다.

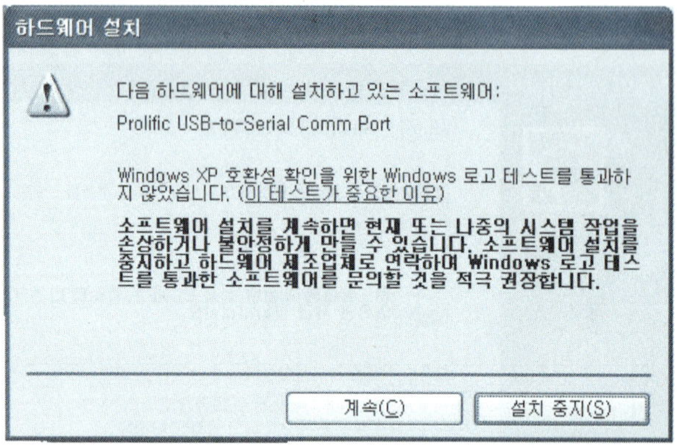

⑤ 다음과 같은 메시지가 출력되면 센서 컨트롤러 부분의 USB 드라이버 설치는 완료된다.

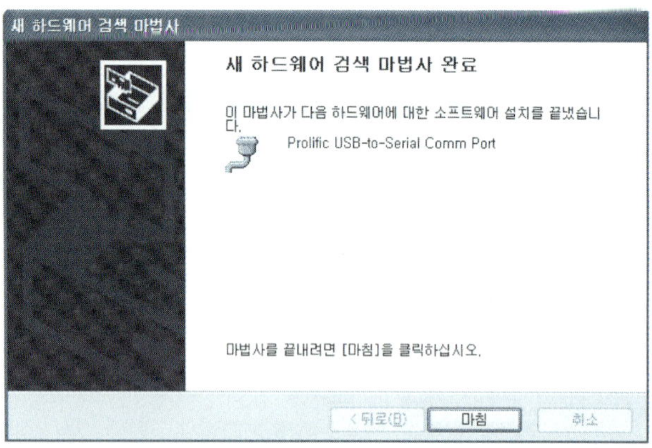

3. USB 카메라 장치 드라이버 설치

주의사항

카메라와 관련된 드라이버를 설치 후 반드시 PC와 카메라를 연결한다.

IRES Setup시 카메라 드라이버를 설치를 안했을 경우에만 1번 과정부터 한다. 설치가 된 경우에는 4번 과정부터 하면 된다. OS가 Vista이면 해당 폴더안의 AC_MPlus_Vista_Driver.exe를 설치한다.

1 설치 CD에서 "M Plus driver.exe" 파일을 실행시킨다.

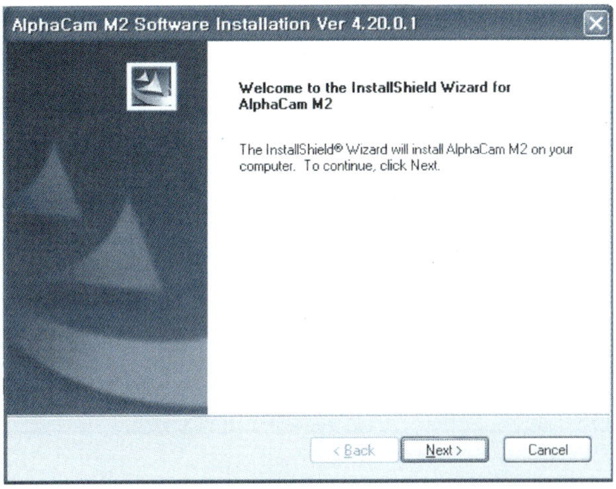

C:\Program Files\ED.co.kr\ED_IRES\Driver\Camera\M Plus driver.exe

2 전체 설치를 선택하고 "Next"를 클릭한다.

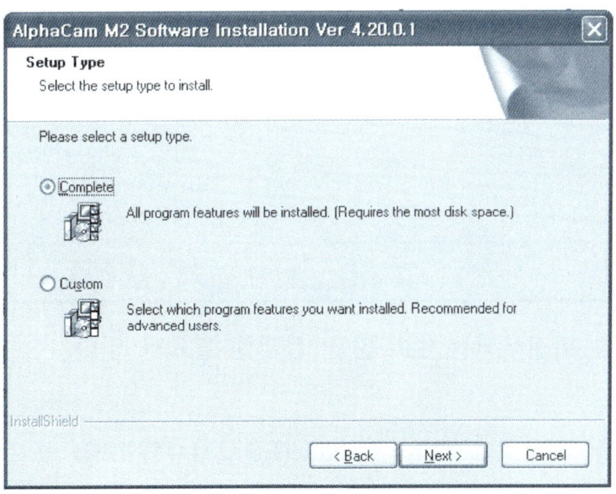

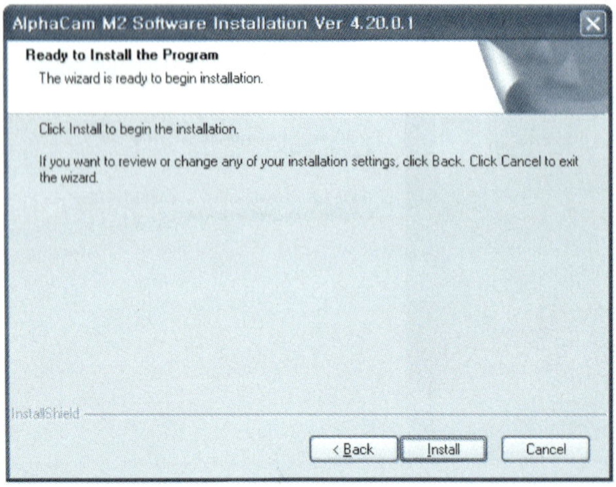

③ USB 드라이버를 하드디스크에 복사한다.

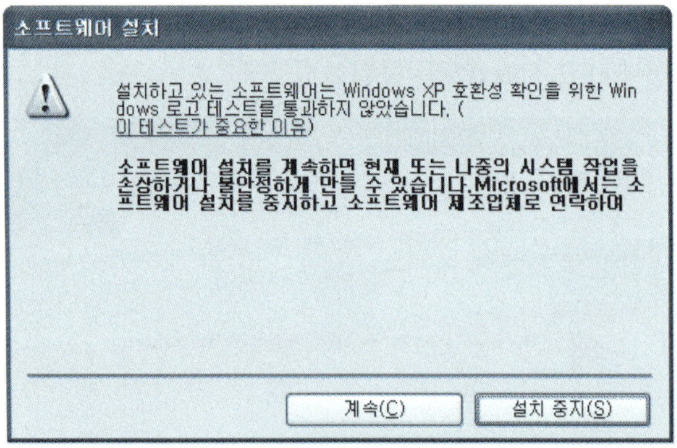

※ IRES 3.0 이상 버전부터는 ①~③을 실행할 필요가 없다.

④ USB 카메라를 Main Controller Module(ED7271-15) USB 포트에 연결한다. 전원이 켜있다면 PC는 “Alpha M plus”이라는 하드웨어를 발견한다.

⑤ "소프트웨어 자동으로 설치(권장)(I)"를 선택하고 "다음"을 클릭한다.

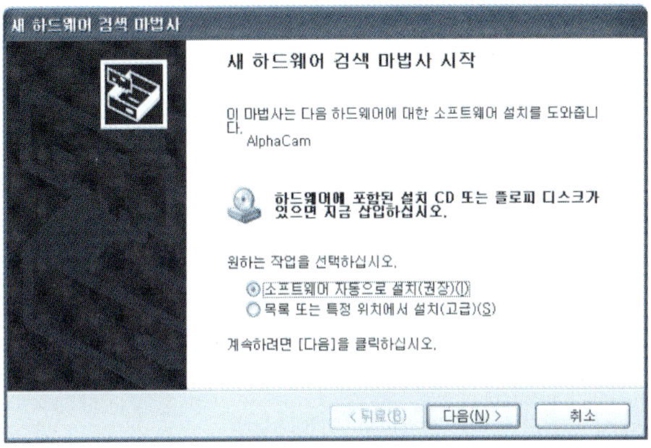

⑥ 하드웨어 검색 후 "Alpha M plus"의 드라이버 설치를 계속한다.

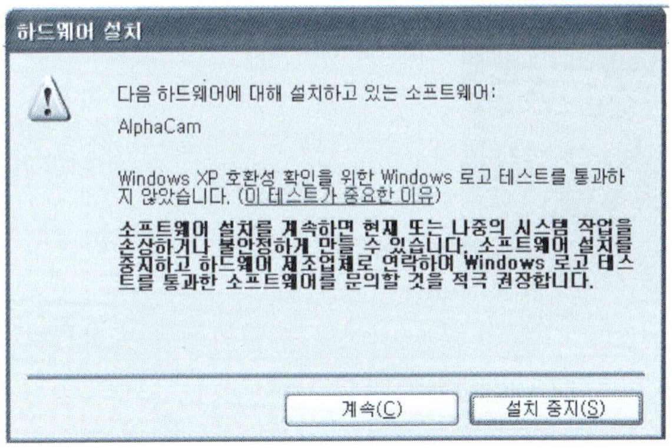

⑦ USB 카메라의 USB 드라이버 설치가 완료된다.

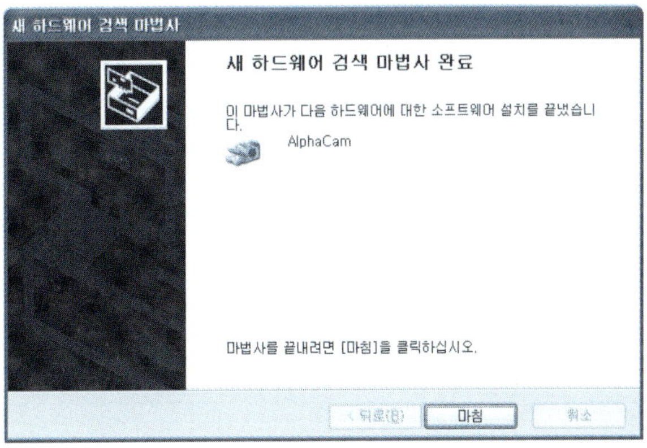

02 IRES 프로그램 설치 및 삭제

1. IRES 프로그램 설치

지능형 로봇 실험실습 장치를 구동하기 위해서는 대화형 응용 프로그램(Intelligent Robot Education Studio)을 아래와 같이 설치하여야 한다.

① 설치 CD에서 "Setup.exe" 파일을 실행시킨다.

② "다음"을 선택하여 프로그램 설치를 진행한다.

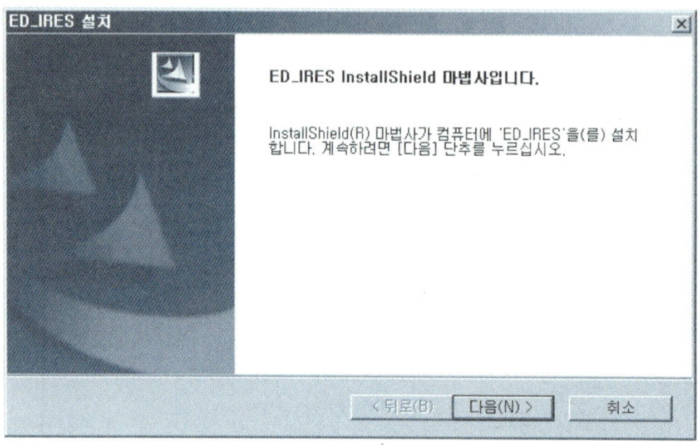

③ 프로그램의 약관을 필히 필독 후 "사용권 계약의 조항에 동의합니다."를 선택 후 "다음"을 클릭한다.

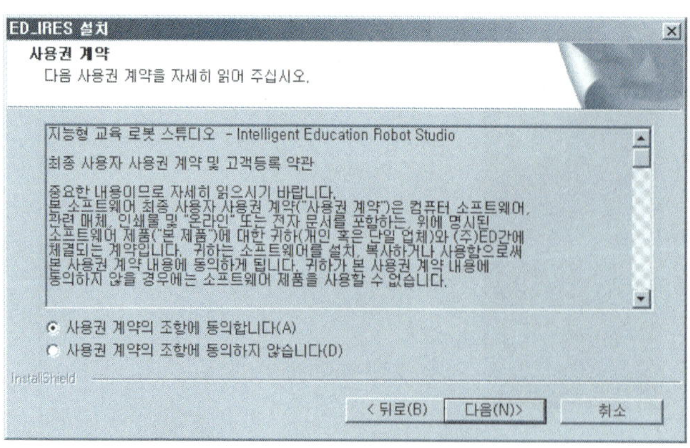

④ 사용하고자 하는 사용자 및 학교명을 입력 후 "다음"을 클릭한다.

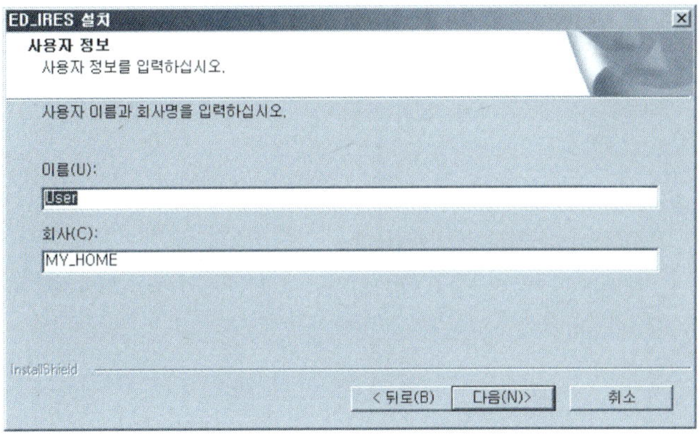

⑤ 사용하고자 하는 제품명 '지능형 로봇 키트'를 선택 후 "다음"을 클릭한다.

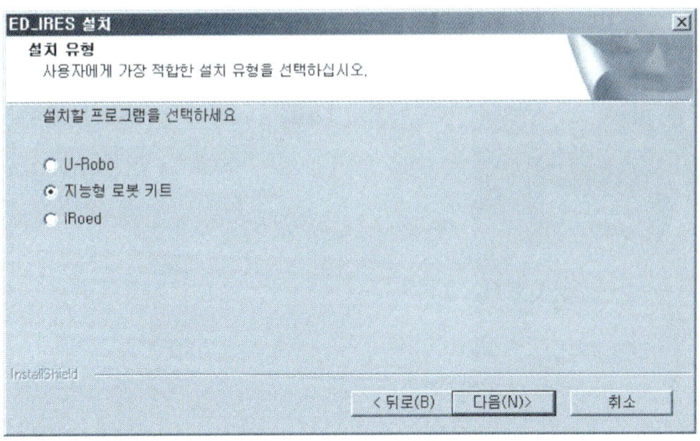

⑥ 프로그램 설치 전에 과정이 완료가 되면 "다음"을 클릭한다.

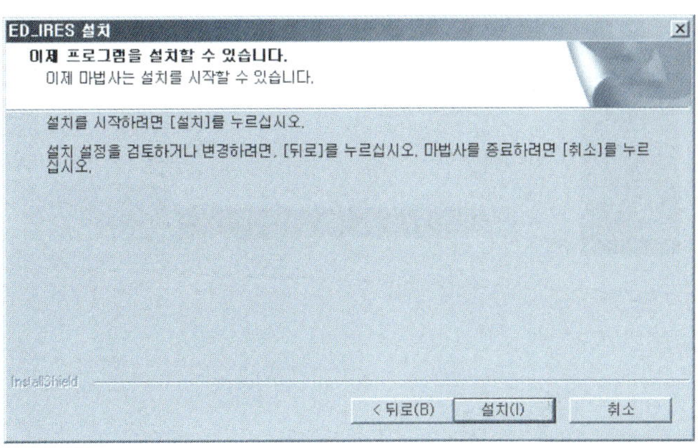

7 프로그램이 내 컴퓨터 C:\에 설치가 된다.

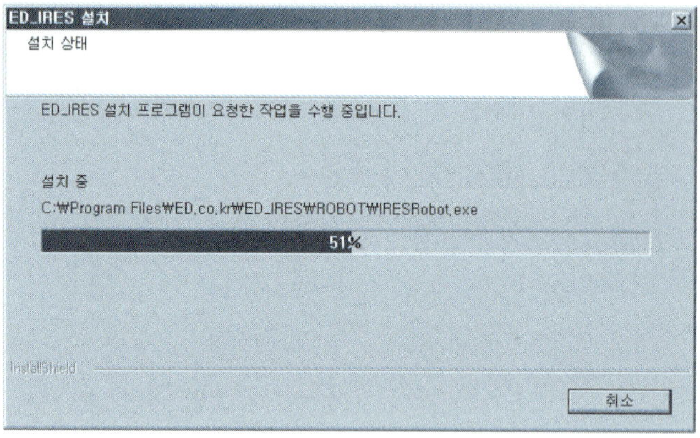

8 모든 프로그램 및 설정 과정이 완료되면 아래와 같이 프로그램 설치가 완료된다.

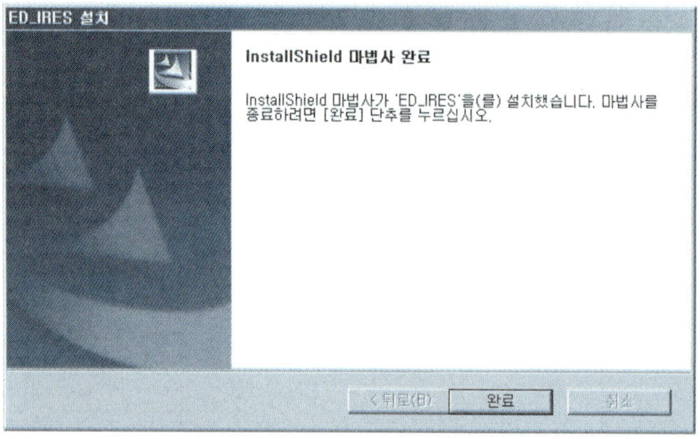

9 설치가 완료가 되면 바탕화면 및 프로그램에 아래와 같이 바로가기 및 프로그램이 등록된다.

2. IRES 프로그램 삭제

① 설치 CD에서 "Setup.exe" 파일을 실행 및 프로그램 추가 / 제거에서 다음과 같이 선택한다.

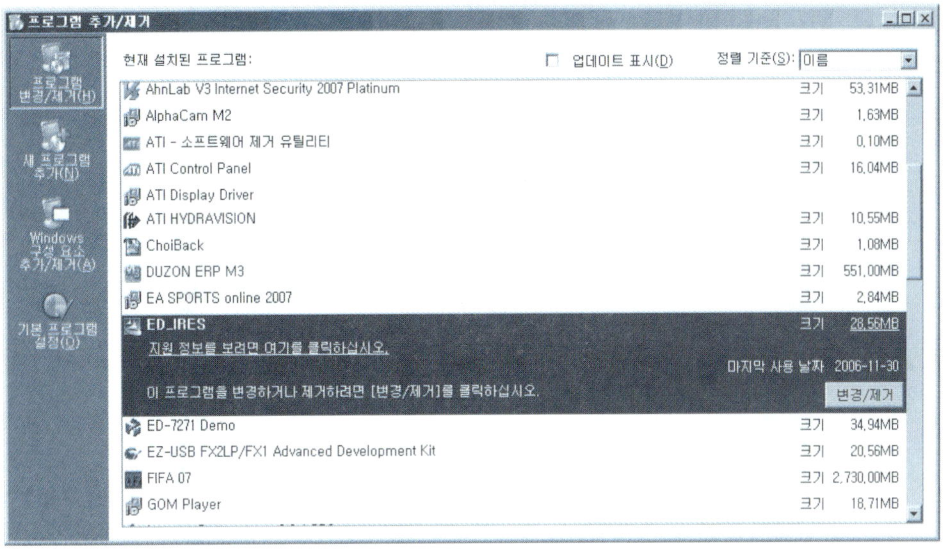

② 아래와 같이 프로그램 "제거"를 선택 후 "다음"을 클릭한다.

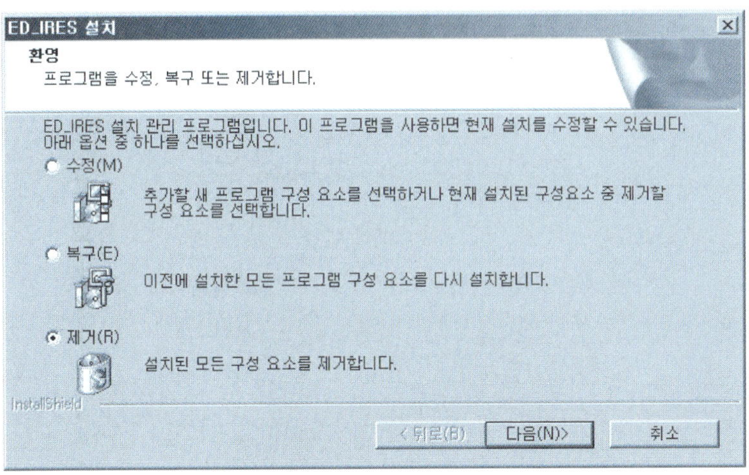

③ 프로그램 삭제시 모든 구성 요소를 삭제하여야 한다.

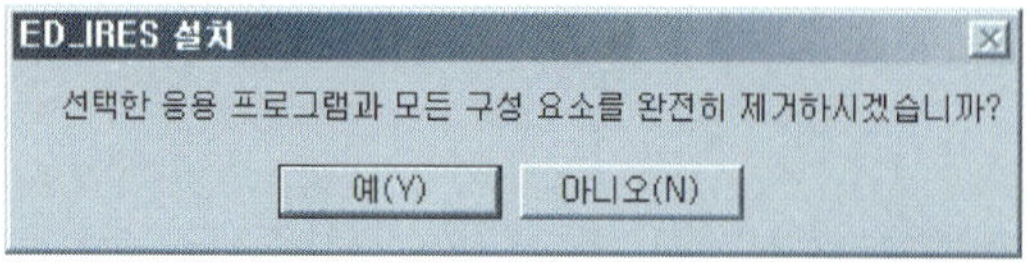

④ 모든 프로그램 파일 및 구성요소가 삭제되면 아래와 같이 프로그램이 내 컴퓨터에서 삭제된다.

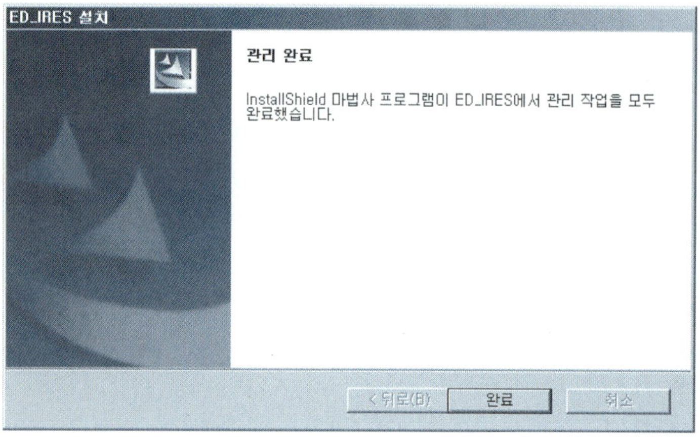

CHAPTER 03

지능형 로봇 제어 프로그램

01 IRES 개요

로봇 응용시스템에서 사용하는 순서도 기반의 로봇 제어 소프트웨어는 Intelligent Robot Education Studio의 앞 글자를 따서 'IRES'라고 명한다. IRES는 지능형 로봇 실험 응용시스템(ED7271)뿐만 아니라 로봇(ED7270, 7272, 7273)의 제품에도 사용할 수 있는 로봇 제어 프로그램이다.

지능형 로봇 응용시스템의 (ED7270[Urobo], 7271, 7272[iRoed], ED7273)은 Visual C++에서 사용할 수 있는 로봇 제어 라이브러리를 제공하는데 이 제어 라이브러리를 사용하려면 Visual C++언어를 충분히 다룰 수 있는 사용자이어야 한다. 여기에서 사용하는 지능형 로봇 응용시스템들은 Intelligent 로봇 제품군은 Visual C++의 언어를 사용치 않아도 로봇을 동작시킬 수 있도록 만들어져 있다. 즉, IRES는 Visual C++뿐만 아니라 로봇을 제어가 가능한 순서도 기반(Flowchart base)의 프로그래밍 언어이다. 프로그래밍 언어에 익숙하지 못한 초보자들에게 또는 로봇을 간단히 테스트 및 제어하고 싶은 사용자를 위해 만들어져 있어 그 사용방법이 간단명료하다.

02 IRES 구성

IRES는 URobo(ED7270)뿐만 아니라 로봇(ED7271, 7272, 7273)의 제품에도 사용할 수 있는 로봇 제어 프로그램이다. 지능형 로봇 응용시스템의 IRES는 IRES Execute와 IRES

User의 두 개의 프로그램을 통틀어 말한다.

1. IRES 실행기(Execute)

로봇 실행기는 사용자가 프로그램한 정보를 로봇에게 전달하여 로봇을 동작 확인할 수 있는 프로그램이다.

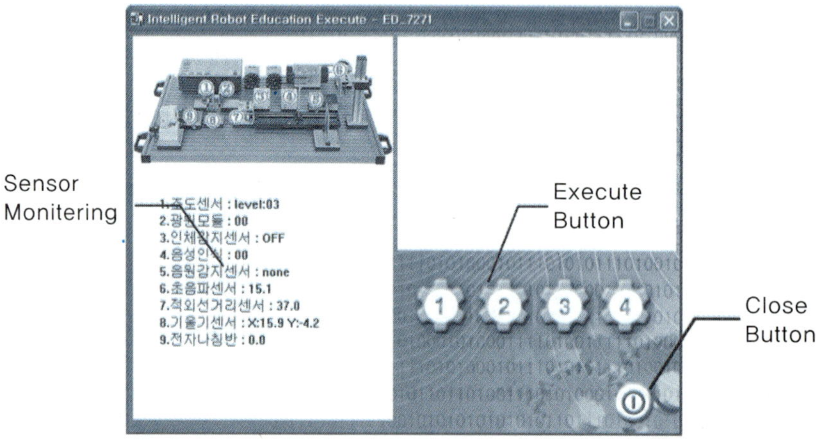

[그림 3-1] IRES 실행기

① Execute Button : 사용자가 전달한 프로그램을 실행하는 버튼이다. 단일 프로그램으로 4개의 프로그램을 저장할 수 있으며 각각의 버튼에 사용자가 프로그램한 내용이 저장된다. 프로그램을 다운로드했을 경우 실행기 버튼의 색이 붉은 색으로 바뀐다. 사용자가 프로그램을 다운로드한 후 사용자가 버튼을 클릭하면 로봇이 동작하고 다시 클릭하면 정지하는 방식으로 이루어져 있다.

② Close Button : 로봇 실행기를 종료하는 버튼이다.

③ Sensor Monitering : 지능형 로봇 실험실습 장치에 장착된 센서 데이터가 표시된다.

④ IR Sensor : 초음파 센서와 구별되게 적색으로 표시한다.

⑤ Ultra Sonic Sensor : 파란색으로 초음파 센서의 값을 표시한다.

2. IRES User

1) [그림 3-2]에 대한 설명은 다음과 같다.

① Menu Icon Bar : IRES의 전반전인 기능을 수행할 수 있는 메뉴 바

② Object window : 작성할 프로그램의 객체들이 모여 있는 곳이다. 여기의 객체들을 "Work Window"에 끌어다 놓음으로써 프로그램을 작성할 수 있다.

③ Work Title Bar : 지금 작성하고 있는 프로그램의 이름을 나타낸다.

④ Work Window : 프로그램을 작성하는 공간이다.

⑤ Trash Can : 객체들을 "Work Window"에서 이곳으로 끌어다 놓으면 삭제할 수 있다.

⑥ Information Window : 객체를 클릭하면 객체에 대한 상세 정보를 표시하고, 컴파일(Compile)시 에러나 경고를 나타낸다.

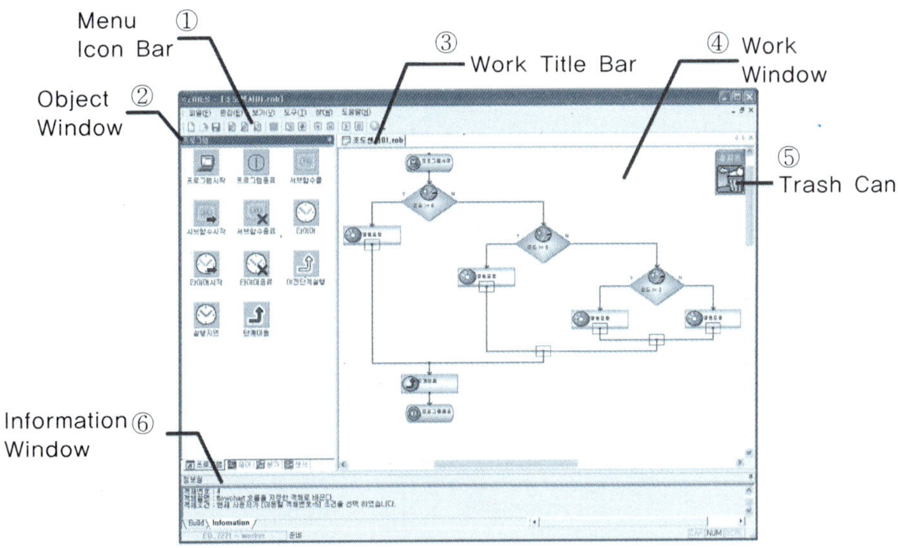

[그림 3-2] 지능형 로봇 제어 IRES 프로그램

2) [그림 3-3]에 대한 아이콘 설명은 다음과 같다.

① Compile Button : 사용자가 프로그램한 내용을 컴파일하는 버튼

② Download Button : 프로그램을 로봇에게 전송하는 프로그램

③ Debug execute Button : 사용자가 프로그램한 내용을 화면상에서 실행되는 흐름을 보면서 로봇을 실행하는 버튼(로봇과 통신을 하면서 프로그램을 실행하기 때문에 로봇을 제어하는 프로그램의 속도가 느리다.)

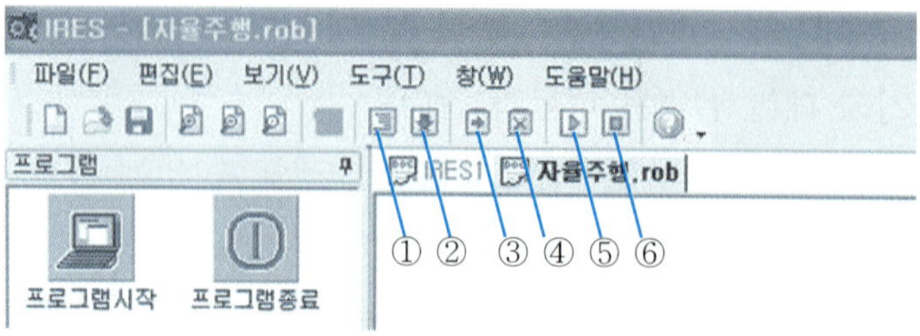

[그림 3-3] 프로그램 아이콘

④ Debug Stop Button : 로봇을 디버그용으로 실행했을 때 정지하는 버튼

⑤ Execute Button : 로봇에게 프로그램한 내용을 실행하는 버튼

⑥ Stop button : 로봇 정지 버튼

03 IRES 메뉴

1. 메뉴 구성

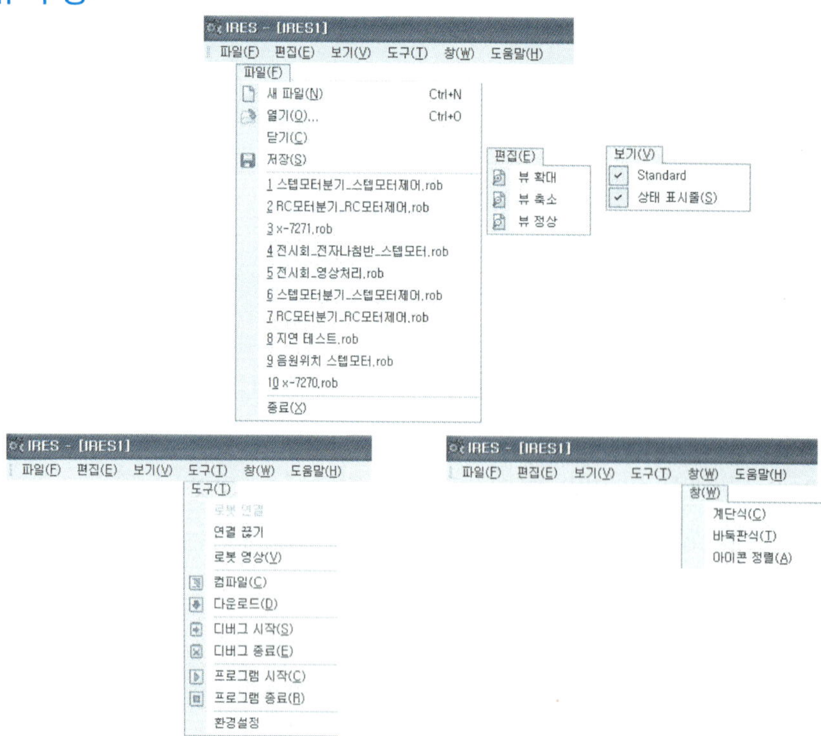

[그림 3-4] 메뉴 구성

일반적인 윈도우즈 프로그램과 거의 비슷한 형태의 구성을 취하고 있으며, 사용자 프로그램을 주로 하는데 메뉴를 단순하게 구성하여 프로그램을 쉽게 작성할 수 있도록 구성되어 있다.

2. 아이콘 설명

① 새 파일 : 프로그램을 새로 작성할 작업창을 생성한다.

② 파일 열기 : 이전에 작성했던 프로그램을 읽어온다. 이때의 확장자는 rob의 형태를 가진다.

③ 파일 저장 : 프로그램을 작성하고 파일로 작업내용을 저장할 수 있다(파일명.rob).

④ Zoom In : 작업창의 객체를 확대해서 볼 수 있다.

⑤ Zoom Out : 작업창의 전체 객체를 볼 수 있어 프로그램의 양이 많아졌을 때 사용하면 편리하다.

⑥ Zoom default : 초기 화면 형태의 사이즈로 되돌린다.

⑦ 메인 함수로 이동 : 초기에 메인 함수의 작업창으로 이동한다. 메인 함수의 작업창에서 서브함수를 포함시킬 수 있는데 서브함수 내용을 작성하고 메인 함수로 되돌아올 때 사용한다.

⑧ 컴파일 : 프로그램을 컴파일한다.

⑨ 다운로딩 : 프로그램을 다운로딩한다.

⑩ 프로그램 디버깅 시작 : 컴파일 및 다운로딩 후 프로그램 실행을 하는데 어떤 절차로 프로그램이 동작하는지 눈으로 확인할 수 있다.

⑪ 프로그램 디버깅 종료 : 디버깅 모드 프로그램시 프로그램 종료

⑫ 프로그램 시작

⑬ 프로그램 종료

⑭ IRES 정보

04 IRES 컴포넌트

로봇을 제어할 수 있도록 각 제어 부분을 도시화하여 컴포넌트 형태로 IRES 프로그램에서 프로그래밍을 할 수 있다. 다음은 IRES에서 제공되는 컴포넌트에 대하여 특징 및 기능에 대하여 설명을 한다.

1. 특 징

프로그램 왼쪽 부분에서는 여러 컴포넌트들이 있는데 여기 컴포넌트들만 있으면 로봇 혹은 로봇 응용시스템을 원활하게 제어할 수 있다. 컴포넌트 아이콘과 함께 있는 다이얼로그는 각 컴포넌트에 해당하는 환경설정에 대한 내용이다. 환경설정을 하는 방법은 컴포넌트를 작업윈도우에 컴포넌트를 옮겨놓고 해당 컴포넌트에서 더블클릭이나 오른쪽 클릭 후 환경설정을 클릭해주면 환경설정 다이얼로그를 활성화할 수 있다.

주의사항

환경설정이 있는 객체는 필히 환경설정을 해야 컴파일할 때 에러가 발생하지 않는다. 환경설정은 버튼을 두 번 더블클릭하거나 마우스 오른쪽 버튼을 눌러서 환경설정을 할 수 있다.

2. 기 능

(1) 프로그램 컴포넌트

- **프로그램 시작** : 메인 함수의 시작을 의미한다. 모든 프로그램 작성시 꼭 들어가야 하는 객체이다. IRES에서 “프로그램 시작 객체”가 없다면 프로그램이 실행 및 컴파일 되지 않는다.

프로그램시작

- 환경설정

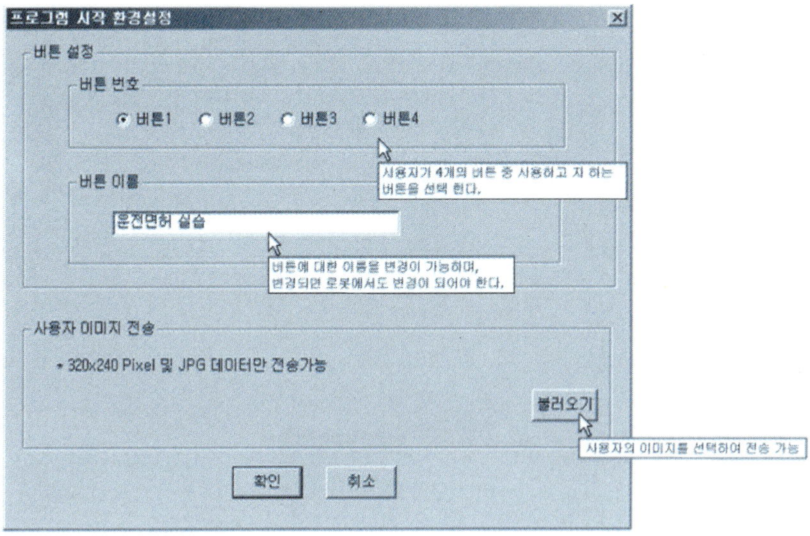

[그림 3-5] 프로그램 시작

- 버튼 설정 : IRES Execute의 실행버튼과 연결 설정하는 부분이다. 버튼1로 체크하고 다운로딩하고 IRES Execute의 첫 번째 실행버튼을 클릭하면 프로그램이 시작이 된다.
- 버튼 이름 : 실행버튼의 이름을 생성한다. 각 각의 버튼마다 버튼의 이름을 부여할 수 있다(한글 16단어까지 가능하다).
  ※ 필히 부여해야 한다.
- 불러오기 : 사용자가 필요한 이미지를 로봇쪽에 전송할 수 있다(단 이미지의 크기는 320 × 240의 jpg 파일만 가능하다).

- **프로그램 종료** : 이 객체 역시 "프로그램 시작" 객체와 마찬가지로 모든 프로그램내 포함되어야 할 객체이고 없으면 컴파일할 때 에러메시지를 띄운다. 메인 함수의 종료를 나타낸다.

프로그램종료

(2) 서브함수 콜

- 서브함수를 사용할 때 이 객체 하위에 프로그램을 작성할 수 있다. 이 객체를 작업창에 드래그하여 놓고 더블클릭 또는 오른쪽 마우스를 클릭함으로써 서브함수 내에 들

어가 프로그램 작성이 가능하다. 서브함수 콜 기능을 사용하는 것은 횟수에 상관없이 사용할 수 있다.

서브함수 콜에는 서브함수 시작과 서브함수 종료 버튼이 반드시 포함되어야 사용이 가능하다.

서브함수콜

- **환경설정**

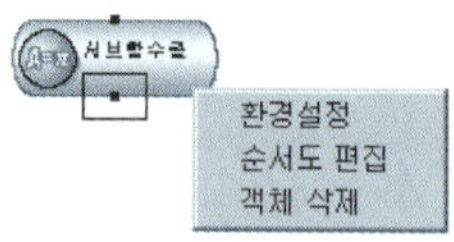

－서브함수 이름은 최대 6글자까지 입력이 가능하다.

- **서브함수 시작** : "프로그램 시작" 객체와 같은 개념으로 서브함수 내에서 프로그램 시작 위치를 가리킨다.

서브함수시작

- **서브함수 종료** : 서브함수의 함수 종료를 의미한다. 서브함수 내에서 이 객체가 없으면 컴파일 때 에러메시지를 띄운다.

서브함수종료

(3) 타이머

타이머 함수. 프로그램 작성할 때는 "서브함수 콜" 객체와 비슷한 개념이다. 더블클릭하고 객체 안으로 들어가 별도의 프로그램 작성이 가능하다. 하지만 다른 점은 "서브함수콜"은 메인 프로그램과 서브함수로 이어서 순차적으로 동작하는데 반하여 타이머는 그 순차적인 동작과 관계없이 별도의 프로그램 시작과 종료를 일정 주기의 설정값에 의해 반복 실행한다.

타이머 함수를 사용하는 횟수 제안은 없지만 너무 많은 타이머는 시스템 전체를 느리게 할 수 있다. 타이머 함수 안에는 반드시 타이머 시작 버튼과 종료 버튼을 생성해야 컴파일시 에러가 없다.

타이머

- 환경설정

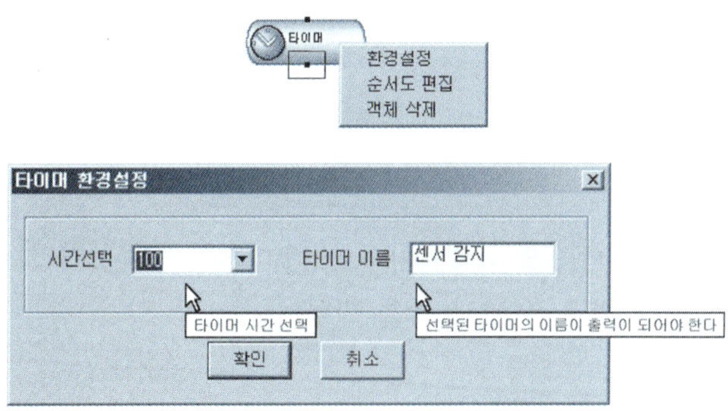

– 시간선택 : 사용자는 타이머의 시간을 선택할 수 있으며, 타이머는 최대 4개까지 생성할 수 있다.
– 타이머 이름 : 최대 6글자까지 입력이 가능하다.

- 타이머 시작 : 타이머 함수 내에서 함수의 시작을 나타내는 객체이다.

타이머시작

- 타이머 종료 : 타이머 함수 내에서 함수의 종료를 나타내는 객체이다.

타이머종료

- 이전단계 실행 : 바로 위의 객체를 반복 실행하는 작업을 수행한다.

이전단계실행

(4) 실행지연

딜레이 함수 루틴이다. 이 객체에서 설정한 시간동안 잠시 대기하고 다음 객체를 실행한다.

실행지연

- 환경설정

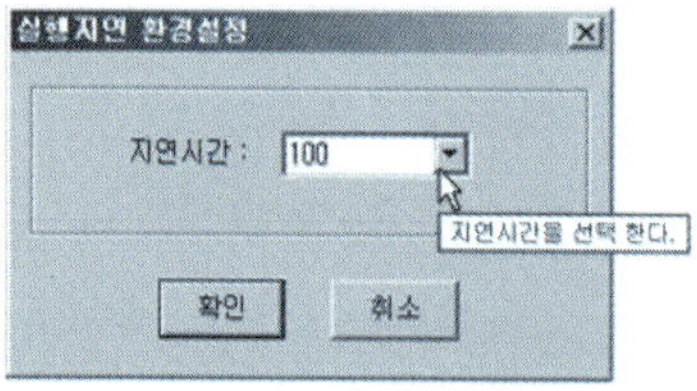

– 지연시간 : 바로 위의 객체를 실행하고 그 다음 루프 실행간의 시간 간격을 말한다. 100은 100msec마다 반복 실행 설정을 말한다.

(5) 단계이동

반복할 구간을 설정하면 그 구간의 객체들을 반복 실행한다.

단계이동

- 환경설정

현재 작업윈도우에 있는 객체들을 표시하고 있다. 목록 중 객체를 선택하면 단계이동 객체를 실행할 때 선택한 객체로 점프를 하게 된다. 이 객체를 이용해서 무한 반복이나 조건 실행 등 다양한 프로그램 루프를 작성할 수 있다.

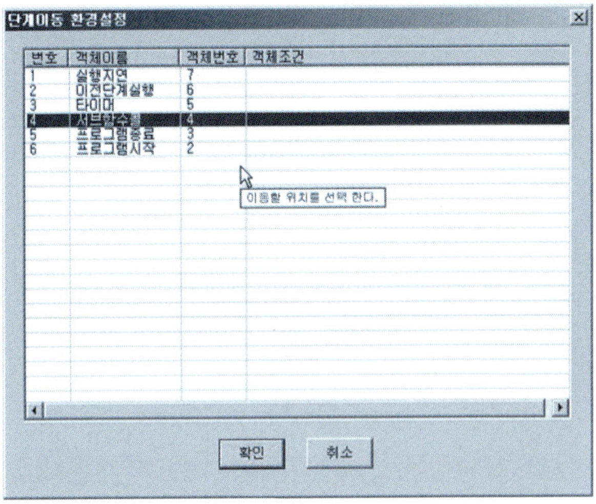

(6) 분기 컴포넌트

분기 객체는 IF 제어문의 순서도 모양인 마름모 형태이며, 객체를 더블클릭해 각각의 객체속성에 맞게 환경설정 다이얼로그에 조건 설정을 해주면 된다.

- **조도 센서** : 조도 센서 모듈의 데이터 값을 읽고 데이터에 대한 조건을 부여하고 조건에 따라 분기할 수 있는 역할을 한다.

조도센서

- 환경설정

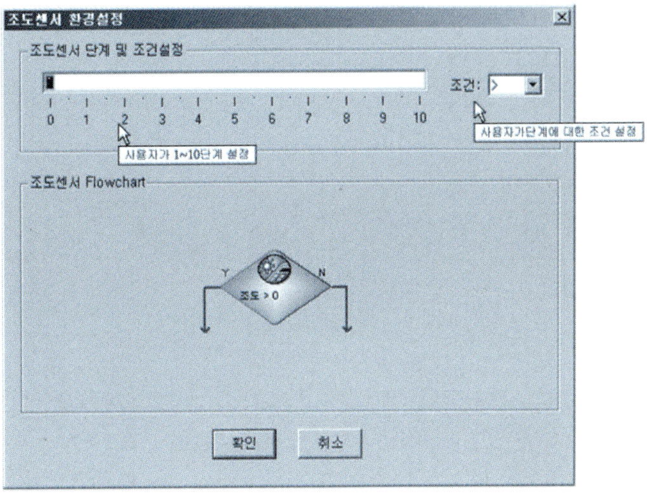

원하는 조도값(Level0~Level10)과 조건(==, !=, >, <, =, <=, >=)을 설정하면 간단히 조건문을 구성할 수 있다.

(7) 영상 센서

영상 카메라의 값을 읽고 조건을 생성하고 조건에 대한 분기를 할 수 있다. 환경설정에 따라 영상 패널의 종류와 얼굴 디텍팅 기능을 사용할 수 있다.

영상센서

- 환경설정

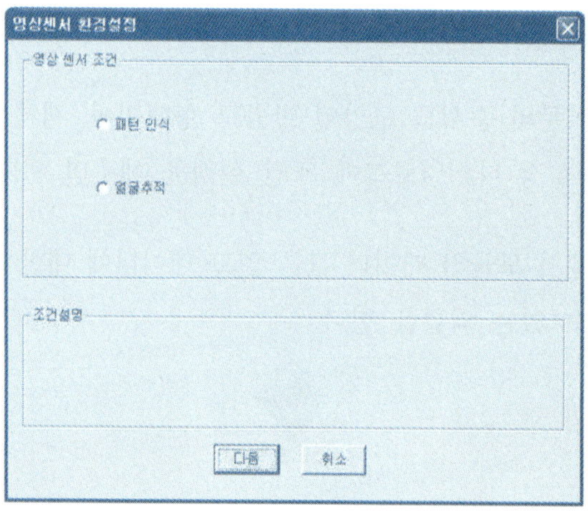

영상 센서 객체는 두 가지 환경설정을 제공한다. 인식 패널과 화면상에서 얼굴을 찾을 수 있는 분기조건을 생성한다.

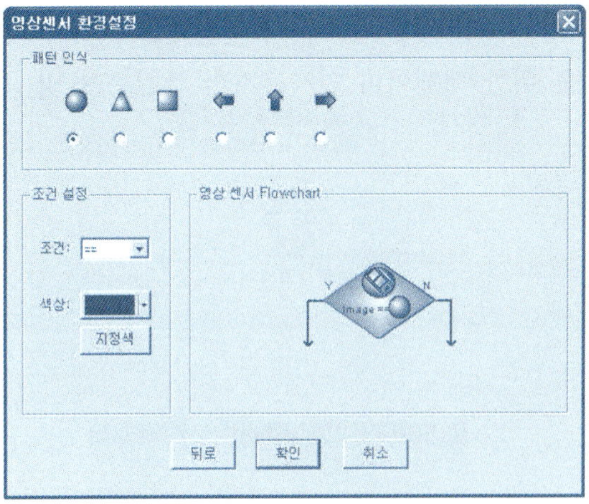

- 얼굴추적

이 기능은 사용자의 얼굴을 화면상에서 찾아내는 기능이다. 조건 선택을 하여 얼굴 여부를 판단할 수 있다.

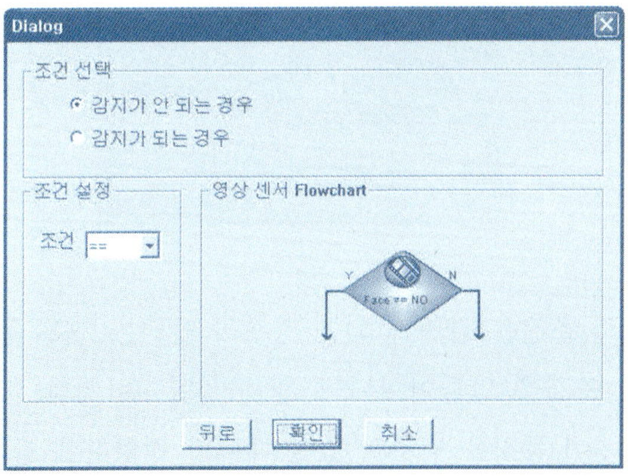

- 패턴 인식

패턴 인식은 화면상에 색상과 물체의 모양이 같은 경우를 인식하여 로봇에게 알려주는 기능이다. 화면상에 1개만 인식할 수 있으며, 주변의 비슷한 색이 많으면 인식 결과가 현저하게 떨어지거나 실패할 수 있다.

사용방법은 비교하고자 하는 패널의 모양을 선택 후 조건 설정한 다음 사용하면 된다.

(8) 인체감지 센서

인체감지 센서 모듈을 위한 객체이며 인체감지의 조건부여 및 조건에 따른 분기를 할 수 있다.

인체감지센서

• 환경설정

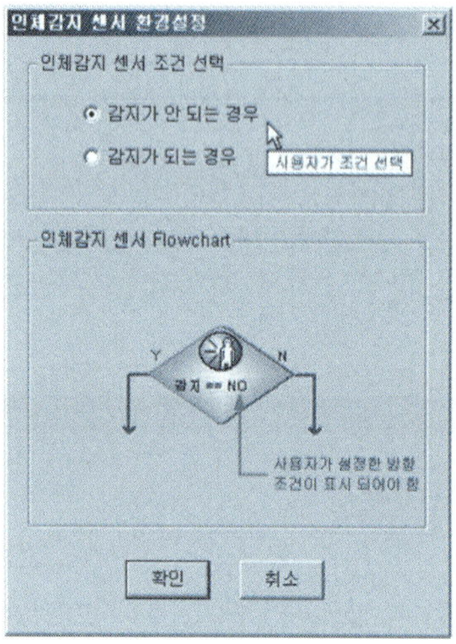

인체감지 센서 모듈의 조건은 감지가 되는 경우와 안되는 경우 두 가지의 선택만을 할 수 있다. 이렇게 분기 조건을 만들어 분기문을 구성할 수 있다.

인체감지 센서는 로봇이 동작을 멈추고 있을 때에만 정확하게 움직이는 물체를 감지할 수 있다. 로봇이 동작하고 있을 경우 인식하는 확률이 낮기 때문에 로봇이 정지하고 있을 때에만 사용 가능하다.

(9) 초음파 센서

초음파 센서 모듈의 거리값을 읽고 거리에 대한 조건을 생성하며 조건에 대한 분기를 할 수 있다. 반드시 해당하는 조건을 선택해야 컴파일시 오류가 없다.

초음파센서

• 환경설정

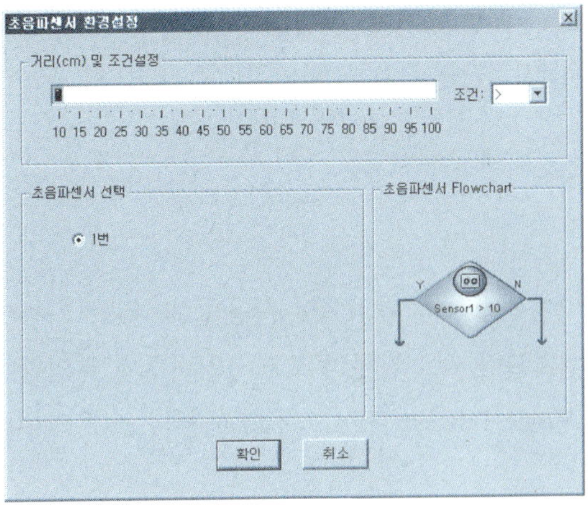

거리값과 조건을 선택해 분기 조건을 선택하면 거리를 측정할 수 있다.

초음파 센서 선택부분은 사용자가 사용하고자 하는 부분의 센서를 선택할 수 있다.

초음파 센서는 10mm~4000mm까지 범위를 측정할 수 있다. 이 조건을 사용자가 여러 환경 조건을 고려하여 거리 조건설정을 해야 한다.

(10) 적외선 거리 센서

적외선 거리 센서 모듈의 거리값을 읽고 거리에 대한 조건을 생성하며 조건에 대한 분기를 할 수 있다. 반드시 해당하는 조건을 선택해야지 컴파일시 오류가 없다.

적외선거리센서

• 환경설정

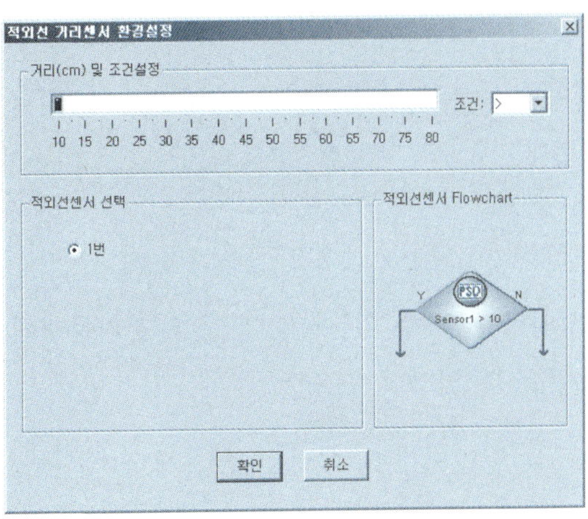

거리값과 조건을 선택하면 분기조건을 생성한다.

적외선 센서는 100mm~800mm까지 범위를 측정할 수 있다. 이 조건의 범위 내에서 사용자가 선택해 사용한다.

(11) 음성인식(옵션)

1) 소프트웨어

음성인식은 반드시 라이센스가 등록되어야 사용할 수 있는 기능이다. 라이센스 등록방법은 제공되는 음성인식 CD나 제조업체의 고객지원센터에 문의한다. 음성인식을 사용하기 위해서는 제공되는 Voice Process 프로그램을 실행 후 사용하여야만 사용이 가능하다.

음성인식

- 환경설정

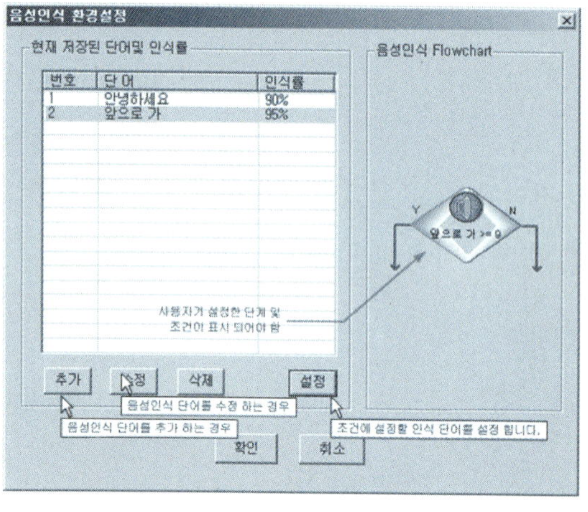

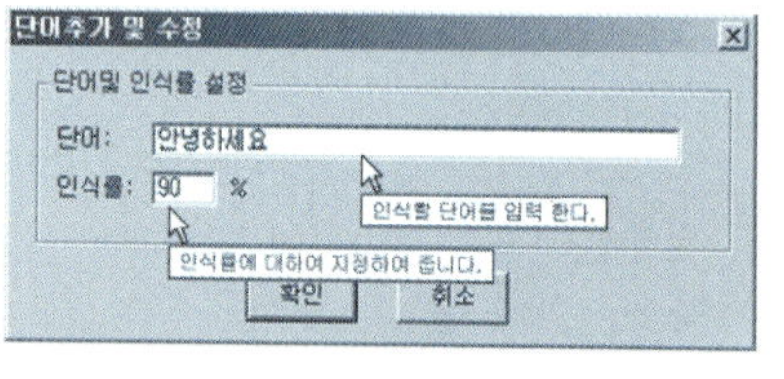

"추가"를 클릭 후 단어를 등록 그리고 단어를 선택하고 "설정"을 클릭하면 그 단에 대한 분기조건문을 생성한다.

2) 하드웨어

하드웨어를 통한 음성인식을 할 수 있는 분기문이다. 분기문내에서 하드웨어타입을 선택해야지만 기능을 사용할 수 있다.

- 환경설정

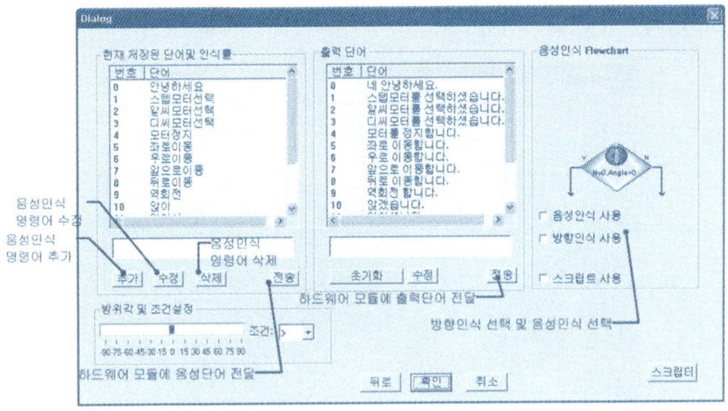

추가, 수정, 삭제 버튼을 이용하여 음성인식할 단어를 생성한 후 전송 버튼을 눌러 음성인식 단어를 하드웨어 모듈에 전송할 수 있다. 또한 음성인식된 결과를 출력단어 부분에서 리스트를 만들어서 출력할 수 있다. 저장한 단어와 출력할 단어의 수는 같아야 하며 음성인식 사용, 방향인식 사용 조건선택을 해야 한다.

(11) 기울기 센서

X, Y 양축의 기울기값을 가지고 조건을 생성하고 조건에 대한 분기를 할 수 있다.

기울기센서

- 환경설정

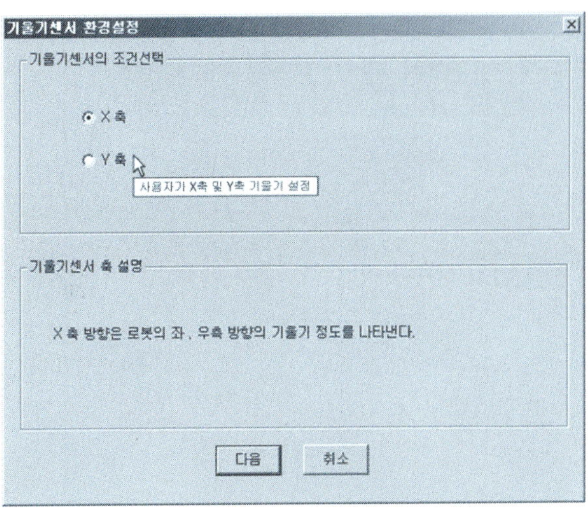

–Y축 방향 : 로봇의 정면을 기준으로 로봇이 앞과 뒤쪽을 나타낸다.

–X축 방향 : 로봇의 정면을 기준으로 좌, 우측의 기울기를 나타낸다.

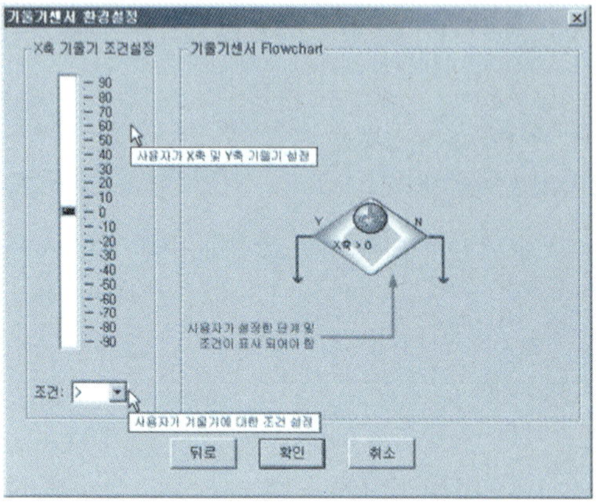

기울기 센서 모듈이 2축의 기울기를 측정하기 때문에 프로그램의 기울기 센서 객체 역시 2가지 조건을 설정하게 된다. 2축의 기울기값과 조건선택을 하면 분기조건문을 생성할 수 있다.

(12) 전자나침반

전자나침반에서 출력값을 읽고 각도에 대한 조건을 생성하면 조건에 대한 분기를 할 수 있다.

전자나침반

- 환경설정

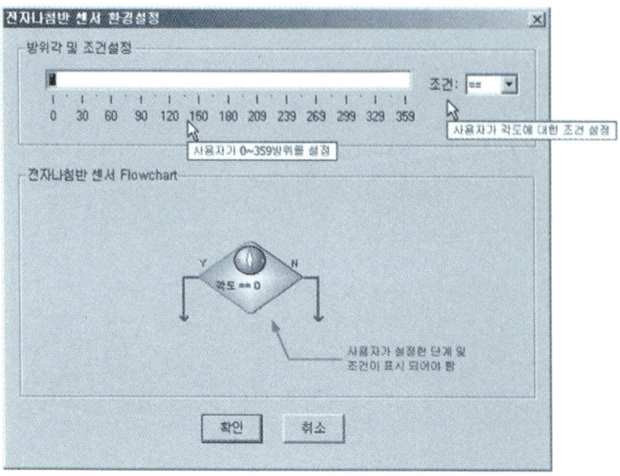

방위각과 조건을 선택하면 나침반 각도값에 대한 분기조건문을 생성할 수 있다.

(13) 터치센서

터치센서 센서 모듈을 위한 객체이며 터치센서의 조건부여 및 조건에 따른 분기를 할 수 있다.

• 환경설정

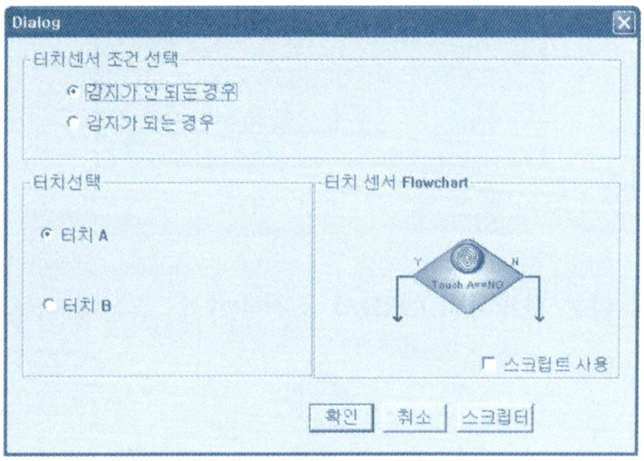

모듈상의 A, B가 표기가 되어 있고 사용하고자 하는 터치를 선택해서 분기문을 구성하면 된다.

(14) 범퍼센서

범퍼센서 모듈을 위한 객체이며 범퍼센서의 조건부여 및 조건에 따른 분기를 할 수 있다.

- 환경설정

감지가 안되는 경우, 되는 경우를 선택해서 분기문을 완성한다.

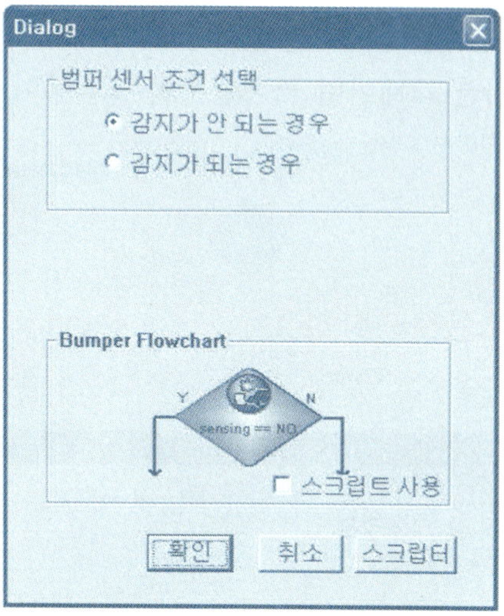

(15) RFID

RFID 센서모듈을 위한 객체이며 RFID의 조건부여 및 조건에 따른 분기를 할 수 있다.

- 환경설정

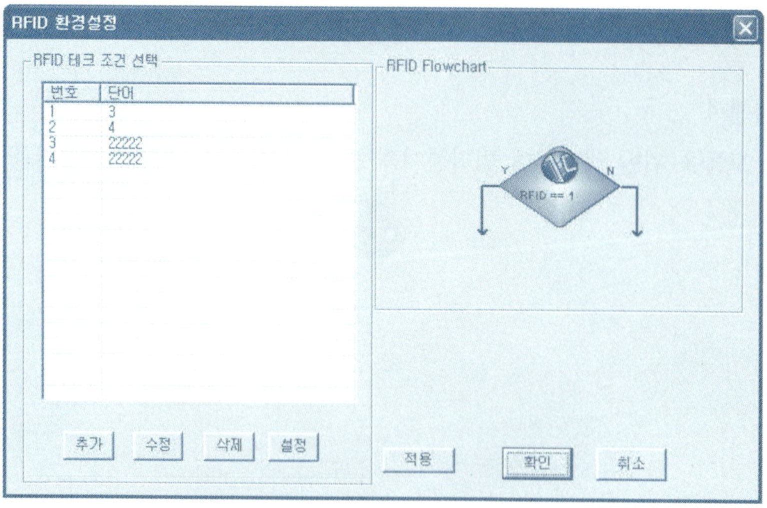

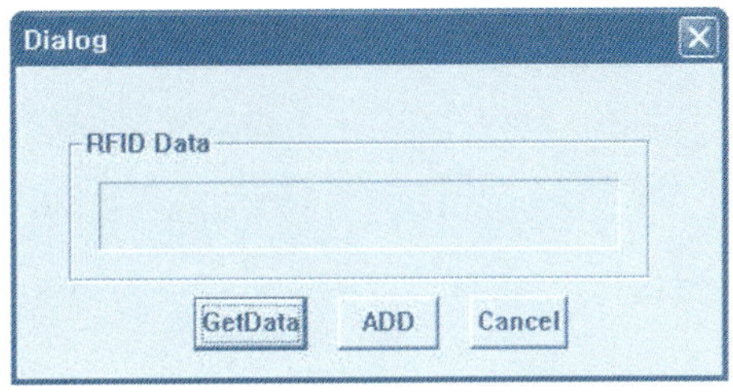

RFID Tag값을 5개까지 등록할 수 있으며 추가 버튼 수정, 삭제 버튼을 눌러 환경설정을 할 수 있다. 비교하고자 하는 번호를 선택하여 설정 → 적용 버튼을 눌러 최종 환경설정은 한다.

3. 제어 컴포넌트

(1) DC **모터 제어**

DC 모터의 회전방향, 속도, 이동거리를 제어할 수 있다.

- 환경설정

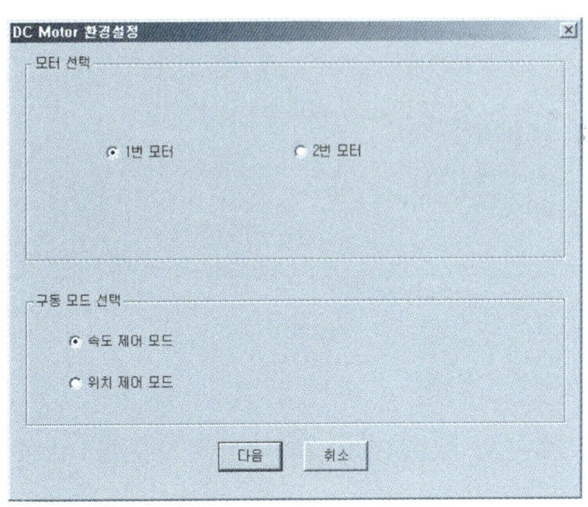

DC 모터의 환경설정은 두 가지 모드로 이루어져 있다. 상단의 다이얼로그는 속도제어 모드, 하단의 다이얼로그는 위치제어 모드이다.

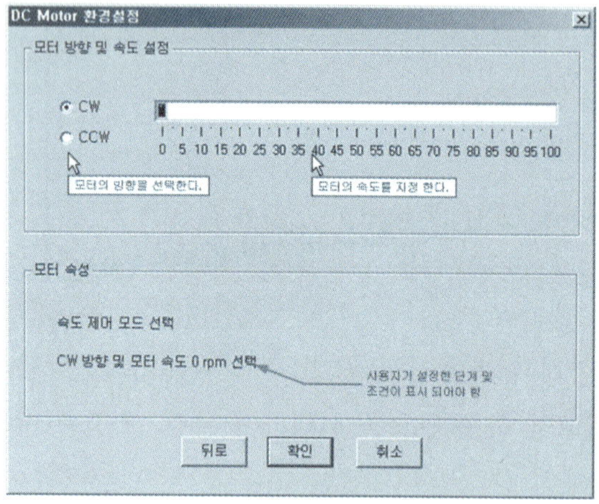

속도제어 모드 : 속도값을 선택해주면 그 속도로 모터는 회전을 한다.

－CW : 모터가 회전하는 방향이 시계방향

－CCW : 모터가 회전하는 방향이 시계반대 방향

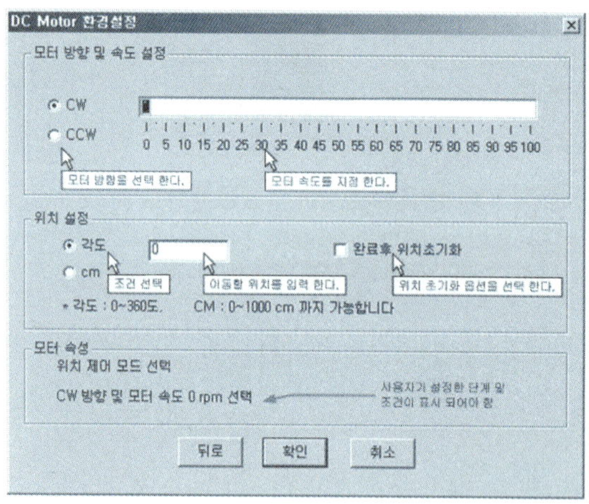

(2) 위치제어 모드

현재 위치를 기준으로 속도와 목표거리 혹은 목표각도를 정해주면 그 정해진 값만큼만 회전을 하고 "완료 후 위치초기화"를 선택하면 기준 위치를 초기화한다.

- cm : 모터가 몇 cm 만큼만 이동하는 값 설정
- 각도 : 모터의 회전방향만큼의 회전각도값 설정

(3) STEP 모터

스텝(STEP) 모터의 회전방향, 속도, 이동거리를 제어할 수 있다.

STEP모터제어

- 환경설정

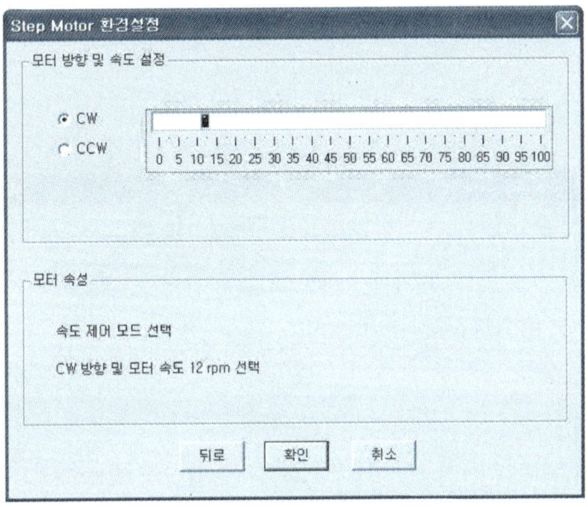

위 그림은 속도제어 모드이다. 속도제어 모드는 속도값만 설정해주면 그 속도로 회전한다.

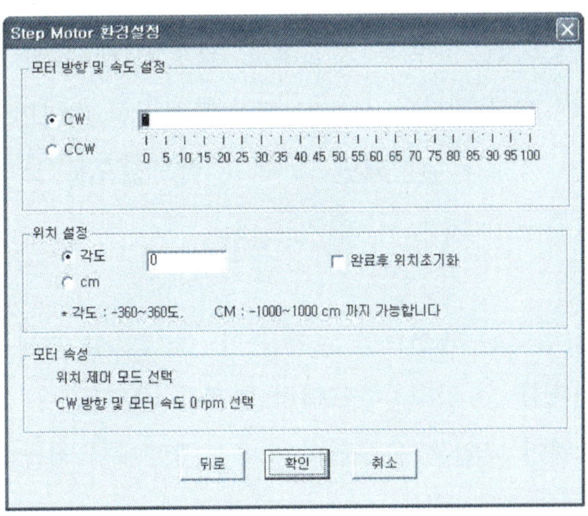

위 그림은 위치제어 모드이다. 위치제어 모드는 속도와 원하는 거리값 혹은 각도값을

지정해주면 해당 값만큼만 회전을 하고 멈춘다. 완료 후 위치초기화를 하면 초기 기준값을 초기화하여 다음에 다시 원하는 거리값이나 각도값만큼 회전한다.

(4) RC 모터 제어

RC 모터의 방향과 각도를 제어할 수 있다.

RC모터제어

- 환경설정

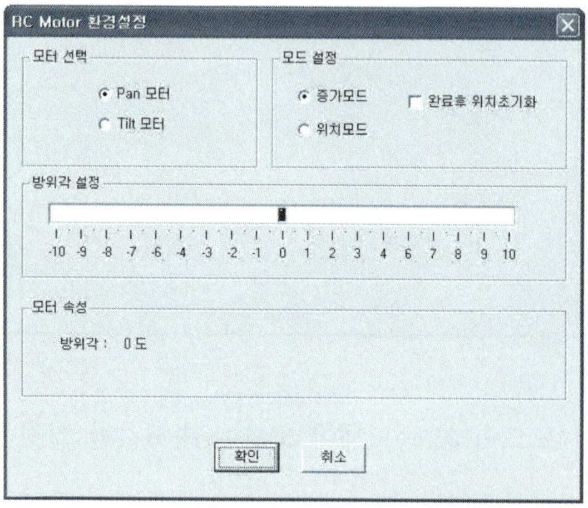

RC 모터의 환경설정은 RC 모터를 선택하고, 모드 선택을 할 수 있다.

증가 모드는 RC 모터 제어 객체가 실행될 때마다 설정한 각도만큼 일정하게 증가 혹은 감소한다. 위치 모드는 객체가 실행되면 그 목표 각도값으로 모터가 회전한다.

(5) 음성합성(옵션)

이 객체가 실행되면 입력된 텍스트를 읽어 준다. 음성합성 객체는 하드웨어 형태와 소프트웨어 형태으로 선택할 수 있다. 하드웨어 형태은 ED7271-21 모듈에서 음성을 출력을 할 수 있고 소프트웨어 타입은 음성인식 소프트웨어에서 제공되는 것으로 음성을 출력할 수 있다.

소프트웨어 형태은 반드시 라이센스가 등록되어야 사용할 수 있는 기능이다. 라이센스 등록방법은 제공되는 음성인식 CD나 고객지원센터에 문의한다. 음성인식을 사용하기 위해서는 제공되는 Voice Process 프로그램을 실행 후 사용하여야만 사용이 가능하다.

음성합성

- 환경설정

사용자가 음성합성을 하고자 하는 타입을 설정할 수 있다. 사용자가 음성합성을 하고자 하는 단어 또는 문자를 EDIT 창에 입력 후 "확인" 버튼을 클릭하면 입력된 단어를 합성하여 음성으로 출력할 수 있다.

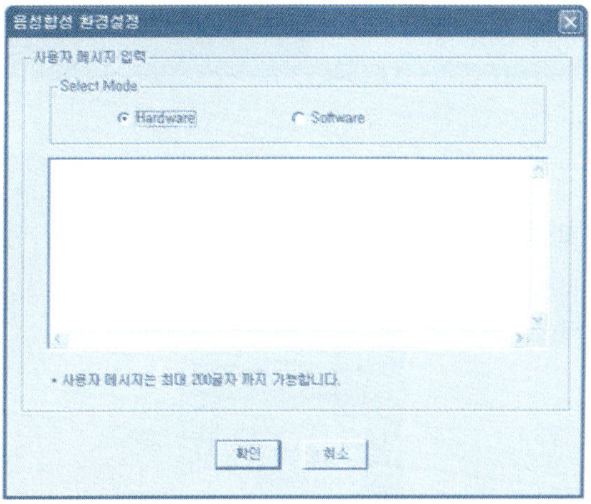

05 프로그램 작성방법

1. 프로그램 작업준비

IRES Execute(IRESRobot.exe)를 실행한다.

앞에서 언급한대로 IRES에서는 프로그램을 작성하며, IRES Execute는 작성한 프로그램을 실행한다. 서로 연결되어야 디버깅 및 실행이 가능하다.

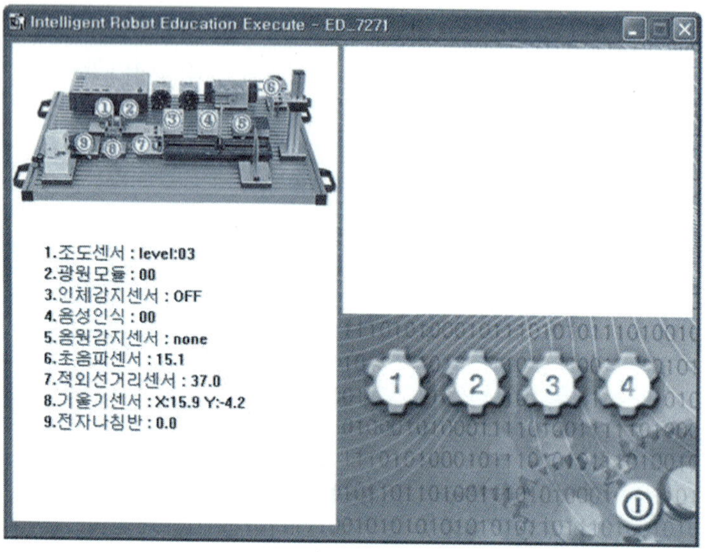

IRES를 실행한다.

제품 선택 다이얼로그에서 로봇 응용시스템에 맞는 ED7271을 선택하고 확인을 클릭하면 IRES의 프로그램이 실행된다. 이렇게 함으로써 프로그램 작성할 준비 작업은 끝난다.

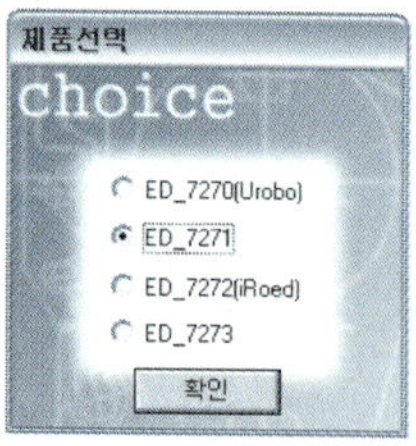

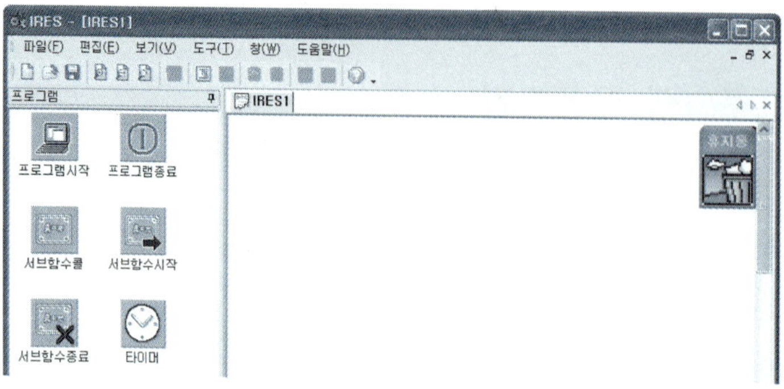

2. 객체삽입

프로그램을 작성하기 위한 최소한의 작업으로 좌측의 객체 윈도우에서 우측의 작업 윈도우로 객체를 옮겨 놓음으로써 프로그램 작성이 시작된다. 객체 윈도우에서 원하는 객체를 한 번 클릭 후 우측의 작업 윈도우에서 다시 한 번 클릭하면 작업 윈도우에 객체가 하나 추가되는 것을 볼 수 있다.

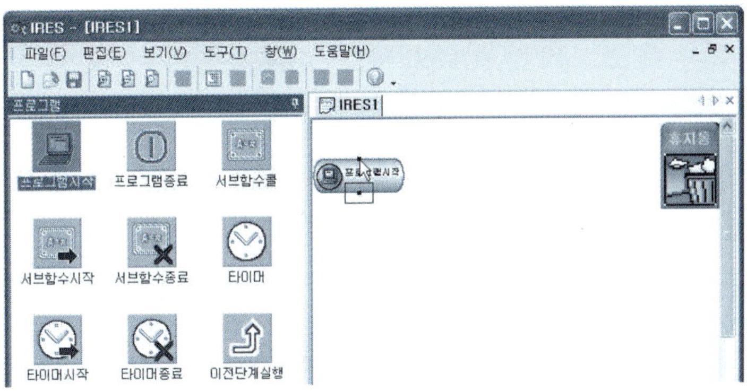

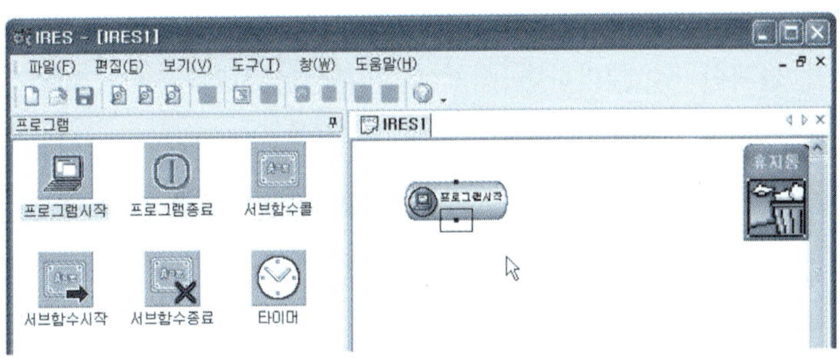

3. 객체연결

IRES는 객체의 연결 순서에 따라 순서도 형식으로 프로그램을 작성하여 동작시키는 어플리케이션 소프트웨어이다. 순서도 형식으로 연결하기 위해 아래의 객체를 이동하여 위의 객체의 네모 박스에 마우스 커서를 놓으면 연결선이 생성되어 두 객체가 연결되는 것을 볼 수 있다.

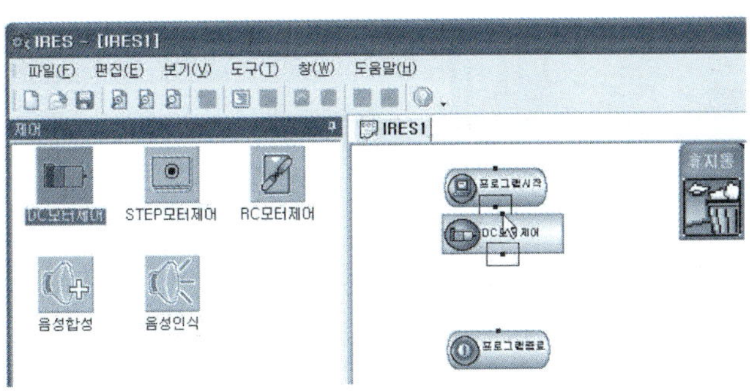

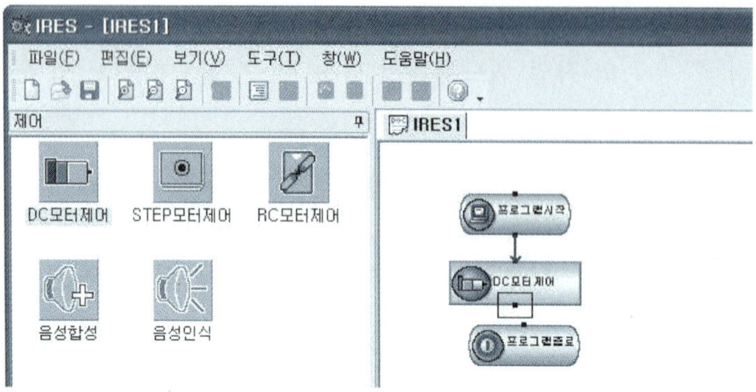

4. 객체분리

프로그램 작성 도중 객체를 잘못 옮기거나 실수로 객체를 생성했을 때 객체를 이동 혹은 삭제할 필요가 있다. 객체를 옮기는 방법은 옮기고 싶은 객체의 영역을 선택하는 방법처럼 드래그하여 선택한 후 클릭하면 객체는 연결선이 사라지면서 마우스 커서와 함께 움직인다.

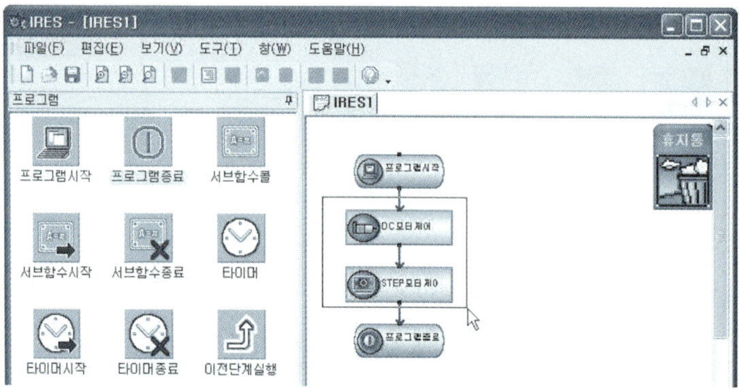

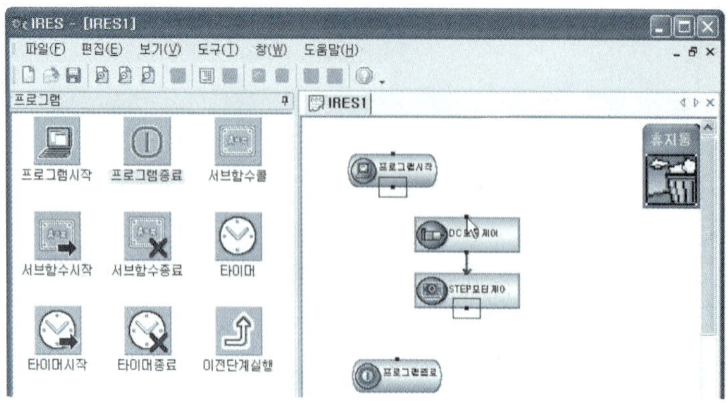

5. 객체삭제

객체를 삭제하는 방법은 드래그하여 객체분리 이후 작업창 우측위의 "휴지통"영역에서 클릭하면 객체는 사라진다.

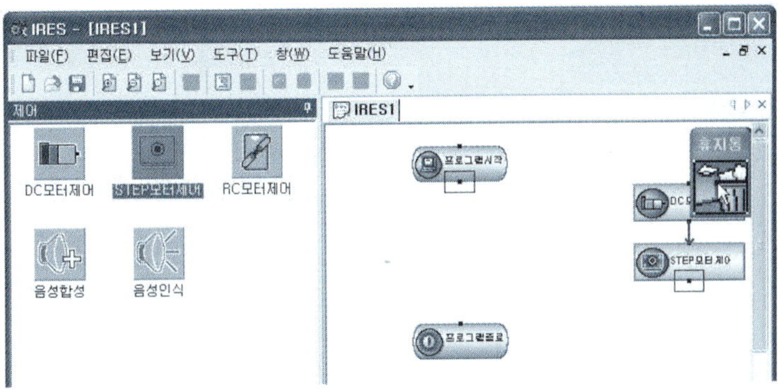

다음과 같이 객체가 삭제된 것을 확인할 수 있다.

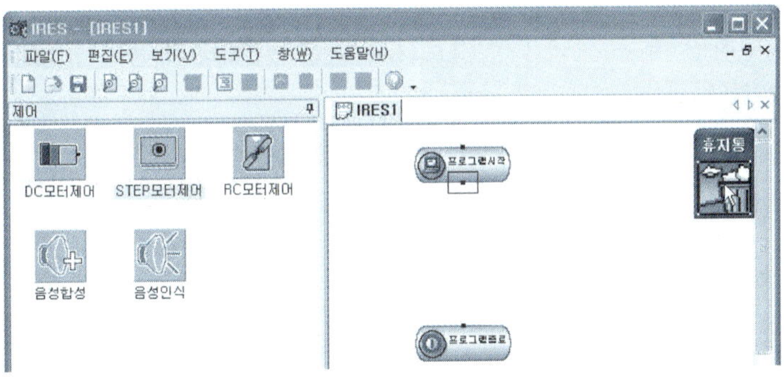

6. 샘플 프로그램 작성

앞에서 설명했던 과정을 복습하는 의미로 프로그램의 작성 과정을 따라 해보겠다.

※ 샘플 프로그램은 로봇을 기준으로 하여 전진하는 것을 작성해 볼 것이다.

① IRES Execute를 실행한다.

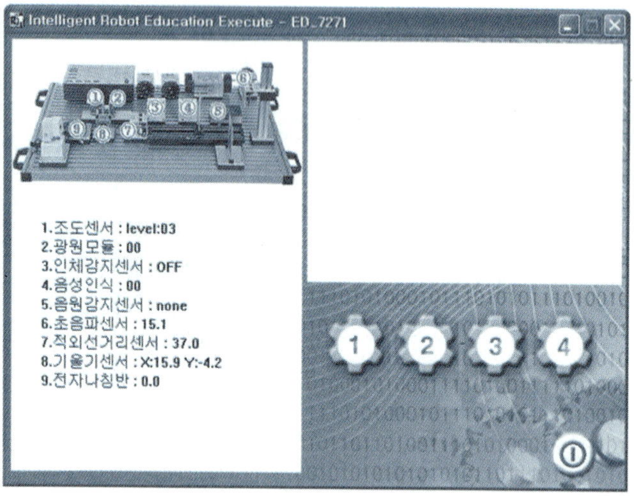

※ 장비가 정상적으로 설치가 되지 않은 경우에는 위 그림과 같은 메시지가 출력된다.

② IRES를 실행하면 제품 선택 다이얼로그가 나온다. 해당 제품을 선택 (ED_7271)한다.
IRES의 초기화면을 볼 수 있다.

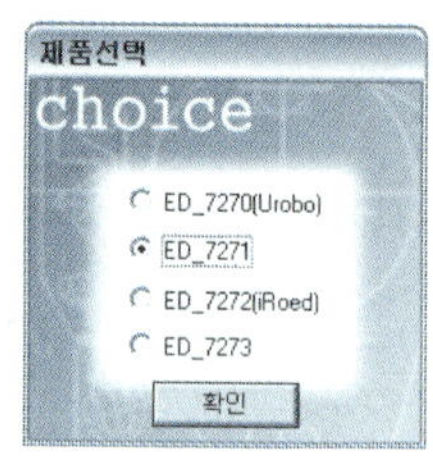

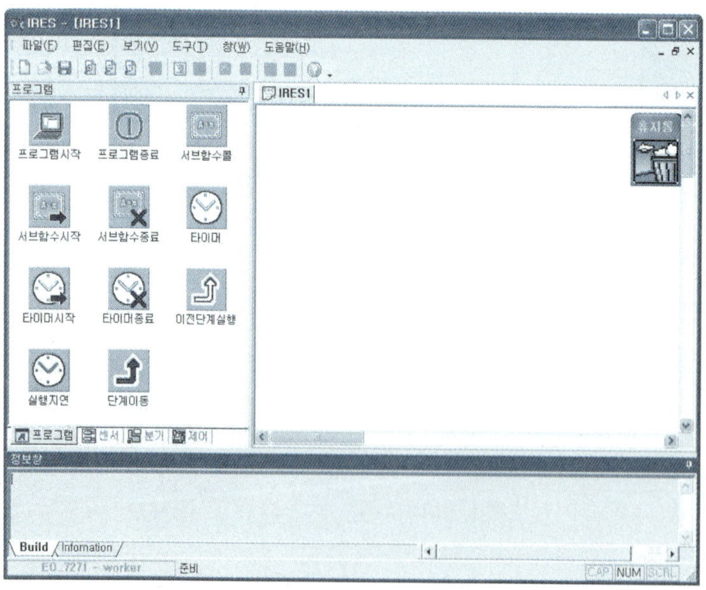

③ IRES(로봇 프로그램)과 IRES Excute(로봇 실행기)를 연결한다.

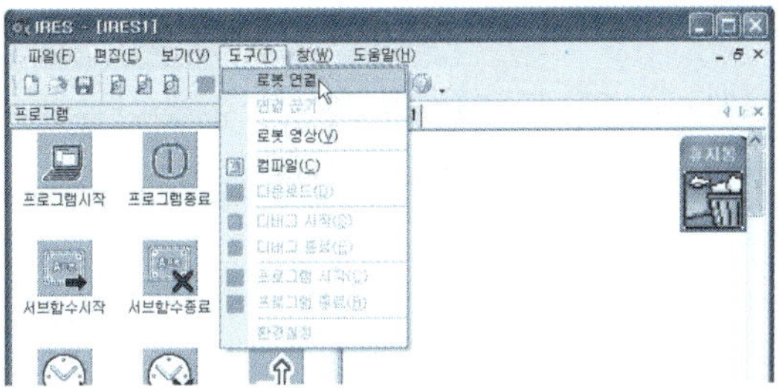

로봇연결 후에는 다음과 같이 아이콘이 활성화되는 것을 확인할 수 있다. 이렇게 아이콘이 활성화되어야 작성한 프로그램을 다운로딩 및 실행을 할 수 있다.

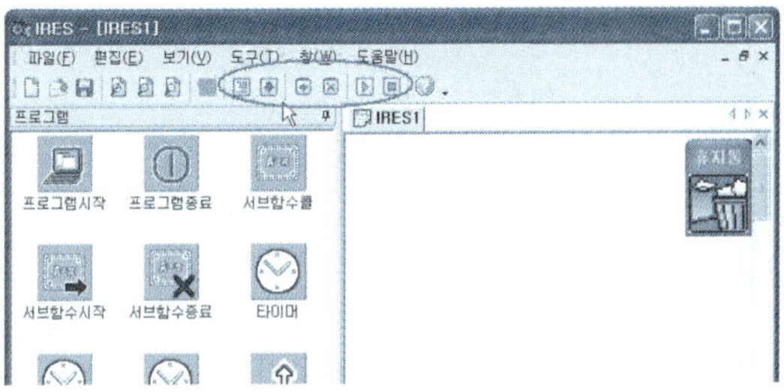

④ 프로그램 객체들을 작업창에 옮겨 놓는다. 가장 먼저 "프로그램 시작" 객체와 "프로그램 종료" 객체를 작업창이 옮겨 놓는다.

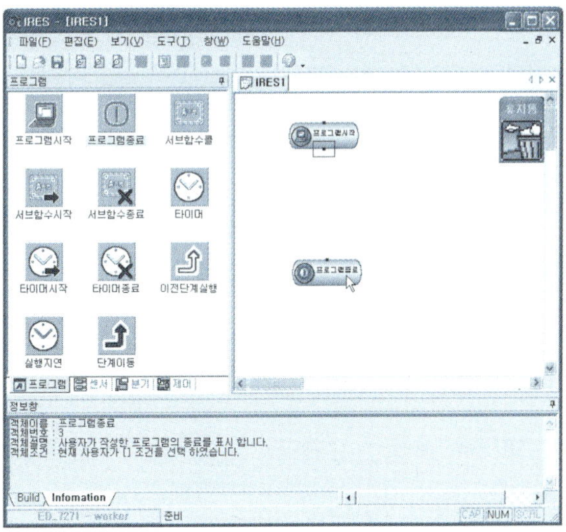

5 "프로그램 시작"을 더블클릭해서 환경설정한다.

버튼 번호를 선택하고 버튼 이름을 넣어준다. 여기서는 "테스트"라고 넣자. 마지막으로 확인을 클릭해 다시 원래 IRES의 화면으로 돌아온다.

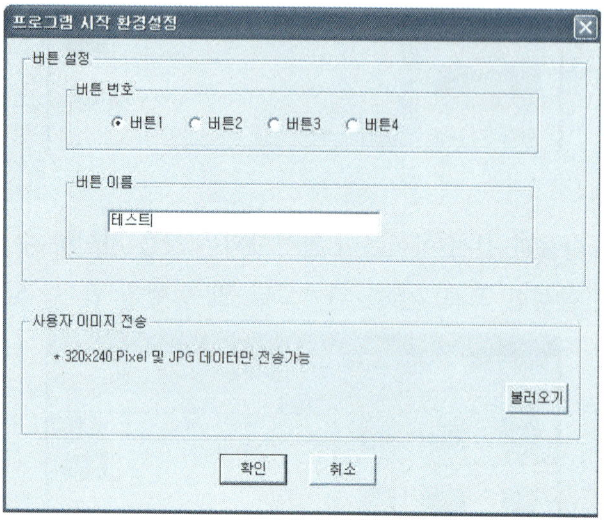

※ 여기서 버튼1이라 하는 것은 로봇 실행기의 첫 번째 버튼을 의미한다. 프로그램을 작성 후 컴파일 및 프로그램 다운로딩이 끝나면 프로그램을 실행할 때 IRES Execute에서 실행 버튼을 눌러 프로그램을 동작시킬 수 있다.

6 제어 객체 윈도우에서 "DC 모터 제어" 객체를 끌어 놓는다.

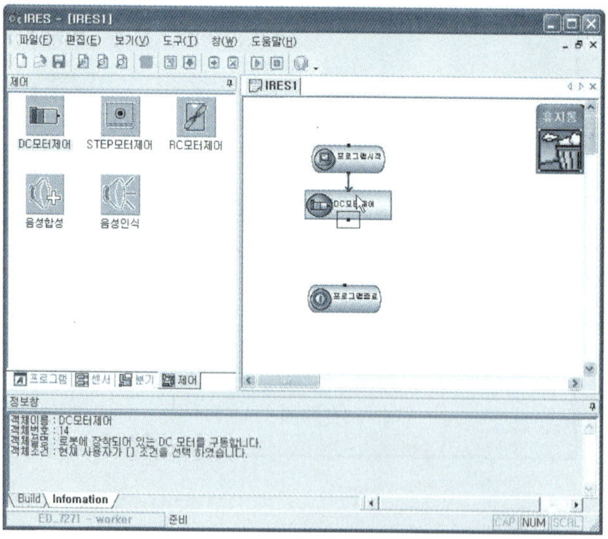

7 DC 모터 제어 환경설정을 한다.

1번 모터, 속도제어, 방향은 CW, 속도는 50rpm으로 설정한다.

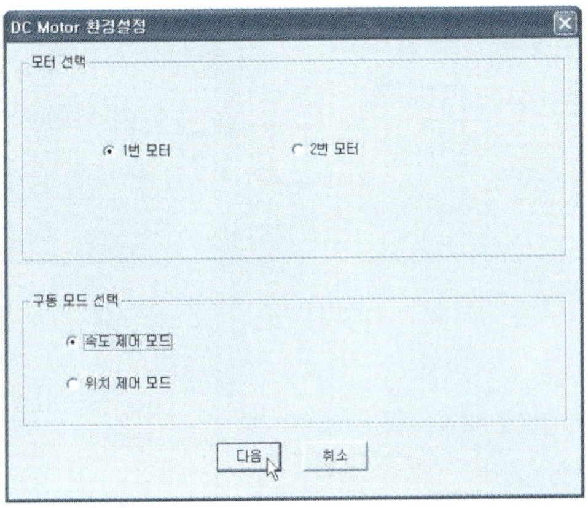

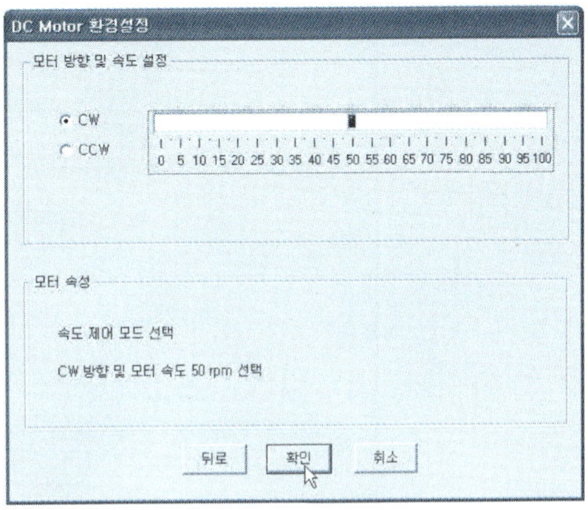

8 "단계이동" 객체를 옮겨놓고 환경설정을 한다.

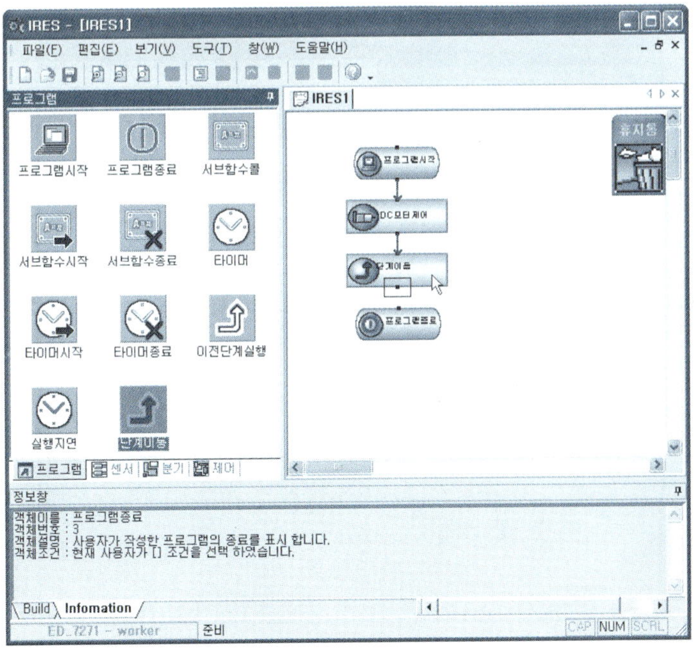

환경설정은 "프로그램 시작"을 선택한다. 이렇게 선택을 하면 "단계이동" 객체를 실행하면 다시 "프로그램 시작" 객체로 되돌아가 무한 루프 동작을 한다.

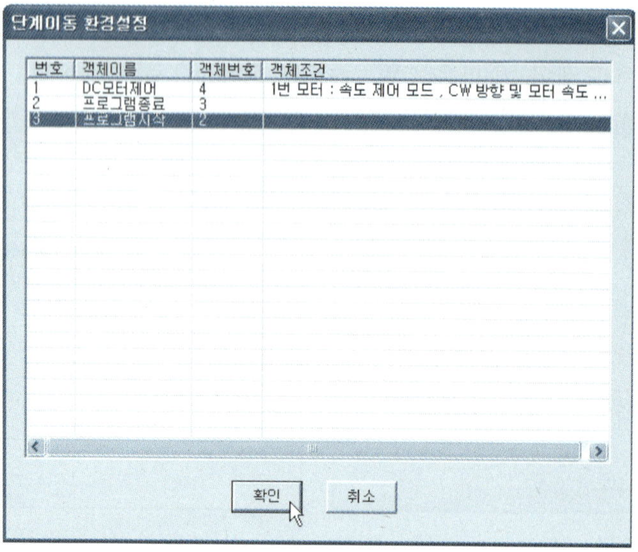

⑨ "프로그램 종료" 객체를 연결한다.

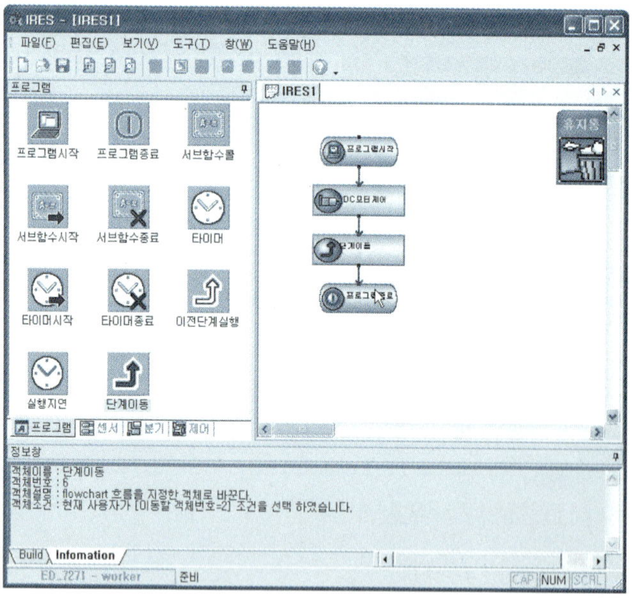

⑩ 컴파일한다.

컴파일하면 정보 창에 "Building end : 4 Object, 0 error(s), 0 Warning (s)"라고 표시되며 에러 없이 올바르게 컴파일된 것을 알 수 있다.

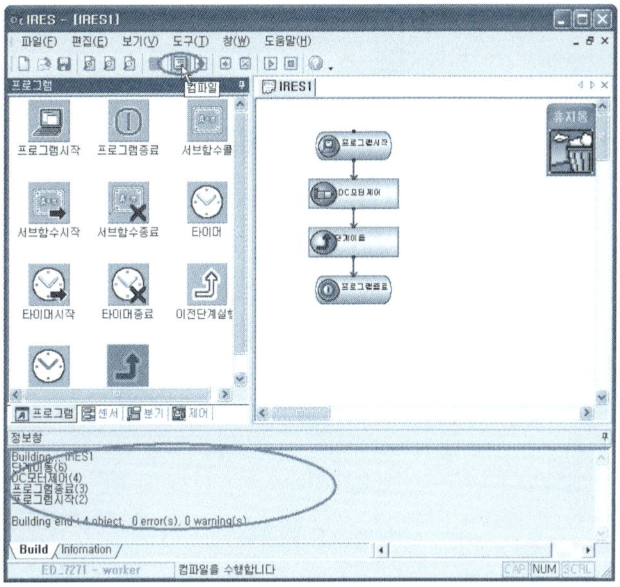

⑪ 다운로딩한다.

다운로딩하면 "전송이 완료되었습니다."라는 창이 뜬다.

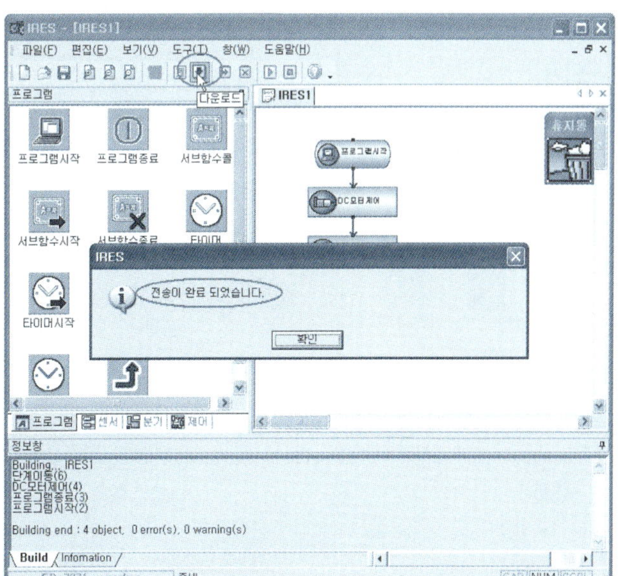

⑫ 디버그 시작을 눌러 프로그램을 동작시켜 본다. 프로그램이 시작되었다는 창을 띄울 것이다. 디버그 시작은 현재 어떤 객체를 실행하고 있는지 실행되는 객체에 음양 표시로 표시하고 그 객체를 실행하고 있다는 것을 눈으로 보여준다.

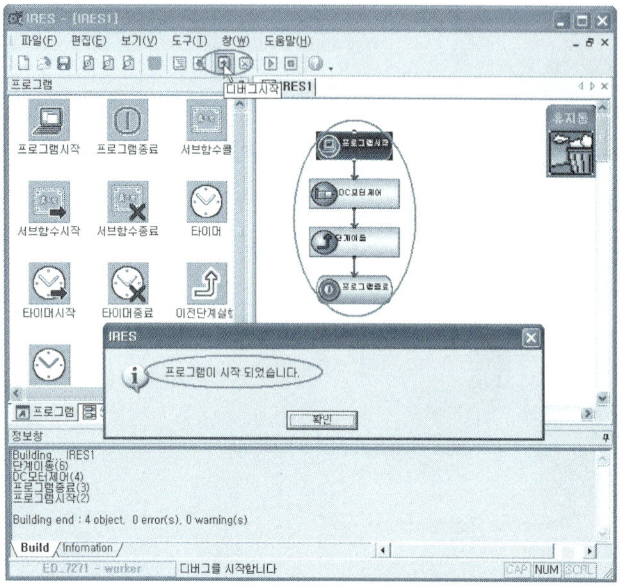

※ 프로그램을 시작하는 방법은 총 3가지이다. IRES에서는 위에서 실행했던 "디버그 시작"과 "프로그램 시작"이 있다. 나머지 한 가지 방법은 앞에서 설명했던 IRES Execute에서 직접 버튼을 클릭하여 실행하는 방법이 있다.

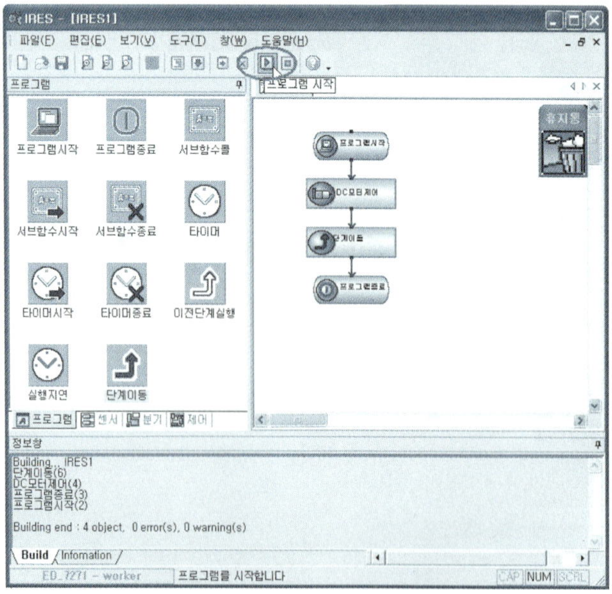

IRES Execute의 화면 프로그램 시작" 객체와 연결된 것을 버튼의 색깔이 분홍빛으로 변한 것을 확인할 수 있다. 이것은 프로그램이 올바르게 다운로딩되어 실행기에서 실행할 수 있다는 것을 의미한다.

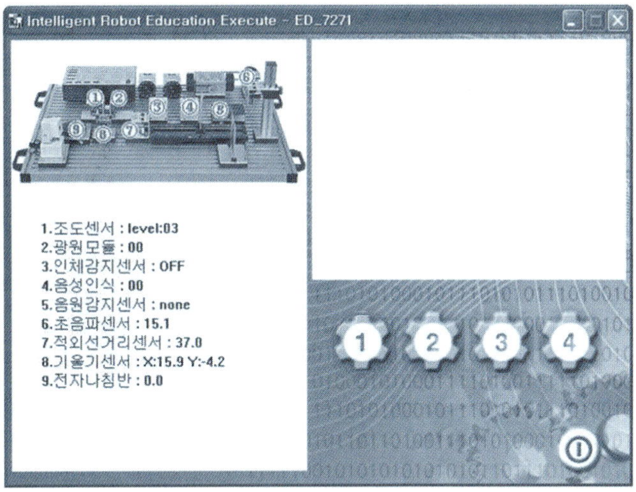

⑬ 프로그램 종료한다.

디버그 종료 혹은 프로그램 종료 아이콘을 클릭한다. 회전하던 모터는 종료되고 프로그램이 종료되었다는 창을 띄우며 실행했던 프로그램이 종료된다.

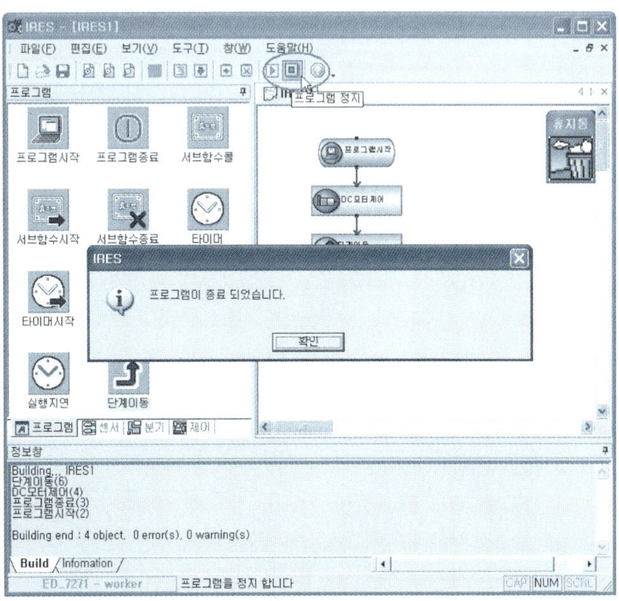

이렇게 기본적인 프로그램 작성과 컴파일 그리고 다운로딩하여 실행까지 해보았다. 이제 실제 센서나 모터를 동작시키며 프로그램을 작성하여 실행을 하며 로봇을 동작시켜 보자.

PART III

지능형 로봇 응용시스템의 구성

지능형 로봇 응용시스템(ED7271)은 전원제어부, 메커니즘부, 센서부와 로봇 실습을 보조할 수 있는 응용 모듈을 포함하여 총 20개의 모듈로 구성되어 있다. 이 응용시스템의 구성 및 특징을 서술하고 각 모듈인 제어, 센서, 모터 및 응용 모듈에 대하여 서술하였다.

CHAPTER 04

지능형 로봇 응용시스템의 구성 및 특징

지능형 로봇 응용시스템(ED7271)은 지능형 로봇에 필요한 제어기, 메커니즘, 센서 등 로봇의 필수 요소를 다 갖추었다고 할 수 있다. 이는 지능형 로봇 응용시스템을 통하여 로봇의 동작, 구성, 설계의 능력을 향상시킬 수 있다.

지능형 로봇 응용시스템은 전원제어부, 메커니즘부, 센서부와 로봇 실습을 보조할 수 있는 응용 모듈을 포함하여 총 20의 모듈로 [그림 4-1]처럼 구성되어 있다.

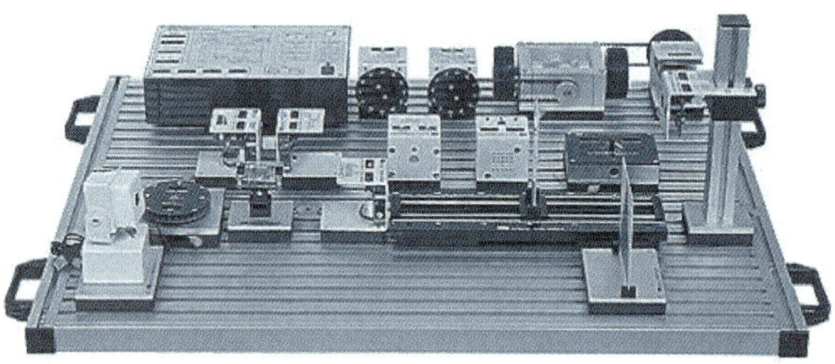

[그림 4-1] 지능형 로봇 응용시스템 전체 구성도(ED7271)

전체적으로 PC에서 모든 제어를 담당하고 메인제어 모듈(Main control module)에 명령을 전달하면 이 메인제어 모듈에서는 모터 모듈(Motor module), 센서 모듈(Sensor module)에 명령을 내려 데이터를 주고받고 다시 PC쪽에 데이터를 송신하는 시스템으로 구축되어 있다. 이는 교육 로봇 플랫폼(ED7270)과 거의 같은 시스템이다.

메인제어 모듈은 PC와 모터, 센서 모듈 사이에서 메신저로 볼 수 있다.

사용자는 PC에서 프로그램을 작성하여 이 메인제어 모듈을 통해 로봇의 센서와 모터를 구동하여 로봇을 생각하게 하고 움직이게 한다.

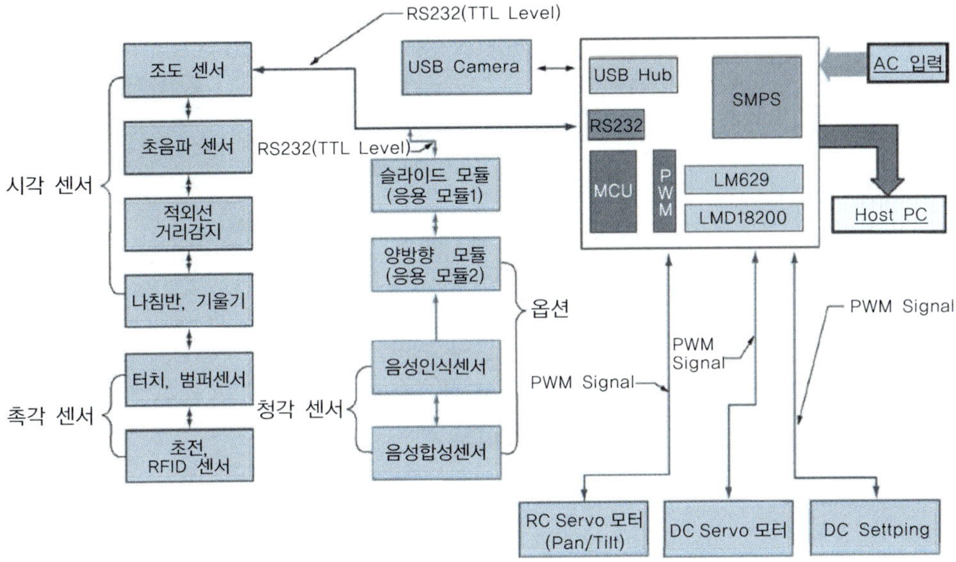

[그림 4-2] 지능형 로봇 응용시스템 전체 블록도(ED7271)

지능형 로봇 응용시스템은 현재 지능형 플랫폼 로봇 및 모바일 플랫폼에서 사용되고 있는 각종 센서와 액추에이터를 적용하고 있다. 지능형 로봇 응용시스템을 이용하여 각 모듈의 기본원리와 특성을 이해하고, 모듈간 조합응용실험을 통해 로봇에 대한 기본 개념과 운영에 대한 기술습득을 할 수 있으며, 클램프 장치를 이용하여 쉽게 탈부착하여 응용조합을 할 수 있게 구성되어 있다.

지능형 로봇 응용시스템(ED7271)의 주요 특징은 다음과 같다.

- 지능형 로봇 및 모바일 로봇에 꼭 필요한 센서 모듈 7종 및 구동기 3종, 응용모듈 4종으로 구성
- 지능형 로봇 구조를 쉽게 파악할 수 있는 시스템 구조
- 초기 로봇 입문 및 활용교육까지 가능한 풍부한 실습예제 제공
- 창의적인 실험/실습이 가능한 탈·부착 모듈형
- 센서 결과 데이터를 비주얼한 그래픽 형태로 표현하여 센서의 특성을 파악하기 용이하게 구성
- USB 고속(480Mbps) 인터페이스 방식
- 유비쿼터스 및 홈네트워크에서 사용되는 센서 및 응용 가능

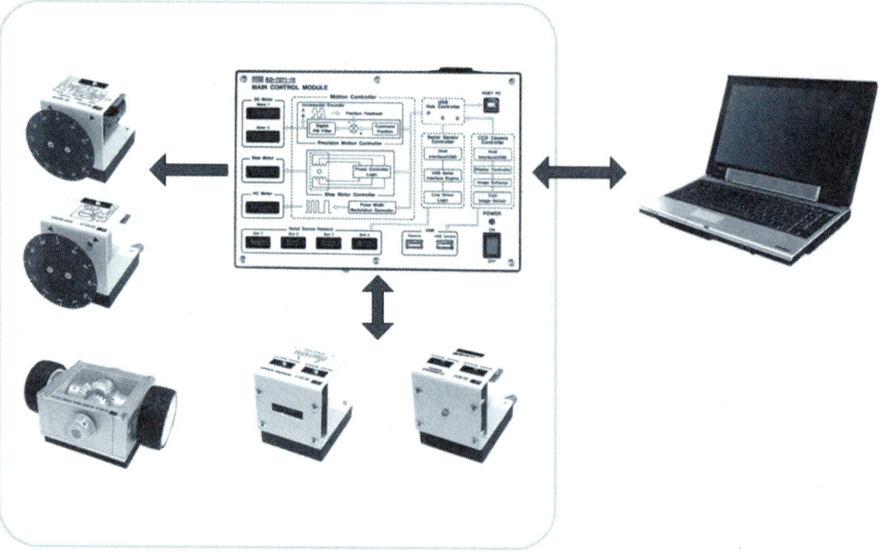

[그림 4-3] 로봇 응용시스템의 실습구성

01 제어부분

1. 메인제어 모듈(Main control module ; ED7272-15)의 구성

PC와 모든 모듈간의 상호작용을 하며, 응용시스템의 모든 모듈은 이 메인제어 모듈을 통해 명령을 받고 PC쪽으로 필요한 데이터를 송신한다.

① 전원 스위치 : 메인제어 모듈의 메인 스위치이다.

② 전원 LED : 메인제어 모듈의 전원 ON/OFF 상태를 알리는 LED이다.

③ To PC : PC와 연결되는 USB 포트이다(USB Type 'B' 커넥터).

④ AC 220V : 메인전원 코드를 연결한다.

⑤ 상태 LED : 메인제어 모듈은 USB로 PC와 연결된다. USB 허브가 내장되어 있는데 각 장치들이 PC와 제대로 연결됐는지 상태를 표시해준다.

⑥ DC 모터 : DC 모터를 연결하는 포트. DC 모터의 전원을 공급하고 인코더 신호를 입력받는다.

⑦ 스텝 모터 : 스텝 모터를 연결하는 포트. 스텝 모터의 제어신호와 전원을 공급한다.

⑧ RC 모터 : RC 모터 & USB 카메라의 RC 모터 전원을 공급하여 모터의 제어시그널을 출력한다.

⑨ 센서 포트 : 직렬 센서 네트워크 포트. 센서 모듈 전체의 전원을 공급하고 센서 모듈과 통신을 하는 포트이다.

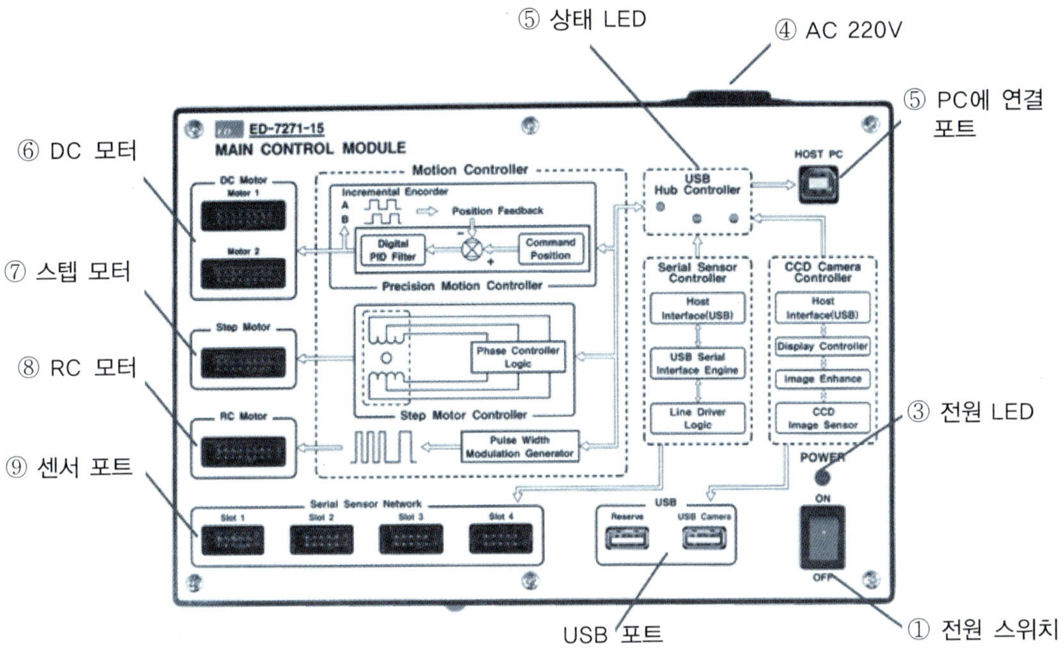

[그림 4-4] 메인제어 모듈의 구조

2. 메인제어 모듈 특징

- DC 모터 제어
- 스텝 모터 제어
- RC 모터 제어
- 센서 모듈 제어
- USB 허브
- 248(L) × 166(W) × 86(H)

02 센서 부분

지능형 로봇 응용시스템에 사용된 센서 모듈은 로봇을 이루는 필수 요건이다. 현재 지능형 로봇에 쓰이거나 앞으로 쓰이게 될 센서들을 채택했다.

1. 초음파 센서 모듈(Ultrasonic sensor module ; ED7271-3)

초음파를 이용하여 장애물을 검출하는 데 사용한다. 40kHz의 초음파를 발생하여 반사되어 돌아오는 시간을 측정해 물체까지의 거리를 산출한다. 초음파 센서 모듈은 이렇게 산출된 거리데이터를 정해진 프로토콜에 의해 PC에 전송하는 시스템이다.

- 사용전압 : DC 5V
- 측정범위 : 6.0～600cm
- 초음파 동작주파수 : 40kHz
- 데이터 입출력방식 : 직렬 네트워크
- 인터페이스 케이블 : 10P 플랫 케이블
- 60(L) × 74(W) × 82(H)

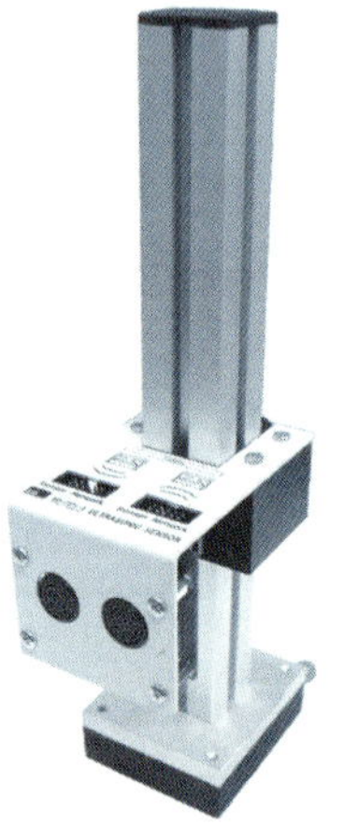

[그림 4-5] 초음파 센서 모듈

2. 조도 센서 모듈(Iluminance sensor module ; ED7271-1)

현재 빛의 밝기를 측정해 0～10까지 단계적으로 표시할 수 있으며, 미리 정의된 통신 프로토콜 명령에 대응해 현재 빛의 밝기 데이터를 PC쪽으로 전송할 수 있는 시스템이다.

- 사용전압 : DC 5V
- 측정범위 : 0～100 Lux
- 데이터 입출력 방식 : 직렬 네트워크
- 밝기에 따라 0～10 Level LED 디스플레이
- 인터페이스 케이블 : 10P 플랫 케이블
- 80(L) × 60(W) × 72(H)

[그림 4-6] 조도 센서 모듈

3. 광원 센서 모듈(Light source sensor module ; ED7271-2)

조도 센서 모듈(ED7271-1)을 실험하기 위한 보조장치로 미리 정의된 통신 프로토콜 명령에 대응하여 사용자가 원하는 빛의 밝기를 출력할 수 있는 시스템이다.

- 사용전압 : DC 5V
- 출력범위 : 0～10 Level light
- 데이터 입출력방식 : 직렬 네트워크
- 인터페이스 케이블 : 10P 플랫 케이블
- 92(L) × 60(W) × 72(H)

[그림 4-7] 광원 센서 모듈

4. 적외선 센서 모듈(Infrared sensor module ; ED7271-3)

일반적인 광량 방식은 사물에 반사되어 입사된 광량에 따라 거리를 산출하는 데 비해 PSD 방식을 취함으로써 수광량에 영향을 받지 않고 비교적 정확한 거리데이터를 산출할 수 있다.

- 사용전압 : DC 5V
- 측정범위 : 10～80cm
- 데이터 입출력방식 : 직렬 네트워크
- 인터페이스 케이블 : 10P 플랫 케이블
- 60(L) × 74(W) × 82(H)

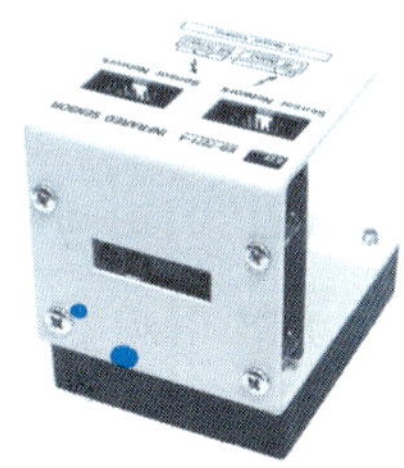

[그림 4-8] 적외선 센서 모듈

5. 초전 센서 모듈(Pyrocelectrocity sensor module ; ED7271-7)

초전 센서를 이용한 인체감지 모듈이다. 센서 앞부분의 렌즈를 통해 들어오는 온도의 변화에 따라 사람의 유무를 판단한다. 감지되면 센서 윗부분의 LED에 불이 켜지면서 감지 여부를 나타내고, PC쪽으로 데이터도 전송할 수 있다.

- 사용전압 : DC 5V
- 측정범위 : Max 5M까지 검출가능
- 데이터 입출력방식 : 직렬 네트워크
- 인터페이스 케이블 : 10P 플랫 케이블
- 74(L) × 62(W) × 82(H)

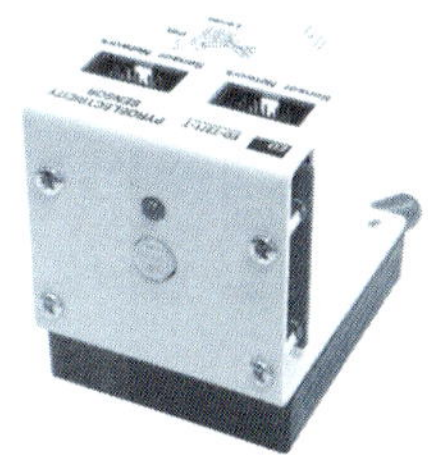

[그림 4-9] 초전 센서 모듈

6. RFID 리더 모듈(RFID reader module; ED7271-19)

RFID 리더 모듈은 무선주파수의 전파를 이용하여 RFID 태그(tag)에 부착된 IC 칩의 ID와 정보를 판독하는 장치이다.

- 사용전압 : DC 5V
- 측정범위 : 0~4cm
- 동작 주파수 : 13.56MHz
- 데이터 입출력방식 : 직렬 네트워크
- 인터페이스 케이블 : 10P 플랫 케이블
- 80(L) × 105(W) × 41(H)

[그림 4-10] RFID 리더 모듈

[그림 4-11] RFID Tag(13.5MHz)

7. 터치 및 범퍼센서 모듈(Touch & bumper sensor module ; ED7271-18)

접촉 또는 압력방식의 센서를 이용하여 사용자가 터치나 범퍼에 압력을 가했을 경우 PC에 현재 상태를 전송하는 시스템이다.

- 사용전압 : DC 5V
- 동작방식 : 정전용량 방식(터치센서),
  접촉식 스위치 방식(범퍼센서)
- 데이터 입출력방식 : 직렬 네트워크
- 인터페이스 케이블 : 10P 플랫 케이블
- 80(L) × 105(W) × 42(H)

[그림 4-12] 터치 & 범퍼센서 모듈

8. 전자나침판 센서 모듈(Elctronic compass module ; ED7271-5)

전자적으로 방위를 알 수 있는 시스템으로서 북쪽을 기준으로 'N'의 비틀어진 각도를 PC로 전송하고, 항상 정북을 32개의 LED로 표시한다.

- 사용전압 : DC 5V

- 측정범위 : 0.0~359.9°
- 데이터 입출력방식 : 직렬 네트워크
- 인터페이스 케이블 : 10P 플랫 케이블
- 105(L) × 95(W) × 46(H)

[그림 4-13] 전자나침반 센서 모듈

9. 음성인식 및 합성 모듈(Voice Recognition & Synthesis module ; ED7271-21)

음성인식 센서는 음성인식, 음원방향인식(이하 음원인식), 음성합성 기능이 들어가 있고 화자독립 방식을 사용하여 사용자 음성인식을 할 수 있는 시스템이다.

- 사용전압 : DC 5V
- 인식 방식 : 화자독립
- 인식 범위 : 40~80cm
- 데이터 입출력방식 : 직렬 네트워크
- 인터페이스 케이블 : 10P 플랫 케이블
- 70(L) × 140(W) × 39(H)

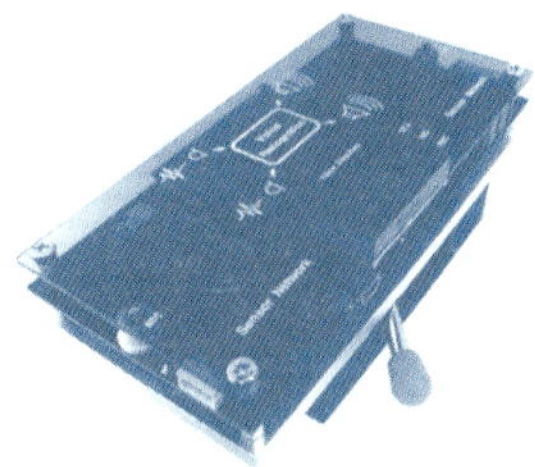

[그림 4-14] 음성인식 센서 모듈

10. 기울기 센서 모듈(Iclination sensor module ; ED7271-10)

X, Y 2축의 기울기상태를 측정한 후 PC에 전달하는 시스템으로 자동차뿐만 아니라 로봇의 필수 요건의 센서로 흔히 사용하고 있다.

- 사용전압 : DC 5V
- 측정범위 : X, Y축 −90°~90°
- 데이터 입출력방식 : 직렬 네트워크
- 인터페이스 케이블 : 10P 플랫 케이블
- 70(L) × 60(W) × 87(H)

[그림 4-15] 기울기 센서 모듈

03 모터 부분

로봇 키트에 적용된 모터는 DC, 스텝, RC 모터 이렇게 3가지이다. 이밖에 많은 종류의 모터들이 있지만 로봇에 적용이 가능하고 활용이 쉬운 모터를 채택했다.

1. DC 모터 모듈(DC motor module ; ED7271-13)

DC 모터에는 DC 12V로 구동되는 모터와 감속기, 인코더를 포함하고 있다. 인코더를 채용하고 있어 PID 설정에 따라 위치, 속도제어가 가능하다.

- 사용전압 : DC 12V(motor)
- DC 5V(encoder)
- 인코더 : 14 pulse/turn
- 기어비율 : 30 : 1
- 최대속도 : 175rpm
- 토크 : 1.5kg/cm
- 인터페이스 케이블 : 16P 플랫 케이블
- 106(L) × 60(W) × 82(H))

[그림 4-16] DC 모터 모듈

2. 스텝 모터 모듈(Step motor module ; ED7271-14)

유니폴라 방식의 12V 스텝 모터이다. 스텝 모터는 펄스에 주어진 각도만큼만 회전하게 된다. 채택한 스텝 모터는 한 개의 펄스에 1.8도씩 회전하고 200개의 펄스가 인가될 때 모터는 한 바퀴를 회전하게 된다.

- 사용전압 : DC 12V
- 스텝 각도 : 1.8°
- 고정토크 : 1.3kg/cm
- 저항위상 옴 : 40Ω
- 인터페이스 케이블 : 16P 플랫 케이블
- 106(L) × 60(W) × 82(H)

[그림 4-17] 스텝 모터 모듈

3. RC 모터 모듈(RC motor module ; ED7271-10)

RC 모터의 원래 명칭은 RC 서보 모터이다. RC 차의 조향장치에 사용되는 모터이지만, 각도제어가 간편하여 관절형 로봇에 많이 쓰이고 있다. 전원을 인가하고 간단히 PWM 신호만 넣어주면 특정 각도제어가 가능하다. 로봇 실험키트에서는 카메라의 각도조절 기능을 겸하고 있다.

- 사용전압 : DC 5V
- 동작범위 : −90°~90°
- 고정토크 : 5kg/cm
- 속도 : 0.18sec/60°
- 인터페이스 케이블 : 16P 플랫 케이블
- 105(L) × 90(W) × 139(H)

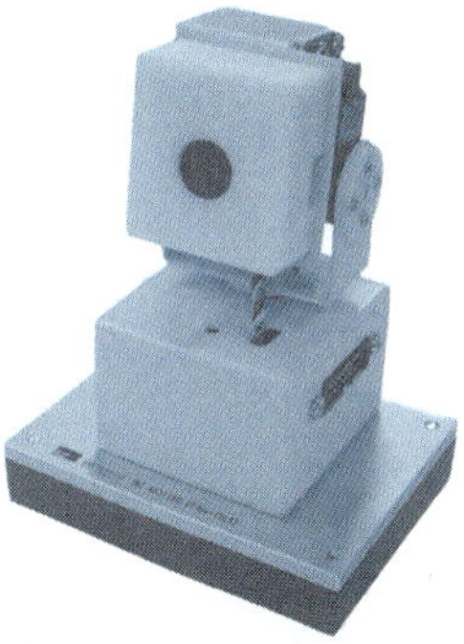

[그림 4-18] RC 모터 모듈

04 응용부분

1. 양방향 구동 모듈(Bi-directional driving module ; ED7271-16)

DC 모터나 스텝 모터의 실제 바퀴의 회전모습을 구현하기 위한 보조실험 모듈이다. 타이밍 풀리(timing pulley)와 바퀴 그리고 기어를 적용하여 모터의 회전상태를 눈으로 확인할 수 있다.

- 기어비율 : 1 : 1
- 경사기어(bevel gear)
- 타이밍 풀리
- 166(L) × 128(W) × 86(H)

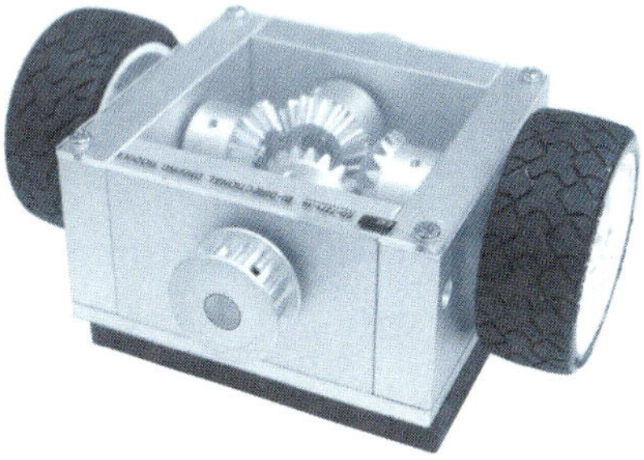

[그림 4-19] 양방향 구동 모듈

2. 슬라이드 모듈(Slide module ; ED7271-16)

적외선 거리 센서와 초음파 센서를 위한 보조실험 모듈로 거리 센서들의 특성파악을 위한 별도의 시편이 제공된다. 슬라이드 모듈에 눈금이 표시되어 있어 장애물과의 거리를 쉽게 파악할 수 있다.

- 이동거리 : 0~300mm
- 여러 가지 시편 고정
- 302(L) × 90(W) × 40(H)

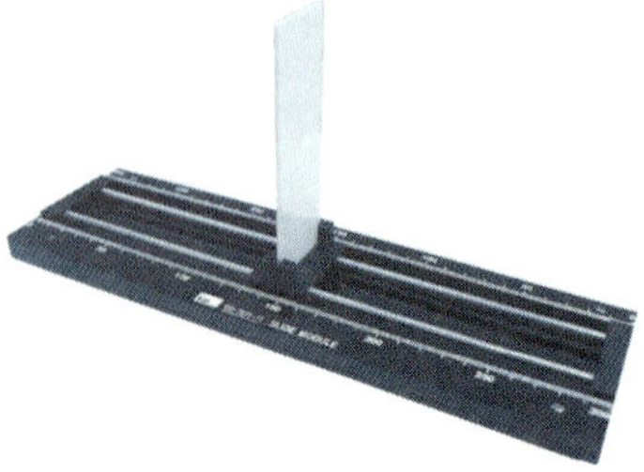

[그림 4-20] 슬라이드 모듈

05 영상처리부분

1. USB 카메라(USB Camera ; ED7271-10)

USB 캠을 이용해 영상을 압축하여 PC에 전송하는 시스템이다. 이렇게 전송받은 영상을 PC는 이미지 프로세싱을 하여 다시 로봇에 적절한 명령을 내린다.

- CMOS 이미지 센서, 31k 픽셀
- 색채인식, 패치 인식, 거리검출
- USB 인터페이스
- 105(L) × 80(W) × 30(H)

[그림 4-21] 영상처리 모듈

2. 영상 패치 패널 고정(Image panel fix ; ED7271-17)

영상 패치 패널을 고정하기 위한 장치이다. 키트에서는 6가지 각기 다른 도형과 색을 갖고 있는 패널을 제공하여 색깔인식, 그리고 도형(패턴)인식의 도구로 사용된다.

- 6종 패널 제공
- 60(L) × 80(W) × 30(H)

[그림 4-22] 영상 패치 고정 모듈

CHAPTER

05 지능형 로봇 응용시스템의 제어 모듈

01 메인제어 모듈(Main control module ; ED7271-15)

1. 기반지식

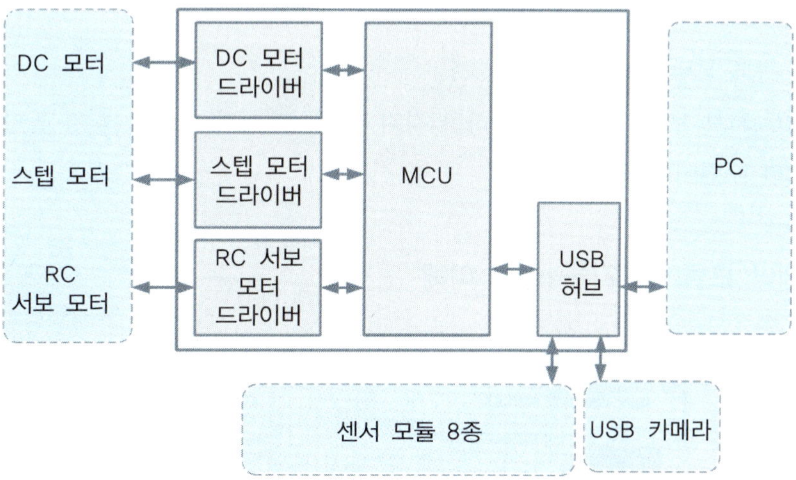

[그림 5-1] 제어 모듈 블록도

(1) PC 인터페이스

메인 모듈과 PC와 명령전달방법은 USB 2.0 고속(High speed) 방식으로 이루어진다. PC에서 USB 허브를 거쳐 MCU에 전달된 명령은 모터를 회전시키거나 센서의 값을 읽어 PC쪽으로 전달한다.

(2) 센서 신호전달

PC에서 센서 신호를 읽기 위해서는 [그림 5-1]과 같이 메인 모듈의 USB 허브를 통해 PC로 전달된다. 이렇게 PC에서 장애물의 유/무 및 거리판단 뿐만 아니라 각종 주변환경의 필요한 데이터를 수집하여 정보를 저장함으로써 로봇의 움직임을 원활히 할 수 있도록 한다.

(3) DC 모터 제어

메인제어 모듈의 가장 핵심기술인 DC 모터 제어기술이 포함되어 있다. DC 모터의 PID 설정값을 입력받아 가/감속제어 및 거리 위치제어를 할 수 있다.

(4) 스텝 모터 제어

스텝 모터를 제어하기 위한 모터 드라이버 회로가 포함되어 있으며, 모터의 가/감속 및 위치제어가 가능하다.

(5) RC 서보 모터 제어

2개의 RC 서보 모터 제어가 가능하고 각각의 위치제어가 가능하여 영상 카메라의 팬-틸트 모션 구현이 가능하다.

2) 메인제어 모듈(ED7271-15)의 이해

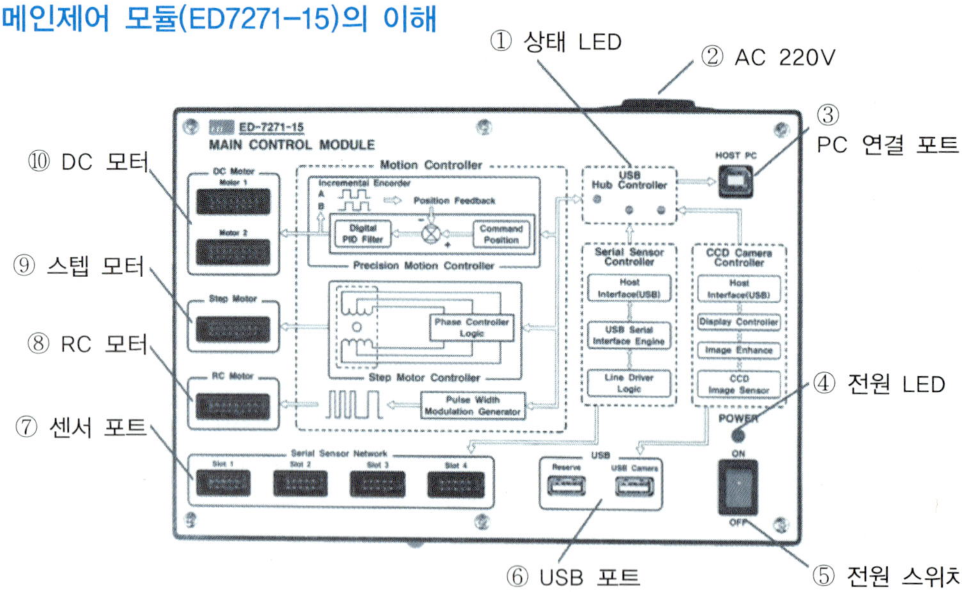

[그림 5-2] 메인제어 모듈

① 상태 LED : 메인 모듈에서는 3개의 USB 장치가 연결가능하다. 이때 활성화된 디바이스를 표시해준다.

② AC 220V : 전원 코드 삽입부

③ PC 연결 포트 : PC와 USB 케이블 연결부

④ 전원 LED

⑤ 전원 스위치

⑥ USB 포트 : USB 카메라와 다른 USB 장치를 추가할 수 있는 포트

⑦ 센서 포트 : 센서 모듈을 연결할 수 있는 '시리얼 센서 네트워크' 포트

⑧ RC 모터 : 2축의 RC 모터를 제어하기 위한 포트

⑨ 스텝 모터 : 스텝 모터 연결 포트

⑩ DC 모터 : 2개의 DC 모터를 각각 1, 2번 연결 포트

CHAPTER

06 지능형 로봇 응용시스템의 모터 모듈

01 DC 모터(ED7271-13)

1. 기반지식

(1) DC 모터의 기본원리

[그림 6-1]과 같이 자극 N, S 사이에 있는 코일 abcd에 직류전원으로부터 브러시(Brush) B1, B2, 정류자편(Commutator) C1, C2를 통하여 전류를 흘리면, 코일 ab와 cd에 각각 아래, 위로의 힘이 발생(플레밍의 왼손법칙)하여 결국 시계방향의 토크가 생겨 코일 전체가 시계방향으로 회전하게 된다.

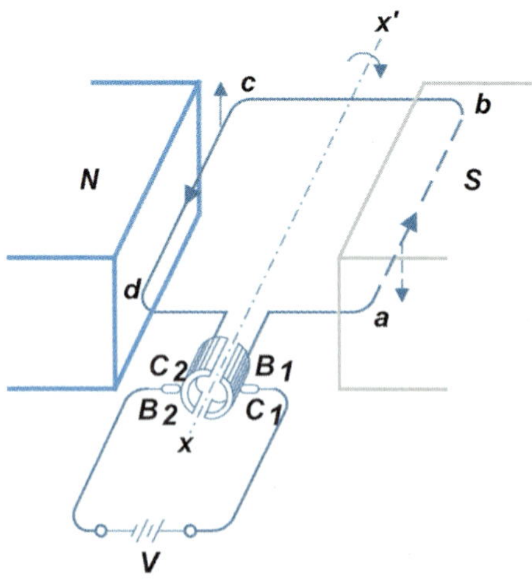

[그림 6-1] DC 모터 동작원리

(2) DC 모터 구동(제어)방식

일반적으로 DC 모터는 구동전압이 수 Volt에서 수백 Volt, 구동전류는 수십 mA에서 수십 A로 큰 구동전력(power)을 필요로 한다. 이러한 DC 모터를 TTL IC 또는 OP 앰프와 같은 비교적 소전력의 소자로 구동하기 위해서는 전력 트랜지스터(이하 TR로 표기) 또는 전력 MOSFET와 같은 전력소자를 이용해야 한다.

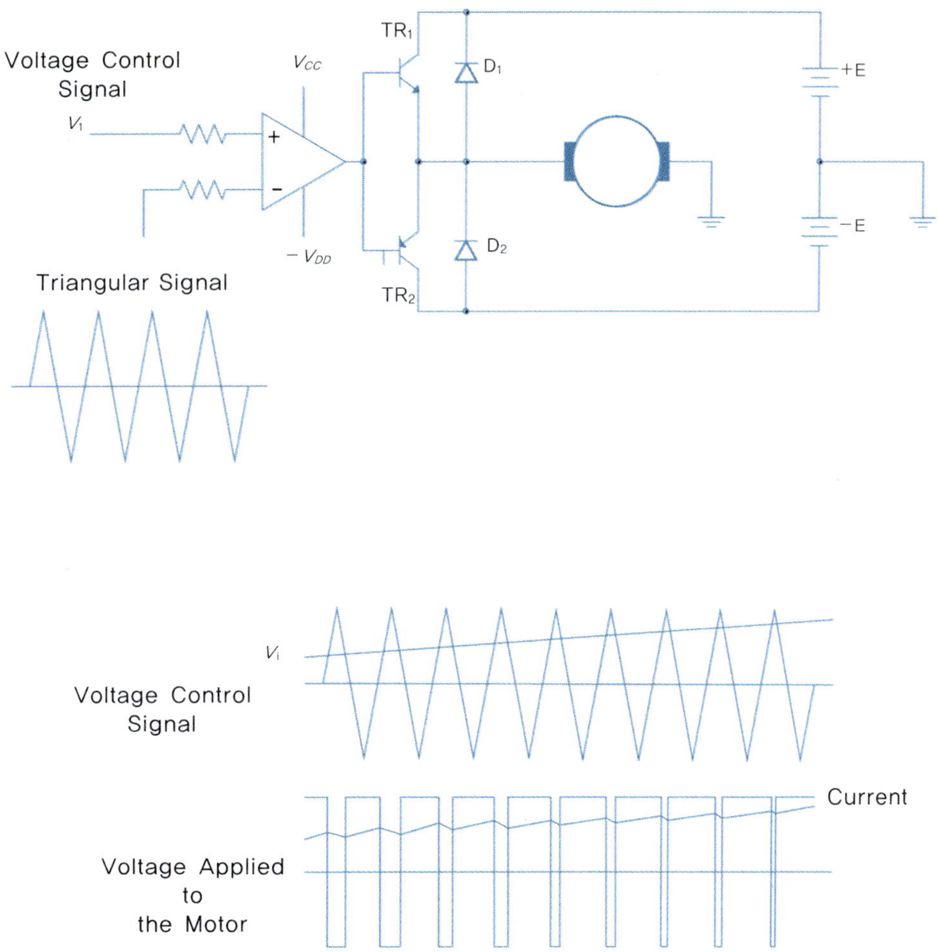

[그림 6-2] PWM 구동방식 원리

전력 TR을 이용한 모터 구동방식에는 대표적으로 리니어(Linear) 구동방식과 PWM (Pulse Width Modulation) 구동방식이 있다. 리니어 구동방식에서는 TR을 활성화영역에서 동작시켜 베이스 전류에 따라 증폭된 컬렉터 전류로 모터를 구동한다. 이 방식은 비교적 구동회로가 간단하나 TR에서의 전력손실이 크고 큰 방열판을 필요로 하여 회로크기가 커지는 단점이 있다. 이에 반해 PWM 구동방식은 TR을 ON-OFF 영역(또는 saturation-cutoff 영역)에서 동작시켜 TR에서의 전력손실을 작게 하는 방식이다.

➡ H-브리지형 PWM 구동방식

단일전원을 사용하고 4개의 TR를 H자 형태로 배치한 PWM 구동방식이 널리 사용되고 있다. 이러한 H-브리지형 PWM 구동방식의 회로는 다음과 같이 구성된다.

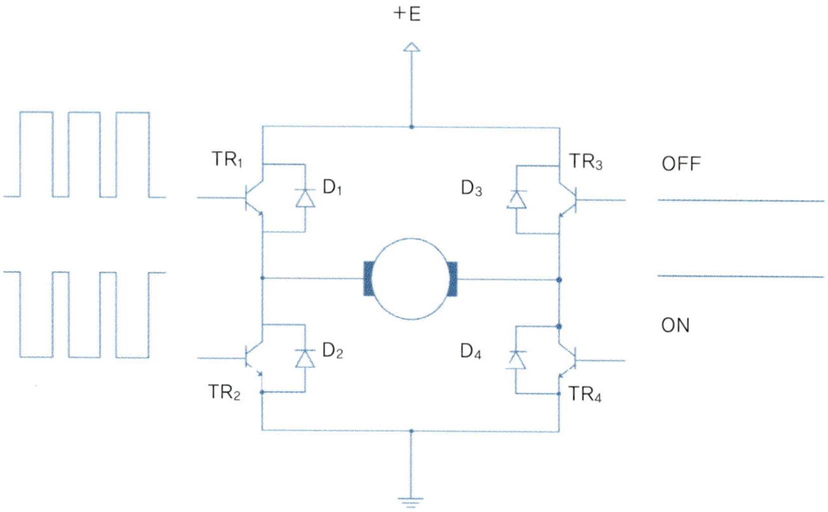

(a)

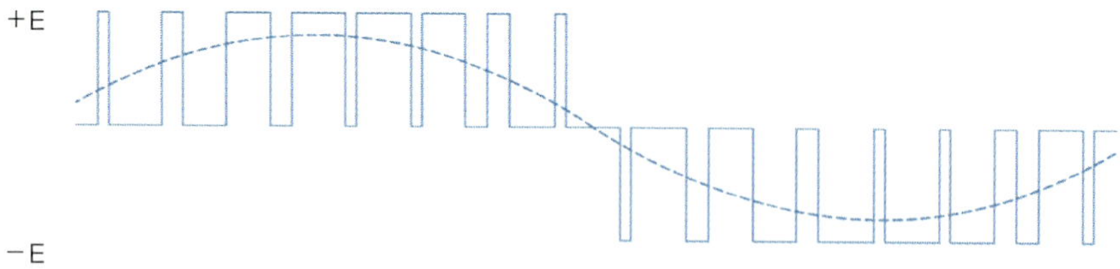

(b)

[그림 6-3] H-브리지형 PWM

TR_1과 TR_2를 PWM 모드로 스위칭하고 TR_3는 OFF, TR_4는 ON시켜 모터에 인가되는 전압이 +E 또는 0전위가 되도록 한다. 반대로 TR_3과 TR_4를 PWM모드로 스위칭하고 TR_1이 OFF, TR_2가 ON일 경우는 모터에 인가되는 전압이 −E 또는 0전위가 된다. 이렇게 단일전원으로 모터의 정역 회전방향제어가 가능하다.

(3) PID 제어

제어변수와 기준입력 사이의 오차에 근거하여 계통의 출력이 기준전압을 유지하도록 하는 피드백 제어의 일종으로, 비례(Proportional)제어와 비례적분(Proportional-Integral)제어, 비례미분(Proportional-Derivative)제어를 조합한 것이다.

P제어(비례)는 기준신호와 현재 신호 사이의 오차신호에 적당한 비례상수 이득을 곱해서 제어신호를 만든다.

I제어(비례적분)는 오차신호를 적분하여 제어신호를 만드는 적분제어를 비례제어에 병렬로 연결해 사용한다.

D제어(비례미분)는 오차신호를 미분하여 제어신호를 만드는 미분제어를 비례제어에 병렬로 연결하여 사용한다. 자동화 시스템의 반응을 측정할 뿐 아니라 반응을 제어할 때도 사용되는 제어방법으로 온도, 압력, 유량, 회전속도 등을 제어하기 위해 쓰이며, 과도상태의 특성 등 PI나 PD제어의 문제점들을 개선할 수 있다.

① 단순 ON/OFF 제어

단순한 ON/OFF 제어의 경우에는 제어조작량은 0%와 100% 사이를 왕래하므로 조작량의 변화가 너무 크고, 실제 목표값에 대해 지나치게 반복하기 때문에, 목표값의 부근에서 凸凹을 반복하는 제어로 되고 만다.

이 모양을 그림으로 나타내면 [그림 6-4]와 같이 된다.

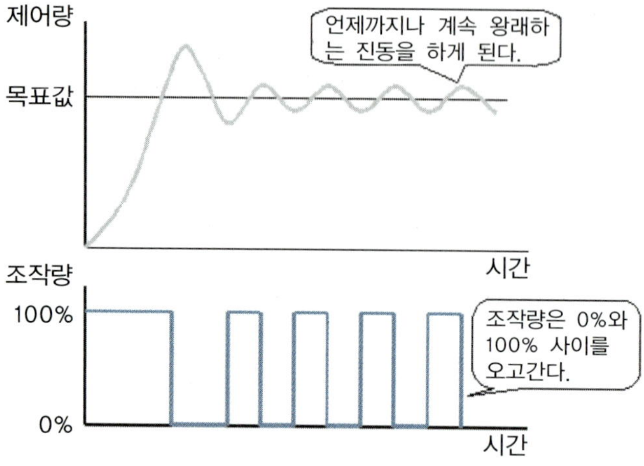

[그림 6-4] ON/OFF 제어의 특성표

② 비례(P)제어

이에 대해 조작량을 목표값과 현재 위치와의 차에 비례한 크기가 되도록 하며 서서히 조절하는 제어방법이 비례제어라고 하는 방식이다. 이렇게 하여 목표값에 접근하면 미묘한 제어를 가할 수 있기 때문에 미세하게 목표값에 가까이 할 수 있다. 이 모양은 [그림 6-5]와 같이 나타낼 수 있다.

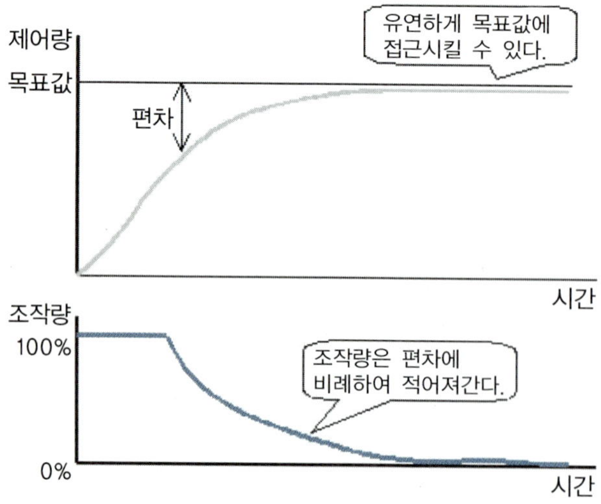

[그림 6-5] 비례제어의 특성표

③ 비례-적분(PI) 제어

비례제어로 잘 제어할 수 있을 것으로 생각하겠지만 실제로는 제어량이 목표값에 접근하면 문제가 발생한다. 이렇게 되면 조작량이 너무 작아지고, 그 이상 미세하게 제어할 수 없는 상태가 발생한다. 결과는 목표값에 아주 가까운 제어량의 상태에서 안정한 상태로 되고 만다. 따라서 목표값에 가까워지기는 했지만 아무리 시간이 지나도 제어량과 완전히 일치하지 않는 상태로 되고 만다.

이 미소한 오차를 '잔류편차'라고 한다. 이 잔류편차를 없애기 위해 사용되는 것이 적분제어이다. 즉, 미소한 잔류편차를 시간적으로 누적하여 어떤 크기로 된 곳에서 조작량을 증가하여 편차를 없애는 식으로 동작시킨다.

이와 같이 비례동작에 적분동작을 추가한 제어를 'PI 제어'라 부른다.

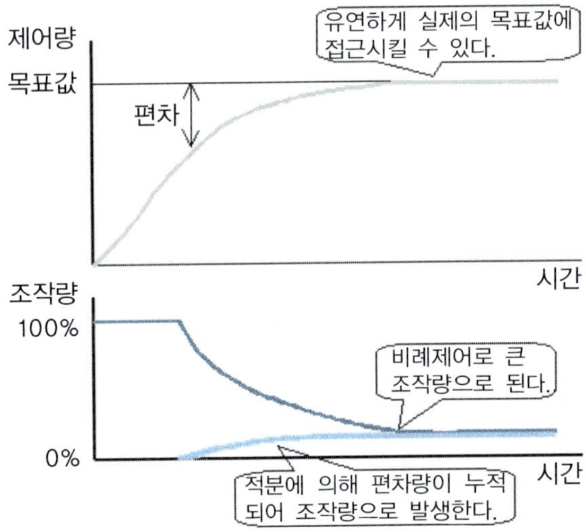

[그림 6-6] PID 제어의 특성표(1)

④ 미분(D)제어와 PID제어

PI 제어로 실제 목표값에 가깝게 하는 제어를 완벽하게 할 수는 있다. 그러나 또 하나 개선의 여지가 있는데, 그것은 제어응답의 속도이다. PI 제어에서는 확실히 목표값으로 제어할 수 있지만 일정한 시간(시정수)이 필요하다.

이때 정수가 크면 외란이 있을 때의 응답성능이 나빠진다. 즉, 외란에 대하여 신속하게 반응할 수 없고, 즉시 원래의 목표값으로는 돌아갈 수 없다는 것이다. 그래서 필요하게 된 것이 미분동작이다.

이것은 급격히 일어나는 외란에 대해 편차를 보고, 전회 편차와의 차가 큰 경우에는 조작량을 많이 하여 기민하게 반응하도록 한다. 이 전회와의 편차에 대한 변화차를 보는 것이 '미분'에 상당한다.

이 미분동작을 추가한 PID 제어의 경우 제어특성은 [그림 6-7]과 같이 된다. 이것으로 알 수 있듯이 처음에는 상당히 Over drive하는 듯이 제어하여 신속히 목표값이 되도록 적극적으로 제어한다.

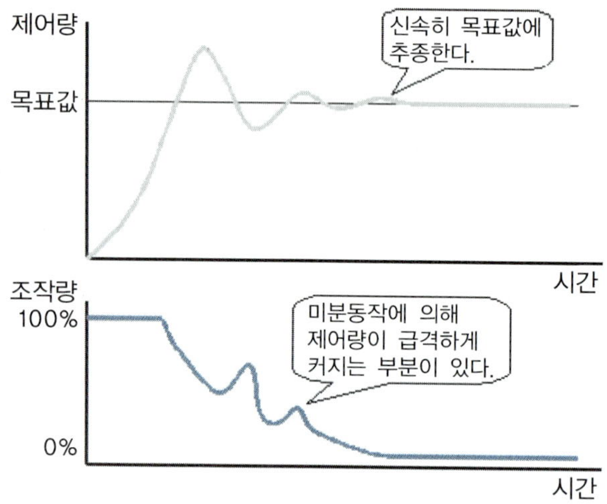

[그림 6-7] PID 제어의 특성표(2)

⑤ 컴퓨터에 의한 PID 제어 알고리즘

원래 PID 제어는 연속한 아날로그량을 제어하는 것이 기본으로 되어 있다. 그러나 컴퓨터의 프로그램으로 PID 제어를 실현하려고 하는 경우에는 연속적인 양을 취급할 수 없다. 왜냐하면 컴퓨터 데이터의 입출력은 일정시간 간격으로밖에 할 수 없기 때문이다. 게다가 미적분 연산을 착실히 하고 있는 것에서는 연산에 요하는 능력으로 인해 고성능의 컴퓨터가 필요하게 되고 만다. 그래서 생각된 것이 샘플링 방식(이산값)에 적합한 PID 연산방식이다.

샘플링 방식의 PID 제어의 기본식은 다음과 같이 표현된다.

조작량 = K_p × 편차 + K_i × 편차의 누적값 + K_d × 전회 편차와의 차
(비례항) (적분항) (미분항)

기호로 나타내면

$$MV_n = MV_{n-1} + \Delta MV_n$$

$$\Delta MV_n = Kp(e_n - e_{n-1}) + K_{ien} + K_d((e_n - e_{n-1}) - (e_{n-1} - e_{n-2}))$$

MV_n, MV_{n-1} : 금회, 전회 조작량

ΔMV_n : 금회 조작량 미분

en, en-1, en-2 : 금회, 전회, 전 전회의 편차

이것을 프로그램으로 실현하기 위해서는 이번과 전회의 편차값만 측정할 수 있으면 조작량을 구할 수 있다.

⑥ 파라미터를 구하는 방법

PID 제어방식에 있어서의 과제는 각 항에 붙는 정수 K_p, K_i, K_d를 정하는 방법이다. 이것의 최적 값을 구하는 방법은 몇 가지 있지만 어느 것이나 난해하며, 소형의 마이크로컴퓨터로 실현하기 위해서는 번거로운 것이다(Tuning). 이 파라미터는 Cut and try로 실제 제어한 결과에서 최적 값을 구하고, 그 값을 설정하도록 한다. 참고로 튜닝의 수법을 소개하면 스텝 응답법과 한계감도법이 유명한 수법이다. 또 프로세스 제어분야에서는 이 튜닝을 자동적으로 실행하는 Auto tuning 기능을 갖는 자동제어 유닛도 있다. 이것에는 제어결과를 학습하고, 그 결과로부터 항상 최적한 파라미터값을 구하여 다음 제어 사이클에 반영하는 기능도 실장되어 있다.

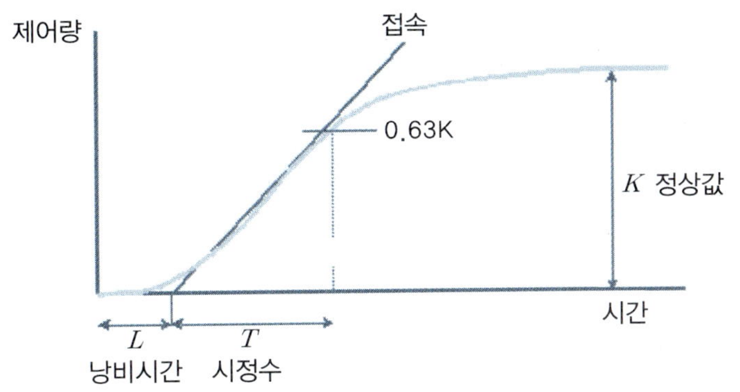

[그림 6-8] PID 제어 파라미터

여기서 스텝 응답법에 있어서 파라미터를 구하는 방법을 소개한다. 우선 제어계의 입력에 스텝 신호를 가하고, 그 출력결과가 [그림 6-8]이라고 하자(파라미터는 적당히 설정해 둔다).

[그림 6-8]과 같이 상승곡선에 접선을 긋고 그것과 축과의 교점, 정상값의 63%에 해당하는 값으로 된 곳의 2점에서 L : 낭비시간, T : 시정수, K : 정상값의 3가지 값을 구한다. 이 값으로부터 각 파라미터는 표와 같이 구할 수 있다.

제어동작 종별	K_p의 값	K_i의 값	K_d의 값
비례제어	0.3～0.7T/KL	0	0
PI제어	0.35～0.6T/KL	0.3～0.6/KL	0
PID제어	0.6～0.95T/KL	0.6～0.7/KL	0.3～0.45T/K

이 파라미터에 범위가 있지만 이 크기에 의한 차이는 특성의 차이로 나타나며, [그림 6-9]와 같이 파라미터가 많은 경우에는 미분・적분효과가 빨리 효력이 나타나므로 [그림 6-9]의 목표값보다 큰 그래프와 같이 overshoot이 크게 눈에 띈다. 파라미터가 작은 쪽의 경우는 목표값보다 작은 선의 특성과 같이 된다.

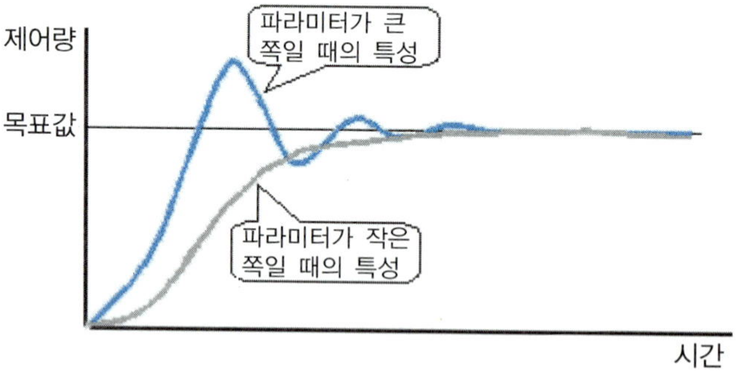

[그림 6-9] PID 제어 파라미터에 의한 특성의 차이

(4) 인코더의 원리

로터리 인코더는 모터의 회전수 그리고 회전속도를 검출하기 위한 장치이다. 인코더의 종류에는 인크리멘탈형, 절대값(앱솔루트)형이 있다.

① 인크리멘탈형

[그림 6-10]은 제로상 신호 Z를 가지고 있는 A, B 출력형 인크리멘탈 인코더의 구조도이다. LED로부터 광투사된 광선은 회전 디스크의 슬릿을 통과한 뒤 고정 슬릿판의 A, B, Z에 해당하는 각각의 슬릿을 통과하여 A, B, Z의 수광소자에서 검출된다. 고정 슬릿판상의 A, B의 슬릿은 90°의 위상차를 갖도록 배치되어 있으며, 파형이 정비된 전기적 신호출력도 90°의 위상차를 갖는 구형파로 된다.

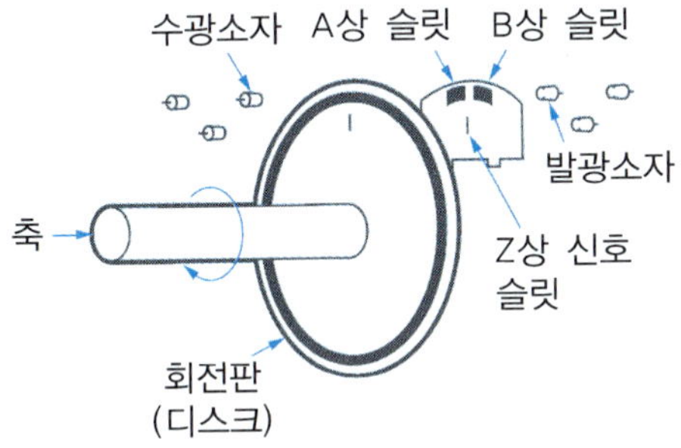

[그림 6-10] 인크리멘탈 인코더의 구조

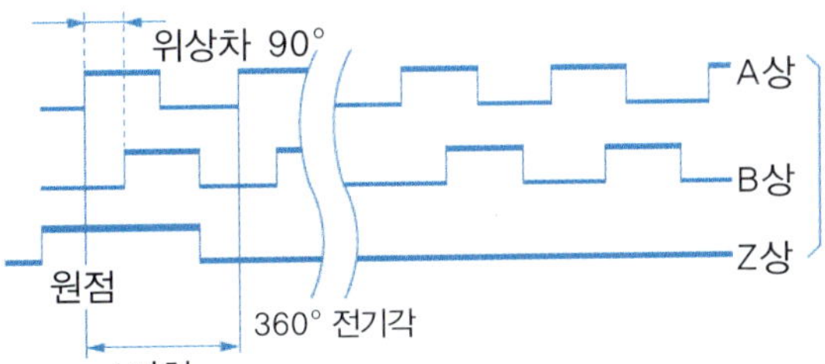

[그림 6-11]

인크리멘탈 인코더는 구조가 간단하고 가격이 싸며, 출력전선의 개수도 적어서 신호전달이 간단하다. 인코더의 출력펄스는 축의 회전위치의 절대값을 나타내지는 않고 축의 회전한 각도에 비례한 펄스수가 얻어지는 것이며, 절대값 표시를 수행하는 경우는 인코더 출력펄스를 카운터에 축적한 것으로 표시한다.

사용상 주의할 점은 신호전달 중의 노이즈를 카운터에 축적하는 결점이 있기 때문에 노이즈 대책을 충분히 세워야 될 필요가 있다. 또 전원이 끊어진 경우에는 다시 전원을 투입하여도 원래 위치의 표시는 불가능하게 되기 때문에 충분히 주의를 기울여야 한다.

인크리멘탈 인코더는 인코더 자체에서 단지 펄스열을 발생하기 때문에 회전속도를 검출하기 위한 아날로그 신호를 얻기 위해서는 인코더의 출력 펄스수를 펄스 주파수에 비례한 아날로그 신호로 변환하여야 한다. 보통 인크리멘탈형 인코더의 회전방향감지 및 분해도를 증가하기 위해 2개의 광단속기는 1/4위상차를 두도록 배치한다. [그림 6-12]에서 시계방향(CW)과 반시계방향(CCW)으로 휠이 회전할 때 광단속기에서 발생하는 파형을 보이고 있다. 각각의 광단속기를 각각 채널 A와 채널 B라고 명명하며, 이 두 채널의 신호파형을 이용하여 회전방향을 판별할 수 있다.

② 절대값형 인코더

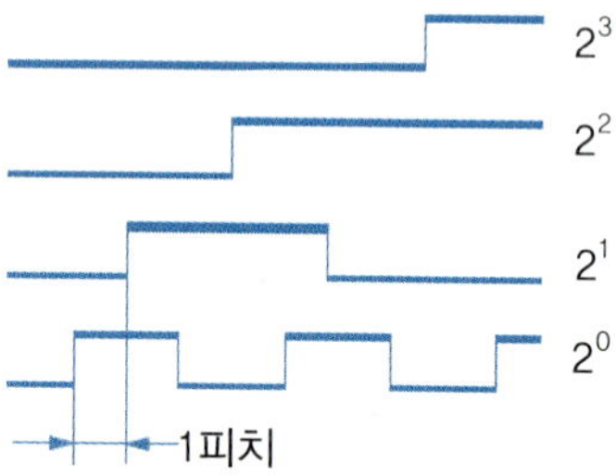

[그림 6-12] 출력파형

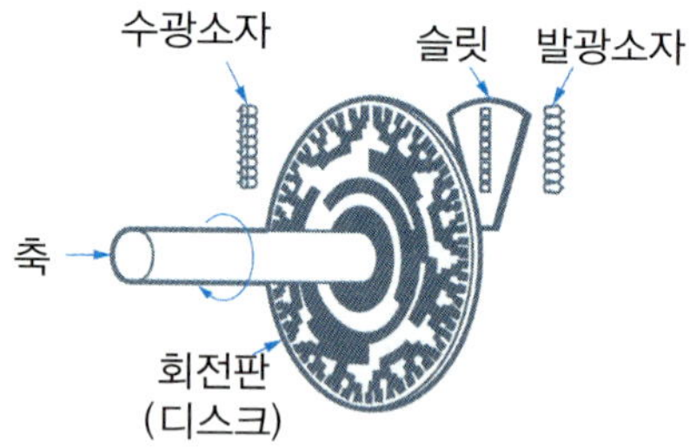

[그림 6-13] 절대값형 인코더의 구조

절대값형 인코더의 기본적인 구성은 인크리멘탈형과 동일하다. 회전 디스크의 슬릿은 2진 부호열로 되어 있는데, 회전 디스크의 바깥둘레를 최하위 비트로 하고 중심을 향하여 필요한 비트(행) 수만큼의 슬릿이 동심원상으로 배치되어 있다. [그림 6-13]은 절대값형 인코더의 구조도이다.

절대값형 인코더는 명칭 그대로 입력측의 절대위치를 검출할 수 있기 때문에 신호전송

중의 노이즈에 의해 오차가 누적되지 않으며, 또 전원이 단절되어 재투입하는 경우에도 인크리멘탈형처럼 원래 위치를 잃어버리지 않고 정상적으로 올바른 현재 위치를 검출할 수가 있다. 단점으로는 비트수가 많아지면 출력신호선의 수가 많아져 구조상 소형화, 저가화가 어렵다는 것을 들 수 있다.

2. DC 모터(ED7271-13)의 이해

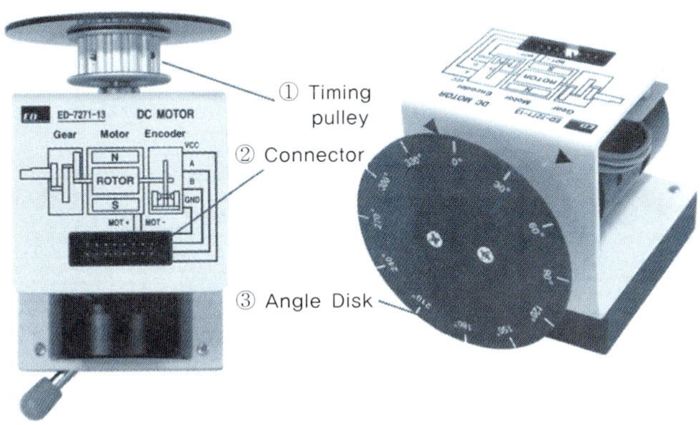

[그림 6-14] DC 모터 모듈

① 타이밍 풀리 : 양방향 구동 모듈과 타이밍 풀리로 동력전달
② 연결 : 메인제어 모듈과 연결
③ 각도 디스크 : 각도제어시 각도표시

DC 모터(ED7271-13)는 기어 박스(기어 헤드), DC 모터, 인코더가 포함되어 있는 일체형 모터이다. 모터 구동 및 제어회로는 메인제어 모듈(ED7271-15)에 내장되어 있다. 메인제어 모듈의 모터 드라이버 IC, PID 제어 IC가 포함되어 DC 모터 제어를 담당한다. 동시에 2개의 DC 모터를 제어할 수 있다.

02 스텝 모터(ED7271-14)

1. 기반지식

(1) 스텝 모터의 동작원리

고정자측에서 자계를 회전시키고 그 힘으로 회전자를 기계적으로 회전시킨다. 이 때 고정자의 자계회전을 펄스 신호에 따라서 스위칭하여 순서적으로 바꿔나가면 스텝 모터는 한 스텝씩 회전한다.

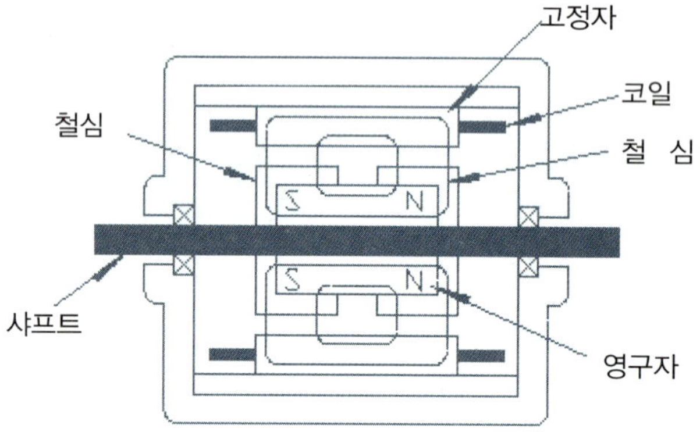

[그림 6-15] 스텝 모터의 구조

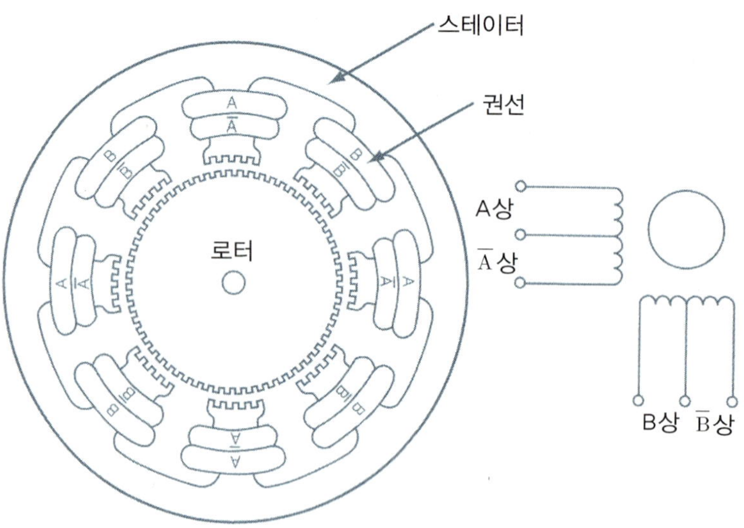

[그림 6-16] 스텝 모터의 단면

고정자의 A상이 N극에 자화되어 회전자의 S극에 끌어당겨져 정지되어 있다. 다음으로 B상을 N극에 자화하여 A상의 자화를 풀면 회전자는 B상과 마주보도록 끌어당겨져 시계 방향으로 90° 회전하여 정지한다. 이와 같이 자화하는 극을 A상, B상, $\overline{A}$상, $\overline{B}$상으로 순차적으로 바꾸어감으로써 스텝 모터는 회전과 정지를 계속해나간다.

(2) 모터 구동방법

고정자 코일에 흐르는 전류를 여자전류라 한다. 1상 스텝 모터는 전기적으로 A상, B상, $\overline{A}$상, $\overline{B}$상의 4개의 고정자권선이 있다. 이들 상에 동시에 몇 개의 상에 여자전류를 흐르게 하는지에 따라 여자방식이 결정된다. 2상 스텝 모터의 여자방식에는 1상 여자, 1-2상 여자, 2상 여자의 3종류의 여자방식이 사용된다.

권선에 한쪽 방향으로 전류를 흘려주는지, 양쪽 방향으로 전류를 흘려주는지에 따라 유니폴라 구동방식과 바이폴라 구동방식으로 나뉜다. 유니폴라 구동방식은 권선 중간에 센터 탭을 이용하는 것으로 센터 탭을 통해 각상에 전류가 한쪽 방향으로만 흐르게 된다. 바이폴라 구동방식은 H-브리지 회로를 사용하여 전류의 방향을 바꾼다. 센터 탭을 사용하지 않고 권선을 전부 사용하므로 유니폴라 방식에 비해 큰 토크를 얻게 된다.

로봇 키트 모듈에서는 제어가 간단한 바이폴라 1상 여자방식의 구동방식을 선택했다. 스텝 모터 각 상에 다음과 같은 펄스열을 입력하면 모터는 한 스텝씩 회전을 한다.

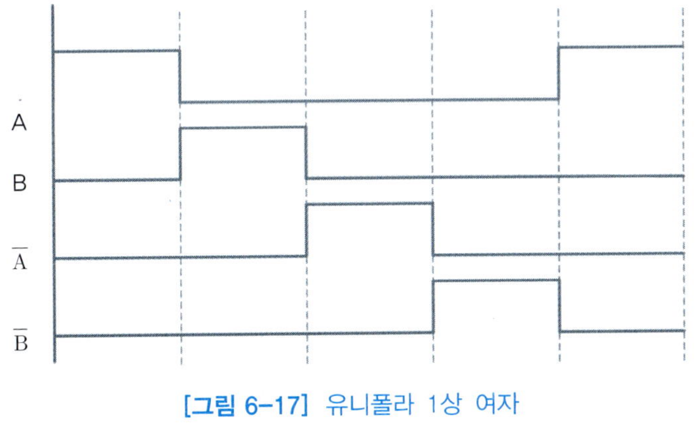

[그림 6-17] 유니폴라 1상 여자

스텝 모터의 제어회로는 펄스를 인가하여 각 상의 여자신호를 발생시키는 여자신호 발생부와 신호를 받아서 권선에 여자전류를 흘려주기 위한 구동부 회로로 구성된다. 마이크로컨트롤러에서는 방향신호와 펄스열을 발생시킨다.

2. 스텝 모터(ED7271-14)의 이해

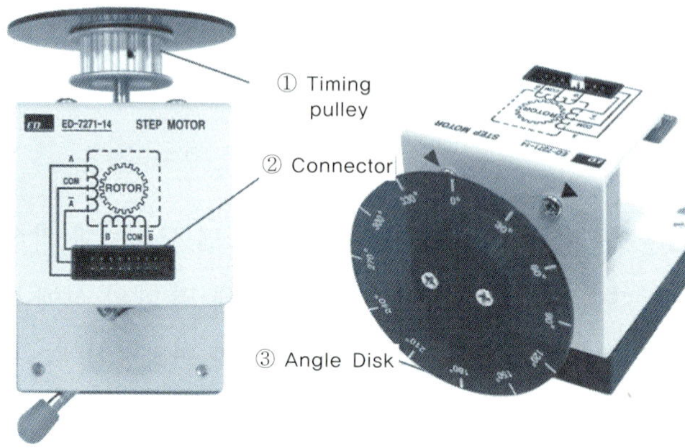

[그림 6-18] 스텝 모터의 구성

① 타이밍 풀리 : 양방향 구동 모듈과 타이밍 풀리로 동력전달
② 연결 : 메인제어 모듈과 연결
③ 각도 디스크 : 각도제어시 각도표시

메인제어 모듈에는 다음과 같은 스텝 모터 구동회로가 내장되어 16pin 플랫 케이블로 모터만 연결해주면 바로 구동이 가능하다. 여자 시퀀스 발생부의 IC는 L297, 전류구동부는 SLA7024M을 사용한다. 마이크로컨트롤러에서 방향신호, 그리고 회전수에 해당하는 펄스열만 입력해주면 스텝 모터는 회전한다.

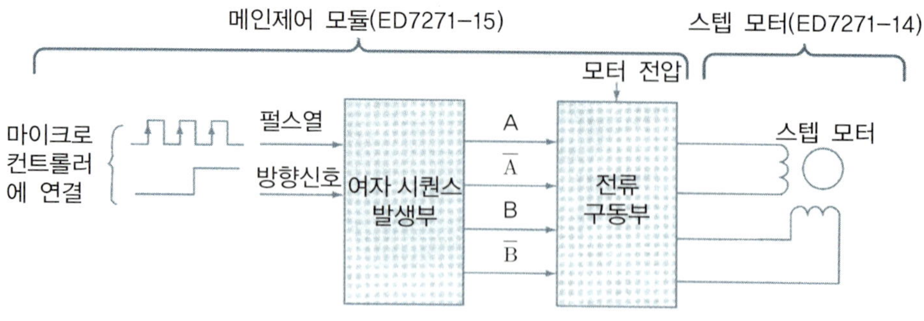

[그림 6-19] 스텝 모터 구동회로

03 RC 모터(ED7271-10)

1. 기반지식

(1) RC 서보 모터

서보 모터는 주어진 신호에 의해서 일정한 각을 유지하거나 일정한 위치를 유지하는 모터를 말한다. RC 서보 모터는 일반적으로 무선조종 자동차, 모형비행기에 조향장치 등으로 많이 사용하는 모터이다. 서보 모터에 일정한 PWM 신호를 넣어주면 일정각도를 유지한다. 동작영역은 약 0~180°이다.

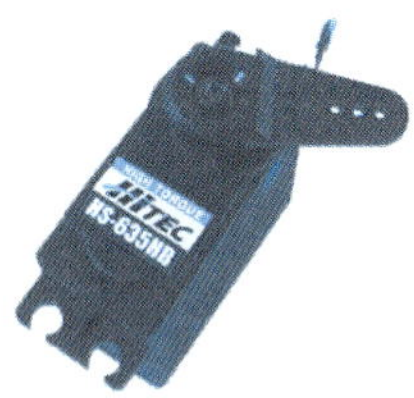

[그림 6-20] RC 서보 모터 외형

(2) RC 서보 모터 구동방법

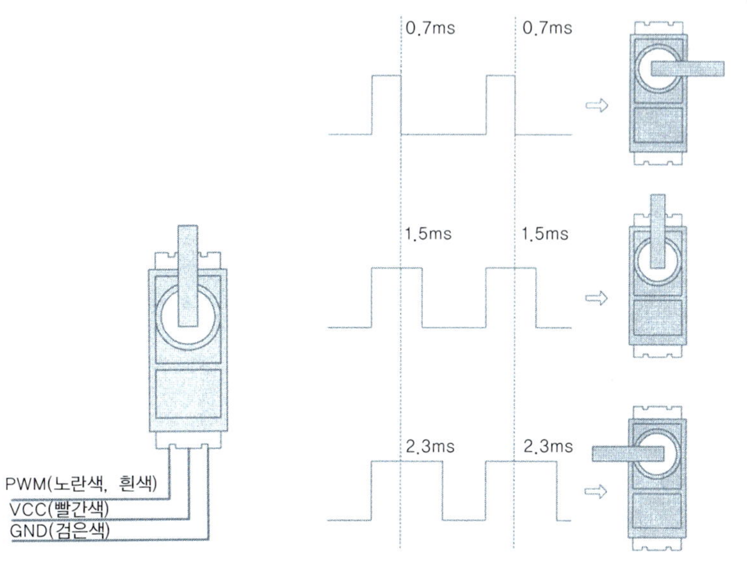

[그림 6-21] RC 모터 제어펄스

[그림 6-21]과 같이 RC 서보 모터에는 3개의 선이 있다. 각각 GND(검은색), VCC(빨간

색), PWM(노란색, 흰색)이다. 보통 전원은 4~6V에서 동작한다. 모터의 동작은 PWM 입력선으로 일정주기의 펄스신호를 주면 모터가 −90~90°의 사이에서 동작한다.

20ms의 주기로 1.5ms의 신호를 넣어주면 0°의 각도로 동작을 하고, 0.7ms일 때는 −90°, 2.3ms의 신호를 넣어주면 90°로 동작한다. 이밖에 다른 각도 제어한다면 0.7~2.3ms까지 다른 펄스의 신호를 넣어주면 된다. 펄스를 입력해주는 도중 신호가 중단된다면 모터는 각도제어를 실행하지 않게 된다.

2. RC 모터(ED7271-10)의 이해

RC 모터(ED7271-10)는 RC 서보 모터 2개와 USB 카메라로 구성되어 있다.

USB 카메라는 Image Processing 편에서 다룬다.

[그림 6-22] RC 모터

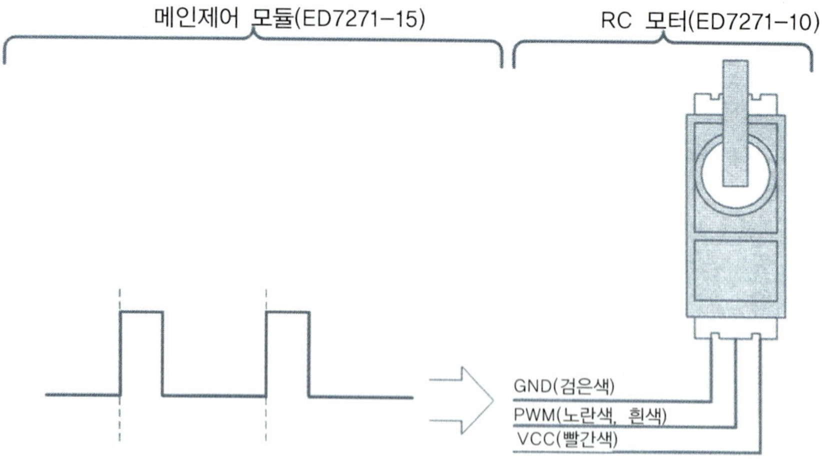

[그림 6-23] 제어방법

메인제어 모듈에서 RC 서보 모터 제어 펄스를 출력하여 모터 제어가 가능하다. 메인제어 모듈과 RC 모터 모듈을 16핀 플랫 케이블로 연결하면 2개의 RC 서보 모터를 제어할 수 있다.

04 DC 모터 제어실습

ED7271 지능형 로봇 실험실습 장비에 있는 DC 모터를 제어하는 기본 프로그램을 Visual C++(MFC)를 사용하여 작성하도록 한다.

[그림 6-24]는 이 실습의 목표이며 이 Dialog를 통하여 사용자는 ① 모터 초기화, ② 모터 셋팅, ③ 가속도 설정, ④ 속도 설정의 입력을 한 후, 우측의 '전진', '후진', '좌회전', '우회전', '정지' 버튼으로 로봇의 움직임을 제어할 수 있다. 또한 하단의 버튼을 사용하여 DC 모터 회전시 '위치(Position)', '각도(Degree)', '거리(Centimeter)', '속도(RPM)' 정보를 획득할 수 있다.

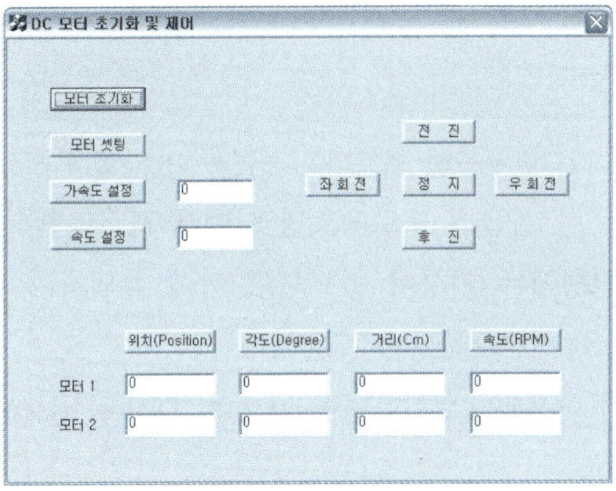

[그림 6-24] 실습 목표

1. 프로젝트 생성

MicroSoft사의 'Visual C++'를 실행한다.

'Visual C++'의 초기 실행 화면에서 메뉴 창의 'File'를 클릭한 후 'New'를 선택한다.

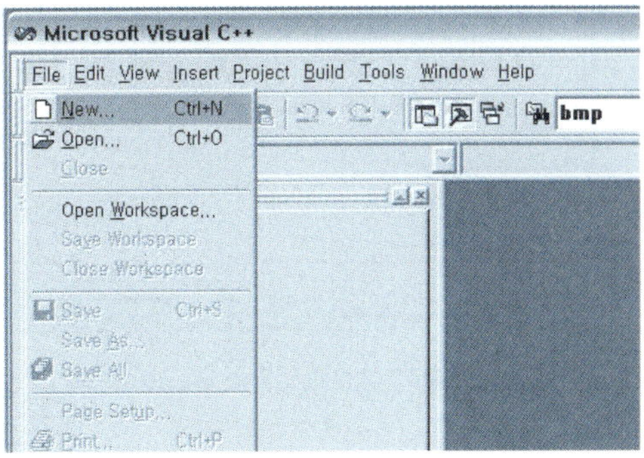

[그림 6-25] 메 뉴

다음과 같이 새로운 창이 열리면 좌측 상단의 'Project' 란을 선택한 후 'MFC AppWizard [exe]'를 클릭한 후 'Project name'를 기입하고, Project 파일들이 저장될 폴더를 'Location' 란에 지정한다(지정된 폴더에 'Project name'으로 하위 폴더가 생성되어 저장된다).

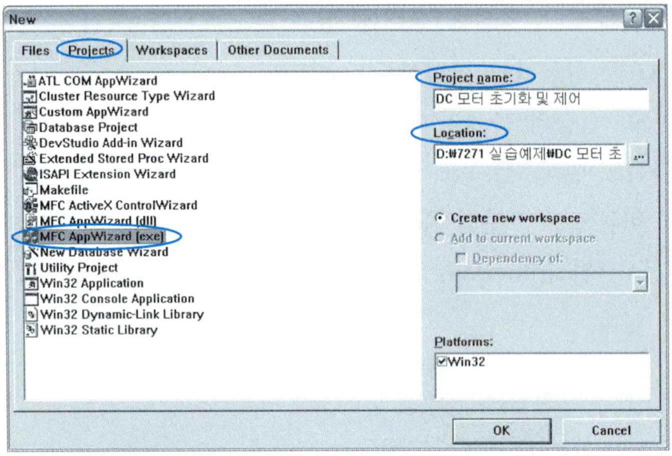

[그림 6-26] 프로젝트 종류와 이름, 폴더 지정

※ 교재에 나와 있는 각 실습별 프로젝트명과 예제 프로그램의 프로젝트명이 상이하니 실제 프로그램 실행에는 이상이 없으므로 이에 유의하기 바란다.

'OK' 버튼을 누르면 다음과 같은 화면이 나오며 'Dialog based'를 선택한 후 'Finish'를 클릭한다.

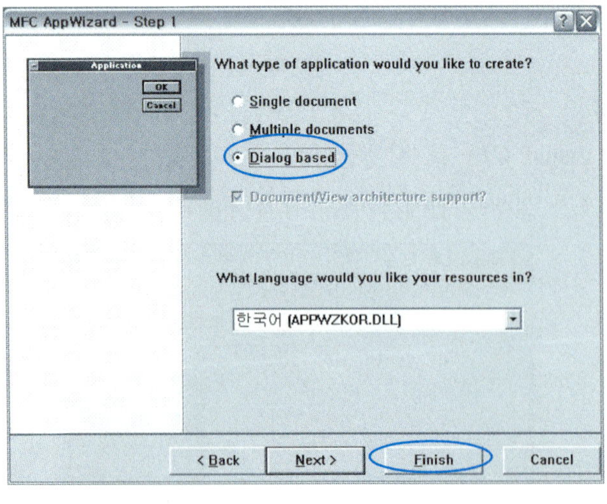

[그림 6-27] Application Type 선택

최종적으로 생성된 프로젝트의 정보가 나와 있는 창이 열리며 'OK' 버튼을 클릭하면 기본적인 프로젝트의 생성은 끝난다.

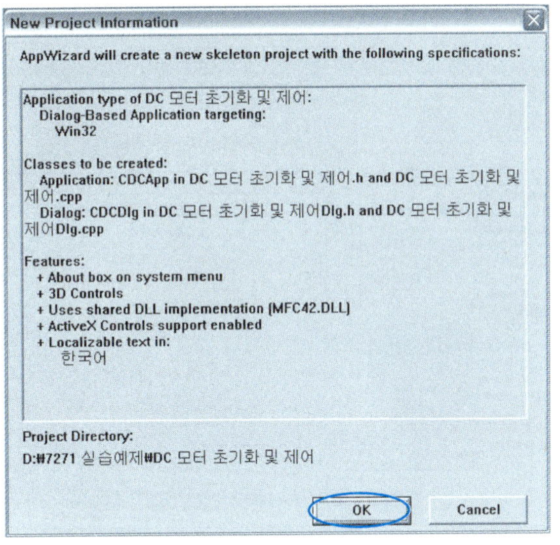

[그림 6-28] 프로젝트 생성 화면

'OK' 버튼을 클릭하면 다음 화면이 나오며, 기본적인 Dialog 창이 생성되어 있음을 볼 수 있다. 우선 원으로 선택되어 있는 항목들을 삭제한다(우측 상단의 '확인', '취소' 버튼을 필히 삭제할 필요는 없다. : 선택사항).

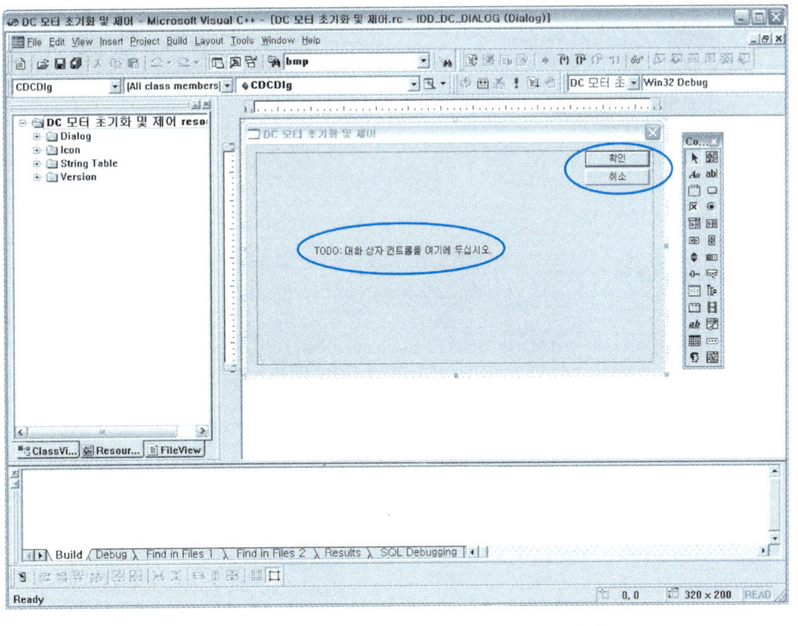

[그림 6-29] 기본 Dialog Box 생성 화면

DC 모터 제어에 필요한 Header 파일을 프로젝트에 추가하기 위하여 Work Space 하단의 'File View'를 선택한 후, 그림과 같이 'Header File'을 마우스 오른쪽 버튼으로 클릭하여 'Add File to Folder...'를 선택한다.

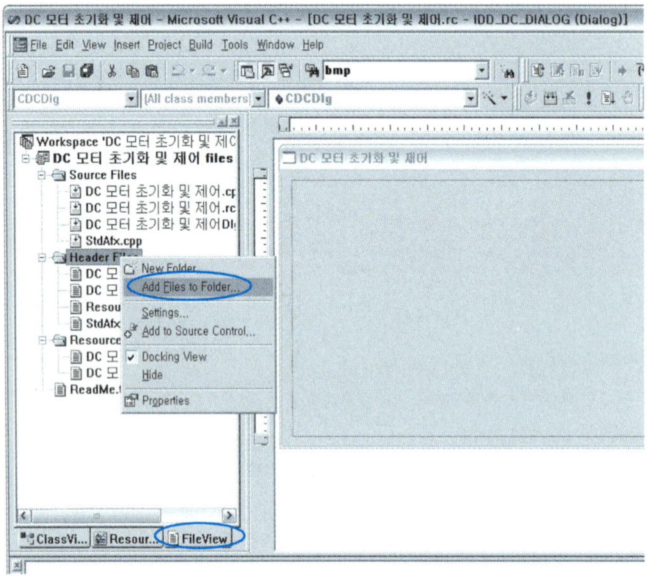

[그림 6-30] Header File의 추가 - 1

제공된 파일이 있는 폴더를 선택한 후 'Motion_Library.h' 파일을 추가한다.

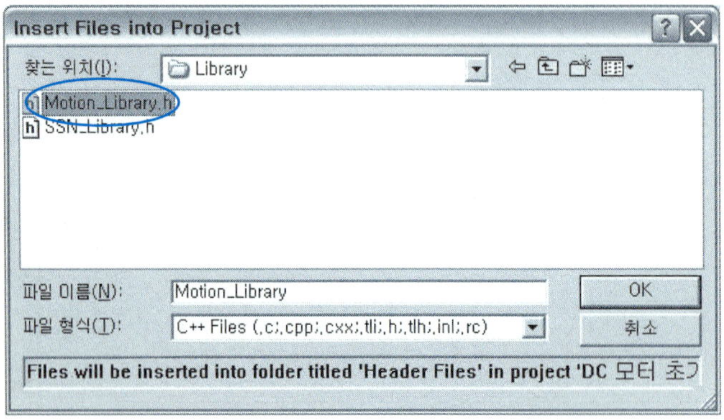

[그림 6-31] Header File의 추가 - 2

추가된 Header 파일의 내부에는 DC 모터 제어에 필요한 여러 함수가 정의되어 있으며 이 함수들을 이용하여 프로그램을 작성하고 프로그램 실행시 DLL 파일을 이용하여 DC 모터를 제어하게 된다. Header 파일내의 각 함수에 대한 설명은 Library 설명을 참조하기 바란다.

Header 파일을 추가한 후 프로젝트내에서 사용할 수 있도록 하기 위하여 Work Space의 Header 파일 폴더안의 'StdAfx.h'을 더블클릭하여 밑줄로 표시된 부분을 추가한다.

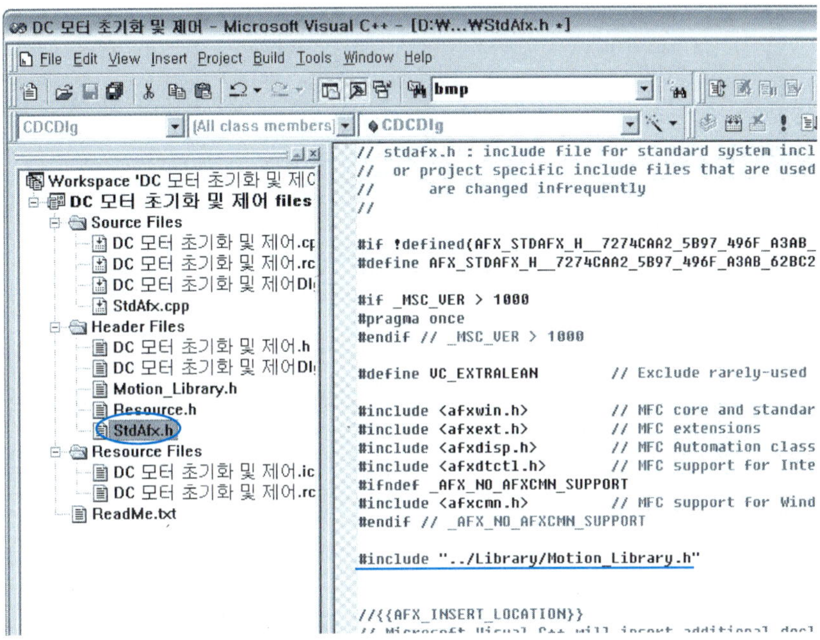

[그림 6-32] StdAfx.h 파일 수정

위 그림에 나와 있는 밑줄로 표시된 부분에서 "../Library/Motion_Library.h " 는 추가한 Library 파일(Motion_Library.h)이 있는 폴더를 가리킨다.

이 교재에서는 제공되는 파일들이 들어 있는 폴더가 다음 그림의 경로에 저장되어 있어 [그림 6-30], [그림 6-31]과 같은 방법으로 Header 파일을 추가시켰으나, 다른 상황일 경우 그림처럼 Library 폴더를 이동, 혹은 복사하여 진행하기 바란다(선택사항).

[그림 6-33] 프로젝트 폴더와 Library 폴더

제공된 .lib 파일을 프로젝트에 연결하기 위하여 다음 그림처럼 메뉴 항목의 'Project'를 선택한 후 'Settings'을 클릭한다.

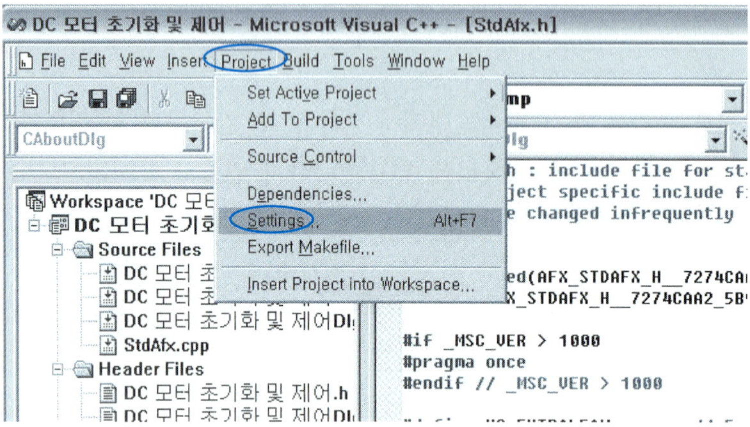

[그림 6-34] Project Setting 선택

Project Setting 창이 열리면 'Link'를 선택한 후 그림에 표시된 부분을 그림과 같이 변경한다. 우선 'Output file name:' 항목은 프로그램 작성 후 실행 파일이 생성되는 폴더와 실행파일의 이름을 사용자가 변경할 수 있는 부분이며, 'Object/ Library modules:' 항목은 ED7271 시스템의 DC 모터를 제어하기 위한 Library 파일을 프로젝트에 연결하기 위한 부분이다. Header 파일의 추가 방법과 마찬가지로 [그림 6-32]와 같을 경우에 해당되는 그림이다. 밑줄이 된 부분을 추가한다.

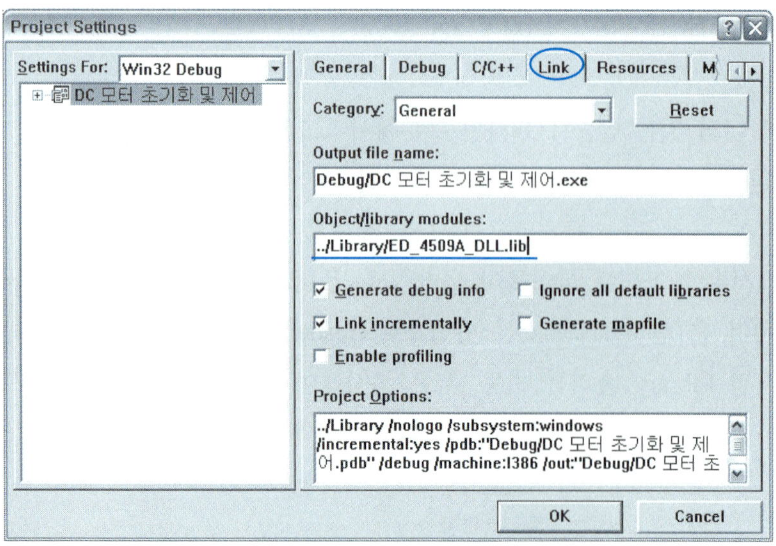

[그림 6-35] Project Setting

[그림 6-36]의 'Output file name:'에 해당되는 폴더(그림상에서는 Debug 폴더)에 제공된 'ED_4509A_DLL.dll' 파일을 복사한다. 현재 작성중인 프로그램에서 이 파일의 내부에 있는 함수를 호출하여 실행하므로, 실행 파일과 같은 폴더 내에 있지 않으면 동작하지 않는다.

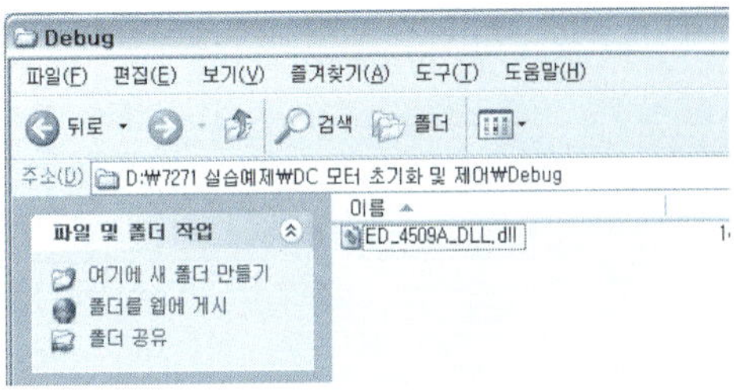

[그림 6-36] DLL 파일의 복사

Work Spcae의 Header 폴더에 있는 'DC 모터 초기화 및 제어Dlg.h' 파일에서 다음 그림에 표시된 객체를 해당 위치에 추가한다. 이 객체를 이용하여 DC 모터를 제어하는 Library의 함수를 이용할 수 있다.

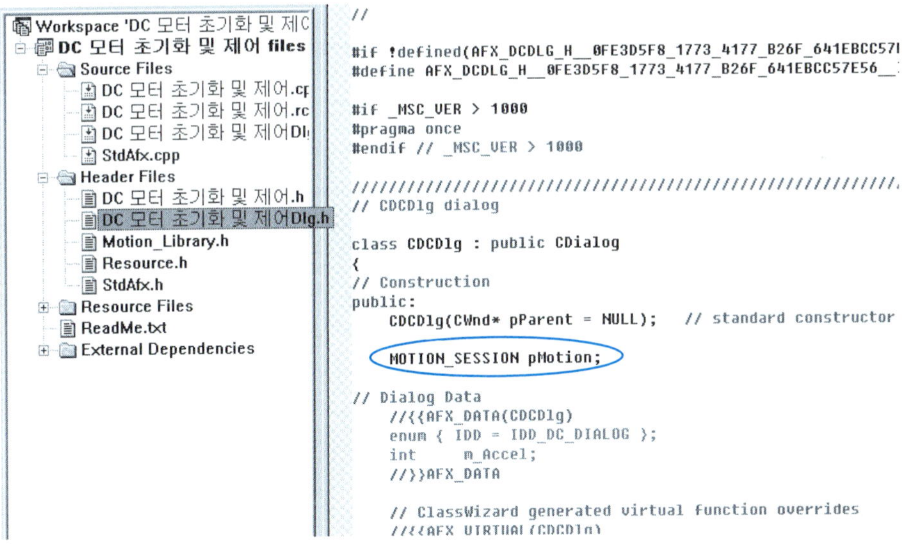

[그림 6-37] DC 모터 제어 객체 선언

프로그램을 작성하기 위한 사전 준비는 끝이며 이제부터 실제 프로그램의 작성이다.

2. DC 모터 초기화

프로그램 실행시 ED7271-15 제어 모듈을 통하여 DC 모터를 초기화하기 위한 함수를 작성한다.

Resource 창에서 Dialog에 다음 그림처럼 Control 메뉴의 버튼 생성키를 사용하여 버튼을 추가한다.

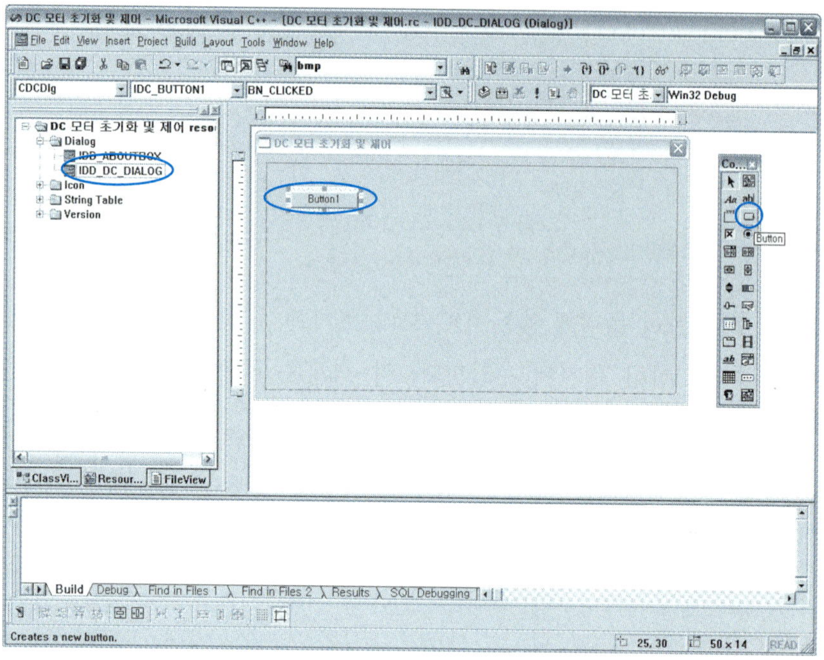

[그림 6-38] Dialog 창에 버튼 추가

생성된 버튼을 마우스 오른쪽 버튼으로 클릭('Enter' 키 가능)하여 'Properties'를 선택하고, Properties 창에서 'ID'와 'Caption'을 그림과 같이 변경한다.

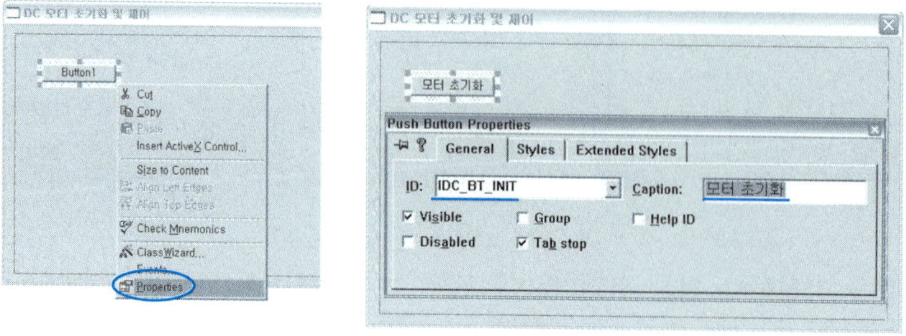

[그림 6-39] Properties(속성) 창

생성된 버튼을 임의의(예 : 모터의 초기화) 함수에 연결(버튼 입력으로 임의의 동작을 실행)하기 위하여 클래스위자드(ClassWizard, Ctrl+W)를 선택한다.

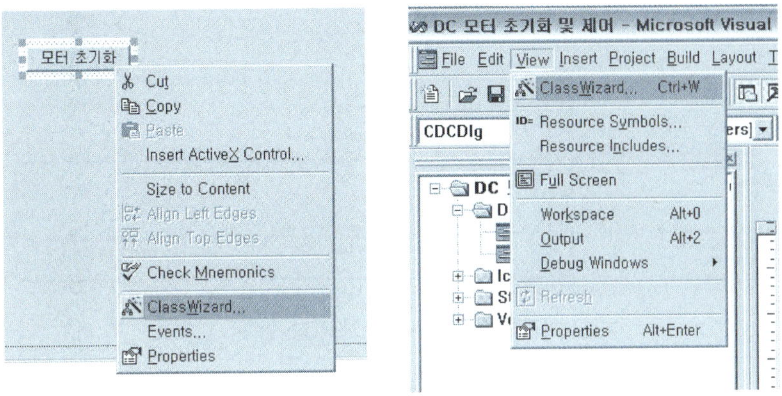

[그림 6-40] 클래스위자드 실행

클래스위자드에서 그림에 나와 있는 순서와 같이 실행한다.

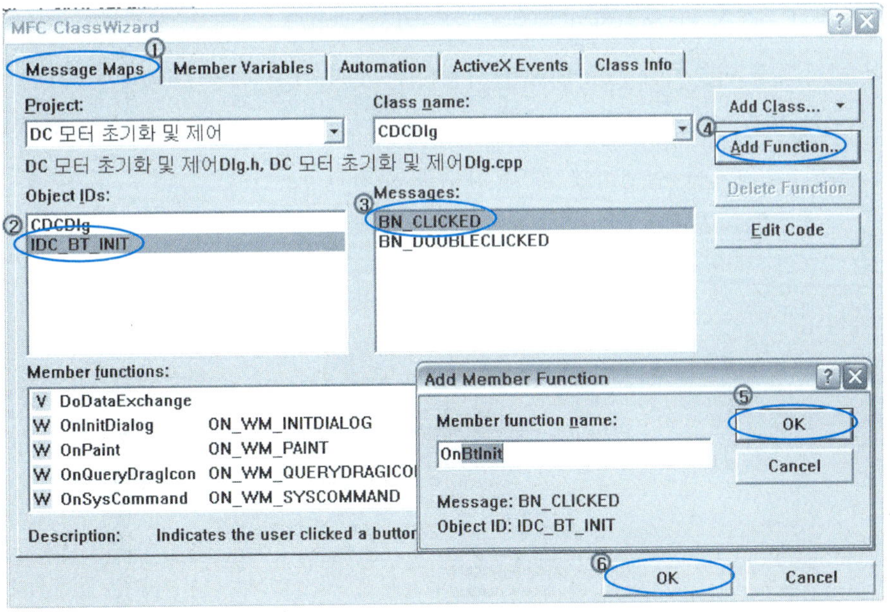

[그림 6-41] 모터 초기화 – 클래스위자드

다음은 [그림 6-41]에서 6번째까지 실행하였을 때 생성되는 함수이며 그림과 같이 작성한다. 클래스위자드의 'Edit Code' 버튼이나 Dialog에서 생성한 '모터 초기화' 버튼을 더블클릭하면 생성된 함수로 이동한다. 이는 Dialog에서 생성한 '모터 초기화' 버튼을 눌렀을 때 실행되는 코드로, 'Motion_Library.h' 파일안의 'DCServo01_Initialize()' 함수를 이용하여 모터를 초기화한다. 만약 모터를 초기화하는데 실패하였다면 "모터 초기화 실패"라는 메시지를 출력할 것이다.

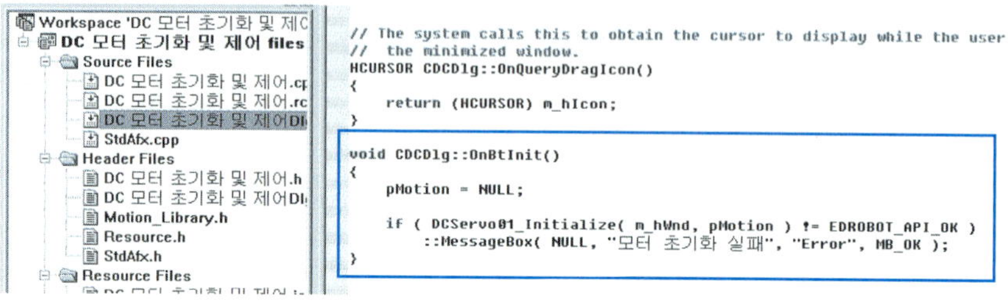

[그림 6-42] 모터 초기화 함수

3. Dialog 종료

DC 모터 제어와 관련된 프로그램을 종료하는 경우 'DCServo01_Close()' 함수가 Application close 및 Destory 부분에서 반드시 실행되어야 한다. 이 함수가 실행되지 않을 경우 다음 프로그램 실행시 DC 모터 초기화가 안되는 경우가 발생한다.

이 함수는 특정 버튼이나 Edit Box를 사용하는 것이 아닌 해당 Dialog를 종료할 때 자동적으로 실행되는 'WM_DESTORY'를 클래스위자드를 이용하여 생성, 추가해주면 된다.

먼저 클래스위자드를 실행하여 해당 함수를 추가한다.

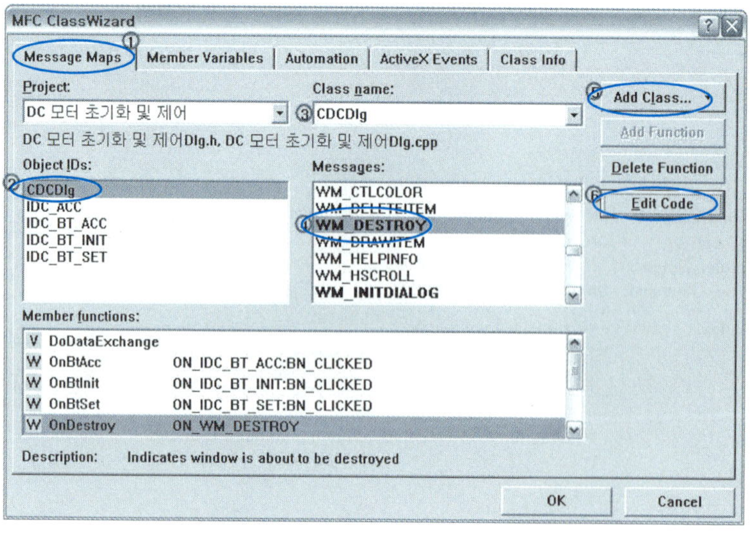

[그림 6-43] WM_DESTORY 클래스 생성

추가된 함수에 다음 그림의 부분의 코드를 작성한다.

```
void CDCDlg::OnDestroy()
{
    CDialog::OnDestroy();

    DCServo01_Close( pMotion );
}
```

[그림 6-44] DCServo( )1_Close( ) 함수의 코드 추가

4. 모터 세팅

모터의 기본 Spec.과 PID 값들을 설정하는 함수를 작성한다.

'Motion_Library.h' 파일안의 'DCServo01_FillterSet()'을 사용하여 모터 번호, Encoder 펄스, 감속기의 감속비, PID Gain 값들을 설정한다.

[그림 6-45]는 PID 설정을 연결하는 버튼을 생성하는 부분으로 그림과 같이 버튼을 추가한 후 속성을 설정한다.

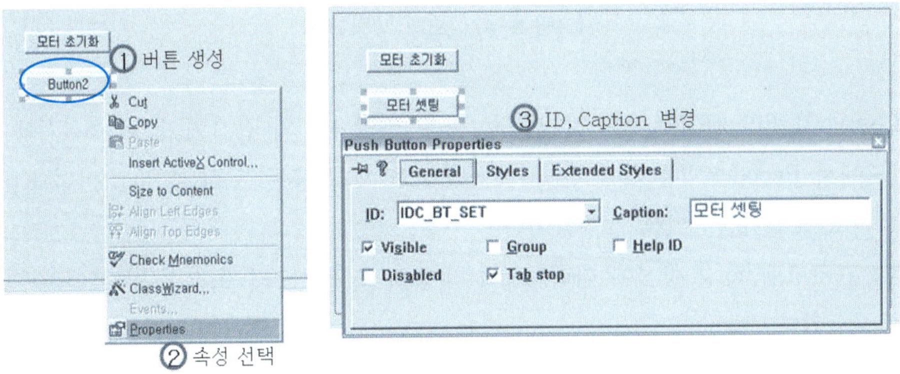

[그림 6-45] 모터 세팅 버튼 추가와 속성 설정

생성된 버튼을 임의의(예 : 모터의 초기화) 함수에 연결(버튼 입력으로 임의의 동작을 실행)하기 위하여 클래스위자드(ClassWizard, Ctrl+W)를 선택하고 그림과 같이 입력한다.

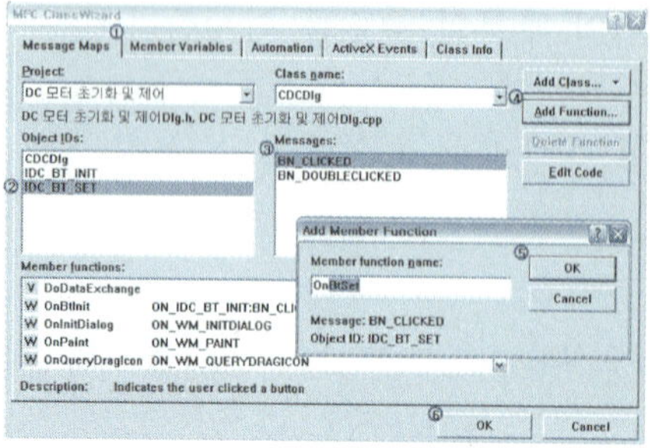

[그림 6-46] 모터 세팅 - 클래스위자드

위 과정을 실행한 후 생성되는 함수는 다음과 같으며 생성된 함수에 그림과 같이 작성한다.

```
void CDCDlg::OnBtSet()
{
    DCServo01_FillterSet( pMotion, 1, 14, 30, 200, 0, 0, 0 );  // PID Setting Motor 1
    DCServo01_FillterSet( pMotion, 2, 14, 30, 200, 0, 0, 0 );  // PID Setting Motor 2

}
```

[그림 6-47] 모터 세팅 함수

'DCServo01_FillterSet()' 함수의 인자는 다음 표의 순서와 같으며, [그림 6-47]에 작성된 코드에서 Encoder 펄스값과 감속비는 ED7271에 사용된 모터의 Spec.이며 Kp, Ki, Kd, 그리고 Interval은 기본 설정값이다.

차후, 프로그램 작성 방식에 따라 '모터 세팅 코드'를 '모터 초기화 함수'에 추가하여 작성할 수 있다.

[표 6-1] 'DCServo01_FillterSet()' 함수의 인자

인 자	설 명
pMotion	DC Servo Motor를 제어하기 위한 Session 핸들 정보
nSelectMotor	사용하고자 하는 모터 번호. 모터 1~4번까지 사용 가능
dwEncoder	모터와 연결된 Encoder pulse 입력
dbReduction	감속기의 감속비 입력
dwKp	PID Gain 중 Kp 입력
dwKi	PID Gain 중 Ki 입력
dwKd	PID Gain 중 Kd 입력
dwIl	PID Gain 중 Interval 입력

5. 가속도(Acceleration) 설정

'DCServo01_SetAbsoluteAcceleration()' 함수를 사용하여 모터의 가속도를 설정한다.

가속도를 설정하는 함수는 'DCServo01_SetAbsoluteAcceleration()'와 'DCServo01_Set-RelativeAcceleration()' 함수가 있는데, 두 함수의 차이점은 절대적인 가속도값(항상 고정적인, '0'을 기준으로 입력된 값을 적용)을 적용하는 것과 상대적인 가속도값(입력하기 전의 가속도값에 입력한 값이 누적되어 적용 : 더하기 개념)을 사용하느냐의 차이이다.

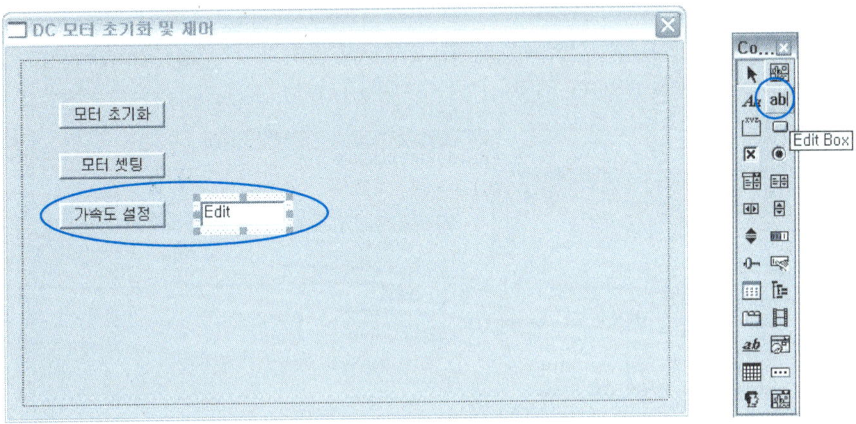

[그림 6-48] 가속도 설정 버튼과 Edit Box 생성

[그림 6-48]과 같이 가속도를 설정하는 버튼을 생성하고, 사용자가 가속도를 변경할 수 있도록 Control 메뉴의 Edit 버튼을 사용하여 Edit Box를 생성한다. 생성된 버튼과 Edit Box의 ID와 Caption을 [그림 6-49]와 같이 설정한다.

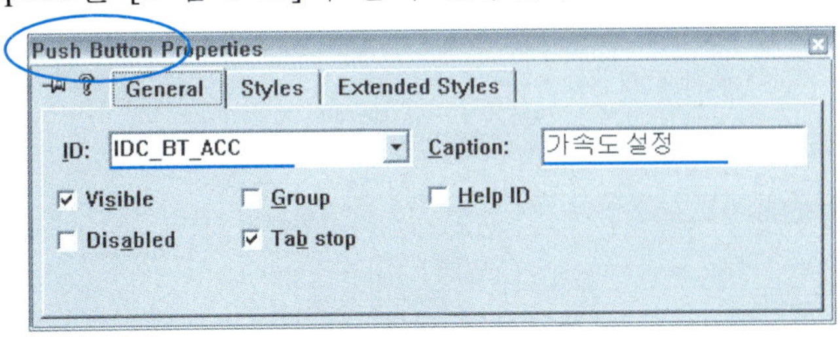

(a) 가속도 버튼 속성 설정

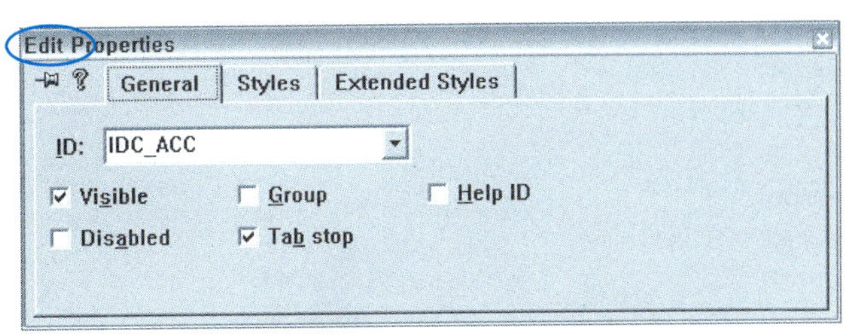

(b) Edit Box 속성 설정

[그림 6-49] 속성 설정

가속도 설정 버튼에 연결될 함수와 Edit Box에 연결될 변수의 생성을 위하여 클래스위자드를 실행시키고 [그림 6-50], [그림 6-51]과 같이 각각에 대하여 함수와 변수를 생성한다.

가속도 설정 버튼의 경우 버튼의 입력(눌림)에 의해 실행되는 함수를 생성하는 것이나, Edit Box의 경우 사용자가 입력하는 값, 즉 변수를 받아서 가속도 설정 함수에서 사용할 수 있도록 각각의 버튼과 Edit Box를 함수에 연결해주는 것이다.

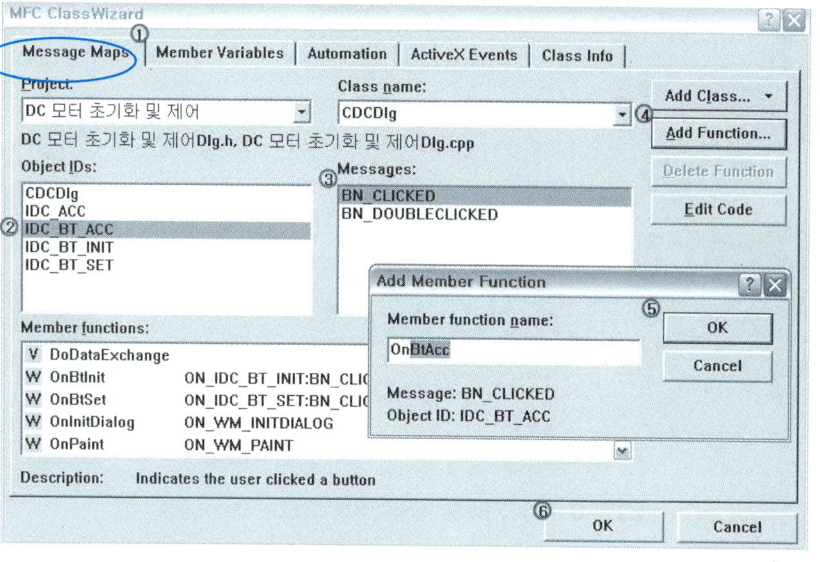

[그림 6-50] 가속도 설정 버튼 - 클래스위자드

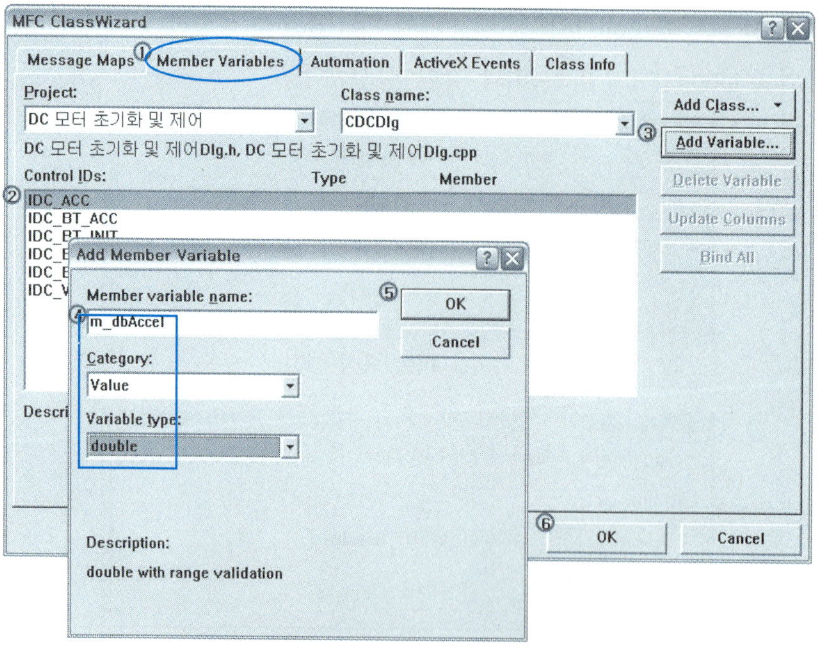

[그림 6-51] 가속도 설정 Edit Box - 클래스위자드

클래스위자드를 통하여 생성된 가속도 설정 함수는 다음과 같으며, 그림과 같이 작성한다. 가속도 설정함수의 인자는 모터를 제어하는 객체와 모터 번호, 가속도값이다.

```
void CDCDlg::OnBtAcc()
{
    UpdateData(TRUE);

    DCServo01_SetAbsoluteAcceleration( pMotion, 1, m_dbAccel );
    DCServo01_SetAbsoluteAcceleration( pMotion, 2, m_dbAccel );

    UpdateData(FALSE);
}
```

[그림 6-52] 가속도 설정 함수

최종 프로그램을 실행시켰을 때 Edit Box에 가속도값을 입력하고 가속도 설정 버튼을 누르면 입력한 값은 'm_dbAccel' 변수에 저장되어 모터의 전, 후진 등에 적용된다.

6. 속도(Velocity) 설정

'DCServo01_SetAbsoluteVelocity()' 함수를 사용하여 모터의 회전속도, 즉 Velocity를 설정한다. 속도를 설정하는 함수 또한 가속도와 같이 'DCServo01_SetAbsolute Velocity()'와 'DCServo01_SetRelativeVelocity()'가 있으며 그 차이는 가속도의 경우와 같다.

[그림 6-53]과 같이 속도를 설정하는 버튼을 생성하고, 사용자가 속도를 변경할 수 있도록 Control 메뉴의 Edit 버튼을 사용하여 Edit Box를 생성한다. 생성된 버튼과 Edit Box의 ID, 그리고 Caption을 [그림 6-54]와 같이 설정한다.

[그림 6-53] 속도 설정 버튼과 Edit Box 생성

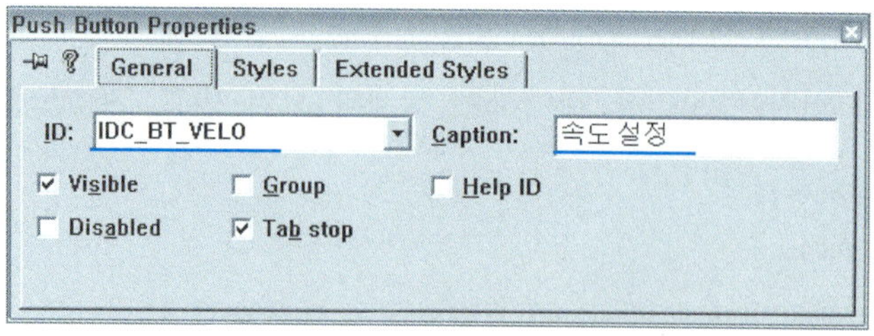

(a) 속도 버튼 속성 설정

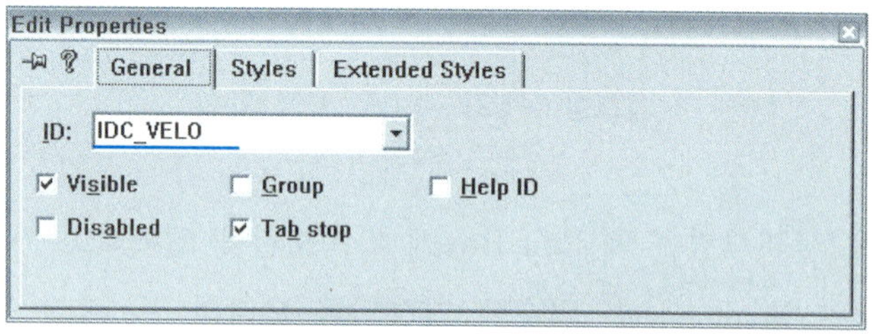

(b) Edit Box 속성 설정

[그림 6-54] 속성 설정

속도 설정 버튼에 연결될 함수와 Edit Box에 연결될 변수의 생성을 위하여 클래스위자드를 실행시키고 [그림 6-55]와 [그림 6-56]과 같이 각각에 대하여 함수와 변수를 생성한다.

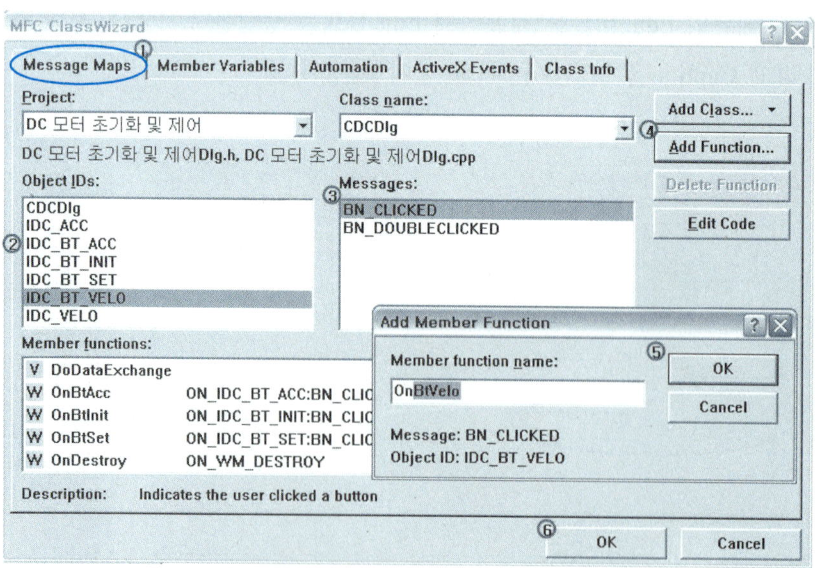

[그림 6-55] 속도 설정 버튼 – 클래스위자드

속도 설정 버튼의 경우 버튼의 입력(눌림)에 의해 실행되는 함수를 생성하는 것이나, Edit Box의 경우 사용자가 입력하는 값, 즉 변수를 받아서 속도 설정 함수에서 사용할 수 있도록 각각의 버튼과 Edit Box를 함수에 연결해주는 것이다.

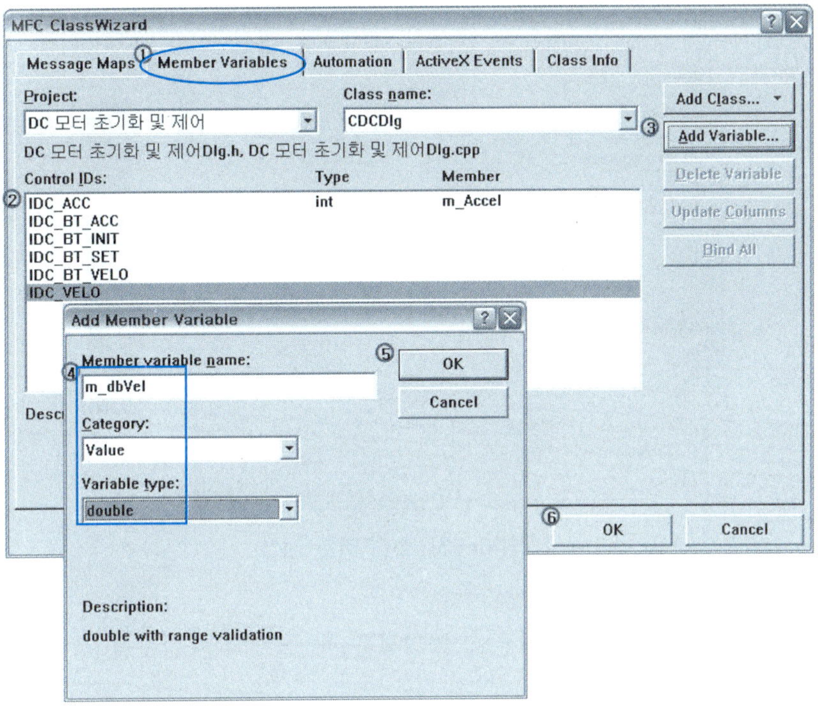

[그림 6-56] 속도 설정 Edit Box – 클래스위자드

클래스위자드를 통하여 생성된 속도 설정 함수는 다음과 같으며 [그림 6-57]과 같이 작성한다. 속도 설정 함수의 인자는 모터를 제어하는 객체와 모터 번호, 가속도값이다.

```
void CDCDlg::OnBtVelo()
{
    UpdateData(TRUE);

    DCServo01_SetAbsoluteVelocity( pMotion, 1, m_dbVel );
    DCServo01_SetAbsoluteVelocity( pMotion, 2, m_dbVel );

    UpdateData(FALSE);
}
```

[그림 6-57] 속도 설정 함수

최종 프로그램을 실행시켰을 때 Edit Box에 속도값을 입력하고, 속도 설정 버튼을 누르면 입력한 값은 'm_dbVel' 변수에 저장되어 모터의 전, 후진 등에 적용된다.

7. DC 모터 전진

'DCServo01_ForwardStart()'와 'DCServo01_BackwardStart()' 함수를 이용하여 DC 모터를 앞, 뒤로 회전시킨다. 일반적인 이동 로봇이 두 개의 바퀴로 움직인다는 것을 상정하여 두 개의 DC 모터를 사용, 가상적으로 로봇을 전진시키도록 한다.

[그림 6-58]과 같이 '전진' 버튼을 생성한 후 ID와 캡션을 변경한다.

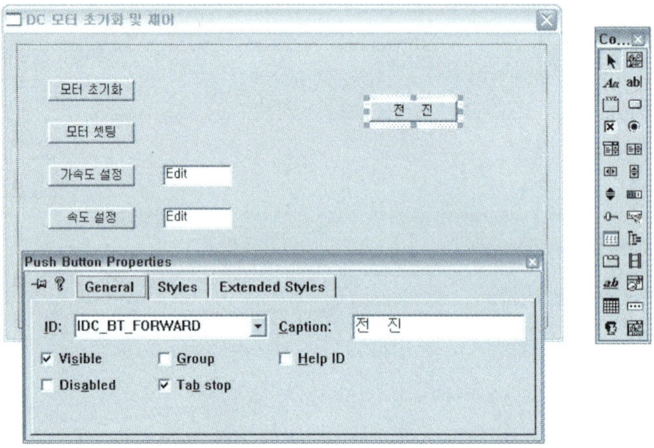

[그림 6-58] 전진 버튼 생성

클래스위자드를 통하여 전진 버튼이 눌러졌을 때 실행되는 함수를 생성한 후

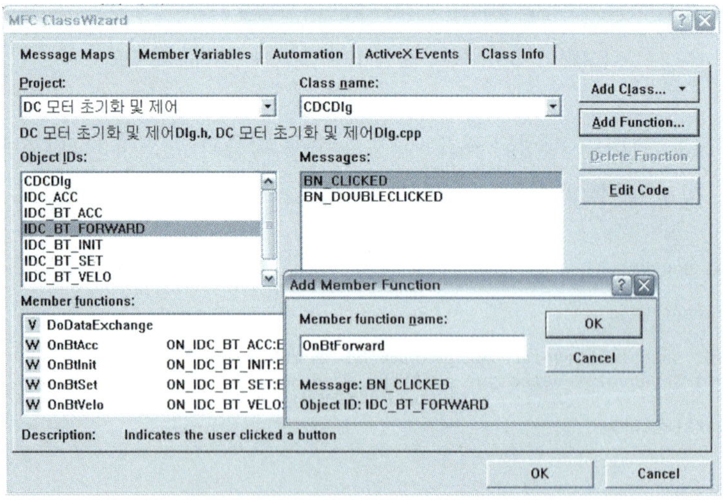

[그림 6-59] 클래스위자드 - 전진 함수 생성

생성된 함수에 다음 그림과 같이 작성한다. 모터 전진 함수의 인자는 모터를 제어하는 객체와 모터 번호이다.

```
void CDCDlg::OnBtForward()
{
    UpdateData(TRUE);

    DCServo01_ForwardStart( pMotion, 1 );
    DCServo01_BackwardStart( pMotion, 2 );
}
```

[그림 6-60] 모터 전진 함수

ED7271의 두 개의 DC 모터는 서로 역방향으로 설치되어 바퀴를 구동시키는 구조이므로, 한쪽 바퀴는 'DCServo01_ForwardStart()', 다른 한쪽 바퀴는 'DCServo01_BackwardStart()' 함수를 사용하여 회전시켜야 실제 이동 로봇은 전진하게 된다.

8. DC 모터 정지

'DCServo01_StopSmoothly()' 함수를 이용하여 DC 모터를 정지시킨다. 모터 정지에 대한 함수는 'DCServo01_StopSmoothly()', 'DCServo01_StopAbruptly()' 그리고 'DCServo01_MotorOff()' 3 종류가 있으며, 각 함수의 차이는 입력된 '가속도를 적용한 정지', '가속도를 무시한 급정지' 그리고 '모터에 공급되는 전원 OFF'이다.

'7. DC 모터 전진'과 같은 방법으로 '정지' 버튼을 생성한 후 ID와 캡션을 변경한다.

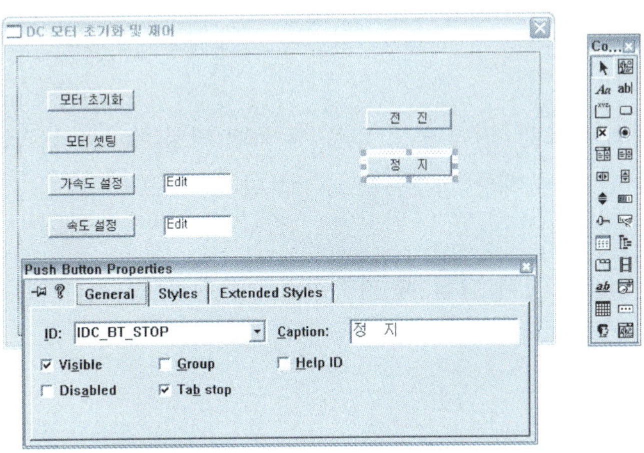

[그림 6-61] 정지 버튼 생성

클래스위자드를 통하여 정지 버튼이 눌러졌을 때 실행되는 함수를 생성한 후

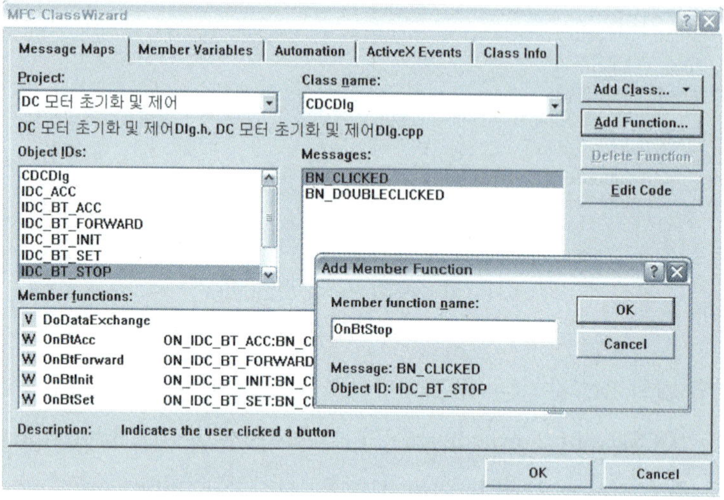

[그림 6-62] 클래스위자드 – 정지 함수 생성

[그림 6-63]처럼 코드를 작성하면 된다. 모터 정지 함수의 인자는 모터를 제어하는 객체와 모터 번호이다.

```
void CDCDlg::OnBtStop()
{
    DCServo01_StopSmoothly( pMotion, 1 );
    DCServo01_StopSmoothly( pMotion, 2 );
}
```

[그림 6-63] 모터 정지 함수

차후 특정 상황이나 조건, 입력 등이 있을 때 특정 명령(예 : 모터 전진, 모터 정지 등)을 실행시키고자 할 때는 해당 함수들을 추가하면 된다.

[그림 6-64]는 Dialog 창이 닫힐 때 자동적으로 모터가 정지되도록 추가한 예제이다.

```
void CDCDlg::OnDestroy()
{
    CDialog::OnDestroy();

    OnBtStop();

    DCServo01_Close( pMotion );
}
```

[그림 6-64] OnDestory() 함수에 모터 정지 함수 추가

9. DC 모터 후진, 좌회전, 우회전

DC 모터의 후진과 좌회전, 우회전은 '7. DC 모터 전진'에 쓰인 함수, 'DCServo01_ForwardStart()'와 'DCServo01_BackwardStart()'를 조건에 맞도록 모터의 번호를 변경하거나 함수를 변경하여 적용할 수 있다. '후진', '좌회전', '우회전'에 해당하는 버튼을 각각 생성한 후 클래스위자드를 통하여 함수를 생성하고 각 함수에 코드를 작성한다.

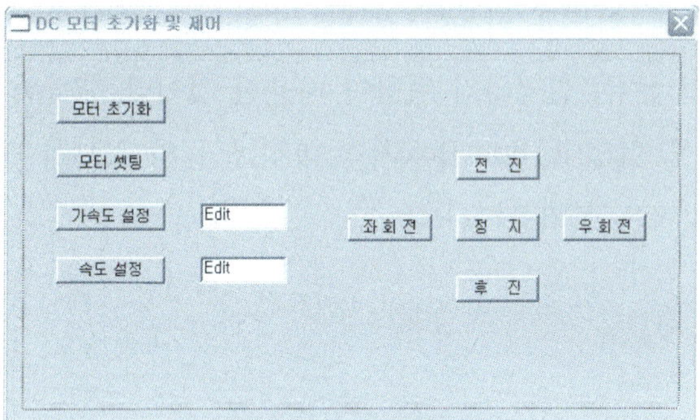

[그림 6-65] 버튼 생성

[표 6-2] 후진, 좌회전, 우회전 버튼의 ID, 캡션

	ID	Caption
후진	IDC_BT_BACKWARD	후진
좌회전	IDC_BT_LEFT	좌회전
우회전	IDC_BT_RIGHT	우회전

```
void CDCDlg::OnBtBackward()
{
    UpdateData(TRUE);

    DCServo01_ForwardStart( pMotion, 2 );
    DCServo01_BackwardStart( pMotion, 1 );
}

void CDCDlg::OnBtLeft()
{
    UpdateData(TRUE);

    DCServo01_BackwardStart( pMotion, 1 );
    DCServo01_BackwardStart( pMotion, 2 );
}

void CDCDlg::OnBtRight()
{
    UpdateData(TRUE);

    DCServo01_ForwardStart( pMotion, 1 );
    DCServo01_ForwardStart( pMotion, 2 );
}
```

[그림 6-66] 후진, 좌회전, 우회전 코드

10. DC 모터 정보(상태) 읽기

차후 다루게 될 응용실습에서는 모터의 상태값에 따른 제어가 필요하다. ED7271 지능형 로봇 응용시스템에서는 회전하고 있는 모터의 위치, 각도, 거리, 속도에 대한 정보 값을 획득할 수 있도록 되어 있다.

Dialog 창에 [그림 6-67]과 같이 버튼과 Edit Box를 설정한다. 좌측 하단의 '모터 1'과 '모터 2'는 'Static Text' 버튼을 이용한 것으로 'Caption' 캡션을 변경하여 모터 정보를 나타내는 Edit Box 를 분류, 설명하기 위하여 사용한 것이다. 'Static Box'는 이처럼 설명의 목적으로 쓰일 수도 있으며, Edit Box처럼 특정 모듈의 정보를 Dialog에 나타나게 할 수 있다. 단, 값의 입력은 불가능하다.

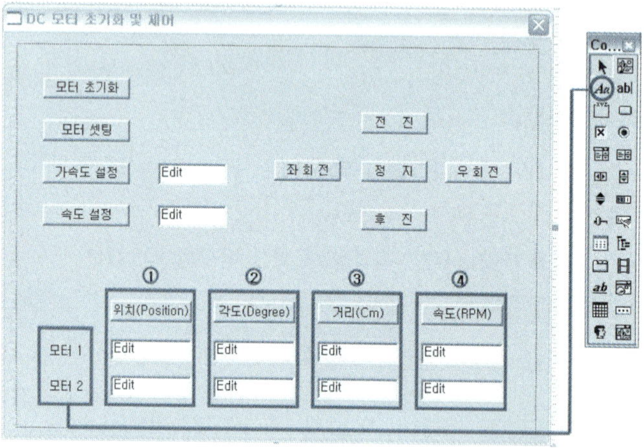

[그림 6-67] 버튼, Edit Box, Static Text 생성

생성한 각 버튼과 그 하단에 위치한 Edit Box 각각에 대하여 속성창과 클래스위자드를 사용하여 [표 6-3]과 같이 ID, 변수형과 변수명을 설정, 지정한다(각 버튼에만 함수를 생성하고 Edit Box에는 변수만을 생성시킨다).

[표 6-3] ID, 변수형, 변수명

번호	이름	ID	변수형	변수명
1	버튼	IDC_BT_POSITION	·	·
	모터 1	IDC_POSITON1	double	m_dbPosition1
	모터 2	IDC_POSITON2	double	m_dbPosition2
2	버튼	IDC_BT_DEGREE	·	·
	모터 1	IDC_DEGREE1	double	m_dbDegree1
	모터 2	IDC_DEGREE2	double	m_dbDegree2
3	버튼	IDC_BT_CANTIMETER	·	·
	모터 1	IDC_CANTIMETER1	int	m_Canti1
	모터 2	IDC_CANTIMETER2	int	m_Canti2
4	버튼	IDC_BT_RPM	·	·
	모터 1	IDC_RPM1	double	m_dbRpm1
	모터 2	IDC_RPM2	double	m_dbRpm2

다음은 클래스위자드를 통하여 생성된 각 버튼의 함수이다. [그림 6-68]과 같이 코드를 작성한다.

```
void CDCDlg::OnBtPosition()
{
    DCServo01_ReadPosition( pMotion, 1, m_dbPosition1 );
    DCServo01_ReadPosition( pMotion, 2, m_dbPosition2 );

    UpdateData(FALSE);
}

void CDCDlg::OnBtDegree()
{
    DCServo01_ReadDegree( pMotion, 1, m_dbDegree1 );
    DCServo01_ReadDegree( pMotion, 2, m_dbDegree2 );

    UpdateData(FALSE);
}

void CDCDlg::OnBtCantimeter()
{
    DCServo01_ReadCantimeter( pMotion, 1, m_Canti1 );
    DCServo01_ReadCantimeter( pMotion, 2, m_Canti2 );

    UpdateData(FALSE);
}

void CDCDlg::OnBtRpm()
{
    DCServo01_ReadRpm( pMotion, 1, m_dbRpm1 );
    DCServo01_ReadRpm( pMotion, 2, m_dbRpm2 );

    UpdateData(FALSE);
}
```

[그림 6-68] 위치, 각도, 거리, 속도 정보획득 코드

실제 프로그램을 실행하여 모터의 정보를 획득하면, 전진이나 후진 동작 실행시 1번 모터와 2번 모터의 값의 부호가 서로 틀리게 나옴을 확인할 수 있다. 이는 모터가 서로 다른 방향으로 세팅되어 있기 때문에, [그림 6-68]의 코드에서 해당되는 모터 번호가 있는 함수의 변수(m_XXXXX) 앞에 '-' 부호를 추가해주는 것만으로 해결할 수 있다.

11. 참 고

앞서 '모터 세팅 코드'를 '모터 초기화 함수'에 포함시킬 수 있으나, 안정적인 실습을 위하여 권하지는 않는다고 언급한 바 있다. 그러나 '모터 세팅'과 '모터 초기화'를 함께 쓸 수 없을 뿐 '모터 초기화'를 Dialog가 처음 생성될 때 초기화시키는 부분에, '모터 가속도 설정'을 '모터 세팅'에, '모터 속도 설정'을 '모터 제어(전 / 후진, 좌 / 우회전)'에 포함시키는 등 각각 다른 함수에 포함시킴으로써 코드를 단순화시킬 수 있다. 이러한 방법들은 계속되는 응용실습을 통하여 실제 적용해 보도록 한다.

05 스텝 모터 제어실습

ED7271 지능형 로봇 응용시스템에 있는 스텝 모터를 제어하는 기본 프로그램을 MFC를 사용하여 작성하도록 한다. [그림 6-69]는 실습의 목표이며 이 Dialog를 통하여 사용자는 스텝 모터의 회전속도와 방향을 제어할 수 있으며, 회전상태에 따른 스텝 모터의 상태값을 확인할 수 있다.

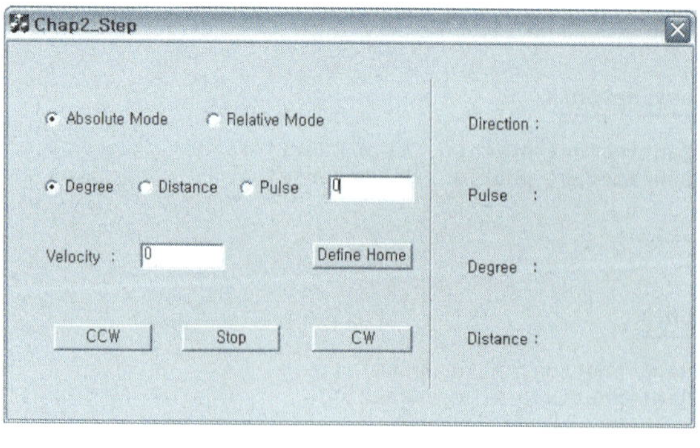

[그림 6-69] 실습 목표

1. 프로젝트 생성 및 스텝 모터 초기화

6-7절의 1)~3)과 같은 방법으로 진행한다. 단 2)에서 작성한 초기화 코드를 [그림 6-70]과 같이 Dialog가 생성될 때 실행되는 Dialog 초기화 함수에 포함시켜 보도록 한다. '2.에서 생성한 버튼과 클래스위자드로 함수의 생성, 버튼에 연결하는 과정이 생략되고, DC 모터 초기화 함수의 코드가 Dialog 초기화 함수 안에 포함되는 것이다.'

```
BOOL CChap2_StepDlg::OnInitDialog()
{
    CDialog::OnInitDialog();

    // Add "About..." menu item to system menu.

    // IDM_ABOUTBOX must be in the system command range.
    ASSERT((IDM_ABOUTBOX & 0xFFF0) == IDM_ABOUTBOX);
    ASSERT(IDM_ABOUTBOX < 0xF000);

    //////////이 부분은 생략되었습니다. 수정할 필요가 없습니다.///////////////

    // TODO: Add extra initialization here

    pMotion = NULL;

    if ( DCServo01_Initialize( m_hWnd, &pMotion ) != EDROBOT_API_OK )
        ::MessageBox( NULL, "모터 초기화 실패", "Error", MB_OK );

    return TRUE;  // return TRUE  unless you set the focus to a control
}
```

[그림 6-70] 프로젝트 생성설 스텝 모터 초기화

2. Absolute, Relative 이동 모드 선택

스텝 모터의 제어 역시 절대적인 수치 입력방식과 상대적인 수치 입력방식이 있다. Radio 버튼을 통하여 입력방식을 결정하게 한다.

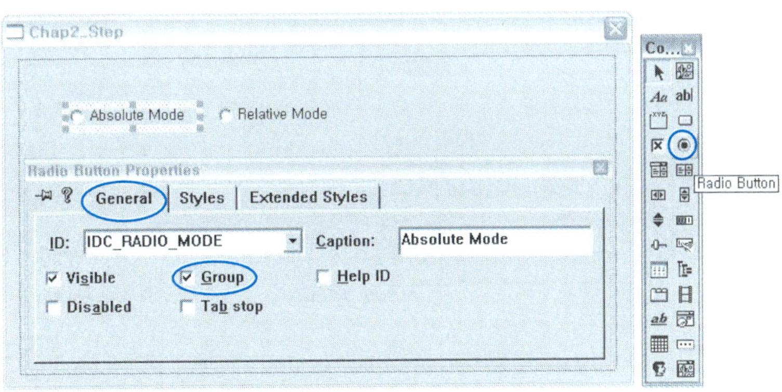

[그림 6-71] Radio 버튼 생성

[그림 6-72]와 같이 Radio 버튼을 생성한다. 가장 왼쪽에 있는 Radio 버튼에만 ID값을 부여하고, 'Group'에 체크를 한다. 캡션은 그림처럼 각각의 버튼에 입력해준다.

클래스위자드를 통하여 IDC_RADIO_MODE에 다음과 같이 변수를 연결한다.

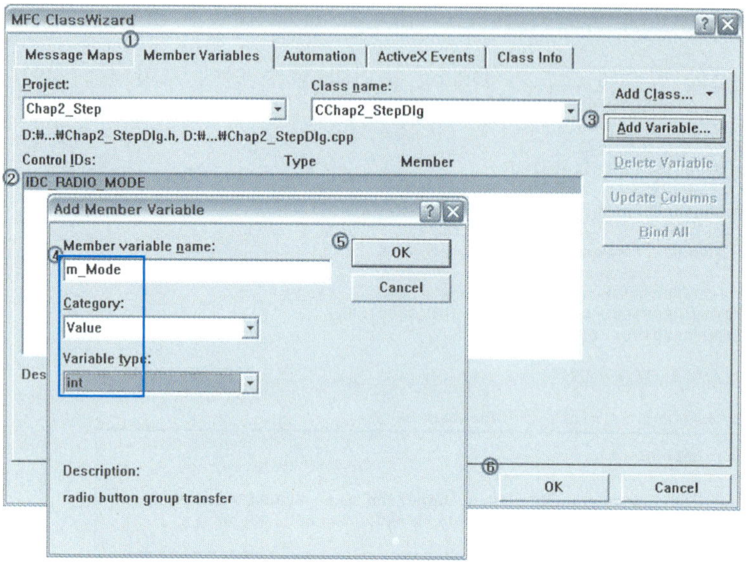

[그림 6-72] 클래스위자드 - Radio 버튼에 변수 연결

3. Degree, Distance, Pulse 이동방식 선택

ED7271 지능형 응용시스템에서 스텝 모터는 다음 3가지의 이동방식으로 움직인다. 각도(Degree), 거리(Distance), 펄스(Pulse)이며 '2. Absolute, Relative 이동 모드 선택'과 같은 방식으로 각각 Radio button을 통하여 이동 방식을 선택하게 한 후 각도, 거리 혹은 펄스값을 입력받게 한다.

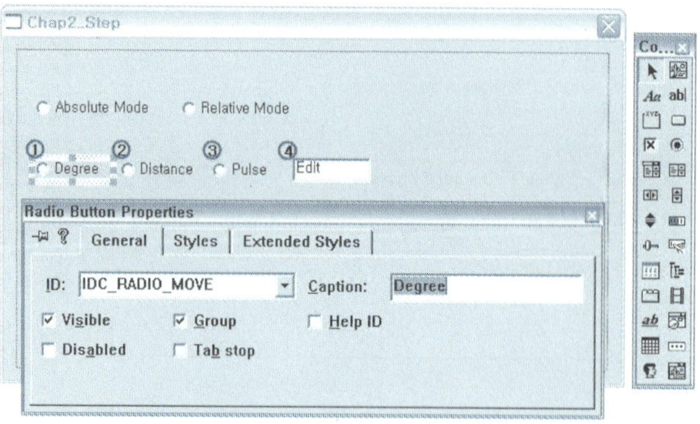

[그림 6-73] Radio 버튼, Edit Box 생성

가장 왼쪽에 있는 Radio button에만 Group 체크를 하며, Radio button과 Edit Box에 대한 속성, 클래스위자드로 연결하는 변수형과 변수명은 다음 [표 6-4]와 같다.

[표 6-4] ID, Caption, 변수형, 변수명

번 호	ID	Caption	변수형	변수명
1	IDC_RADIO_MOVE	Degree	int	m_Move
2	·	Distance	·	·
3	·	Pulse	·	·
4	IDC_MOVE	·	double	m_dbMove

이동 모드와 방식에 대한 Radio button의 설정이 끝났으면 Ctrl+D를 누른 후 각각의 Radio button에 마우스 왼쪽을 번호 순서대로 클릭하여 [그림 6-74]와 같은 번호 라벨이 붙게 한다. 이는 Radio button의 이동 모드와 이동 방식, 각각에 대한 Group을 설정하기 위한 것이다.

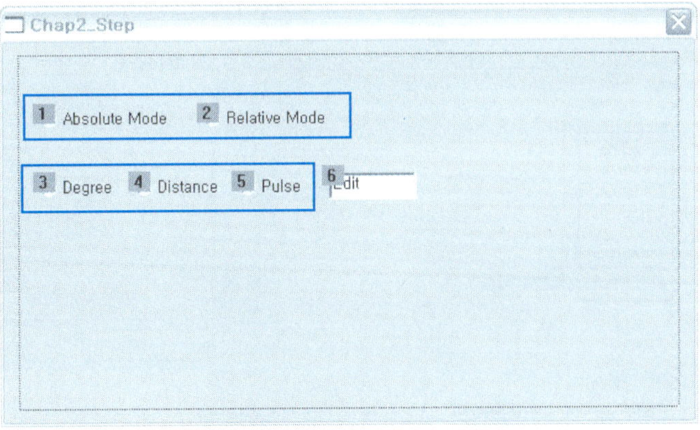

[그림 6-74] Group 설정

4. 속도(Velocity) 설정

스텝 모터의 이동속도를 입력받기 위한 변수를 설정한다. Static Text와 Edit Box를 이용하여 [그림 6-75]와 같이 생성한 후 Edit Box의 ID를 'IDC_VELOCITY', 변수형을 'DWORD', 변수명을 'm_dwVel'로 클래스위자드를 이용하여 설정한다.

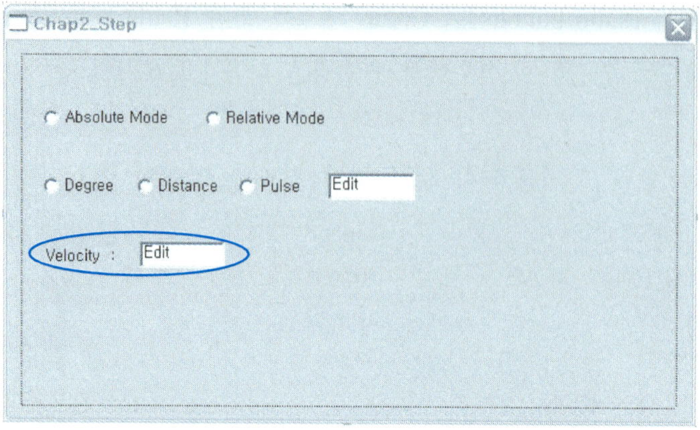

[그림 6-75] Edit Box(Velocity) 생성

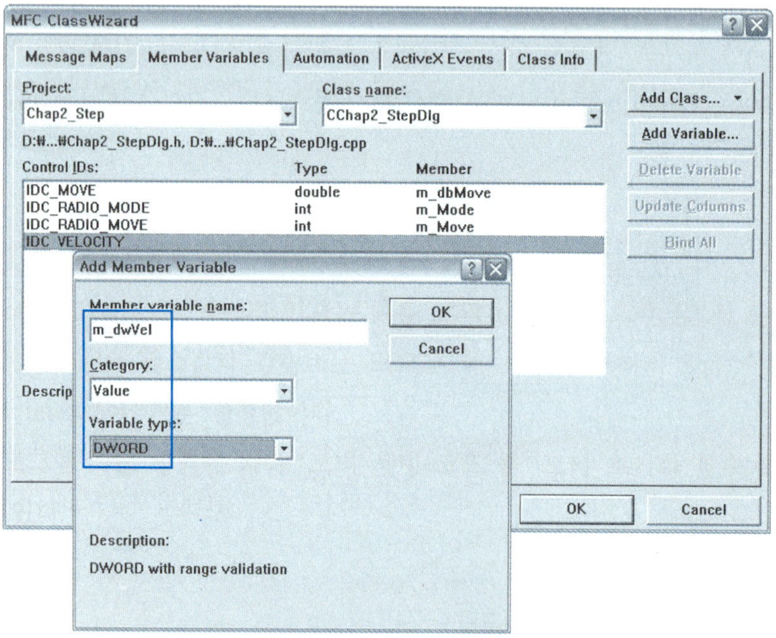

[그림 6-76] 클래스위자드 – 속도 변수 설정

5. 위치초기화, CCW, Stop, CW

선택된 이동 모드와 이동방식, 그리고 입력받은 속도값을 전달받아 스텝 모터를 CCW, CW방향으로 회전, 정지, 그리고 스텝 모터가 회전하면서 변하는 각도, 거리, 펄스값을 초기화시키는 함수를 만든다.

[그림 6-77]과 같이 각 버튼을 만들며 ID값은 'IDC_BT_DEFINE', 'IDC_BT_CCW', 'IDC_BT_STOP', 'IDC_BT_CW'으로 입력하고 각각의 함수를 생성한다.

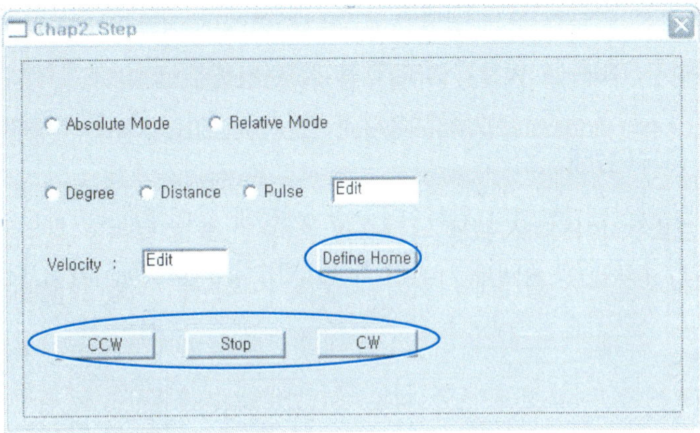

[그림 6-77] 버튼 생성

생성된 함수에 [그림 6-78]과 같이 각 함수별로 코드를 작성한다.

```
void CChap2_StepDlg::OnBtDefine()
{
    STEP_DefineHome( pMotion );
}

void CChap2_StepDlg::OnBtStop()
{
    STEP_Stop( pMotion );
}
```

[그림 6-78] 위치초기화, Stop 함수

```
void CChap2_StepDlg::OnBtCcw()
{
    UpdateData(TRUE);

    STEP_SetVelocity( pMotion, m_dwVel );  // 입력받은 속도값을 전달

    if ( m_Mode == 0 ) // 이동 모드 = Absolute 모드
    {
        if ( m_Move == 0 ) // 이동 방식 = Degree 방식
            STEP_AbsoulteDegreeStart( pMotion, DIR_CCW, m_dbMove );
        else if ( m_Move == 1 ) // 이동 방식 = Distance 방식
            STEP_AbsoulteDistanceStart( pMotion, DIR_CCW, m_dbMove );
        else if ( m_Move == 2 ) // 이동 방식 = Pluse 방식
            STEP_AbsoultePulseStart( pMotion, DIR_CCW, (DWORD)m_dbMove );
    }

    else if ( m_Mode == 1 ) // 이동 모드 = Relative 모드
    {
        if ( m_Move == 0 ) // 이동 방식 = Degree 모드
            STEP_RelativeDegreeStart( pMotion, DIR_CCW, m_dbMove );
        else if ( m_Move == 1 ) // 이동 방식 = Distance 모드
            STEP_RelativeDistanceStart( pMotion, DIR_CCW, m_dbMove );
        else if ( m_Move == 2 ) // 이동 방식 = Pluse 모드
            STEP_RelativePulseStart( pMotion, DIR_CCW, (DWORD)m_dbMove );
    }
}
```

[그림 6-79] CCW 함수

CCW 방식의 회전에 대한 코드 설명은 [그림 6-79]에 주석으로 나타나 있다. CW 코드는 CCW 코드에서 'DIR_CCW'를 'DIR_CW'로 변경해주면 된다.

6. 스텝 모터 정보(상태) 읽기

스텝 모터의 정보(상태)를 읽기 위하여 [그림 6-80]과 같이 Static Text를 사용하여 생성한다. 정보를 출력하기 위한 Static Text의 ID와 변수명은 [표 6-5]와 같다.

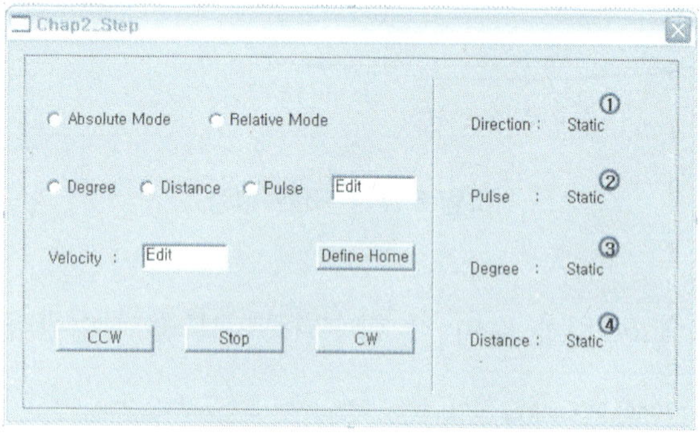

[그림 6-80] Static Text 생성

[표 6-5] Static Text 설정

번 호	ID	변수명
1	IDC_DIRECTION	m_strDirection
2	IDC_PULSE	m_strPulse
3	IDC_DEGREE	m_strDegree
4	IDC_DISTANCE	m_strDistance

클래스위자드를 통하여 생성된 함수에 다음과 같이 작성한다.

```
void CChap2_StepDlg::StepState()
{
    unsigned char dir = 0;
    DWORD pulse = 0;
    double degree = 0, distance = 0;

    STEP_ReadState( pMotion, dir, pulse, degree, distance );

    if ( dir == 0 ) m_strDirection.Format( "CW" );
    else m_strDirection.Format( "CCW" );

    m_strPulse.Format( "%4.1d", pulse );
    m_strDegree.Format( "%4.1f", degree );
    m_strDistance.Format( "%4.1f", distance);

    UpdateData(FALSE);
}
```

[그림 6-81] Step 모터 정보(상태) 읽기 함수

앞과 같이 코드를 작성하였지만 프로그램을 실행해도 스텝 모터의 상태값이 들어오지 않는다. DC 모터의 정보 읽기에서는 버튼을 누를 때만 상태값이 들어왔으나, 스텝 모터에서는 모터의 상태변화(회전, 정지)에 따라서 정보가 계속 들어오도록 작성해 본다.

클래스위자드를 통하여 'OnTimer()' 함수를 생성한다.

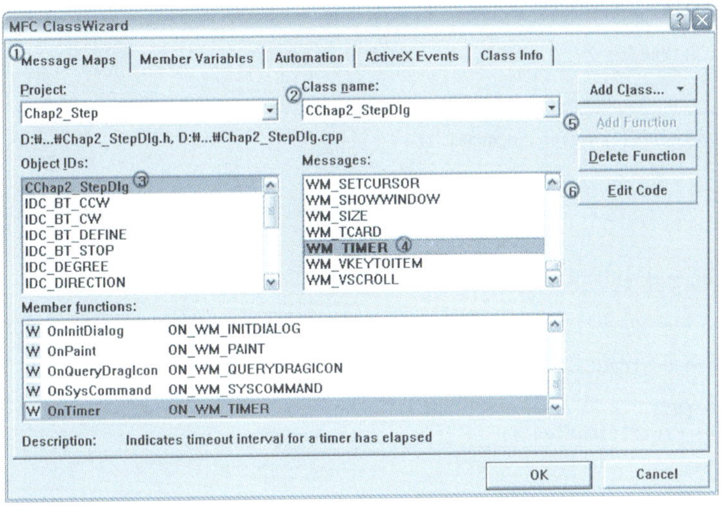

[그림 6-82] 클래스위자드 – WM TIMER 생성

'OnTimer()' 함수는 SetTimer()와 KillTimer() 함수에 의하여 특정 조건이나 명령에 의하여 OnTimer() 안에 있는 주어진 명령을 반복하여 실행하며, 중지한다. OnTimer() 함수에 [그림 6-83]과 같이 코드를 작성하고, SetTimer() 함수를 OnBtCcw() 함수와 OnBtCw() 함수에 [그림 6-84]와 같이 추가한다. 또한 KillTimer() 함수를 StepStop() 함수와 OnDestory() 함수에 추가한다.

```
void CChap2_StepDlg::OnTimer(UINT nIDEvent)
{
    StepState();

    CDialog::OnTimer(nIDEvent);
}
```

[그림 6-83] WM Timer 함수

```
void CChap2_StepDlg::OnBtCcw()
{
    UpdateData(TRUE);

    SetTimer( 0, 100, NULL );

    STEP_SetVelocity( pMotion, m_dwVel );  // 입력받은 속도값을 전달

///////////////////////////////// 생략된 부분입니다. ////////////////////////////////////

void CChap2_StepDlg::OnBtCw()
{
    UpdateData(TRUE);

    SetTimer( 0, 100, NULL );

    STEP_SetVelocity( pMotion, m_dwVel );
```

[그림 6-84] SetTimer() 함수 추가

```
void CChap2_StepDlg::OnDestroy()
{
    CDialog::OnDestroy();

    KillTimer(0);
    DCServo01_Close( pMotion );
}

void CChap2_StepDlg::OnBtStop()
{
    STEP_Stop( pMotion );
    KillTimer(0);
}
```

[그림 6-85] KillTimer() 함수 추가

OnBtCcw() 함수와 OnBtCw() 함수안에 추가된 코드에 의하여 OnTimer() 함수를 호출하며, 호출된 OnTimer() 함수는 다시 StepState() 함수를 호출하여 CCW, CW 버튼이 눌릴 때마다(스텝 모터가 동작할 때마다) StepState() 함수에서 획득한 정보들을 Static Text에 출력한다.

06 RC 모터 제어실습

ED7271 지능형 로봇 응용시스템에 있는 RC 모터를 제어하는 기본 프로그램을 MFC를 사용하여 작성하도록 한다. [그림 6-86]은 실습의 목표이며 이 Dialog를 통하여 사용

자는 RC 모터의 Pan / Tilt 제어와 회전각도를 통한 제어, 그리고 그에 따른 상태값을 확인할 수 있다.

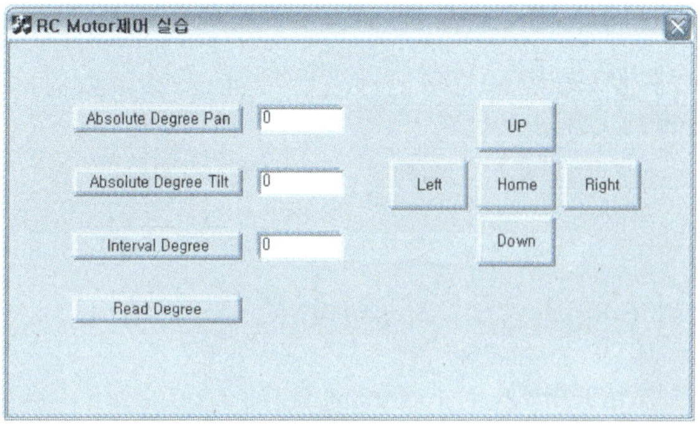

[그림 6-86] 실습 목표

(1) 프로젝트 생성 및 RC 모터 초기화

'7. 프로젝트 생성 및 스텝 모터 초기화'와 동일하게 수행한다.

(2) Absolute Degree Pan / Tilt 제어

RC 모터의 가로방향(Pan)의 움직임과 세로방향(Tilt)의 움직임은 절대값을 이용하여 제어한다. [그림 6-87]과 같이 버튼과 Edit Box를 생성하고, 속성창과 클래스위자드를 이용하여 각각의 ID와 변수형, 변수명을 [표 6-6]과 같이 설정, 함수를 생성한다.

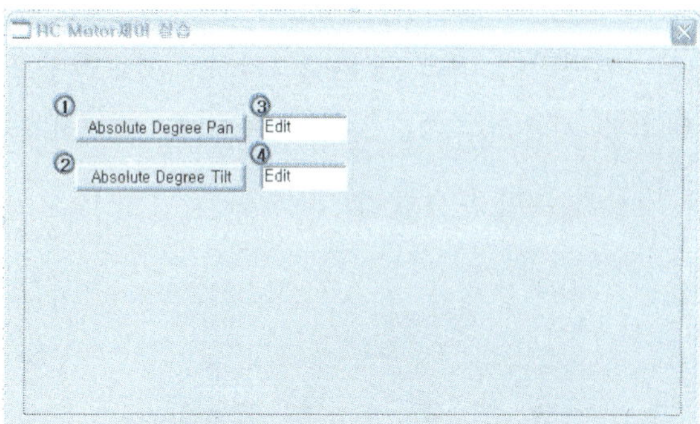

[그림 6-87] 버튼, Edit Box 생성

[표 6-6] 버튼, Edit Box의 설정, 변수형, 변수명

번 호	ID	변수형	변수명
1	IDC_BT_ABSOLUTE_PAN	·	·
2	IDC_BT_ABSOLUTE_TILT	·	·
3	IDC_ABSOLUTE_PAN	int	m_Pan
4	IDC_ABSOLUTE_TILT	int	m_Tilt

생성된 함수에 [그림 6-88]과 같이 작성한다.

```
void CRCMotorDlg::OnBtAbsolutePan()
{
    UpdateData(TRUE);

    RC_AbsoluteDegree( pMotion, 1, m_Pan ); // Edit Box에 + 값 입력시 Right
}

void CRCMotorDlg::OnBtAbsoluteTilt()
{
    UpdateData(TRUE);

    RC_AbsoluteDegree( pMotion, 2, -m_Tilt );   // Edit Box에 + 값 입력시 Up.
}
```

[그림 6-88] Pan, Tilt 코드 작성

(3) 상대 각도값 이용, Up, Dwon, Left, Right 제어 / 위치초기화

'RC_IntervalStart()' 함수는 상대 각도값을 이용하여 RC 모터를 제어하는 함수이다. 이 함수로 상대 각도값을 입력받아 RC 모터를 가로, 세로방향으로 제어한다. 또한 'RC_DefineHome()' 함수를 사용하여 RC 모터의 위치를 초기화시킨다.

[그림 6-89]와 같이 버튼과 Edit Box를 생성한다.

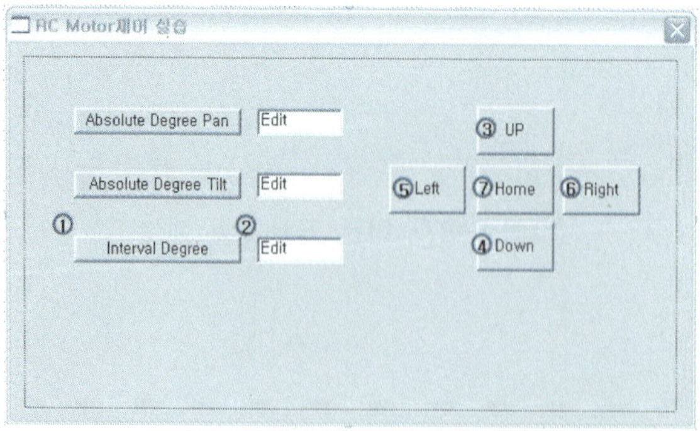

[그림 6-89] 버튼, Edit Box 생성

각 버튼과 Edit Box의 속성 창, 그리고 클래스위자드를 사용하여 각각에 대하여 ID, 함수와 변수를 [표 6-7]과 같이 설정한다.

[표 6-7] ID, 변수형, 변수명

번 호	I D	변수형	변수명
1	IDC_BT_INTERVAL	·	·
2	IDC_INTERVAL	int	m_uiInterval
3	IDC_BT_UP	·	·
4	IDC_BT_DOWN	·	·
5	IDC_BT_LEFT	·	·
6	IDC_BT_RIGHT	·	·
7	IDC_BT_HOME	·	·

클래스위자드를 통해 생성된 함수에 [그림 6-90]과 같이 작성한다.

```
void CRCMotorDlg::OnBtInterval()
{
    UpdateData(TRUE);
}

void CRCMotorDlg::OnBtHome()
{
    RC_DefineHome( pMotion, 1 );
    RC_DefineHome( pMotion, 2 );
}
```

[그림 6-90] Intercal, 위치초기화 코드

```
void CRCMotorDlg::OnBtUp()
{
    UpdateData(TRUE);

    RC_IntervalStart( pMotion, 2, DIR_CCW, m_Interval );
}

void CRCMotorDlg::OnBtDown()
{
    UpdateData(TRUE);

    RC_IntervalStart( pMotion, 2, DIR_CW, m_Interval );
}

void CRCMotorDlg::OnBtLeft()
{
    UpdateData(TRUE);

    RC_IntervalStart( pMotion, 1, DIR_CW, m_Interval );
}

void CRCMotorDlg::OnBtRight()
{
    UpdateData(TRUE);

    RC_IntervalStart( pMotion, 1, DIR_CCW, m_Interval );
}
```

[그림 6-91] Up, Down, Left, Right 코드

CHAPTER 07

지능형 로봇 응용시스템의 센서 모듈

01 조도 센서(Iluminance sensor ; ED7271-1)

1. 기반지식

(1) 포토다이오드

포토다이오드는 PN접합 다이오드의 $I-V$ 특성에서 광의존성을 이용한 것이다. 그 동작원리는 PN다이오드에 역바이어스를 가하면 아주 작은 역포화전류가 흐른다. 여기에 빛을 가하면 역포화전류는 더 많이 흐르게 된다. 즉 빛의 양에 역포화전류는 비례적으로 흐른다.

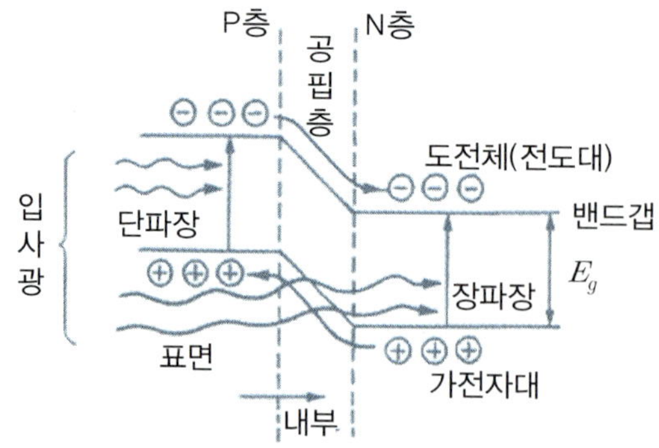

[그림 7-1] 포토 센서 원리

(2) 센서 적용원리

ED7271-1에 적용한 조도 센서는 파나소닉의 'AMS302T'이다. 조도 센서는 포토다이오드의 원리를 적용한 것으로 센서에 역바이어스를 가해주면 빛의 양에 따라 R_L의 흐르는 전류의 양이 변하면서 출력전압 V_o는 빛의 밝기에 따라 증가한다. 아날로그 출력전압을 측정하기 위해 마이크로프로세서에 내장된 AD컨버터를 사용하여 아날로그 출력전압을 디지털로 변환해 사용한다.

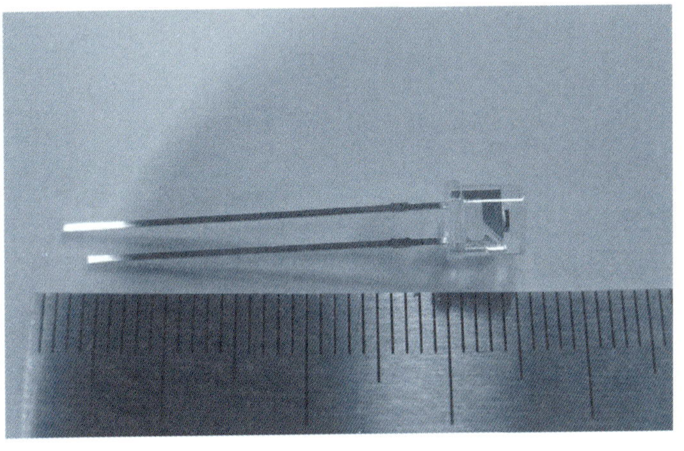

[그림 7-2] 조도 센서(AMS302T)

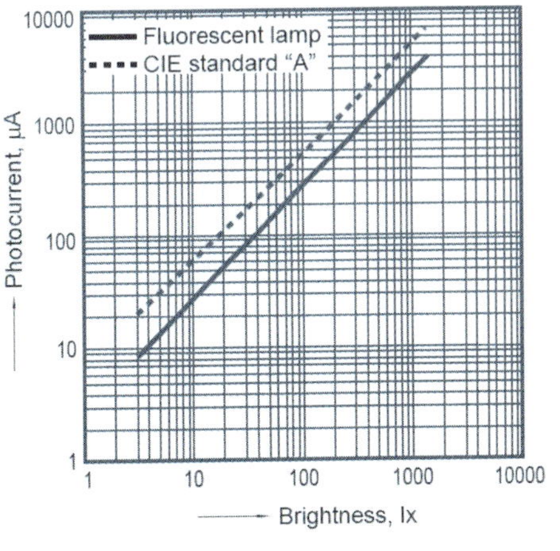

[그림 7-3] 조도와 전류의 비교

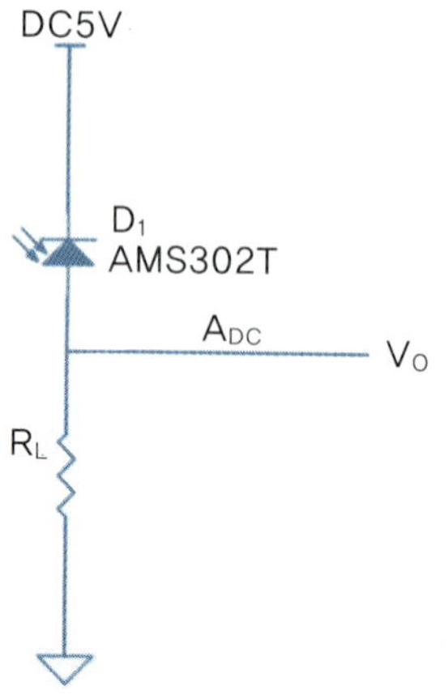

[그림 7-4] 센서 회로도

2. 조도 센서(ED7271-1)의 이해

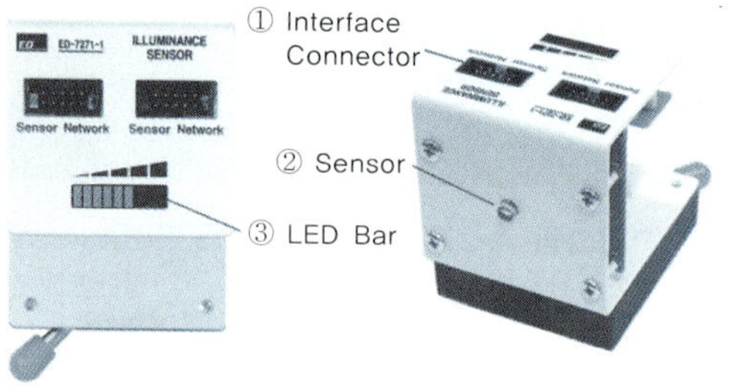

[그림 7-5] 조도 센서 모듈의 구성

① 인터페이스 커넥터 : 메인제어 모듈과 연결

② 센서

③ LED Bar : 센서로 측정한 빛의 밝기로 레벨 0~10까지 LED 표시

조도 센서 모듈의 작업 프로세스는 다음과 같다.

주기적으로 센서의 값을 읽고 데이터를 계산하여 메모리 영역에 밝기정보를 업데이트 하고 있다. 동시에 현재의 밝기를 LED로 표시한다. 또한 PC로부터 조도 센서 모듈에 맞는 ID와 CMD를 수신한 후 조도 센서의 ID, CMD, 현재 센서 데이터를 포함한 패킷 데이터를 PC로 송신하는 동작 프로세스를 갖고 있다.

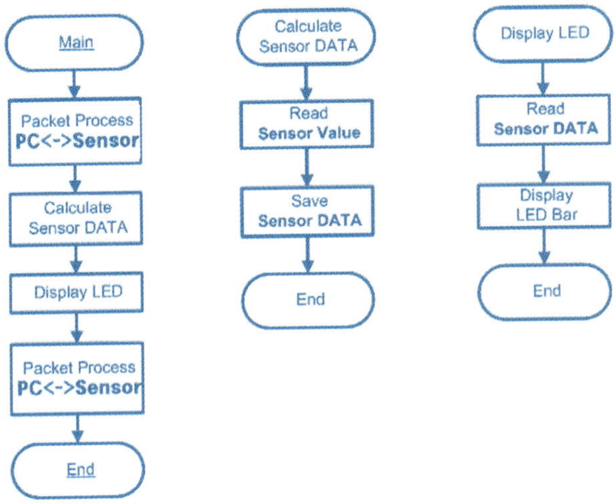

[그림 7-6] 순서도

3. 광원 모듈(ED7271-2)의 이해

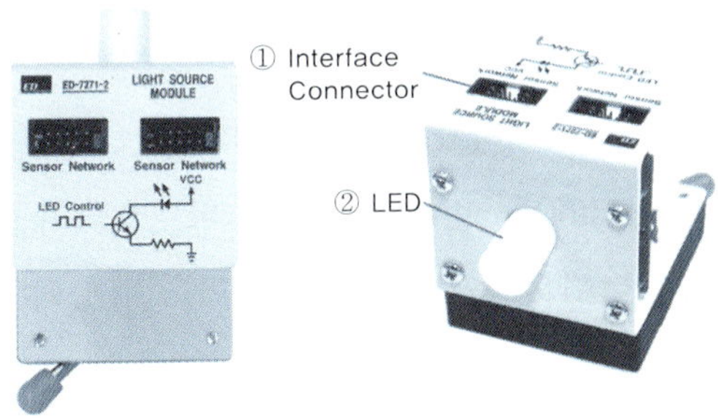

[그림 7-7] 광원 모듈의 구조

① 인터페이스 커넥터 : 메인제어 모듈과 연결

② LED : 원하는 빛의 밝기를 출력한다.

광원 모듈의 작업 프로세스는 다음과 같다.

PC로부터 광원 모듈에 맞는 ID와 CMD를 수신한다. 광원 모듈은 명령에 맞는 레벨의 밝기에 맞게 LED를 제어하며 패킷 프로세서를 실행하며 밝기 데이터를 PC쪽에 전송한다.

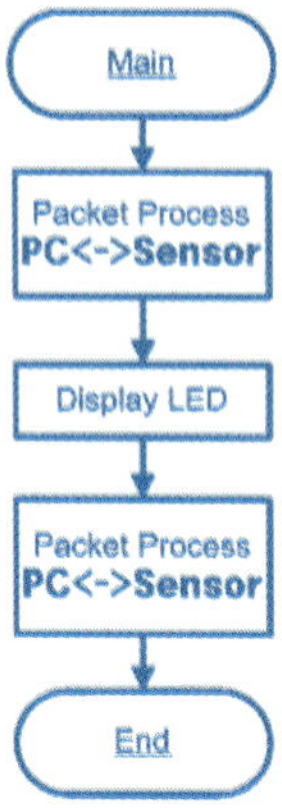

[그림 7-8] 순서도

02 적외선 센서(Infrared sensor ; ED7271-4)

1. 기반지식

(1) PSD(Position Sensitive Detector) 거리측정원리

PSD(Position Sensitive Detector)는 빛에 반응하는 반도체로서 포토다이오드와 비슷한 구조로 되어 있다. 일반 포토다이오드와 달리 P층과 PN결합층의 저항이 매우 높은 점이 다르다.

외부에서 집속광을 받게 되면 PDS 센서의 출력전류(I_o)로 수광점의 위치를 계산할 수 있다.

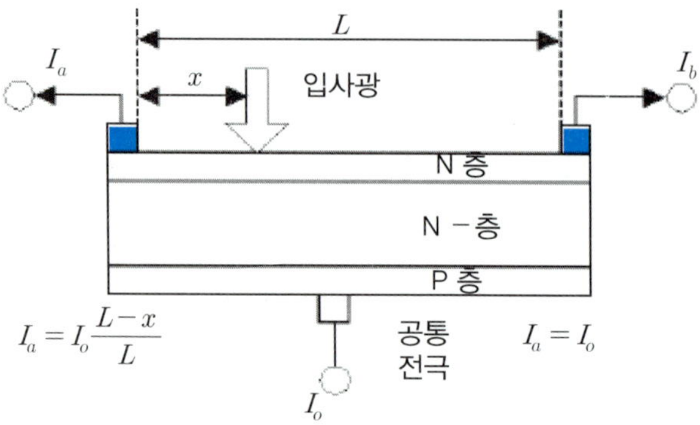

[그림 7-9] PSD 원리

PSD 단독으로는 거리 센서를 구성할 수 없으므로 PSD의 최대특성인 위치감지 특성과 [그림 7-9]와 같이 삼각측량법을 이용해서 거리 센서를 구성할 수 있다. 포토 TR에서 출발한 적외선은 수신 PSD쪽의 수신렌즈를 통해 집속된 다음 PSD의 한 점에 이르게 되고, 수광점의 위치를 PSD 센서로 알 수 있게 된다. 송광렌즈, 수광렌즈상의 거리와 수광렌즈, PSD까지의 거리는 렌즈 시스템의 비례관계에 의해 축소되므로 물체까지의 거리 a는 다음과 같은 식으로 구할 수 있다.

$$\frac{b}{a} = \frac{x}{d}, \qquad \text{거리 } a = \frac{bd}{x}$$

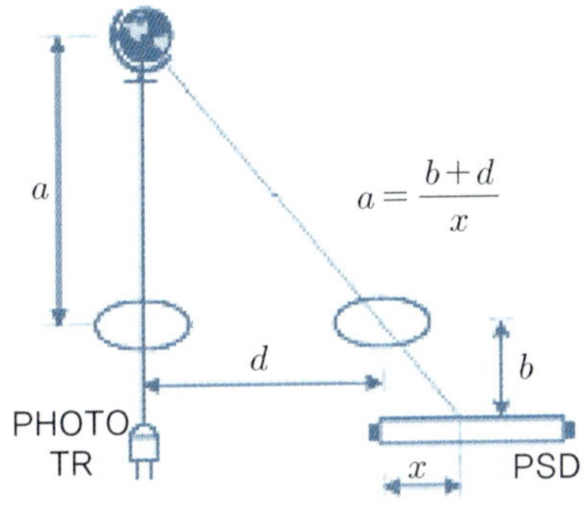

[그림 7-10] 거리 측정원리

(2) 센서 적용원리

ED7271-4 모듈에는 샤프사의 'GP2D12'를 사용한다. 이 적외선 거리 센서의 출력형태는 장애물 반사거리에 반비례하는 아날로그 전압출력이다. 센서로부터 대상물까지의 거리가 멀수록 아날로그 출력전압은 낮아진다.

[그림 7-11] 적외선 거리 센서(GP2D12)

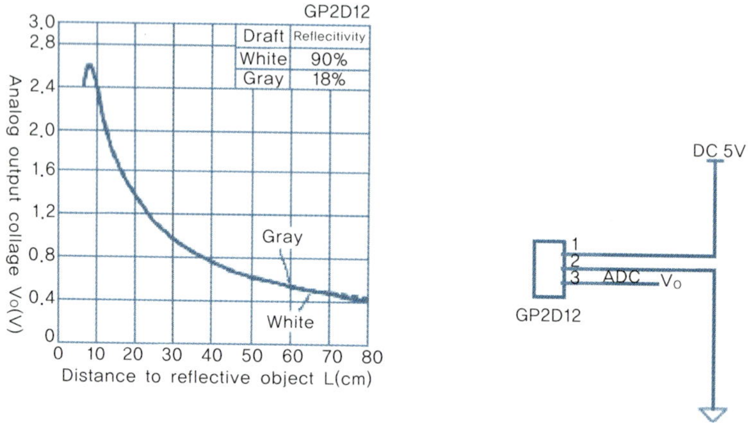

[그림 7-12] 전압과 거리의 비교

2. 적외선 센서(ED7271-4)의 이해

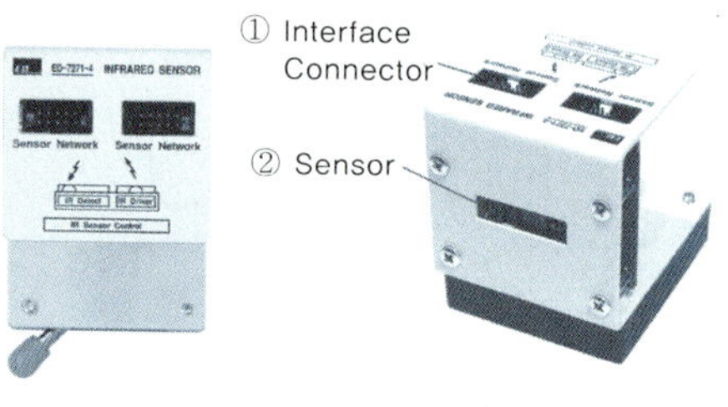

[그림 7-13] 적외선 센서 모듈

① 인터페이스 커넥터 : 메인제어 모듈과 연결

② 센서 : GP2D12

적외선 거리 센서 모듈의 작업과정은 다음과 같다.

주기적으로 거리 센서의 아날로그 전압의 데이터를 ADC 후 거리의 값으로 환산하여 메모리 공간에 거리정보를 업데이트한다. PC로부터 적외선 거리 센서 모듈의 지정 ID와 CMD를 입력받으면 ID와 CMD, 그리고 센서의 거리 데이터를 포함한 패킷 데이터를 PC로 전송하는 시스템 과정을 갖는다.

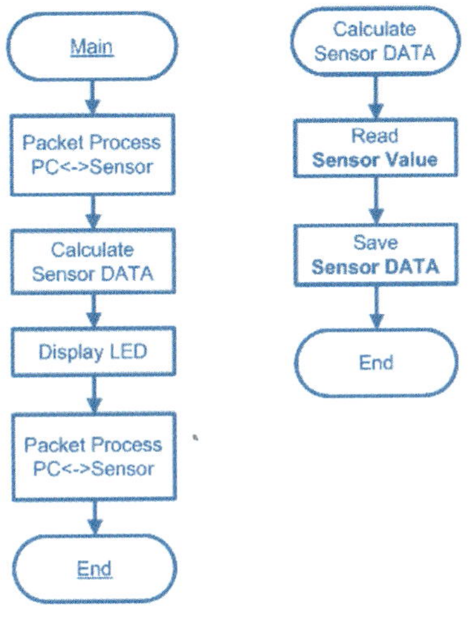

[그림 7-14] 순서도

03 초음파 센서(Ultra sonic sensor ; ED7271-3)

1. 기반지식

(1) 초음파 센서의 원리

초음파란 일반적으로 인간의 귀에 들리지 않는 높은 주파수의 음으로 약 14kHz 이상을 통칭하는데, 인간의 귀로 듣는 것을 목적으로 하지 않는 공업 분야에 적용하는 가청음도 초음파라고 부르기도 한다. 따라서 초음파 센서란 '음향 에너지 중에서 비교적 주파수가 높은 영역에서 검출하기 위한 센서로서 20kHz 이상의 음향 에너지를 검출하는 소자'라고 정의할 수 있으며, 이 종류의 센서 소자는 압전의 정효과 및 부효과를 동시에 이용하는 압전 세라믹 소자를 이용하는 경우가 많다.

초음파 센서에 적용되는 주파수는 그 사용용도에 따라 결정되는 것이 원칙이나 일반적으로 공기 중 물체감지에 적용되는 초음파 센서에서 사용되는 주파수는 9kHz에서 50kHz 정도이며, 이 범위의 주파수는 강력한 초음파펄스를 발생하기 쉽고 지향특성을 얻기가 용이하기 때문이다.

초음파 센서의 측정원리는 초음파 센서에서 발사된 초음파 펄스가 피측정물의 표면에서 반사되어 다시 초음파 센서로 되돌아올 때까지의 시간을 측정하여 측정대상에 따른 정보를 얻는 방법을 사용한다. 즉 초음파를 송신한 후 되돌아올 때까지의 지연시간을 측정하는 방법을 사용하는 것이다. 일반적으로 공기 중에서의 음속은 약 340m/s이고 거리 산출은 다음과 같은 식으로 간단히 구할 수 있다.

$$H = \frac{t}{2} \times u$$

H : 센서와 측정물체까지의 거리

u : 음속(340m/s)

t : 소요시간

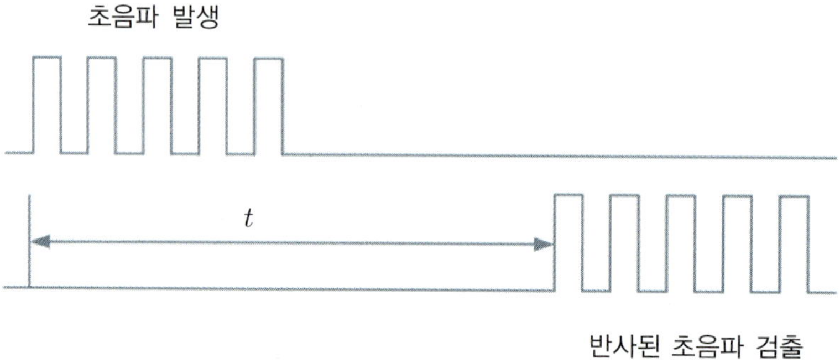

[그림 7-15] 초음파 거리측정원리

(2) 센서 적용원리

무라타의 초음파를 발생하는 송파용 센서 'MA40B8S'와 장애물에 반사된 음파를 수신하는 수신용 센서 'MA40B8R'을 사용했다. 송파용 센서에 40kHz에 해당하는 펄스를 주고 수파용 센서에 음파가 되돌아올 때까지의 시간을 측정하여 거리를 측정한다.

[그림 7-16] 송수신용 초음파 센서 MA40B8R, MA40B8S

2. 초음파 센서(ED7271-3)의 이해

① 센서 : 왼쪽이 음파를 발생하는 센서이고 오른쪽이 반사된 음파를 수신하는 센서이다.

② 인터페이스 커넥터 : 메인제어 모듈과 연결

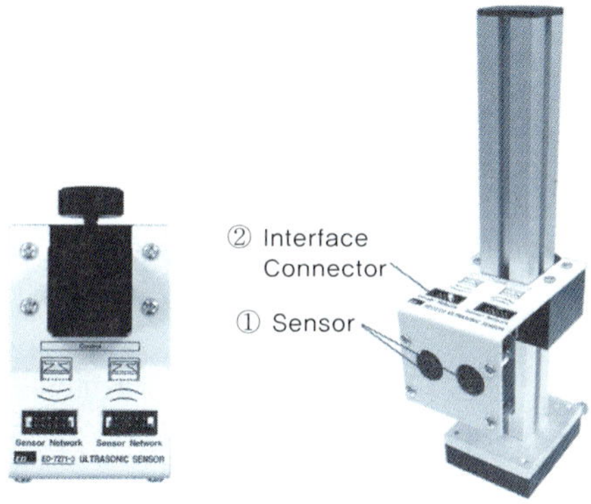

[그림 7-17] 초음파 센서 모듈

초음파 센서 모듈은 약 55ms 주기마다 40kHz의 초음파를 발생시킨다. 이 초음파는 장애물을 만나 반사되어 센서의 수파기에 되돌아온다. 초음파 발생 후 되돌아오는 초음파를 검출할 때까지의 시간을 측정하여 거리를 산출한다. 이렇게 측정한 거리 데이터를 메모리에 저장한다.

PC에서 초음파 센서에 맞는 ID와 CMD를 송신하면 초음파 센서는 ID와 CMD, 그리고 거리 데이터를 다시 PC로 전송한다.

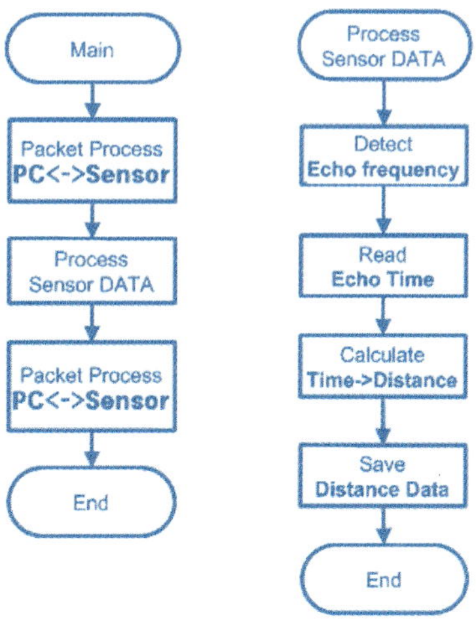

[그림 7-18] 순서도

04 초전(인체감지) 센서(Pyroelectricity sensor ; ED7271-7)

1. 기반지식

(1) 초전(인체감지) 센서의 원리

초전 센서는 물체로부터 방사되는 적외선이 창을 통해 초전체에 입사될 때 일으키는 초전 표면전하의 변화로부터 적외선을 측정하고 이로부터 물체의 온도를 열적으로 감지한다. 센서에서 적외선이 들어오면 초전체의 온도가 상승하고, 그 결과 초전체 표면에 유기되는 전하량이 변하여 출력이 얻어진다. 그런데 물체로부터 방사되는 적외선에 변화가 없으면 유기되는 전하의 변화도 없으므로 출력은 0으로 된다. 따라서 이동물체 또는 온도가 변화하는 물체의 온도만을 검출할 수 있다.

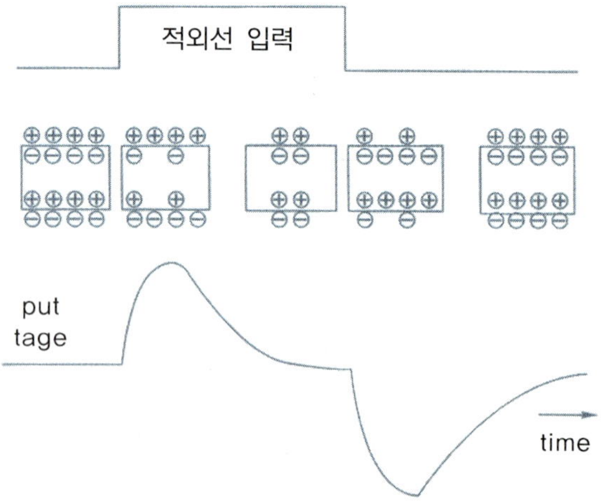

[그림 7-19] 일반적인 초전 센서의 출력형태

(2) 센서 적용원리

파나소닉사의 'AMN13112'는 초전 센서에 응용 외부회로를 겸한 센서로 동물체 또는 온도가 변하는 물체를 감지할 때 5V 레벨 ON/OFF 형태의 출력을 나타낸다. 초전 센서는 대부분 30cm 내외의 짧은 감지거리 때문에 센서 외부에 멀티렌즈를 장착하면 5m 정도의 검출거리를 나타낼 수 있다.

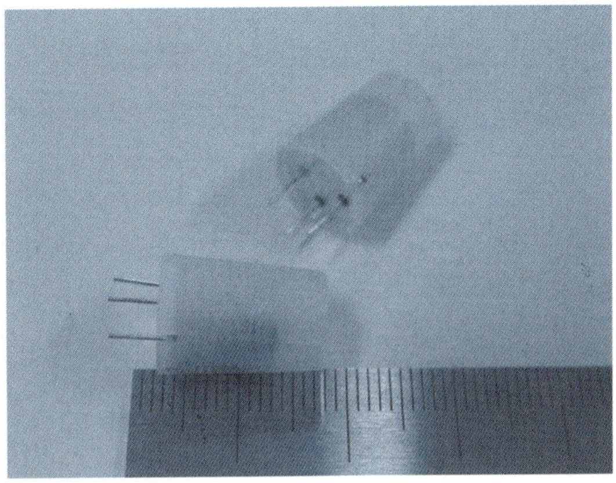

[그림 7-20] 초전 센서(AMN13112)

2. 초전 센서(ED7271-7)의 이해

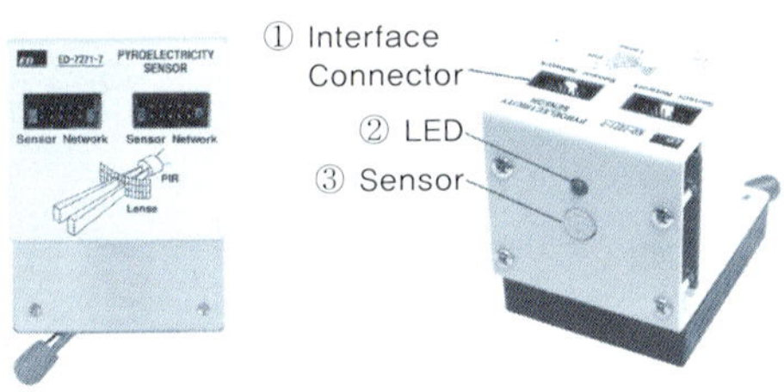

[그림 7-21] 초전 센서 모듈의 구성

① **인터페이스 커넥터** : 메인제어 모듈의 직렬 센서 네트워크(serial sensor network)와 연결

② **LED** : 인체감지를 했을 때 LED 표시

③ **센서** : 초전 센서

초전 센서는 인체감지를 위한 모듈로 사용된다. 이 초전 센서 모듈은 열의 변화를 감지하기 때문에 사람이 움직이면 LED가 켜지면서 반응을 보인다.

전원이 공급되면 센서는 곧바로 동작을 하게 된다. 사람이 감지되면 LED는 곧바로 켜졌다 꺼진다. 열의 변화가 생겨야 센서는 출력을 내보내기 때문이다. 이 센서 모듈은 감지되면 레지스터에 현재의 감지상태를 저장한다. PC와 Packet process(ID, CMD 수신) 과정 후 센서 모듈은 PC쪽으로 ID, CMD, 센서의 데이터를 보낸다.

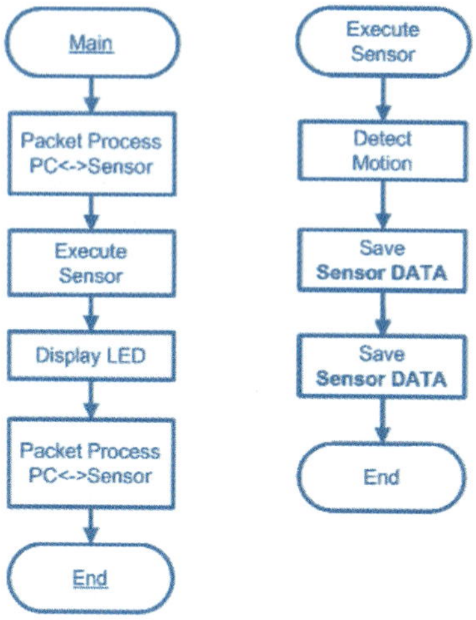

[그림 7-22] 순서도

05 RFID 리더(RFID Reader ; ED7271-19)

1. 기반지식

- RF (Radio Frequency) + ID (IDentification) Tag
- 카드, 태그, Label, Coin 등 다양한 형태의 제품이 있으며, Transponder, Smart Label 이라고도 불린다. cf. IC 카드, 스마트 카드, SIM (Subscriber IDentification Module)
- 70년대 탄도 미사일 추적을 위하여 개발된 기술이다.
- 현재 바코드를 대체하여 물류 혁명을 가져올 기술로 주목을 받고 있다.
- 유통/물류분야, 산업(공정관리, 창고관리)분야, 금융(전자화폐, 용카드)분야, 공공(도서관리, 주차관리)분야, 교통분야 등 산업 전반에 걸쳐 응용이 가능하다.
- RFID 방식은 비접촉식으로 여러 Tag를 동시에 인식할 수 있고, 이동중 인식 가능, 장애물 투과, 반영구적인 사용, 대용량 데이터 반복저장 가능, 인식속도가 빠르다는 장점을 가지고 있다.

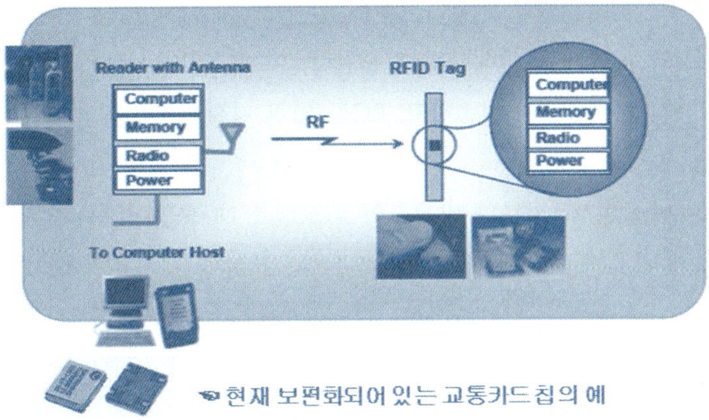

[그림 7-23] RFID 사용 예

(1) RFID 시스템의 원리

RFID 시스템은 태그(카드), 판독 및 해독 기능을 하는 판독기(Reader), 그리고 태그로부터 읽어온 데이터를 처리할 수 있는 데이터 처리 시스템으로 구성된다. RFID는 판독기/안테나를 통해 대상물에 부착된 태그에 기록된 정보를 판독하는 무선 주파수 인식기술, 즉 전파를 이용해 비접촉식으로 데이터를 인식하는 기술이다.

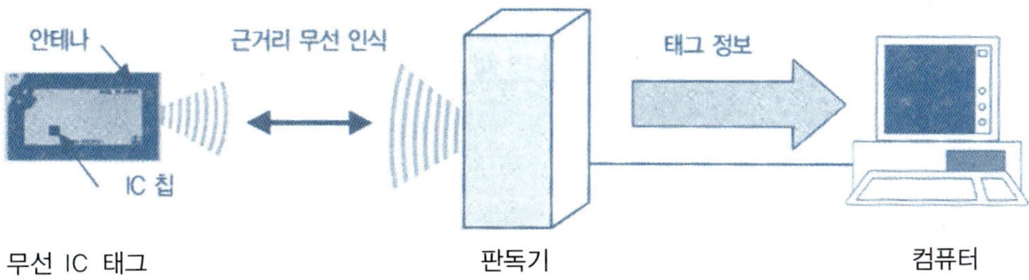

[그림 7-24] RFID 원리

태그와 판독기 사이의 데이터 통신은 무선 통신방식으로 이루어진다. 이 때 태그는 데이터를 저장하고 있는 메모리, IC 회로, 마이크로프로세서, 안테나 등을 내장하고 있다. 그리고 카드(태그) 내부의 에너지원의 유무에 따라 "능동형 태그(Active tag)"와 "수동형 태그(Passive tag)"로 구분한다.

능동형 태그는 자기자신의 전원 공급장치를 가지고 있어서 리더의 유도전류로 전원을 공급받는 수동형 태그보다 먼 거리에서도 인식할 수 있다. 리더 내부의 안테나에서 지속적으로 전파를 발산하고, ID와 데이터가 저장된 카드(태그)가 해당 전파 범위 안에 들어가면, 자신의 ID와 데이터를 안테나로 전송한다. 이 때 안테나는 카드에서 전송된 ID를 데이터 신호로 변환하여 PC에 전송하고, PC는 미리 저장된 DB와 비교하여 필요한 서비스를 제공한다.

RFID 태그는 비접촉 IC 카드나 바코드와 비교했을 때 모양이 훨씬 유연하다. 또한 통신거리와 단가 등에서 뛰어나기 때문에 향후 여러 분야에서 사용범위가 크게 확대될 것으로 기대된다.

RFID는 비접촉으로 바코드보다 인식속도가 빠르다. 또한 바코드의 인식거리는 최대 50Cm이지만, RFID는 최대 수십 미터까지 확장할 수 있고, 금속을 제외한 장애물도 투과할 수 있다. 인식률에 있어서도 바코드는 95% 이하이지만, RFID는 99.9% 이상으로 더 높고 사용기간 및 데이터 저장능력도 다른 매체보다 탁월하다. 다만 RFID는 전파를 사용하는 인식기술이기 때문에 전파의 특성상 금속물질이나 일부 액체 및 물체 표면의 성격에 따라 인식률에 차이가 날 수 있다.

(2) RFID 시스템의 응용

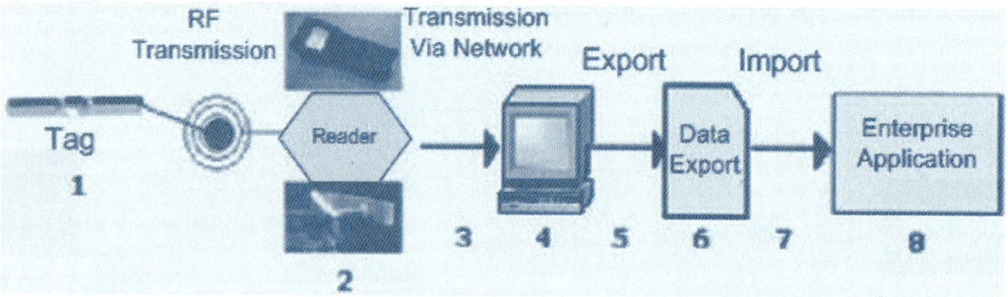

[그림 7-25] 인식방법

① 태그 : 전자상품 코드와 같은 데이터를 메모리에 저장

② 리더기 : RF 안테나를 통해 태그에 데이터를 기록하고 읽음

③ 판독기와 Transaction 데이터 저장영역 사이의 접속을 이룸
(Transaction 데이터 : 상점에서 고객의 주문이나 판매를 기록하기 위해 단말기 등에서 생성하여 Transaction 응용 프로그램을 작동시키는 컴퓨터 시스템으로 전송하는 데이터)

④ Read Manager : 태그로부터 데이터를 읽어들이도록 지시를 내리고 전달된 데이터를 해석

⑤ 태그로부터 읽어온 데이터를 Export(밖으로 전환)하는 과정
⑥ 태그의 데이터를 Export하기 적당한 포맷으로 바꾼다.
⑦ 백-엔드 기업 애플리케이션으로 태그 데이터를 Import(들여오다)하는 과정
⑧ 기업 애플리케이션 : 실직적인 기업업무의 활용을 위해 태그 데이터 처리

2. RFID Reader 모듈(ED7271-19)의 이해

RFID 모듈은 13.56MHz RF태그(tag) 응용을 실습할 수 있도록 안테나가 내장된 RFID 리더(reader)와 RF 태그로 구성되어 있다. 이 모듈의 RFID 리더는 아래와 같은 3가지로 구성되어 있다.

① 인터페이스 커넥터 : 메인 제어 모듈의 직렬 센서 네트워크(serial sensor network)와 연결
② 상태 표시 LED : 모듈에 전원이 인가되어 동작 준비 완료를 표시하는 "STA" 노란색 LED(start)와 호스트 PC에서 RFID 리더에 데이터를 요청하는 "CMD" 적색 LED(command) 그리고 RF Tag가 인식됨을 표시하는 "RD" 녹색 LED(reading)로 구성
③ 안테나 영역 : RF 태그를 인식하기 위해 RFID 리더의 데이터를 송수신하기 위한 안테나 영역

RFID 리더의 구조는 [그림 7-26]에서 보이는 것처럼 RF 태그와 무선통신을 위한 안테나와 태그 프로토콜 구현을 위한 리더 IC 그리고 호스트 PC와 통신을 위한 MCU(메인 프로세서)로 구성되어 있다. RFID 리더의 사양은 [그림 7-27]에서 보이는 것처럼 13.56MHz의 주파수 대역을 사용하고 태그 프로토콜은 Mifare/ISO 14443 type A/B 표준을 적용하고 있다. RF 태그 인식 범위는 프로토콜에 따라 최대 6cm까지 인식될 수 있다.

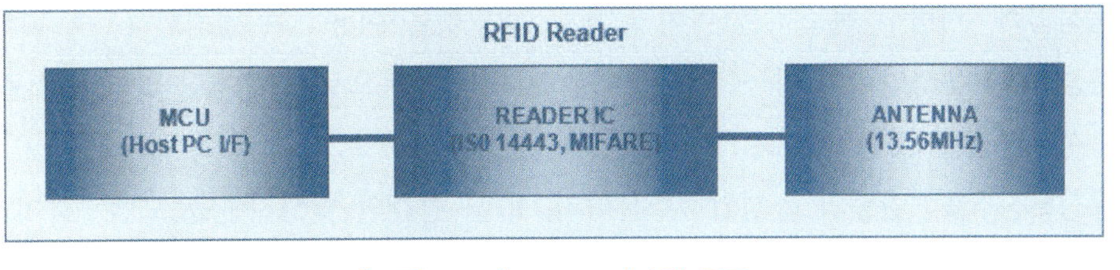

[그림 7-26] RFID 리더의 구조

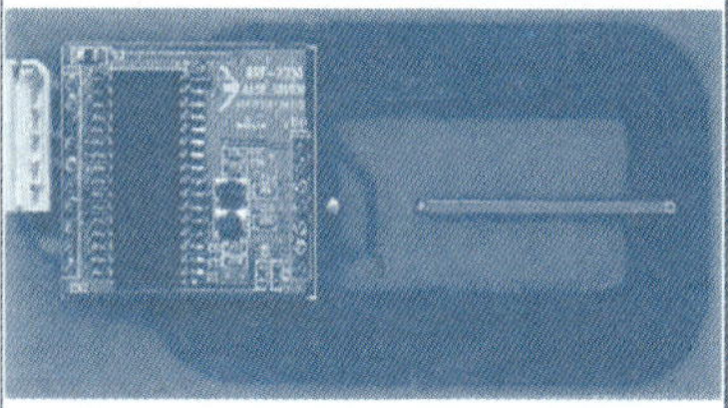

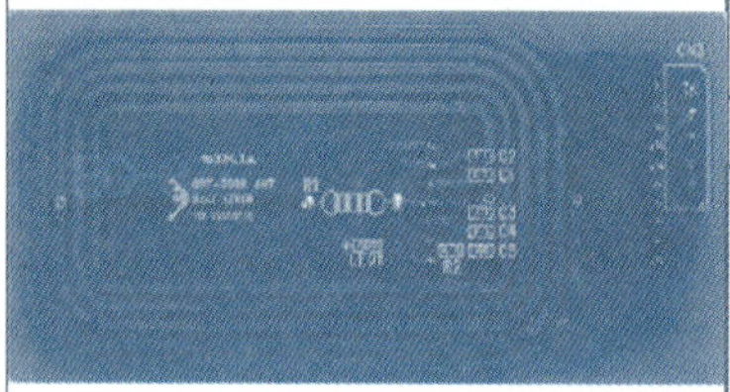

Frequency	-13.56MHz
TAG Protocol	-MIFARE ,ISO/IEC 14443 A/B Standards
Modulation Type	-ASK 8~100%
Operating Range	-MIFARE : Up to 6Cm -ISO-14443 A/B : Up to 4Cm
Supply Voltage	-DC5Volt
Power Consumption	-READING : 200mA
Module Size	-82.0mm * 39.0mm * 7.4mm
Application	- Digital Door-Lock - E-cash Reader - Public Transport Terminals - Handheld Terminals - On Board Units - Contactless PC Terminals

[그림 7-27] RFID 리더 사양

06 음성인식 및 합성(Voice recognition & Synthesis ; ED7271-21)

1. 기반지식

1) 음성인식이란

음성인식은 인간의 음성에 포함되어 있는 언어정보를 자동으로 추출하여 원하는 사람에게 필요한 정보를 제공해주는 기술을 말한다. 즉, 마이크, 헤드셋, 전화기 등을 통하여 시스템에 입력된 음성의 특징을 분석하여 이 음성명령에 대한 특정한 동작을 수행하는 기술이라 할 수 있다.

(1) 음성인식과정

- **음성입력** : 사람의 목소리를 마이크 또는 헤드셋을 이용하여 입력한다.
- **음성검출** : 음성인식의 성능에 큰 영향을 미치는 부분으로서 주어진 입력 소스로부터 음성부분만을 검출한다.
- **음성특징추출** : 일종의 음성압축부분이며, 또한 인간의 발성기관을 모델링하여 필터 계수를 찾아내는 부분이다.
- **인식 알고리즘** : 음성의 시변적인 특성을 잘 모델링할 수 있는 알고리즘이어야 하며,

이 알고리즘을 이용하여 실제의 음성인식이 이루어진다. 일반적인 알고리즘으로는 DTW, HMM, ANN 등이 있다.

- **음성인식결정** : 인식 알고리즘을 이용하여 나온 결과에 대해 인식/오인식을 결정한다.

일반적인 음성인식 시스템의 구성도를 [그림 7-28]에 나타냈으며, 그 동작을 개략적으로 설명하면 다음과 같다.

마이크를 통해 입력된 음성이 디지털 신호로 변환되어 음성인식 시스템으로 들어오면, 먼저 특징추출 단계에서 일정 시간(보통 매 10ms)마다 음성학적 특징을 잘 표현해 줄 수 있는 특징 벡터를 추출한다. 추출된 음성 특징 벡터들은 패턴 분류 과정으로 넘겨져서 미리 저장된 단어 또는 음소들의 음향 모델과 비교하게 되며, 그 결과는 일련의 후보단어 또는 후보음소들의 형태로 언어처리 과정에 전달된다. 언어처리 과정에서는 후보단어 또는 후보음소들의 정보를 토대로 하여 인식대상어휘 및 문법구조, 그리고 특정 주제에의 부합 여부를 판단하여 최종 인식된 문장을 출력시키게 된다. 실제로 통계적 처리방법에 기반을 둔 음성인식에서는 패턴 분류과정과 언어 처리과정이 하나로 통합되는 경우가 많다. 각각의 요소기술에 대해 보다 상세히 설명한다.

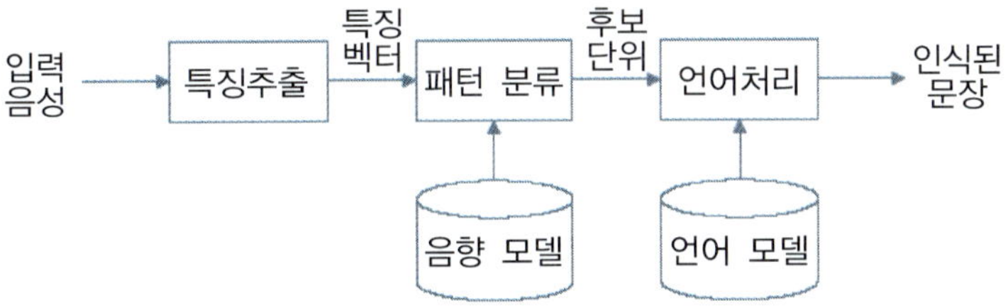

[그림 7-28] 음성인식 시스템의 기본 구성

- **특징추출** : 특징 추출과정의 목적은 음성학적 정보는 잘 표현하면서 그 이외의 음향적 변화(배경잡음, 채널 왜곡, 화자 차이, 발음 태도 등)에는 둔감한 특징 벡터들을 추정하는 것이다. 그러나, 이러한 이상적인 특징 추출방법은 아직까지 알려져 있지 않으며, 일반적으로 음성의 청취기관이나 발생기관의 단순화된 모델에 근거를 둔 켑스트럼(cepstrum) 영역의 특징 벡터들이 주로 사용된다. 여기에는 멜-주파수 켑스트럼(Mel-Frequency Cepstral Coefficient(MFCC)), LPC(Linear Predictive Coding) 켑스트럼, 그리고 PLP(Perceptual Linear Prediction) 켑스트럼 등이 있으며, 보통 매 10ms 정도의 시간간격으로 20～30ms의 단구간 음성을 분석하여 특징 벡터를 추출한다. 음성인식의 가장 대표적인 특징 추출방법인 MFCC 추출방법을 [그림 7-29]에 나타내었다.

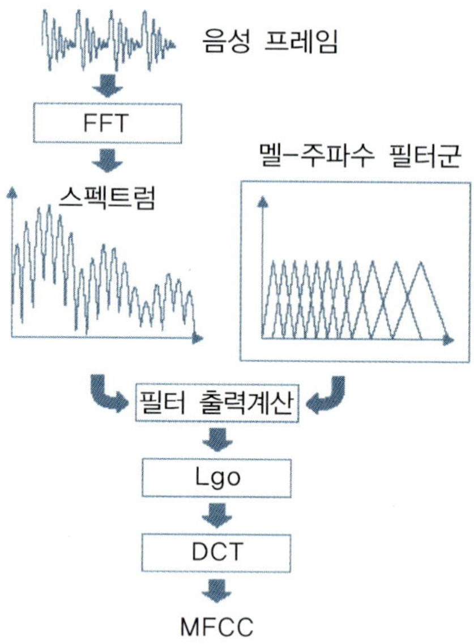

[그림 7-29] 멜-주파수 켑스트럼(MFCC) 추출과정

- 음향 모델과 패턴 분류 : 단어 또는 음소의 음향 모델을 구성하는 효과적인 방법으로 hidden Markov model(HMM)이라 불리우는 통계적 모델이 주로 사용되며, [그림 7-30]에 그 예를 나타내었다. 그림에서 보는 바와 같이 HMM은 음향학적으로 유사한 특징을 가지는 음성구간을 표현하는 복수 개의 상태들과 이들 상태간의 천이확률 a_{ij}, 그리고 각 상태에서 음성 특징 벡터들의 관찰확률분포 $b_j(x)$로 이루어진다. 관찰확률분포는 이산분포를 가지기도 하나 보통 정규분포들의 가중합에 의한 연속확률분포가 많이 사용된다.

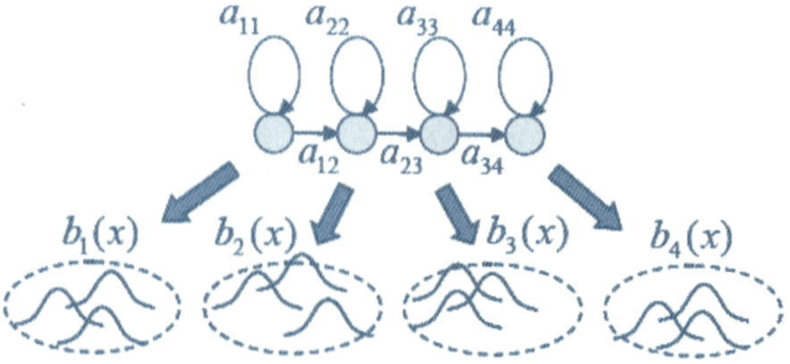

[그림 7-30] Hidden Markov Model(HMM)

HMM은 음성 데이터들로부터 모델 파라미터(천이확률 및 관찰확률분포)를 추정하는 방법 및 추정된 모델 파라미터로부터 입력 음성에 대한 음향 모델 확률를 구하는 방법이 잘 정의되어 있기 때문에 편리하게 사용할 수 있다. [그림 7-31]은 HMM과 음성 특징 벡터열이 주어졌을 때 Viterbi 디코딩에 의해 최적 상태열을 찾는 과정을 나타내고 있다.

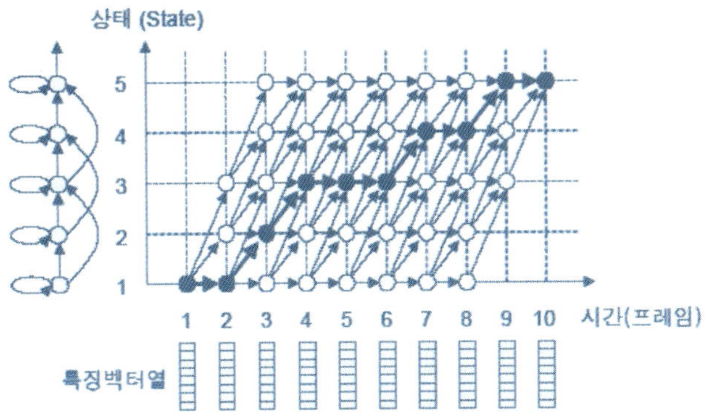

[그림 7-31] HMM 디코딩 과정의 예

발성과정에서 한 음소의 음향학적 특성은 앞뒤의 음소의 영향을 크게 받으므로(예를 들어, "감기약"이라는 단어에서 자음 /ㄱ/이 3회 나타나지만 그 음향학적 특성은 모두 다름) 앞뒤 의 음소문맥을 고려한 음소, 즉 트라이폰(Triphone)이 음성인식의 대표적인 기본 단위로 사용된다. 그러나 음소의 수가 40개 정도라고 할 때 트라이폰의 개수는 이론적으로 40×40×40=64,000개나 되므로(물론 실제 발성가능한 조합은 이보다 훨씬 적음), 모든 트라이폰들을 정교하게 모델링할 훈련 데이터를 확보하는 것은 거의 불가능하다. 이 문제를 해결하기 위한 현실적인 대안으로 상태(tying) 기법이 도입되며, 이는 트라이폰 모델들의 각 상태 중 관찰확률분포가 유사한 것끼리 묶어서 이들이 동일한 관찰확률분포를 가진다는 가정하에 확률분포를 모델링하는 방법이다.

- 언어 모델과 언어처리 : 어휘나 문법 정보 등 언어학적 지식을 전혀 동원하지 않은 상태에서 현재의 기술로 도달할 수 있는 화자독립 음소인식률은 70% 정도에 불과하며, 사실 사람의 경우에도 무의미 단어로 구성된 문장의 받아쓰기 능력은 이보다 그리 높은 수준이 못되는 것으로 알려져 있다. 이는 음성인식에서 언어학적 정보가 차지하는 중요성이 얼마나 큰가를 보여주는 좋은 예이다. 일반적으로 언어학적 지식은 단어구성에 관한 어휘론적(Lexical) 지식, 문법구조에 관한 구문론적(syntactic) 지식,

문장 의미를 다루는 의미론적(Semantic) 지식 등으로 이루어지며, 그 중에서 의미론적 지식을 음성인식에 적용하는 데에는 많은 어려움이 따르기 때문에, 현재 음성인식에 사용되는 언어모델은 주로 어휘론 및 구문론적 지식에 기반을 두고 있다.

음성인식의 응용분야에 따라서는 유한상태문법(Finit state grammar)이 효과적으로 사용되는 경우도 적지 않으나, 보다 자연언어에 가까운 문장을 인식하기 위해서 N-gram 형태의 통계적 언어 모델이 사용된다. 이 모델에서는 일련의 단어들로 구성된 문장이 생성될 확률을 N-1 개의 단어로 구성된 단어열 다음에 특정 단어가 나타날 확률들로써 표현한다. 이를 위해서는 방대한 양의 문장 코퍼스(Corpus)로부터 이들 단어열에 대한 확률을 추정해야 하며, 실제로 두 개 또는 세 개의 연속된 단어 사이의 연관관계를 확률적으로 모델링한 Bigram 및 Trigram 언어 모델이 제한된 주제에 의한 음성인식에 성공적으로 사용되고 있다.

(2) 인식대상에 따른 분류

- 화자종속 특정화자의 음성만을 인식한다.
- 화자독립 불특정화자의 음성을 인식한다.
- 화자적응, 화자독립의 성질을 가지고 있으면서도 특정화자의 음향학적 성질에 적응한다.

2) 음원인식(SSL : Sound Source Localization)

음원인식은 화자(Speaker)의 위치를 음파를 통해 찾아내는 것이다. [그림 7-32]는 화자의 위치정보는 방향, 높이, 거리로 나타낼 수 있다. 2개의 마이크로폰으로 입력되는 음성신호로부터는 방향정보만을 추출할 수 있다. 보통 4개의 마이크로폰을 사용하여 거리정보까지 추출할 수 있다.

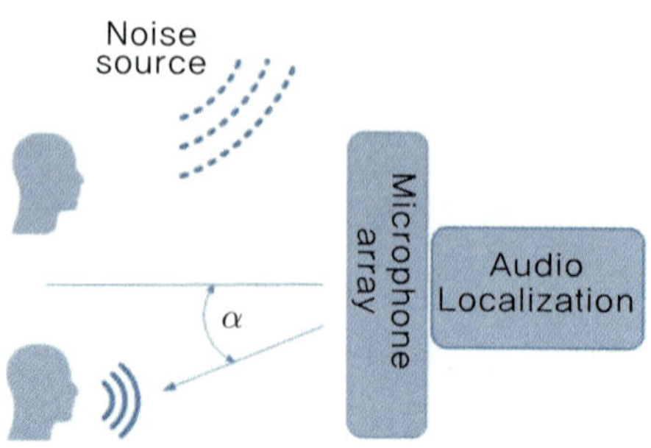

[그림 7-32] 음원인식

➡ 음원인식 원리

음원인식의 가장 기본적인 원리는 두 마이크로폰에 도달하는 음파의 도달지연시간 (Time Delay Of Arrival)을 측정하여 기하학적 계산을 통해 음원의 방향을 찾는 것이다.

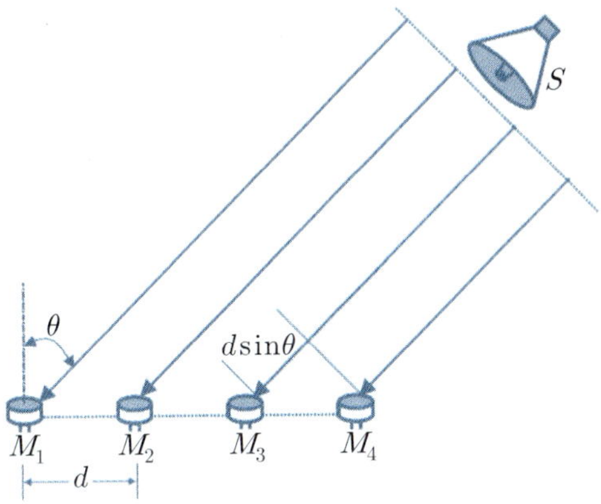

[그림 7-33] 마이크로폰 구성과 도달지연시간의 관계도

음원이 충분히 먼 거리에 있다고 가정하면, 음파는 평면파(Plane Wave)가 되고 음원이 θ에 있고 마이크로폰간($M_1 - M_2$)의 거리가 d일 경우 음파의 도달거리 차이는 $d\sin\theta$가 된다. 마이크로폰에 입력된 음원의 지연시간은 다음과 같이 표현된다.

$$\tau = d\sin\theta / v,\ \ v = 355\text{m/s}$$

여기에 음성의 표본화 주파수를 고려하면 음원의 위치는

$$\theta = \sin^{-1}\left(\frac{v\tau}{dFs}\right)$$

로 계산할 수 있다.

음원인식에서 방향(θ)의 분해능은 마이크로폰간의 거리(d)와 표본화 주파수(Fs)에 따라 변한다.

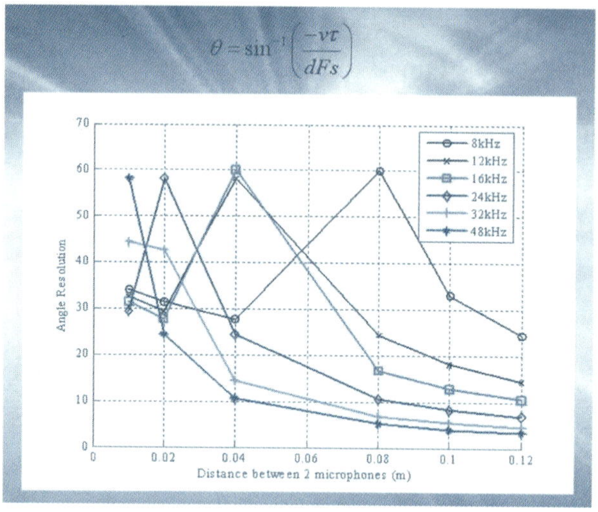

[그림 7-34] 마이크로폰간 거리 및 표본화 주파수에 따른 방향의 분해능

16kHz의 음성표본화 주파수에서 마이크로폰 사이의 간격이 12cm일 경우 음원인식의 분해능(resoulution)은 약 10도 정도이다.

도달지연시간(τ)은 두 마이크로폰에 입력되는 신호간의 지연시간을 측정하면 된다. [그림 7-35]는 녹음된 음성과 인위적으로 음성의 한 부분을 지연(10samples)시킨 것을 나타낸다.

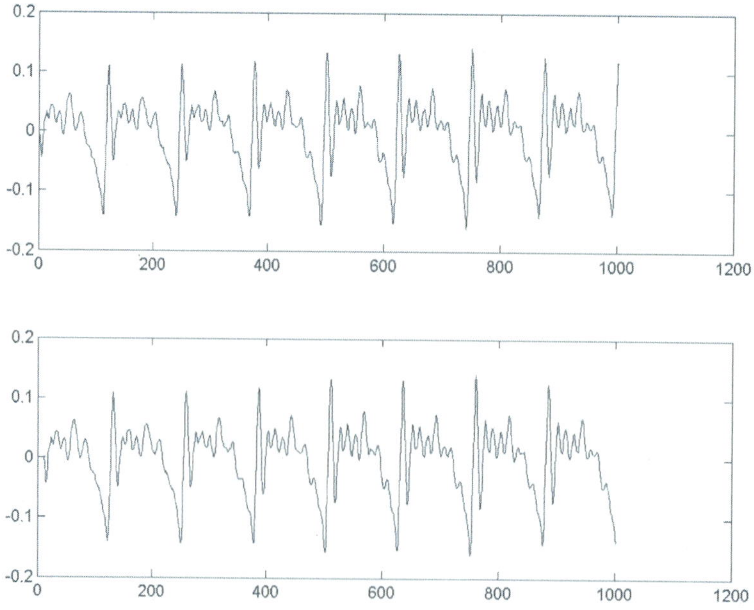

[그림 7-35] 녹음된 음성파형과 인위적으로 지연시킨 음성파형

녹음된 음성파형의 음성 모음 구간의 한 부분으로 어느 정도 뚜렷한 피크값을 가진다. 두 파형에서 피크값을 갖는 샘플 인덱스의 차이를 계산하면 지연시간을 계산할 수 있다. 단순한 피크값 간의 샘플 인덱스 차이를 계산하는 것은 정확도가 떨어지기 때문에 일반적으로 상호상관계수(Cross Correlation)를 이용하여 지연시간을 계산한다.

$$r_{xy} = \sum_{n=-\infty}^{n=\infty} x(n)y(n-l), \quad l = 0, \pm 1, \pm 2, \ldots$$

[그림 7-36]은 [그림 7-35]의 두 신호에 대한 상호상관계수를 단구간으로 분할하여(Window ing) 구한 것이다. X축이 샘플 인덱스이며 Y축이 선행 또는 지연 인덱스이다(정규화되지 않음, 100의 값이 지연이 없는 것임). Z축은 상호상관계수이다.

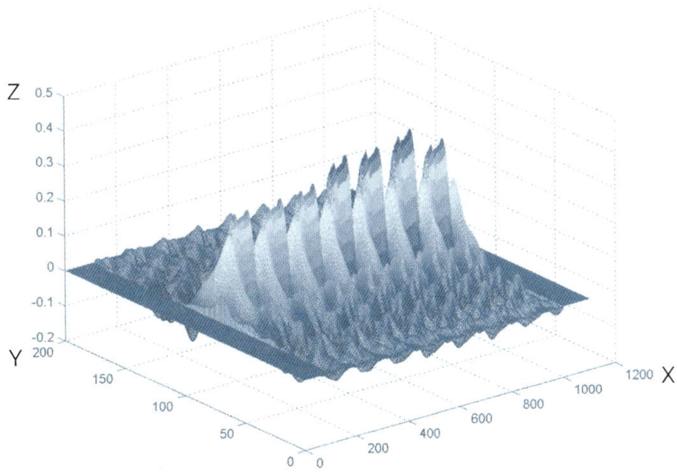

[그림 7-36] 상호상관계수의 예시

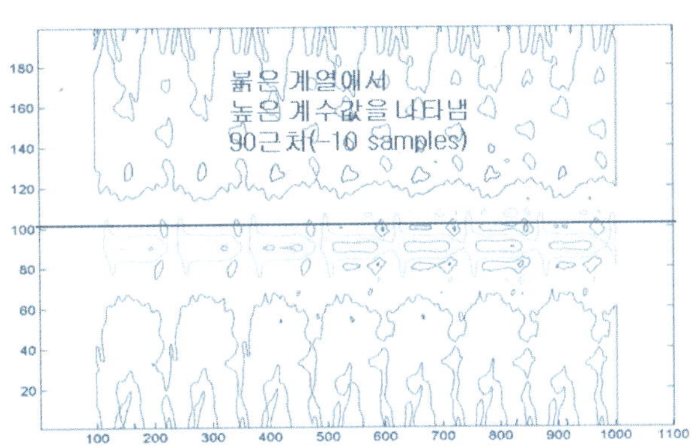

[그림 7-37] 상호상관계수의 예시(평면도)

일반적인 음성신호는 광대역(Broad-band)신호이고 잡음의 영향, 마이크의 성능 등에 따라 [그림 7-36]처럼 뚜렷한 피크가 생기지 않을 수도 있다. 이에 뚜렷한 피크을 유도하기 위해 LPC-Residual 신호를 추출한 후, Hilbert Transform을 수행한 후 상호상관계수를 계산한다. 또한 실시간으로 음원을 추적(트래킹)하기 위해 프레임 단위(10ms~30ms)로 지연계수를 얻고 각 프레임별로 나온 지연계수를 후처리하여 보다 신뢰도 있는 음원인식 결과값을 출력한다.

(3) 음성합성

음성합성 기술은 컴퓨터가 사용자에게 전달하고 싶은 텍스트 형태의 내용을 인간이 사용하는 음성 형태로 바꾸어 전달하는 기술이다. 음성합성의 기술적인 목표는 전달하고자 하는 내용을 오류없이 명확하게 표현하는 것과 인간의 목소리에 최대한 가까우며 듣기에 자연스럽고 편한 말소리를 생성하는 데에 있다.

➡ 음성합성의 원리

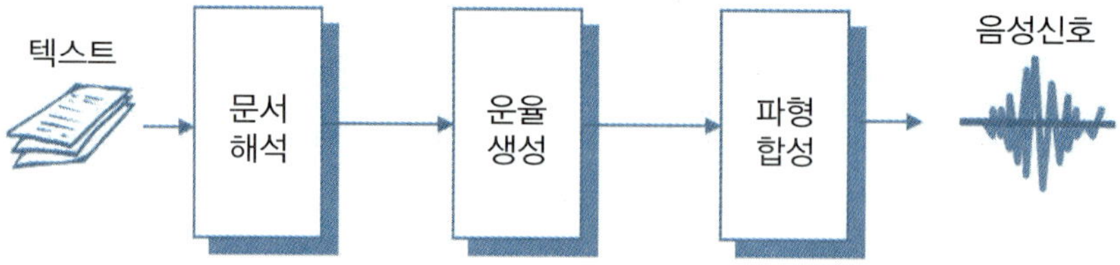

[그림 7-38] 음성합성 원리

- 문서해석

입력된 텍스트로부터 운율생성에 필요한 형태소, 문장요소들간의 수식관계를 밝히는 기능을 수행한다. 자연스런 운율 예측의 기반 핵심 모듈이다.

- 운율생성

텍스트의 내용을 발성하기 위하여 필요한 끊어읽기 정보, 각 음소별 운율정보를 밝히는 기능을 수행한다. 자연스러운 운율을 결정하는 모듈이다.

- 파형합성

주어진 텍스트에 적합한 합성 단위를 선택하고 자연스러운 합성음이 되도록 파형을 결합시켜주는 기능을 수행한다. 합성음질의 명료성을 결정하는 모듈이다.

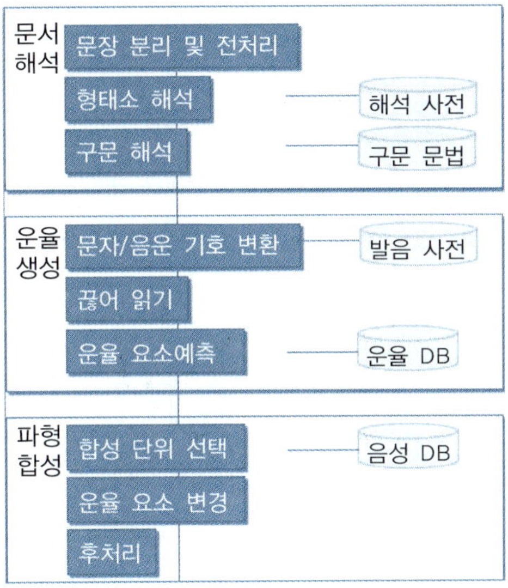

[그림 7-39] 음성합성 구조

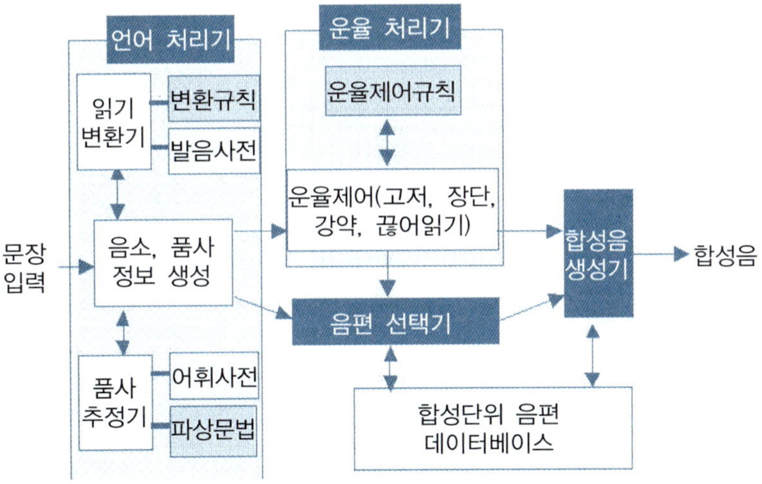

[그림 7-40] 음성합성 시스템 구조

2. 음성인식 및 합성 모듈(ED7271-21)의 이해

음성인식 및 합성 모듈은 다음과 같이 네 가지 부분으로 구성되어 있다. 이 모듈은 정상 동작을 위한 준비시간이 10초 정도 소요되고 음성인식 알고리즘이 동작하고 있음을 표시하는 "ING" 적색 LED가 켜있을 때는 화자의 음성단어를 추가적으로 인식하지 못한다. 즉, "ING" 적색 LED가 꺼있을 때만 화자의 음성단어를 인식하여 정상동작을 수행한다. 그리고 음성인식 대상 단어의 최대 길이는 16문자로 최대 100단어까지 저장하고 인식에 따른 합성음은 32문자까지 저장하여 사용할 수 있다. 호스트 PC부터 전송되는 음성합성을 위한 문장의 길이는 최대 100문자까지 입력 가능하다.

(1) 인터페이스 커넥터 : 메인제어 모듈의 직렬 센서 네트워크(Serial sensor network)와 연결

(2) 상태 표시 LED : 모듈에 전원이 인가되어 동작준비 완료를 표시하는 “STA” 녹색 LED(Start)와 화자의 음성단어를 감지하여 음성인식 알고리즘이 동작하고 있는 상태를 표시하는 ”ING” 적색 LED(Recording) 그리고 화자의 단어를 인식하여 데이터베이스에 등록된 단어와 일치하여 음성합성음 출력을 표시는 “REC” 노란색 LED(Recognition)로 구성

(3) 7 세그먼트 LED : 화자의 음원위치를 분석하여 기준위치로부터 −90도부터 90도 범위로 화자의 발성위치를 표시

(4) 마이크, 스피커 : 두 개의 마이크는 화자의 음성을 아날로그 신호로 받아들이고 두 개의 스피커는 사용자에 의해 정의된 합성음을 출력하기 위한 장치

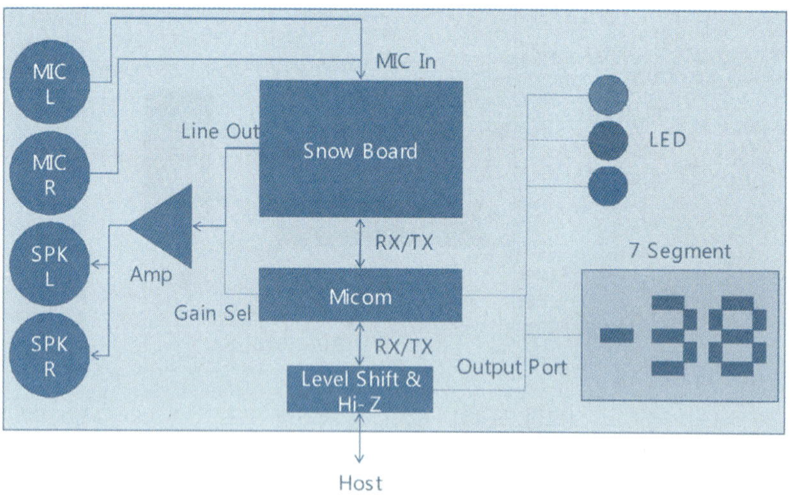

[그림 7-41] 음성인식 및 합성 모듈 구성도

음성인식 및 합성 모듈은 3가지 분야의 응용실습을 할 수 있도록 구성되었다. 첫 번째로 음성인식은 사용자가 마이크로부터 80cm 거리 이내에서 이 모듈 데이터베이스에 등록된 단어를 발성하게 되면 마이크로 입력된 아날로그 신호가 스노보드(메인 프로세서)

를 통해 디지털 신호로 변환되고, 음성인식 알고리즘을 통해서 음성인식 여부를 결정하여 인식대상단어와 연계된 음성합성음을 스피커를 통해서 출력하게 된다. 또한 음성인식 결과는 노란색 LED 인식 성공을 표시하고 호스트 PC로 결과를 전송한다.

두 번째로 음원인식은 두 개 마이크의 거리적 가운데를 기준으로 화자의 발성 위치를 판단하여 사용자에게 제공하기 위한 기능이다. 임의의 단어를 임의의 위치에서 발성하게 되면 기준위치를 0도로 하고, 왼쪽은 −1도~−90도 범위로 정의되고, 오른쪽은 1도~90도 범위로 정의되어 7 세그먼트(7 segment) LED로 표시되고 호스트 PC로 데이터를 전송한다.

세 번째로 음성합성은 음성인식의 결과를 스피커로 출력할 뿐만 아니라 호스트 PC에서 생성하고자 하는 합성음을 문장으로 구성하여 음성인식 및 합성 모듈에 데이터를 전달하면 스노보드의 음성합성 알고리즘을 통해 합성음이 스피커로 출력된다.

07 터치 및 범퍼센서(Touch & Bumper sensor; ED7271-18)

1. 기반지식

- ON, OFF 스위치를 가지는 스위치
- 물체의 유, 무를 검출할 수 있는 접속 센서
- 터치센서는 ATM, 모바일폰 등 어디에서나 사용되고 있으며 입력수단의 방식을 대체하는 추세
- 최근 들어 터치스크린의 보다 다양한 활용방안을 위해 동시 입력이 가능한 정전용량 방식이 주목받고 있으며, 대기업과 중소기업에서 기술을 개발하고 제품에 적용하는 사례가 증가
- 터치센서는 현재 디지털화, 비접촉식 등의 기술을 개발함으로써 더욱더 편리하고 다양한 기능을 구현할 수 있는 추세

현재	미래	Benefit
아날로그 방식	디지털 방식	• 저비용, 저소비전력, 고응답속도, 고감도 구현 • 신뢰성 향상(노이즈에 강함)
고집적화 • 터치채널의 다채널화, 다핀화		• 다양한 키 입력 지원 • 고해상도 · 고성능 터치스크린 적용
접촉식	비접촉식 • 프록시미터(Proximity)	• 터치감도 향상 • 사용자-기기간 상호작용 향상 • 디자인성 향상
손가락 입력	손가락+펜 입력	• 사용자 편의성 향상 (아이콘 조작 및 글씨 입력 용이)
촉각정보 제공 • '클릭' 느낌(진동소자) • '실물' 느낌		• 사용자 만족도 향상 • 적용 애플리케이션 확대

[그림 7-42] 터치센서의 로드맵

(1) 터치센서의 원리

일종의 입력장치로 사람 몸속에 흐르는 미세한 전류를 이용해 손가락으로 터치센서의 입력부를 터치할 때와 그렇지 않을 때를 비교하여 터치 유무를 판단하는 센서로 일반적인 기계식 스위치를 대체하는 입력기술이다.

터치센서는 적은 양의 전류를 흘려주면 동작 대기상태가 되는데 이때 손가락으로 입력부를 터치하면, 인체를 통해 전기가 흐르며 순식간에 전압이 변하게 되고 내부회로는 그 전압에 반응하여 출력이 변하는 원리이다.

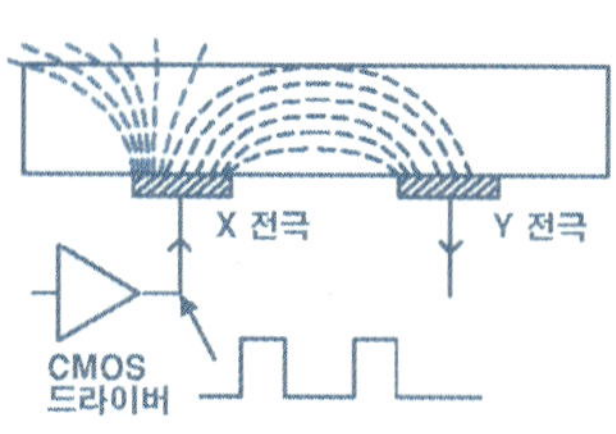

[그림 7-43] 터치센서 대기

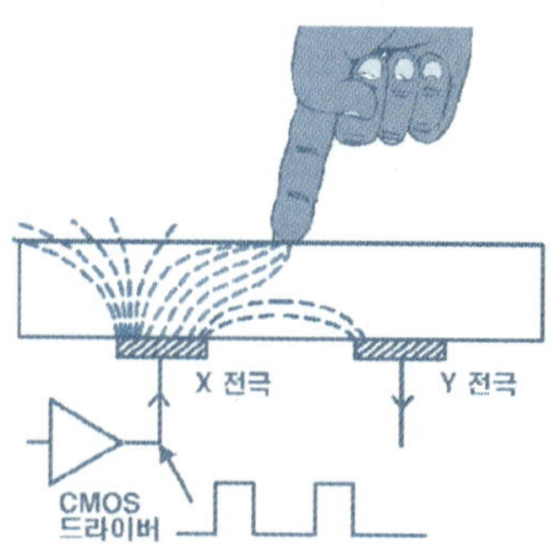

[그림 7-44] 터치센서의 전류가 통한 경우

(2) 정전용량 터치센서의 원리

"정전용량 터치센서(Capacitive Touch Sensor)"는 신체 또는 특정 물체가 접촉했을 때 발생하는 정전용량(Capacitance)의 변화를 감지하여 동작한다. 터치할 면에 인체가 접촉

할 때 발생하는 미세한 정전용량의 변화치와 설정치 사이의 차이를 감지하여 최종 출력을 하이(High) 혹은 로우(Low)로 나타낸다.

일반적으로 외곽상자(Case)는 절연물질로 이루어진 외곽상자를 사용하며 도전물질은 사용이 불가능하다(접촉면에 직접접촉 또는 부도체 외곽상자를 중간매체로 한 간접접촉을 통해 형성된 정전용량은 면적에 비례하고 거리에 반비례).

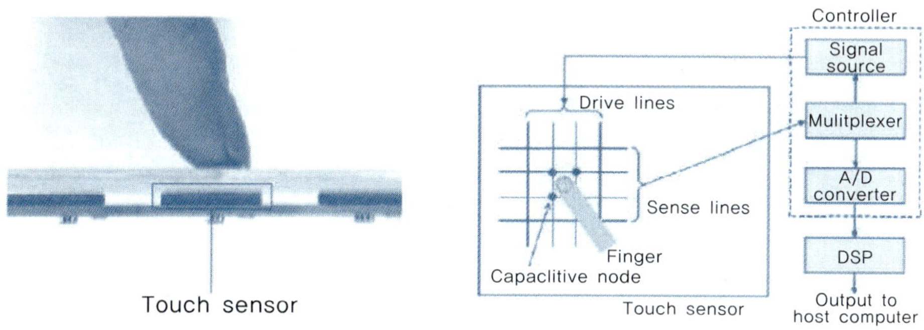

[그림 7-45] 정전용량 방식

대부분의 정전용량 터치센싱(Touch sensing) IC는 내부 또는 외부에 R_{ef} 값을 설정하여 그 설정된 값과 정전용량의 크기를 비교하여 크거나 작은 경우 출력 할 수 있는 구조로 만들어진다. 이는 정전용량 단위를 전압값이나 주파수값 응답시간 등으로 변화시켜 전기적으로 비교가 가능하도록 하여 그 크기나 변화량을 비교하는 방식이다.

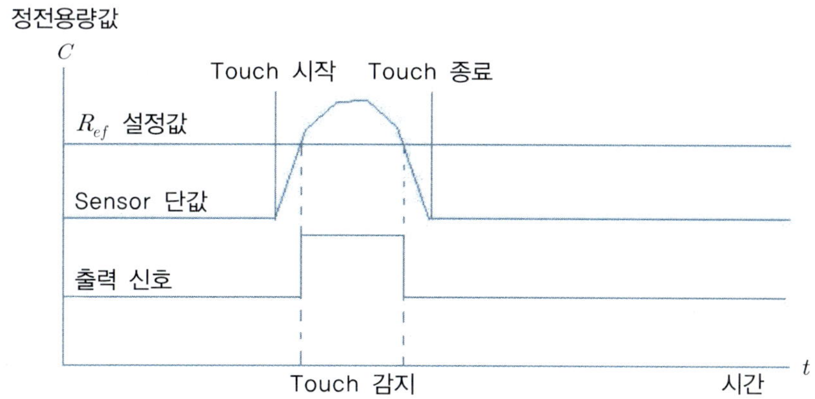

[그림 7-46] R_{ef}비교 방식의 정전용량 Touch IC의 동작

(3) 범퍼센서의 원리

범퍼센서는 테이프 스위치(tape switch)로 표현되기도 하고 그 구조는 [그림 7-47]과 같이 상부 전극판과 하부 전극판으로 구성하고 절연물질로 외피를 형성한다. 전극판은 도체로 이루어져 두 개의 전극판이 접촉되면 전기적 임피던스가 0옴에 근접하게 되어 비접촉 상태에서의 무한대 임피던스와 구분될 수 있다. 이러한 원리를 이용하여 전기적으로 ON/OFF 상태를 표시할 수 있다.

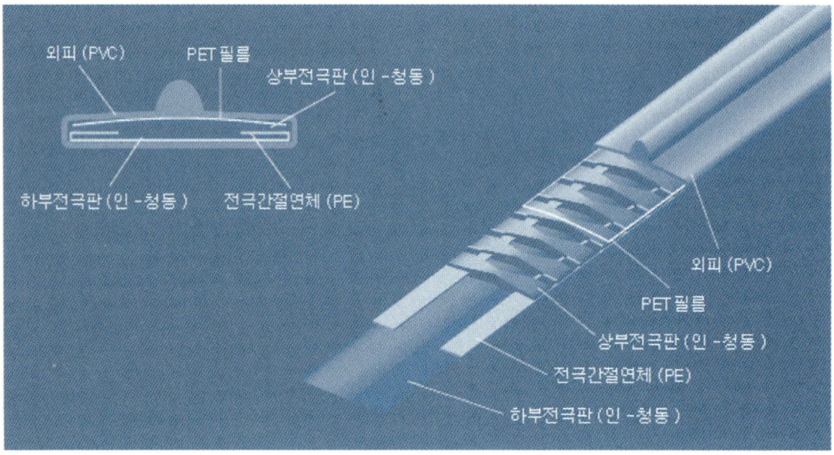

[그림 7-47] (a)

범퍼센서의 구조적 동작원리는 [그림 7-47 (a)]과 같이 센서의 중앙부에 있는 돌출부가 하중에 의해 눌러지면서 상부전극판이 굽어져 하부전극판과 접촉되어 회로적으로 ON 상태가 되고 하중이 제거되면 상부전극판이 복귀하여 회로적으로 OFF 상태가 된다.

[그림 7-47] (b)

2. 터치 및 범퍼센서(ED7271-18)의 이해

터치 및 범퍼센서 모듈은 다음과 같이 3개 부분으로 구성되어 사람 또는 물체의 접촉을 감지하는 구조적 원리와 그 용용을 학습할 수 있도록 하였다. 터치센서는 사람 또는 도체의 부드러운(soft) 접촉을 감지할 수 있는 센서로써 로봇의 여러 위치에 적용되어 사람이 접촉하는 위치에 따라 서로 다른 반응을 보이도록 로봇 반응 프로그램을 구성하여 응용할 수 있다. 범퍼센서는 사람 또는 물체의 강한(hard) 접촉을 감지할 수 있는 센서로써 물체감지 센서(적외선 또는 초음파 센서 등)가 물체를 인식하지 못하는 사각지대에서 로봇의 주행이 이루어질 경우 사람 또는 물체의 손상을 피하기 위한 센서로 활용될 수 있다.

① 인터페이스 커넥터 : 메인제어 모듈과 연결

② 터치센서 : 두 개의 터치센서를 적용하여 터치 A와 터치 B 영역으로 구성

③ 범퍼센서 : 78cm 길이의 한개 범퍼센서 적용

[그림 7-48] 터치 & 범퍼센서 모듈

08 가속도(기울기) 센서(Inclination sensor ; ED7271-6)

1. 기반지식

(1) 가속도(기울기) 센서의 원리

질량(진자)에 작용하는 가속도에 의한 관성력을 이용한다. 마찰이 적은 피벗으로 진자를 지지하고, 가속도 a가 가해지면 진자는 반대방향으로 변위한다. 이와 같은 변위를 측정하여 가속도로 환산하게 된다. 이런 가속도 센서는 가속도뿐만 아니라 현재의 기울기값 측정이 가능하다. 예를 들어 진자가 중력방향과 일치한다면 기울기는 0°가 될 때의 변압기의 전압과 일정각도가 기울었을 때의 전압 차이로 기울기값이 전압차로 환산된다.

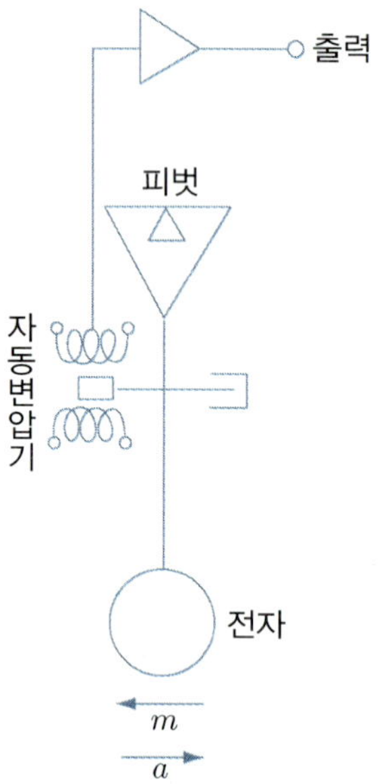

[그림 7-49] 가속도 센서 원리

(2) 센서 적용원리

'VTI Technology'의 2축 가속도(기울기) 센서인 'SCA1000'을 사용한다. 이 가속도 센서는 X, Y 2축의 가속도(기울기)를 측정할 수 있다. 데이터 출력형태는 아날로그 전압출력과 SPI 방식의 디지털 출력방식 2가지를 사용할 수 있다. 가속도 센서 모듈(ED7271-6)은 SPI 방식의 디지털 출력형태를 취하고 있다.

[그림 7-50] 가속도 센서 SCA1000

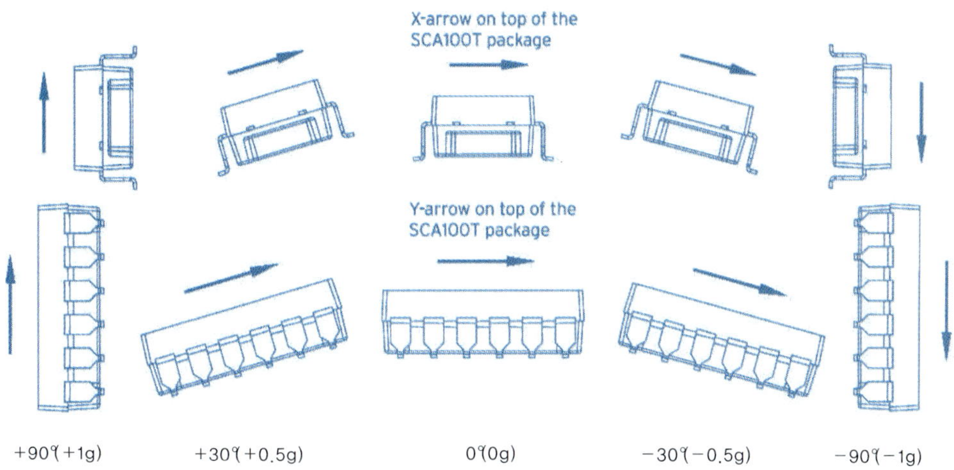

[그림 7-51] 각도에 따른 센서의 위치

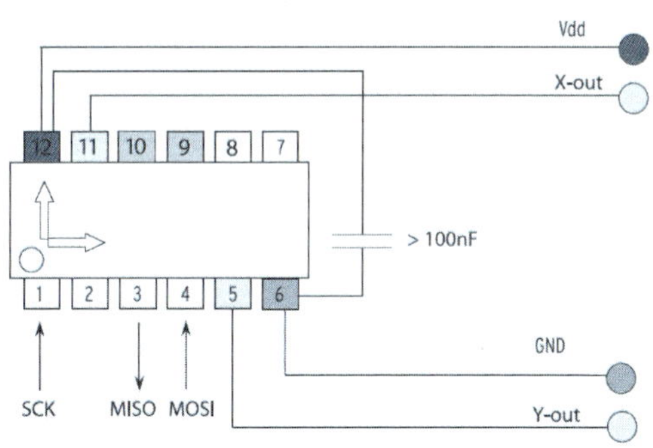

[그림 7-52] SCA1000 SPI 인터페이스

2. 가속도 센서(ED7271-6)의 이해

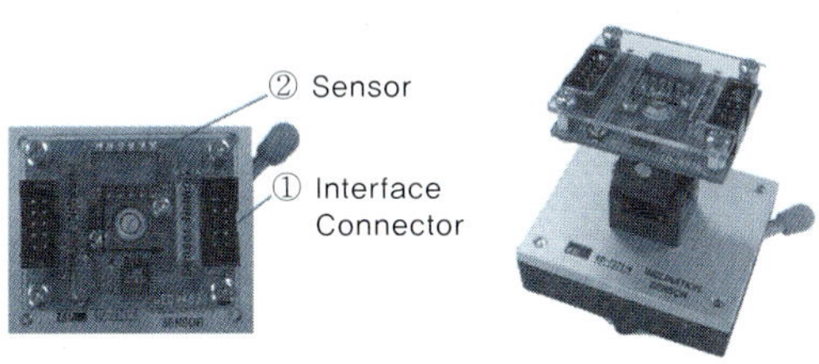

[그림 7-53] 가속도 센서 모듈

① 인터페이스 커넥터 : 메인제어 모듈과 연결

② 센서 : SCA1000

이 모듈은 SPI방식의 데이터 접근방식으로 센서의 X, Y축의 기울기 데이터를 주기적으로 읽어온다. 각각의 기울기 데이터는 2개의 레지스터에 저장된다. PC에서 이 가속도 센서 모듈에 맞는 ID 및 CMD를 송신하면 센서 모듈은 ID와 CMD를 확인한 후 ID, CMD, 기울기 데이터를 다시 PC로 송신한다.

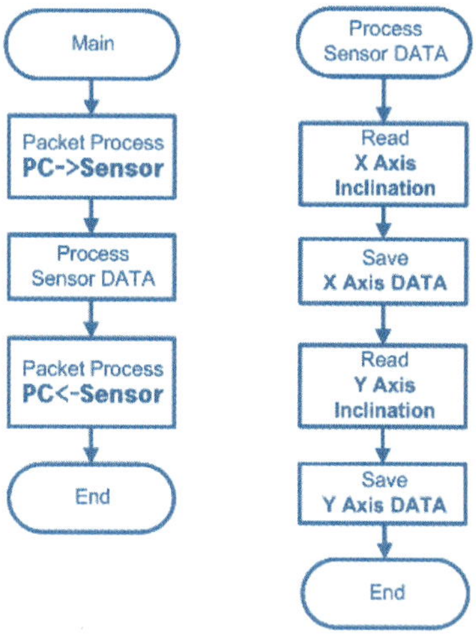

[그림 7-54] 순서도

09 전자나침반 센서(Electronic compass ; ED7271-5)

1. 기반지식

(1) 전자나침반 센서

전자나침반 센서를 사용하여 자유공간을 움직이는 항체(Vehicle) 또는 센서 모듈의 방위각을 계산하는 방법을 사용하고 있으며, 최근에는 MEMS 기술의 발달로 칩(Chip)형 전자나침반 센서가 모듈화되어 있다. 전자나침반 센서는 지구자기장의 세기를 측정하는 장치로 지구자기장의 흐름벡터와 이를 측정하는 센서의 측정축 벡터가 평행해야만 정확한 자기장의 세기를 측정할 수 있다. 이때 직각으로 배치된 2개의 전자나침반 센서를 수평으로 장착한 후 두 센서의 출력을 이용하여 센서 모듈이 가리키고 있는 방위각을 계산한다.

그러나 전자나침반 센서가 수평을 이루고 있지 않은 경우 지구 자기장의 세기를 정확하게 측정할 수 없으므로 이때의 방위각 정보는 큰 오차를 포함하게 된다. 따라서 사용할 때 전자나침반 센서는 수평을 유지하고 사용하여야 한다.

[그림 7-55] 전자나침반 센서

(2) 센서 적용원리

ROBOT Electronics사의 'CMPS03'를 사용한다. 'CMPS03'는 북쪽을 기준으로 기울어진 각도값을 I2C방식의 16bit 디지털 데이터 형태로 출력한다. [그림 7-32]와 같이 데이터 포맷으로 CMPS03으로부터 데이터를 읽는다. 분해능은 0.1°이다.

[그림 7-56] CMPS03 핀의 내용

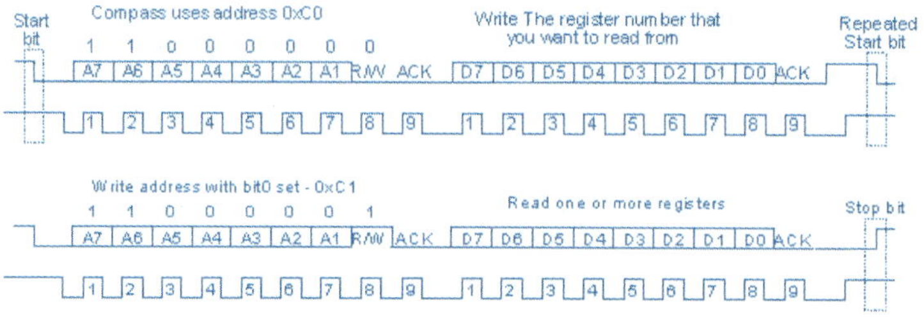

[그림 7-57] I2C방식 프로토콜

2. 전자나침반 센서(ED7271-5)의 이해

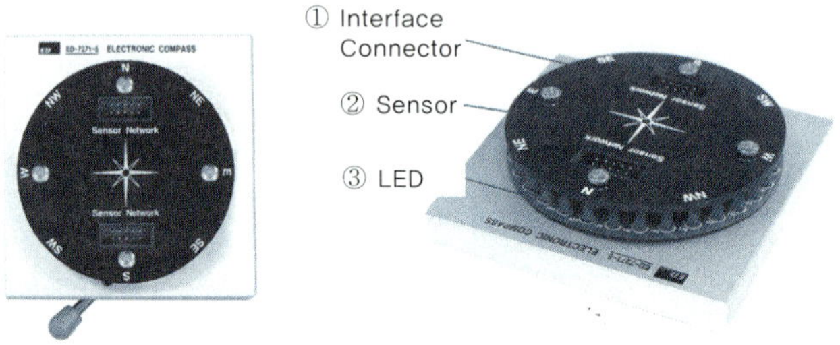

[그림 7-58] 전자나침반 센서 모듈

① 인터페이스 커넥터 : 메인제어 모듈과 연결
② 센서 : 내부에 'CMPS03'이 삽입되어 있다.
③ LED : 32개의 LED로 북쪽을 표시한다.

전자나침반 센서와 I2C 인터페이스 방식으로 주기적으로 방위 데이터를 입력받는다. 이렇게 입력받은 방위 데이터를 이용해 32개의 LED로 방위를 표시하고, 방위 데이터 메모리 영역에 전자나침반 모듈의 'N' 방향을 기준으로 비틀린 각도를 저장한다. PC쪽에서 현재 각도값을 요청하면 전자나침반 모듈은 ID, CMD를 확인하고 ID, CMD, 각도 데이터를 PC에 송신한다.

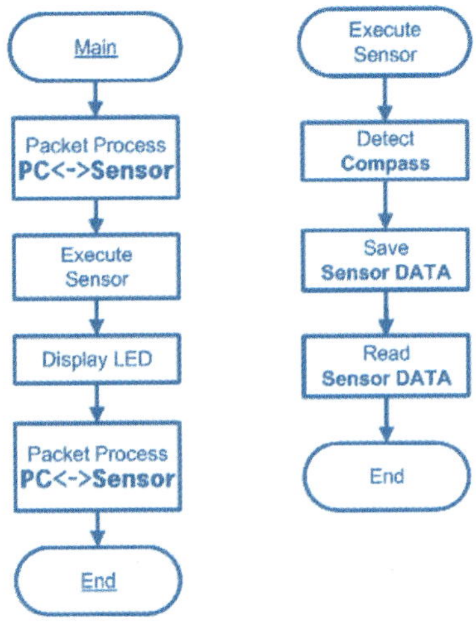

[그림 7-59] 순서도

10 시리얼 센서 네트워크(SSN : Serial Sensor Network)

지능형 로봇 응용시스템(ED-7271)에 있는 각 센서들로부터 측정값들을 획득하는 기본 프로그램을 MFC를 사용하여 작성하도록 한다. [그림 7-60]은 이 실습의 최종 목표이며 우선 SSN의 초기화, 전원공급, 그리고 각 센서별 데이터를 획득하는 과정을 배울 것이다.

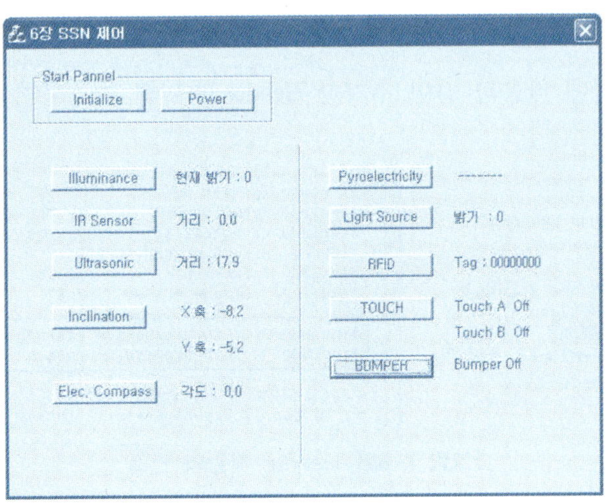

[그림 7-60] 실습 목표

지능형 로봇 응용시스템(ED-7271)에서 각 센서들로부터 정보를 획득하기 위해서는 우선 ED-7271-15 제어 모듈에서 모션 보드의 초기화시켜준 다음, 'DCServo01_ ExternalPower_ 5V()' 함수를 사용하여 센서로 전원을 공급해 주어야 한다.

1. 프로젝트 생성

'프로젝트 생성'과 동일한 과정을 수행하며 다음 그림들의 과정을 참조 · 추가하여 진행한다. Work Space의 Header 폴더에 'Motion_Library.h' 파일과 'SSN_Library.h' 파일을 추가한다.

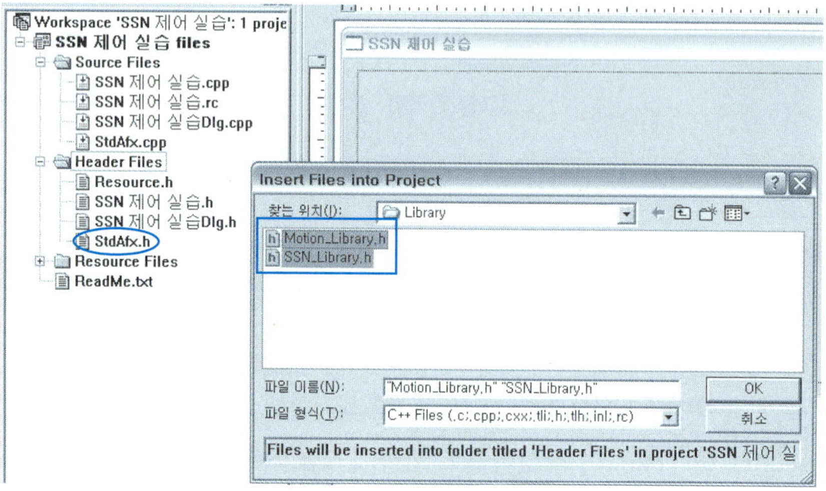

[그림 7-61] Header 파일의 추가

StdAfx.h 파일 안에 다음과 같이 추가한 Header 파일의 경로를 설정하여 프로젝트와 연결해준다.

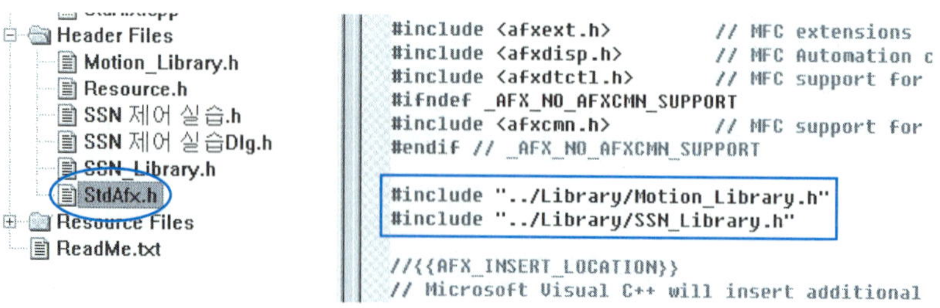

[그림 7-62] Header 파일의 연결

Header 파일 폴더 안의 "SSN 제어 실습Dlg.h" 파일 안에 다음과 같이 모션 보드를 제어하는 객체와 센서를 제어하는 객체들을 생성한다.

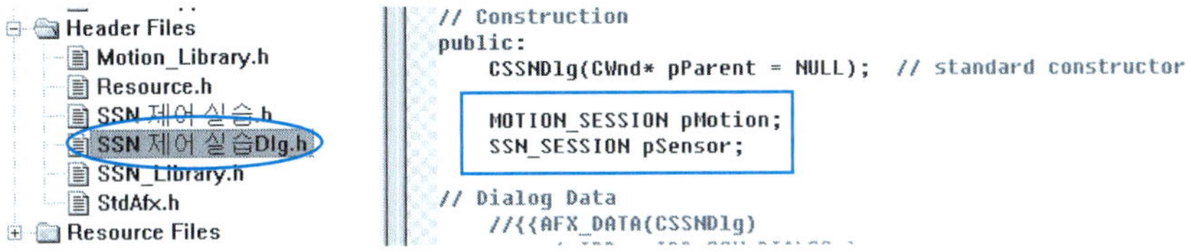

[그림 7-63] 객체생성

'Project Setting' (Alt + F7)에서 다음과 같이 Library 파일의 경로를 설정한다.

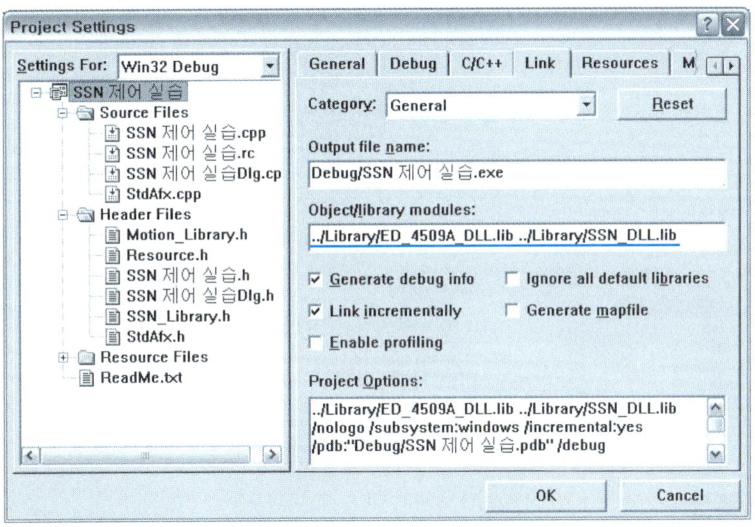

[그림 7-64] Library 경로 설정

마지막으로 실행 파일이 생성되는 폴더(Debug)에 DLL 파일을 다음과 같이 복사하면 프로젝트 생성은 끝난다.

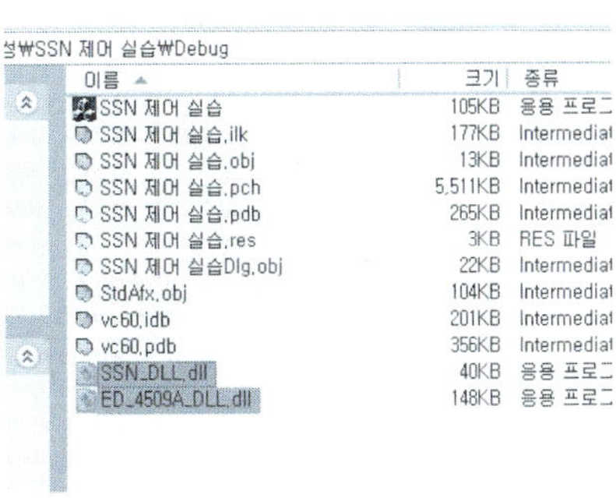

[그림 7-65] DLL 파일의 복사

2. SSN 초기화

[그림 7-66]과 같이 버튼을 생성한 후 생성된 함수에 다음과 같이 작성한다.

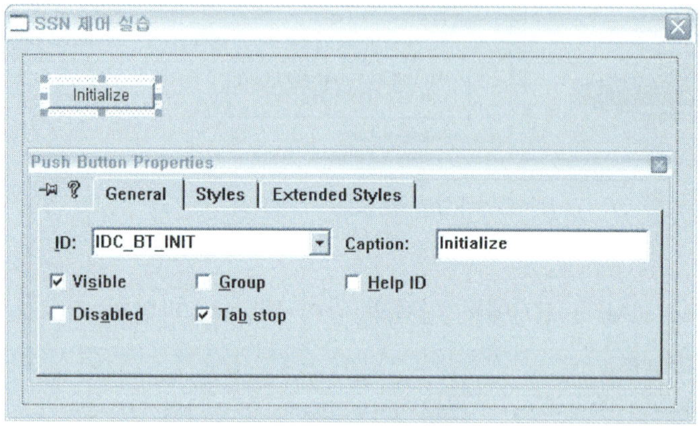

[그림 7-66] 초기화 버튼 생성

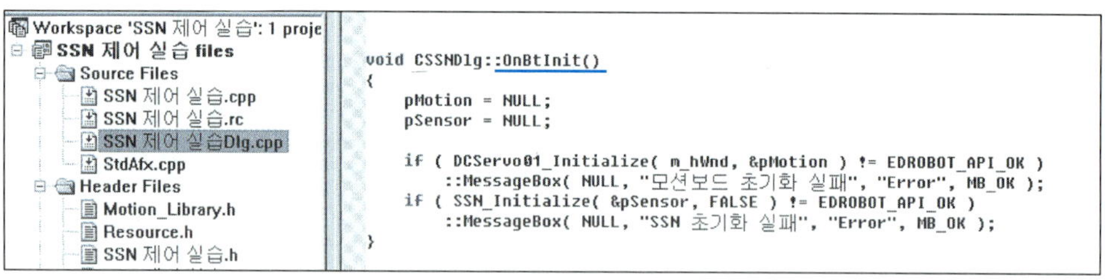

3. Dialog 종료

Dialog 종료는 앞에서 했던 방법으로 진행한다. 단 다음과 같이 센서 종료를 위한 코드를 추가한다.

```
void CSSNDlg::OnDestroy()
{
    CDialog::OnDestroy();

    SSN_Close( pSensor );
    DCServo01_Close( pMotion );
}
```

[그림 7-67] Dialog 종료 코드

4. 외부 전원공급 / 차단

ED7271-15 제어 모듈에서 시리얼 케이블을 통해 센서들에게 공급되는 전원은 모션보드 제어 함수를 통해 공급된다. 초기화 함수에 다음 코드를 추가할 수도 있지만 여기에서는 별도의 버튼을 생성하도록 한다.

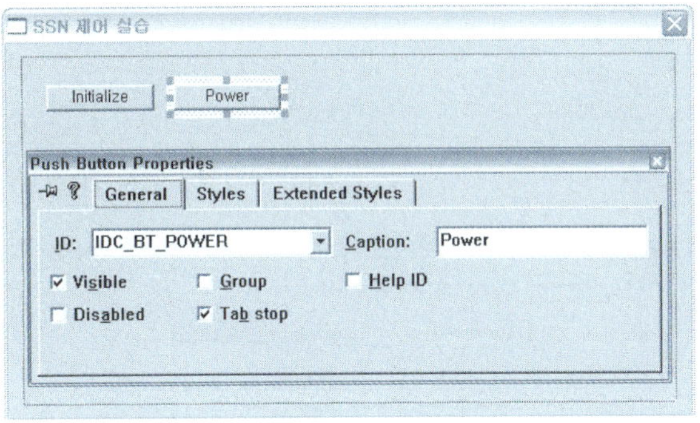

[그림 7-68] 전원 버튼 생성

```
void CSSNDlg::OnBtPower()
{
    DCServo01_ExternalPower_5V( pMotion, Ext5V_OFF );  // 전원 OFF

    Sleep(500);

    if ( DCServo01_ExternalPower_5V( pMotion, EXT5V_ON ) != EDROBOT_API_OK )  // 전원 ON
        ::MessageBox( NULL, "전원공급 실패", "Error", MB_OK );

    SSN_Start( pSensor ); // 센서 데이터 취득 시작
}
```

[그림 7-69] Power 버튼 코드

프로그램 종료시 외부 전원의 공급을 종료하기 위하여 OnDestory() 함수에 다음과 같이 추가한다.

```
void CSSNDlg::OnDestroy()
{
    CDialog::OnDestroy();

    SSN_Stop( pSensor );  // 센서 데이터 취득 정지

    DCServo01_ExternalPower_5V( pMotion, EXT5V_OFF );  // 전원 OFF

    SSN_Close( pSensor );
    DCServo01_Close( pMotion );
}
```

[그림 7-70] OFF 코드, 센서 데이터 취득 정지 코드 추가

5. 조도 센서(LIluminance Sensor : ED7271-1) 데이터 획득

조도 센서를 통하여 주변 빛의 밝기를 레벨(0~10)로 표현하도록 한다.

[그림 7-71]과 같이 Dialog에 데이터 획득을 위한 버튼과 데이터를 표현하기 위하여 Static Text를 생성하고 [표 7-1]과 같이 속성, 변수형, 변수명을 설정한다.

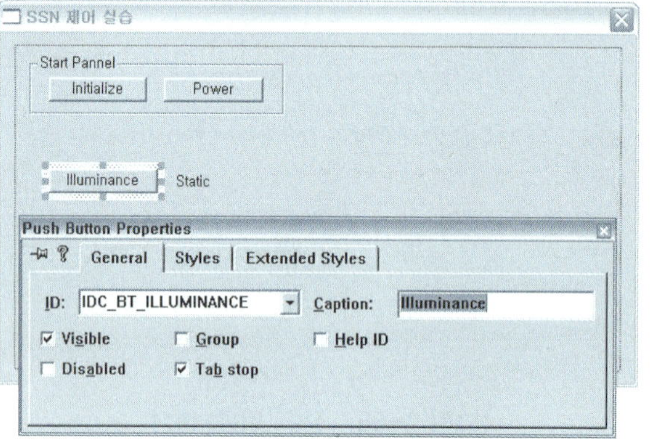

[그림 7-71] 버튼, Static Text 생성

[표 7-1] ID, 변수형, 변수명

구 분	ID	변수형	변수명
버튼	IDC_BT_ILLUMINANCE	·	·
Static Text	IDC_ILLUMINANCE	CString	m_strIlluminance

생성된 함수에 다음 그림처럼 작성한다.

```
void CSSNDlg::OnBtIlluminance()
{
    char Illumi = 0;

    SSN_GetIlluminance( pSensor, Illumi );
    m_strIlluminance.Format( "현재 밝기 : %d", Illumi );

    UpdateData(FALSE);
}
```

[그림 7-72] 조도 센서 코드

6. 적외선 거리감지 센서(Infrared Sensor : ED7271-4) 데이터 획득

적외선 거리감지 센서로 물체와의 거리 정보를 획득하도록 한다.

'SSN 제어 실습Dlg.h' 파일에 [그림 7-73]과 같이 작성한다.

```
void CSSNDlg::OnBtIlluminance()
{
    char Illumi = 0;

    SSN_GetIlluminance( pSensor, Illumi );
    m_strIlluminance.Format( "현재 밝기 : %d", Illumi );

    UpdateData(FALSE);
}
```

[그림 7-73] 변수 추가

'nSelectSensor[1]'은 사용할 적외선 센서의 개수를 선언하는 배열이며, 'fIRSensor[1]'은 설정된 번호의('0'번 적외선 센서) 적외선 센서에서 보내는 데이터를 받기 위한 변수이다.

초기화 함수('OnBtInit()')에 [그림 7-74]에서 밑줄 부분, 적외선 센서의 데이터를 담아오기 위해 변수에 센서 번호를 추가하고 센서 번호를 설정하는 부분을 추가한다.

```
void CSSNDlg::OnBtInit()
{
    pMotion = NULL;
    pSensor = NULL;

    nSelectSensor[0] = 1; // 센서 번호 추가

    if ( DCServo01_Initialize( m_hWnd, &pMotion ) != EDROBOT_API_OK )
        ::MessageBox( NULL, "모션보드 초기화 실패", "Error", MB_OK );
    if ( SSN_Initialize( &pSensor, FALSE ) != EDROBOT_API_OK )
        ::MessageBox( NULL, "SSN 초기화 실패", "Error", MB_OK );

    SSN_SetIRDistance( pSensor, nSelectSensor, 1 ); // 지정된 센서 설정
}
```

[그림 7-74] 적외선 센서 초기화

Dialog에 다음과 같이 버튼과 Static Text를 생성하고 [표 7-2]와 같이 설정한다.

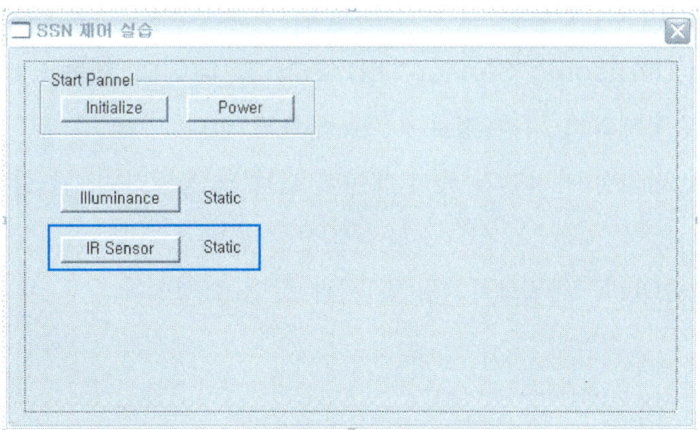

[그림 7-75] 버튼, Static Text 생성

[표 7-2] ID, 변수형, 변수명

구 분	ID	변수형	변수명
버튼	IDC_BT_IRSENSOR	·	·
Static Text	IDC_IRSENSOR	CString	m_strIRSensor

적외선 센서의 데이터를 획득하기 위한 함수를 생성한 다음과 같이 작성한다.

```
void CSSNDlg::OnBtIrsensor()
{
    SSN_GetIRDistance( pSensor, fIRSensor );
    m_strIRSensor.Format( "거리 : %4.1f", fIRSensor[0] );
    UpdateData(FALSE);
}
```

[그림 7-76] 적외선 센서 데이터 획득 코드

프로그램 실행시 다음과 같은 결과를 확인할 수 있다.

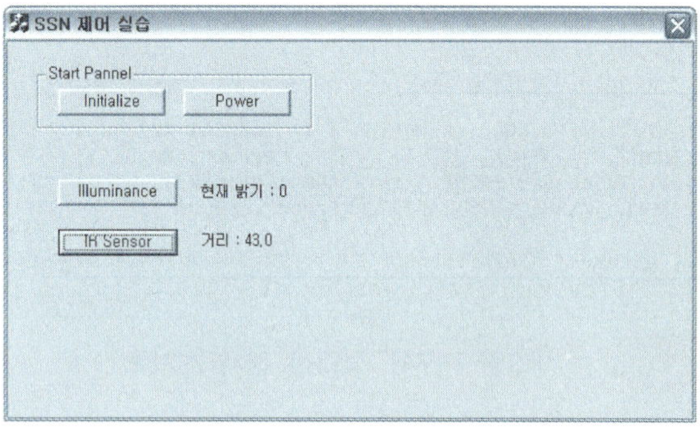

[그림 7-77] 적외선 데이터 획득

7. 초음파 센서(Ultrasonic Sensor : ED7271-3) 데이터 획득

초음파 센서로 물체와의 거리 정보를 획득하도록 한다.

진행방법은 '6. 적외선 거리감지 센서 데이터 획득'과 동일하며, 단 함수명과 변수명이 다를 뿐이다.

'SSN 제어 실습Dlg.h' 파일에 [그림 7-78]과 같이 작성한다.

```
MOTION_SESSION pMotion;
SSN_SESSION pSensor;

unsigned char nSelectSensor[1]; // 사용할 적외선, 초음파 센서 각각의 개수

float fIRSensor[1];
float fUltrasensor[1];
```

[그림 7-78] 변수 추가

'nSelectSensor[1]'은 사용할 초음파 센서의 개수를 선언하는 배열이며, 적외선 센서와 초음파 센서의 함수에서 각각 사용한다. 'fUltrasensor[1]'는 설정된 번호의('0'번 초음파 센서) 초음파 센서에서 보내는 데이터를 받기 위한 변수이다.

초기화 함수('OnBtInit()')에 [그림 7-79]에서 밑줄 부분, 초음파 센서의 데이터를 담아 오기 위해 변수에 센서 번호를 추가하고 센서 번호를 설정하는 부분을 추가한다.

```
if ( DCServo01_Initialize( m_hWnd, &pMotion ) != EDROBOT_API_OK )
    ::MessageBox( NULL, "모션보드 초기화 실패", "Error", MB_OK );
if ( SSN_Initialize( &pSensor, FALSE ) != EDROBOT_API_OK )
    ::MessageBox( NULL, "SSN 초기화 실패", "Error", MB_OK );

SSN_SetIRDistance( pSensor, nSelectSensor, 1 ); // 지정된 센서 설정
SSN_SetUtrasonic( pSensor, nSelectSensor, 1); // 지정된 센서 설정
}
```

[그림 7-79] 초음파 센서 초기화

Dialog에 다음과 같이 버튼과 Static Text를 생성하고 [표 7-3]과 같이 설정한다.

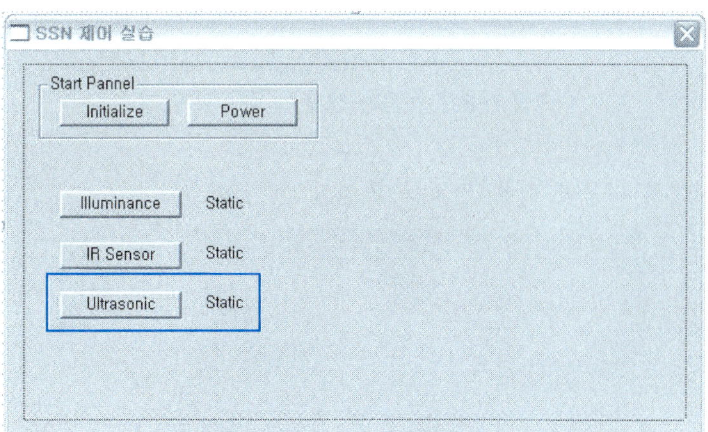

[그림 7-80] 버튼, Static Text 생성

[표 7-3] ID, 변수형, 변수명

구 분	ID	변수형	변수명
버튼	IDC_BT_ULTRASENSOR	·	·
Static Text	IDC_ULTRASENSOR	CString	m_strUltrasensor

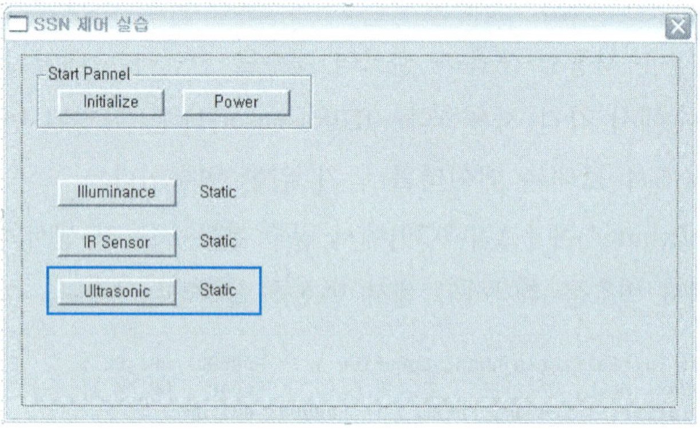

[그림 7-81] 버튼, Static Text 생성

초음파 센서의 데이터를 획득하기 위한 함수를 생성한 다음과 같이 작성한다.

```
void CSSNDlg::OnBtUltrasensor()
{
    SSN_GetUtrasonic( pSensor, fUltrasensor );
    m_strUltrasensor.Format( "거리 : %4.1f", fUltrasensor[0] );
    UpdateData(FALSE);
}
```

[그림 7-82] 초음파 센서 데이터 획득 코드

프로그램 실행시 다음과 같은 결과를 확인할 수 있다.

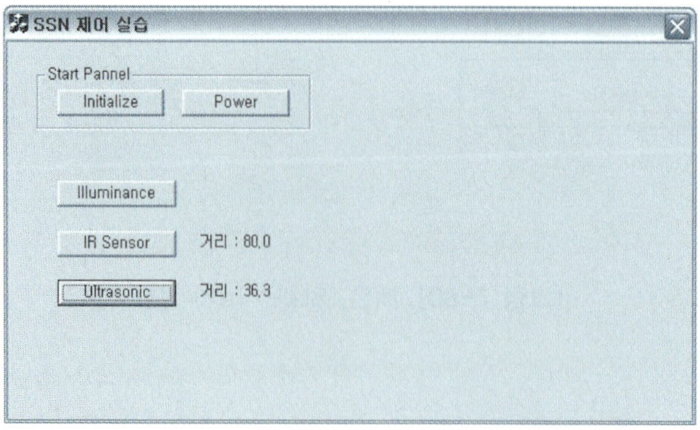

[그림 7-83] 초음파 데이터 획득

8. 기울기 센서(Inclination Sensor : ED7271-6) 데이터 획득

기울기 센서로 현재 x, y 두 축의 기울기 데이터를 획득한다.

Dialog에 다음과 같이 버튼과 Static Text를 생성하고 [표 7-4]와 같이 설정한다.

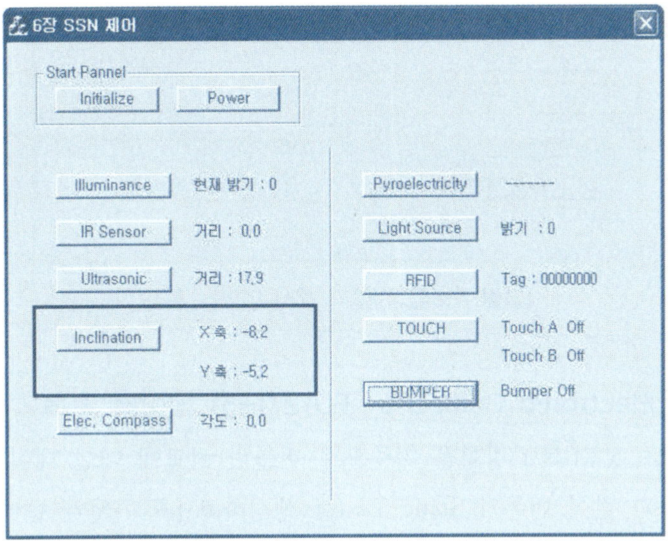

[그림 7-84] 버튼, Static Text 생성

[표 7-4] ID, 변수형, 변수명

구 분	ID	변수형	변수명
버튼	IDC_BT_INCLINATION	·	·
Static Text	IDC_INCLINATION_X	CString	m_strInclinationX
Static Text	IDC_INCLINATION_Y	CString	m_strInclinationY

기울기 센서의 데이터를 획득하기 위한 함수를 생성한 다음과 같이 작성한다.

```
void CSSNDlg::OnBtInclination()
{
    float Incli_X = 0, Incli_Y = 0;
    SSN_GetInclination( pSensor, Incli_X, Incli_Y );
    m_strInclinationX.Format( " X 축 : %4.1f", Incli_X );
    m_strInclinationY.Format( " Y 축 : %4.1f", Incli_Y );
    UpdateData(FALSE);
}
```

[그림 7-85] 기울기 센서 데이터 획득 코드

프로그램 실행시 다음과 같은 결과를 확인할 수 있다.

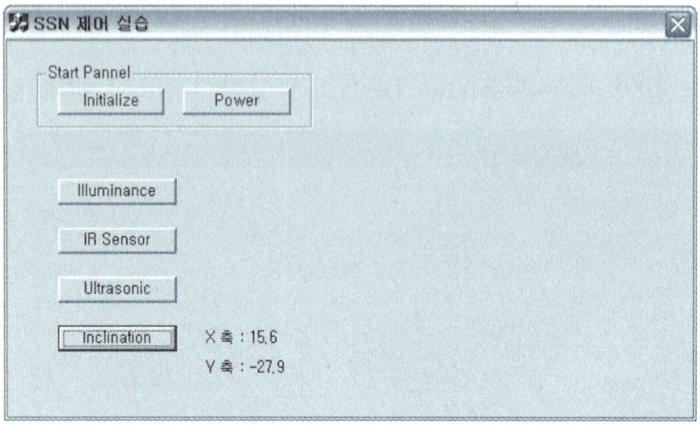

[그림 7-86] 기울기 센서 데이터 획득

9. 전자나침반(Electronic Compass : ED7271-5) 데이터 획득

전자나침반으로 정북('N') 방향을 기준으로 비틀린 각도에 대한 데이터를 획득한다. Dialog에 다음과 같이 버튼과 Static Text를 생성하고 [표 7-5]와 같이 설정한다.

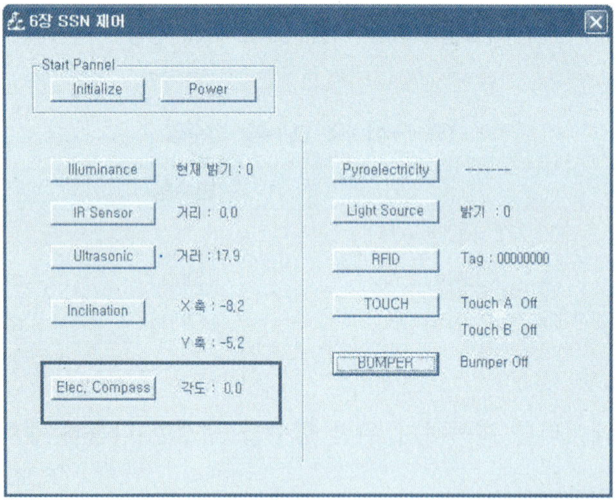

[그림 7-87] 버튼, Static Text 생성

[표 7-5] ID, 변수형, 변수명

구 분	ID	변수형	변수명
버튼	IDC_BT_ELECCOMPASS	·	·
Static Text	IDC_ELECCOMPASS	CString	m_strElecCompass

전자나침반 센서의 데이터를 획득하기 위한 함수를 생성한 다음과 같이 작성한다.

```
void CSSNDlg::OnBtEleccompass()
{
    float Compass =0;
    SSN_GetElectronicCompass( pSensor, Compass );
    m_strElecCompass.Format( " 각도 : %4.1f", Compass );
    UpdateData(FALSE);
}
```

[그림 7-88] 전자나침반 센서 데이터 획득 코드

프로그램 실행시 다음과 같은 결과를 확인할 수 있다.

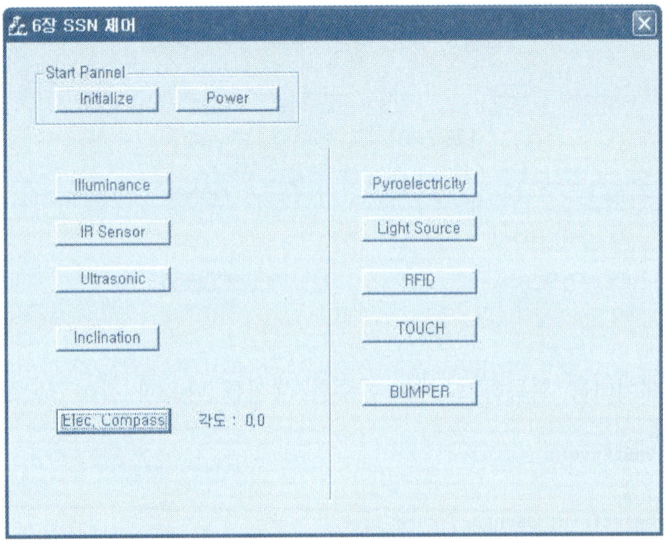

[그림 7-89] 전자나침반 센서 데이터 획득

10. 초전(인체감지) 센서(Pyroelectricity Sensor : ED7271-7) 데이터 획득

초전 센서로 인체의 감지 여부에 대한 데이터를 획득한다.

Dialog에 [그림 7-90]과 같이 버튼과 Static Text를 생성하고 [표 7-6]과 같이 설정한다.

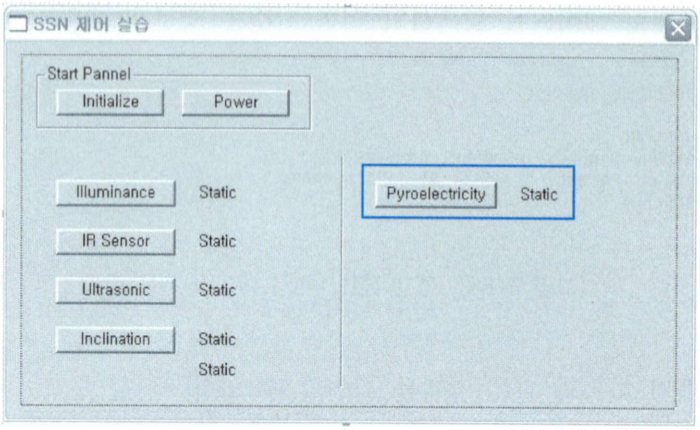

[그림 7-90] 버튼, Static Text 생성

[표 7-6] ID, 변수형, 변수명

구 분	ID	변수형	변수명
버튼	IDC_BT_PYRO	·	·
Static Text	IDC_PYRO	CString	m_strPyro

초전 센서의 데이터를 획득하기 위한 함수를 생성한 다음과 같이 작성한다.

```
void CSSNDlg::OnBtPyro()
{
    char Pyro = 0;
    SSN_GetPyroelectric( pSensor, Pyro );

    if ( Pyro )
        m_strPyro.Format( "인체감지!" );
    else
        m_strPyro.Format( " ------- " );

    UpdateData(FALSE);
}
```

[그림 7-91] 초전 센서 데이터 획득 코드

프로그램 실행시 다음과 같은 결과를 확인할 수 있다.

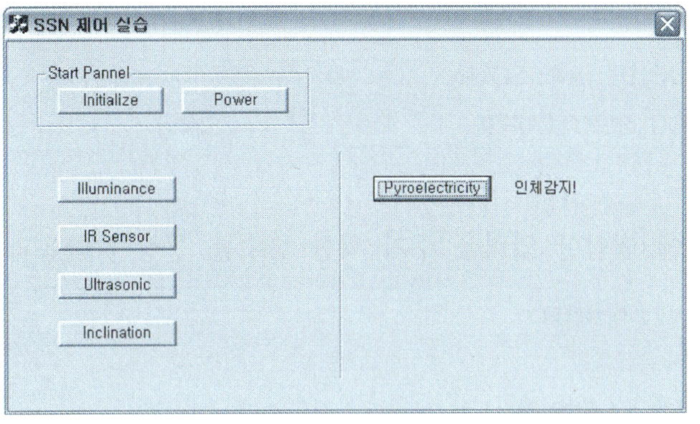

[그림 7-92] 초전 센서 데이터 획득

※ 초전 센서의 하드웨어적 특성상 처음 전원을 인가 후 약 30초 정도의 waiting time 후에 정상적으로 동작한다(해당 시간동안에는 인체감지와 무관하게 LED가 점멸된다).

11. 광원 센서(Light Source Sensor Module : ED7271-2) 제어

랜덤한 입력값으로 그에 대응되는 빛의 밝기를 출력하도록 한다. Dialog에 다음과 같이 버튼과 Static Text를 생성하고 [표 7-7]과 같이 설정한다.

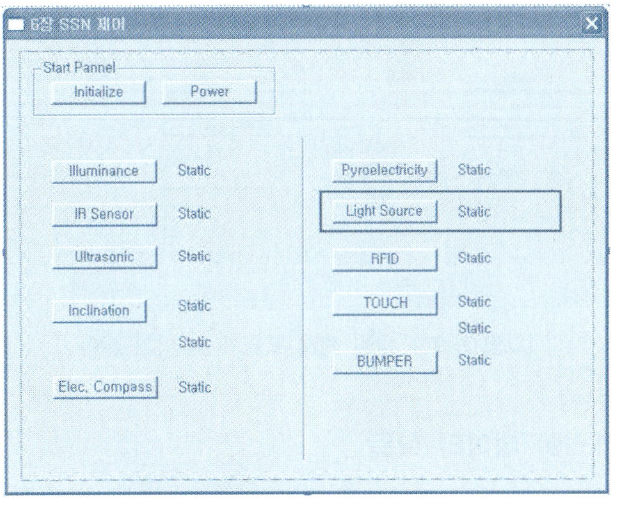

[그림 7-93] 버튼, Static Text 생성

[표 7-7] ID, 변수형, 변수명

구 분	I D	변수형	변수명
버튼	IDC_BT_LIGHTSOURCE	·	·
Static Text	IDC_LIGHTSOURCE	CString	m_strLight

광원 센서 모듈에 랜덤한 입력을 주기 위한 함수를 생성한 다음과 같이 작성한다.

```
void CSSNDlg::OnBtLightsource()
{
    char Light = 0;

    Light = rand()*9 / ( RAND_MAX+1 ); // 0 ~ 9 까지의 랜덤 값 발생
    SSN_SetLightSource( pSensor, Light );
    m_strLight.Format( "밝기  : %d", Light );
    UpdateData(FALSE);
}
```

[그림 7-94] 광원 센서 모듈 코드

프로그램 실행시 다음과 같은 결과를 확인할 수 있다.

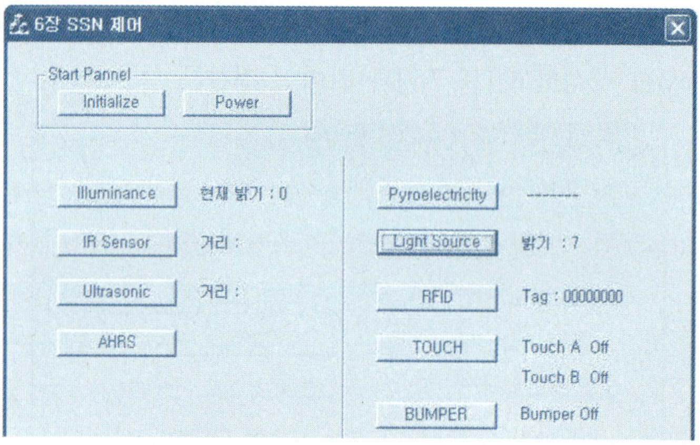

[그림 7-95] 광원 센서 모듈의 빛 밝기 실험

12. RFID(ED7271-19) 데이터 획득

RFID Tag의 값을 알 수 있다. Dialog에 [그림 7-96]과 같이 버튼과 Static Text를 생성하고 [표 7-8]과 같이 설정한다.

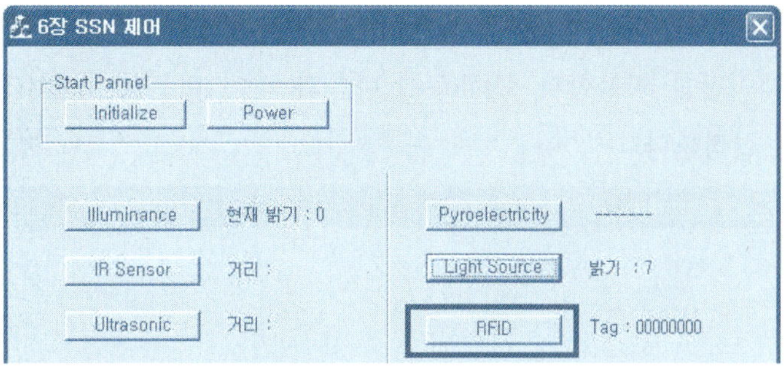

[그림 7-96] 버튼, Static Text 생성

[표 7-8] ID, 변수형, 변수명

구 분	ID	변수형	변수명
버튼	IDC_BT_RFID	·	·
Static Text	IDC_RFID	CString	m_strRFID

RFID 센서의 데이터를 획득하기 위한 함수를 생성한 다음과 같이 작성한다.

```
void CMy6SSNDlg::OnBtRFid()
{
    unsigned char cTemp[4] = {0,};
    SSN_GetRFIDData( pSensor, cTemp );
    m_strRFID.Format( "Tag : %02x%02x%02x%02x", cTemp[0], cTemp[1], cTemp[2], cTemp[3] );
    UpdateData(FALSE);

}
```

[그림 7-97] RFID 센서 데이터 획득 코드

프로그램 실행시 다음과 같은 결과를 확인할 수 있다.

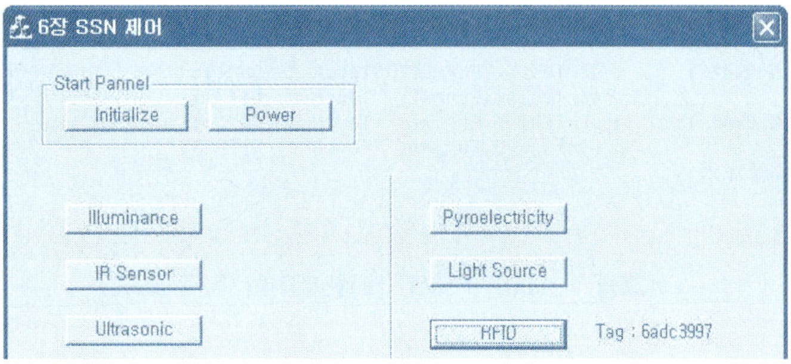

[그림 7-98] RFID 센서 데이터 획득

CHAPTER 07

13. 터치(ED7271-18) 데이터 획득

터치한 곳의 데이터를 획득한다. Dialog에 다음과 같이 버튼과 Static Text를 생성하고 [표 7-9]와 같이 설정한다.

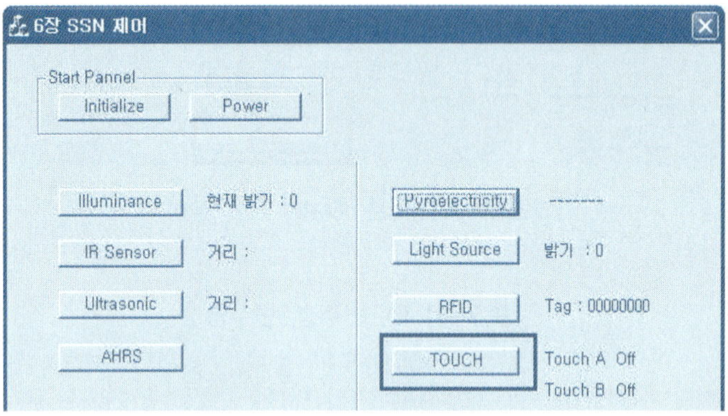

[그림 7-99] 버튼, Static Text 생성

[표 7-9] ID, 변수형, 변수명

구 분	I D	변수형	변수명
버튼	IDC_BT_TOUCH	·	·
Static Text	IDC_TOUCH	CString	m_strTouchA
Static Text	IDC_TOUCH2	CString	m_strTouchB

터치 모듈의 데이터를 획득하기 위한 함수를 생성한 다음과 같이 작성한다.

```
void CMy6SSNDlg::OnBtTouch()
{

    char cData = 0x00;
    SSN_GetTouchBumperData( pSensor, cData );

    if ( cData & 0x01 )        m_strTouchA.Format( "Touch A  On" );
    else                       m_strTouchA.Format( "Touch A  Off" );
    if ( cData & 0x02 )        m_strTouchB.Format( "Touch B  On" );
    else                       m_strTouchB.Format( "Touch B  Off" );
    UpdateData(FALSE);

}
```

[그림 7-100] Touch 모듈 데이터 획득 코드

프로그램 실행시 다음과 같은 결과를 확인할 수 있다.

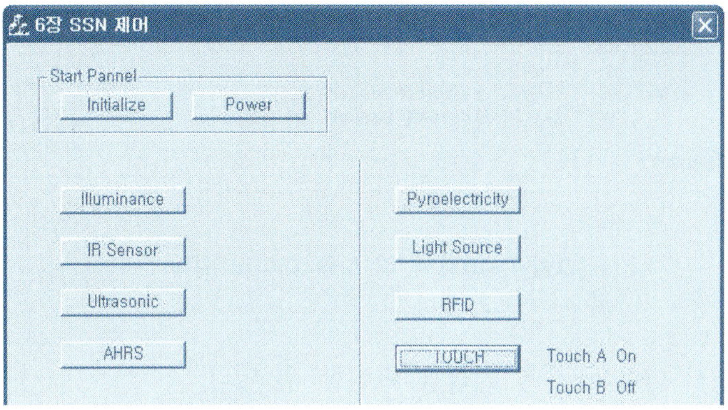

[그림 7-101] 터치 모듈 데이터 획득

13. 범퍼(ED7271-18) 데이터 획득

범버센서의 데이터를 획득한다. Dialog에 다음과 같이 버튼과 Static Text를 생성하고 [표 7-10]과 같이 설정한다.

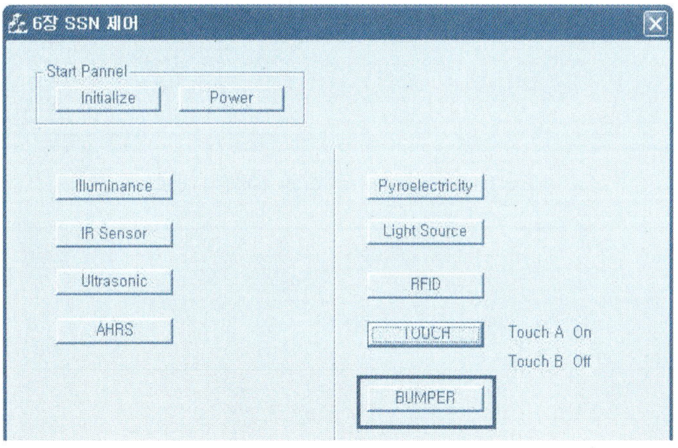

[그림 7-102] 버튼, Static Text 생성

[표 7-10] ID, 변수형, 변수명

구 분	I D	변수형	변수명
버튼	IDC_BT_BUMPER	·	·
Static Text	IDC_BUMPER	CString	m_strBumper

범퍼 모듈의 데이터를 획득하기 위한 함수를 생성한 [그림 7-103]과 같이 작성한다.

```
void CMy6SSNDlg::OnBtBumper()
{
    char cData = 0x00;
    SSN_GetTouchBumperData( pSensor, cData );

    if ( cData & 0x04 ) m_strBumper.Format("Bumper On");
    else                m_strBumper.Format("Bumper Off");

    UpdateData(FALSE);

}
```

[그림 7-103] 범퍼 모듈 데이터 획득 코드

프로그램 실행시 다음과 같은 결과를 확인할 수 있다.

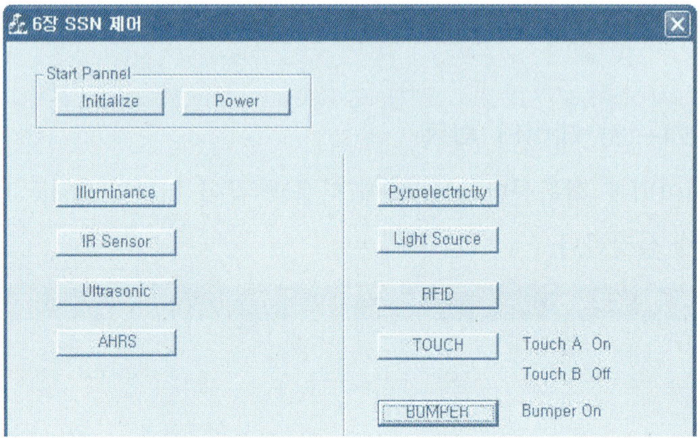

[그림 7-104] 범퍼 모듈 데이터 획득

CHAPTER 08

지능형 로봇 응용시스템의 영상처리 모듈

01 디지털 영상처리

1. 디지털 영상처리 개요

영상처리는 사진 또는 그림, 영상 등을 디지털화하여 컴퓨터에서 이를 처리하는 기술로서 많은 응용분야에서 사용되고 있는 넓은 영역을 총칭한다. 이러한 영상처리기술은 낡고 훼손된 영상을 원영상과 가깝게 복원하며, 영상내에 포함된 잡음을 제거하거나, 색상과 영상의 질을 개선하거나 저하하기도 한다.

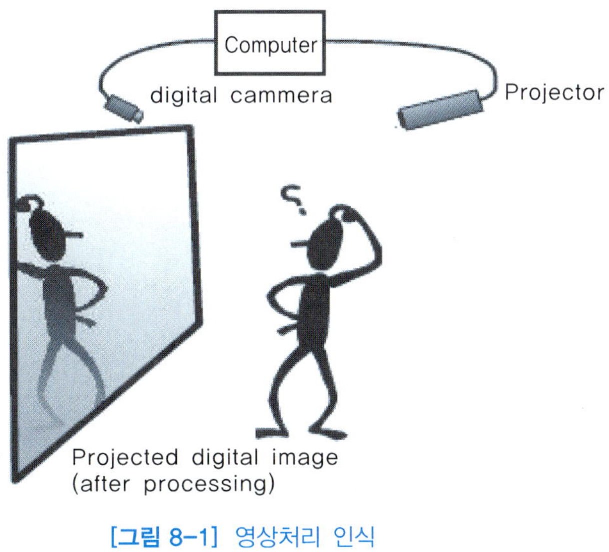

[그림 8-1] 영상처리 인식

또한 영상에 포함된 정보를 최대한 잘 표현하기 위해 두드러진 특징을 더욱 강조하며, 다른 영상과 합성하여 새로운 영상을 만들기도 하며, 저장공간의 절약과 전송속도를 높이기 위해 영상의 크기를 압축할 뿐 아니라, 자동 색상조절, 물체 및 문자인식 등과 같은 기술을 수행한다.

인간은 기본적으로 시각적인 생물이다. 사람이 거울에 비쳐지면 거울은 사람과 똑같은 행동을 한다. 만약 로봇이 사람과 똑같은 행동을 하게 하려면 어떻게 해야 할까? 사람은 환경에 대한 정보 중 99% 이상을 눈에 의존한다.

영상처리란 이처럼 우리에게 친숙한 영상을 카메라나 스캐너 등을 통하여 전자적으로 얻은 후 여러 가지 목적에 따라 컴퓨터와 여러 가지 알고리즘을 적용하여 처리하는 것이다. 영상처리는 이와 같은 의문점에 대해 해결책을 제시하고 그 의문점에 대한 해답을 찾는 과정을 말한다.

2. 영상처리 응용분야

영상처리(Image processing)는 시각정보의 중요성과 영상을 취득하는 장비의 발달 및 처리기술의 향상으로 인하여 다양한 분야(로봇, 생물, 항공, 해양, 국방, 의료, 가정, 기상 등)에서 그 중요성과 활용도가 급격히 증가하고 있으며, 이에 따른 연구가 세계적으로 활발히 진행 중에 있다.

(1) 생물학적 분야

DNA를 판독한다든가 미생물들을 개체별로 나누어서 판단하기 위해서는 정확한 관찰 능력이 필요하다. 이러한 것들을 영상처리를 이용하여 판단, 검출할 수 있다.

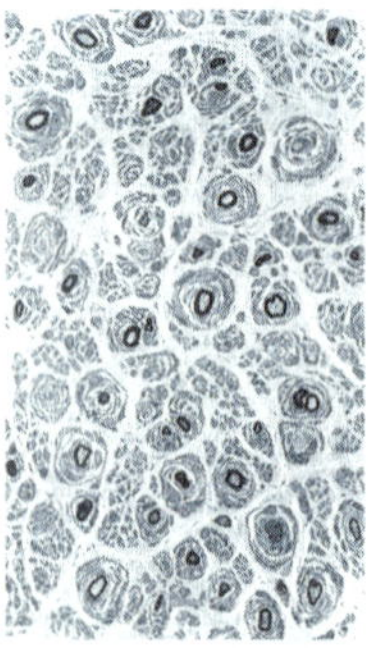

[그림 8-2] 체세포 분석

(2) 군사적 분야

위성으로 적군의 움직임을 감시하고 정확한 군의 위치에 미사일을 발사한다든지, 전투용 로봇이 전투를 하는 등 여러 가지 분야에 쓰인다.

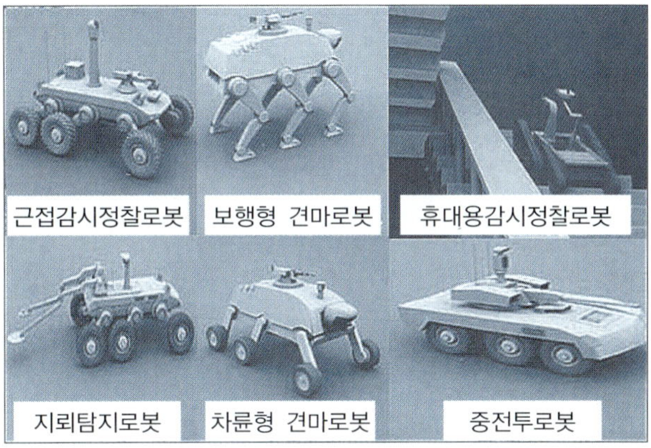

[그림 8-3] 견마형 로봇

(3) 의학적 분야

MRI, CT 촬영 후 영상처리를 이용하여 의사들은 척추, 머리, 그리고 골반과 같은 뼈의 상태를 진단할 수 있다.

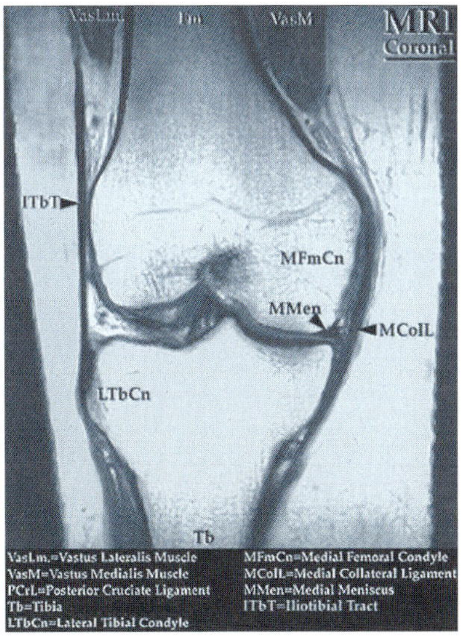

[그림 8-4] MRI 영상

(4) 자동화 분야

자동차 공장에서 로봇이 조립을 하기 위해 영상처리를 이용하여 자동차 조립을 하고, 자동화 라인에서 제품의 불량을 검출하는 데 이용된다.

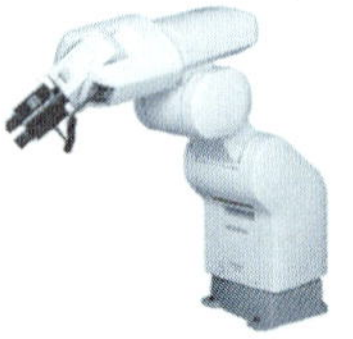

[그림 8-5] 다관절 로봇

(5) 로봇 분야

현재 로봇이 인간과 같이 사물을 인식하고 행동할 수 있게 여러 가지 분야에서 영상처리가 이용된다.

[그림 8-6] 휴머노이드

(6) 우주학적 분야

태양계를 탐험해서 우주 밖에서 촬영된 영상이 지구로 연속된 데이터 스트림으로 전송되며 정전기와 태양의 섬광에 의해 차단되고 영상의 질이 떨어지게 된 정보를 영상처리 기술을 이용하여 잡음을 제거하고 영상의 잃어버린 부분을 복원시키는 데 이용된다.

[그림 8-7] 화성 탐사선

위와 같이 영상처리를 이용하여 여러 가지 분야에 도움을 줄 수 있을 뿐만 아니라 인간의 꿈과 현실화시켜 주는 데 쓰이고 있다.

3. 영상처리 기초이론

(1) 시각과 인식

인간이 사물을 보는 것처럼 로봇이 사물을 인식하게 하게 하려면 여러분은 어떤 방법으로 사물을 인식하게 할 것인가?

현재의 카메라도 인간의 눈처럼 비슷한 구조를 가졌지만 카메라가 보내온 정보를 인간의 뇌처럼 인식하려면 컴퓨터에게 인간이 명령을 줘야 한다. 컴퓨터는 단지 0과 1만 알기 때문이다.

이제부터 컴퓨터가 사물을 인식할 수 있도록 영상을 처리하는 기초적인 영상처리 방법을 배울 것이다.

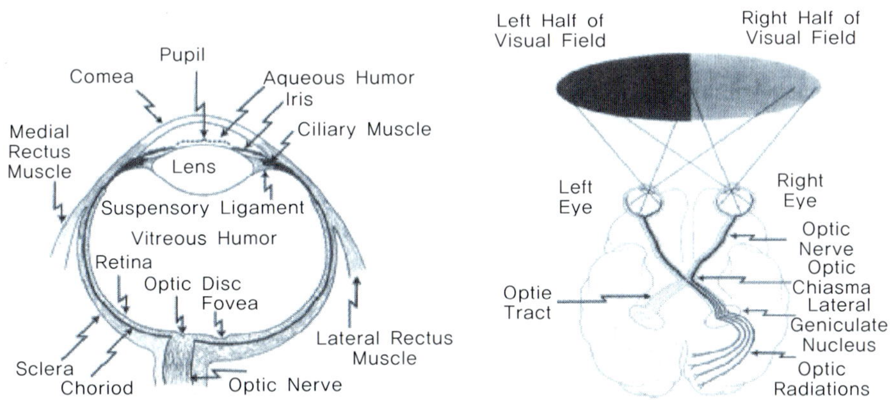

[그림 8-8] 인간의 눈구조와 영상 인식과정

(2) Color Model

우리가 컬러 영상정보를 인지하는 방법은 세 가지 지각변수로 분류되는데 색상(Hue), 채도(Saturation), 명도(Brightness)가 그것이다.

우리의 시각 시스템은 넓은 범위의 빛의 강도를 처리할 수 있지만, 한 순간에 일어나는 작은 범위의 밝기 변화는 감지하지 못한다. 이러한 예를 하나는 우리가 아주 환한 대낮에 실외에 있다가 극장 안으로 들어갈 때이다. 처음에는 모든 것이 검은색으로 보인다. 그때 눈이 그 상황에 적응되었는데, 사물이 점차 모양을 갖추어 보이게 되고 우리의 눈은 그 환경에 대한 빛의 밝기의 범위에서 볼 수 있게 된다.

컬러 모형(또는 컬러 공간)은 어떤 컬러와 다른 컬러들과의 관계를 표현하는 방법이다. 서로 다른 영상처리 시스템은 각각의 다른 이유로 인해 서로 다른 컬러 모형을 사용한다. 컬러 영상은 흑백영상에 비교해서 훨씬 많은 정보를 가지고 있다. 그래서 색상 모델을 이용하여 영상의 색상을 추출할 수 있으며 이를 이용해 물체를 인식할 수 있다.

여기서 우리는 RGB, CMY, HSI, LAB 컬러 모형을 살펴볼 것이다.

(3) RGB 모델

가장 흔히 사용되는 색상 모델로서 CRT 모니터나 컴퓨터 그래픽에서 사용되고 있다. Red(255, 0, 0), Green(0, 255, 0), Blue(0, 0, 255)의 색을 조합해서 색을 만들어 낼 수 있다.

RGB 색상은 결합하면 흰색이 되기 때문에 첨가 색상이라고도 한다. 모든 색상을 하나로 혼합하면 흰색이 만들어지는 것은 모든 빛이 반사되어 보이기 때문이다. 첨가 색상은 조명, 비디오 및 모니터에 사용된다. 예를 들어, 모니터는 빨강, 녹색 및 파랑 형광체를 통해 빛을 방출하여 색상을 만든다.

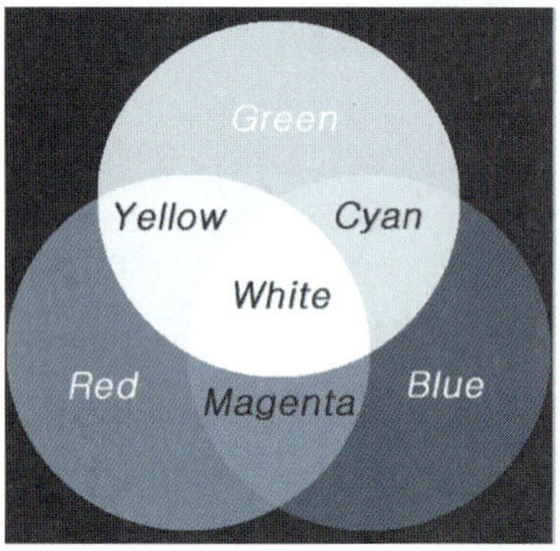

[그림 8-9] RGB 색상

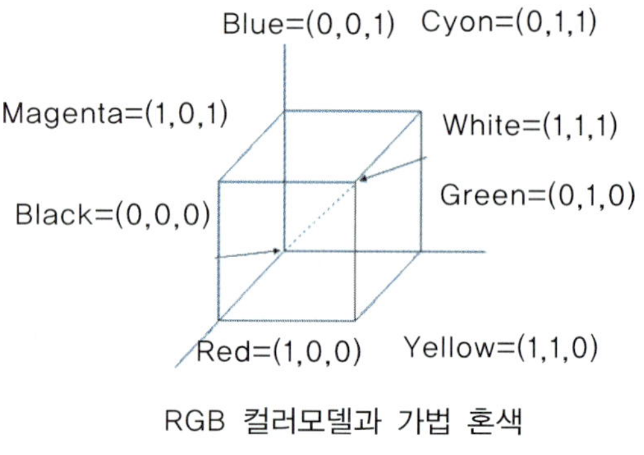

[그림 8-10] RGB 컬러 육면체

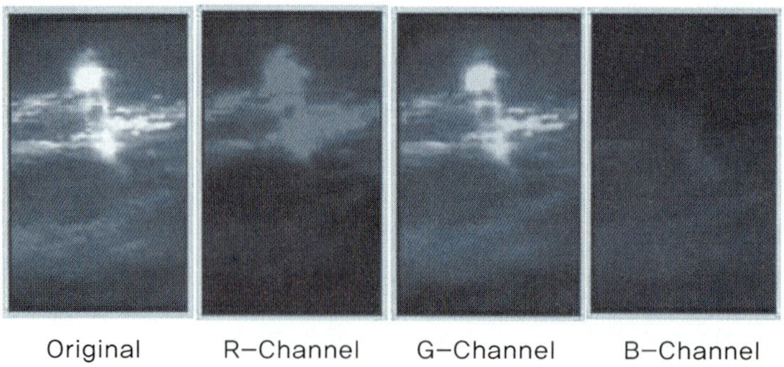

[그림 8-11] RGB 색상 분리

(4) CMY 모델

RGB 공간과 반대 개념을 가진 공간을 CMY(K) 공간이라 한다. 이 공간은 감산혼색에 의해 생성된 색상으로 프린터와 같은 장치에 사용된다. CMY 컬러 모델은 각각 Cyan(청록색), Magenta(진홍색), Yellow(황색)을 기본색으로 사용하는 컬러 모델이다.

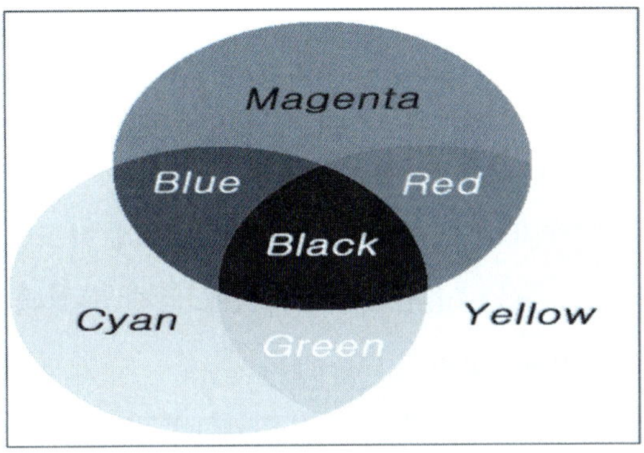

[그림 8-12] CMY 색상

$$\begin{bmatrix} C \\ M \\ Y \end{bmatrix} = \begin{bmatrix} W \\ W \\ W \end{bmatrix} - \begin{bmatrix} R \\ G \\ B \end{bmatrix}$$

RGB와 CMY가 보색의 관계에 있기 때문에 두 공간 사이의 변환은 쉽다. RGB에서 CMY로 변환하기 위해서는 다음 식과 같이 흰색에 대한 보수를 취한다.

$C = 1.0 - R$

$M = 1.0 - G$

$Y = 1.0 - B$

다음은 CMY에서 RGB로 변환하는 경우이다.

$R = 1.0 - C$

$G = 1.0 - M$

$B = 1.0 - Y$

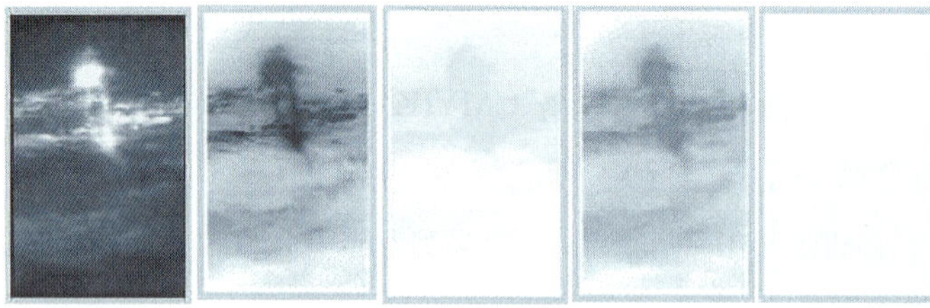

Original CMY C-Channel M-Channel Y-Channel

[그림 8-13] CMY 색상 분리

(5) HIS(Hue, Saturation and Intensity) 모델

- Hue(色相) : 색만을 선택(Red, Yellow, Green)[0, 360] 각도로 표현
- Saturation : 진하고 옅음을 조정(채도) : 백색에 의해 희석되지 않은 정도, [0, 1]로 표현 1 = Pure, 0 = Mono image
- Intensity(강도) : 밝고 어두움을 조정) : [0, 1]로 표현 : 0 = Black, 1 = White

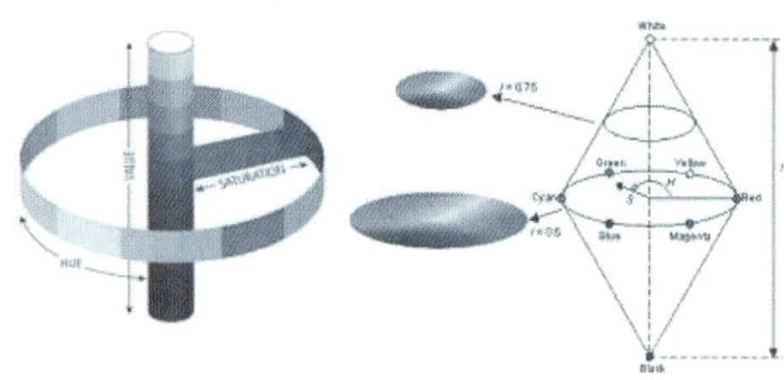

[그림 8-14] HSI 컬러 모형

색채 요소(H와 S)와 명암요소(I)를 분리하여 명암요소를 제거함으로써 영상획득시의 조명변화에 영향을 줄일 수 있는 장점을 갖는다.

HSI 컬러 좌표계는 사람들이 알고 있는 컬러를 표현하기 쉬운 좌표계이다. H의 값은 컬러 집합을 통해서 360도의 각도를 가지고 S는 각도에 대한 컬러의 세기, 즉 채도를 나타낸다. S가 높을수록 높은 순도의 컬러가 된다. I값은 명도로 컬러의 어두움과 밝음을 나타낸다. I값이 클수록 컬러는 흰색에 가까워진다. HSI 컬러모델은 인간 시각 시스템의 색채감지 특성에 기초한 영상처리 알고리즘 개발에 유용하다.

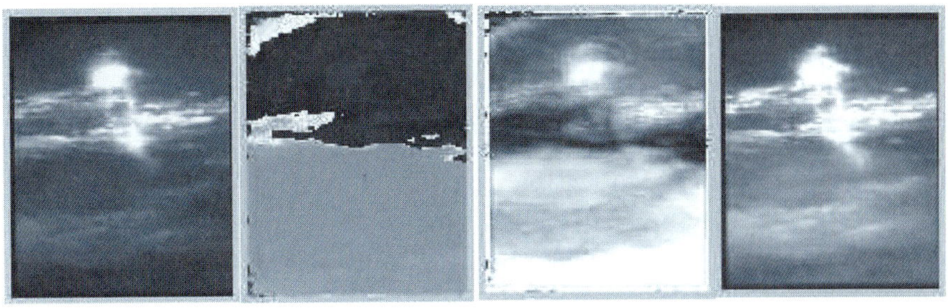

[그림 8-15] HSI 색상 분리

(6) CIE LAB 모델

LAB 색상 모델은 1931년, CIE(Commission Internationale d'clairage)에서 색상 측정의 국제 표준으로 제시한 것이다. 이 모델은 1976년에 교정되어 CIE L*a*b이라는 이름이 붙여졌다. L*a*b 색상은 장치에 영향을 받지 않는 색상에 적합한 색상으로, 이미지를 만들거나 출력하는 장치(모니터, 프린터, 컴퓨터 또는 스캐너 등)에 관계없이 일관된 색상을 만들 수 있다. L*a*b 색상은 광도 또는 밝기 구성 요소(L)와 2개의 색채구성 요소인 a 구성 요소(녹색에서 빨강) 및 b 구성 요소(파랑에서 노랑)로 이루어져 있다.

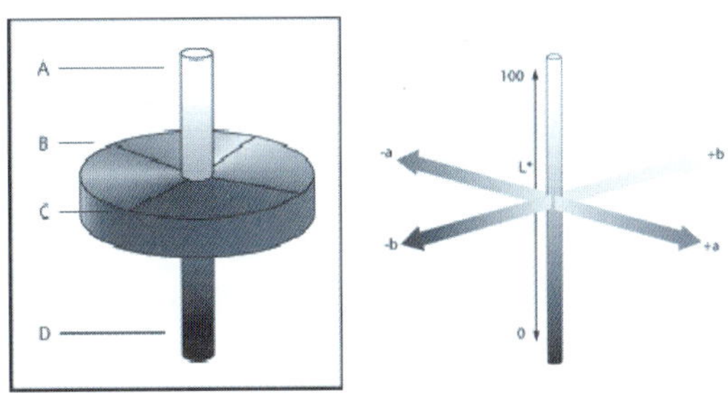

[그림 8-16] LAB 컬러 모형

A. 광도 = 100(흰색)

B. 녹색에서 빨강 구성 요소

C. 파랑에서 노랑 구성 요소

D. 광도 = 0(검정)

RGB 색을 Lab 색상으로 변경하려면 RGB→ XYZ → Lab 이렇게 색상을 변경해야 한다.

<RGB to XYZ>

[X]   [0.412453   0.357580   0.180423]   [R]
[Y] = [0.212671   0.715160   0.072169] * [G]
[Z]   [0.019334   0.119193   0.950227]   [B]

< XYZ to Lab>

L* = 116(Y/Yn)1/3 - 16

a* = 500[(X/Xn)1/3 - (Y/Yn)1/3]

b* = 200[(Y/Yn)1/3 - (Z/Zn)1/3]

4. 픽셀 기반 영상처리

(1) GRAY 영상

일반적인 흑백 사진을 의미하는 영상(농담 영상)을 말한다. 0 ≤ f(x, y) ≤ 2n−1까지의 값들을 가질 수 있다. RGB 색상의 컬러 영상의 화소값을 0부터 255까지 레벨로 분류한다.

[그림 8-17] 원영상과 그레이 영상

(2) Binary

카메라로부터 얻어진 명암영상(gray image)을 이진화하기 위해 각 화소의 밝기값을 임계값 기준으로 2개의 집합으로 구분한다.

if   g(x, y) > threshold

0   else(0 x N-1, 0 y M-1)

N × M의 배열에서 임의의 좌표(x, y)에 대해 g(x, y) : 화소의 밝기, b(x, y) : 이진화 작업 후의 화소값 화소가 0 혹은 1의 값만을 가지므로, 표현이 간단하고, 기억용량의 수요가 적으며 실시간 처리에 유리하다.

[그림 8-18] 그레이 영상을 이진화

5. 기하학적 변환 영상처리

1) Labeling

(1) 개 념

- 비슷한 특징을 가지는 이웃 화소들을 하나의 영역으로 묶는 것
- 다른 영역에 속하는 화소들과 구분되는 번호를 부여

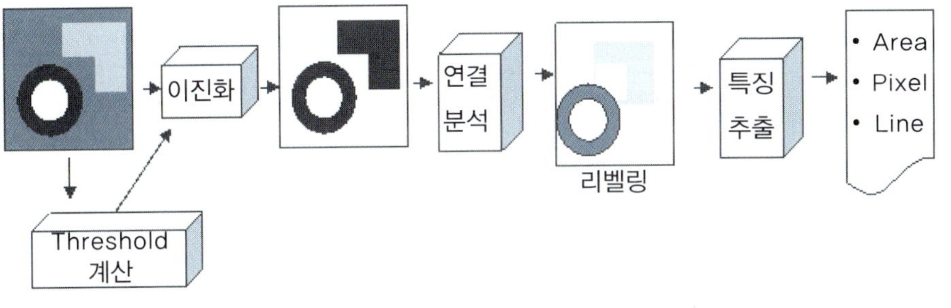

[그림 8-19] 이진화를 이용한 라벨링 과정

[그림 8-19]는 원영상을 이진화 처리하여 0과 255의 값만 가지는 영상으로 만들고 이 영상으로 라벨링을 수행하는 과정을 보여준다. 라벨링된 영상의 임의의 번호를 가진 영역만 추출하면 영역의 분리가 이루어지며 추출된 영역의 크기, 외각선의 길이, 중심좌표 등을 알 수 있게 된다. 이를 이용하여 도형의 모양이나 패턴 인식 등 영역을 구별하여 사물의 생김새 등을 알 수 있게 된다.

255	255	255	255							255		
255	255	255	255						255	255	255	
255	255	255	255					255	255	255	255	255
255	255	255	255									

21	21	21	21							31		
21	21	21	21						31	31	31	
21	21	21	21					31	31	31	31	31
21	21	21	21									

[그림 8-20] 이진화된 영상을 라벨링 영상변환

[그림 8-20]은 이진화된 영상의 라벨링 처리를 볼 수 있다. 라벨링이 된 후 서로 연결된 인접화소 영역은 픽셀 등의 값이 동일한 하나의 번호로 라벨링되어 나타나며 다른 인접 영역 성분은 또 다른 번호로 나타내게 된다.

(2) 라벨링 알고리즘

라벨링 알고리즘의 방법에는 Stack의 구조를 이용한 방법이 있다. 이 스택을 이용하여 알고리즘의 영역을 저장하여 각 영역의 분할을 가능하게 한다.

반복문을 이용한 라벨링

```
        for(i=0; i<height; i++)
        {
                for(j=0; j<width; j++)
                {
        // 이미 방문한 점이거나 픽셀값이 255가 아니라면 처리 안함
        if(coloring[i*width+j]!=0 || m_buffer[i*width+j]!=255)
        continue;
         // 라벨데이타를 저장하는 버퍼   , 이치화된 영상

                r=i;
                c=j;
                top=0;
                curColor++;

                while(1)
                {
GRASSFIRE:
                for(m=r-1; m<=r+1; m++)
                {
                        for(n=c-1; n<=c+1; n++)
                        {
                // 관심 픽셀이 영상경계를 벗어나면 처리 안함
        if(m<0 || m>=height || n<0 || n>=width*3) continue;

        if((int)m_buffer[m*width+n]==255 &&
        coloring[m*width+n]==0)
```

```
                                {
        coloring[m*width+n]=curColor; // 현재 라벨로 마크

        if(push(stackx,stacky,(short)m,(short)n,&top)==-1)
continue;
        // 스택을 이용해서 저장
                    r=m;
                    c=n;
                    goto GRASSFIRE;
                            }
                    }
            }
        if(pop(stackx,stacky,&r,&c,&top)==-1) break;
        스택을 이용해서 데이타를 얻어냄
            }
        }
        }
```

[그림 8-21] 라벨링 소스코드

라벨링의 원리는 이진화된 영상을 탐색하다가 밝기가 255인 화소값을 만나면 라벨링을 수행하고 이 라벨링 점을 4근방 또는 8근방의 중심으로 이동 후 다시 인접 화소의 미방문 255화소값을 라벨링하는 방식이다. 마지막 버퍼에는 위의 그림과 값은 결과로 저장되어 그 다음의 특징점을 추출하는데 편리하게 사용할 수 있다.

2) 경계추적

(1) 개 념

이진화된 영상 또는 라벨링된 영상에서 일정한 밝기값을 가지는 영역의 경계를 추적하여 경계 픽셀의 순서화된 정보를 얻어내는 것이다. 원영상에서부터 영역의 경계를 찾는 전처리 과정을 알 수 있다.

CHAPTER 08

[그림 8-22] 경계영역을 찾는 과정

(2) 경계추적의 단계

- 영상의 왼쪽 맨 위에 있는 픽셀로부터 차례로 스캔하다가 값이 255인 픽셀 값을 만나면 경계추적을 시작한다.
- 처음 만나는 지점에 X표시를 하고 그 점 주변을 돌면서 255값을 찾는다. 관심 픽셀의

주위 픽셀 아래 그림을 이용하여 주변의 경계 화소를 찾으면서 X를 만나면 추적을 멈춘다.

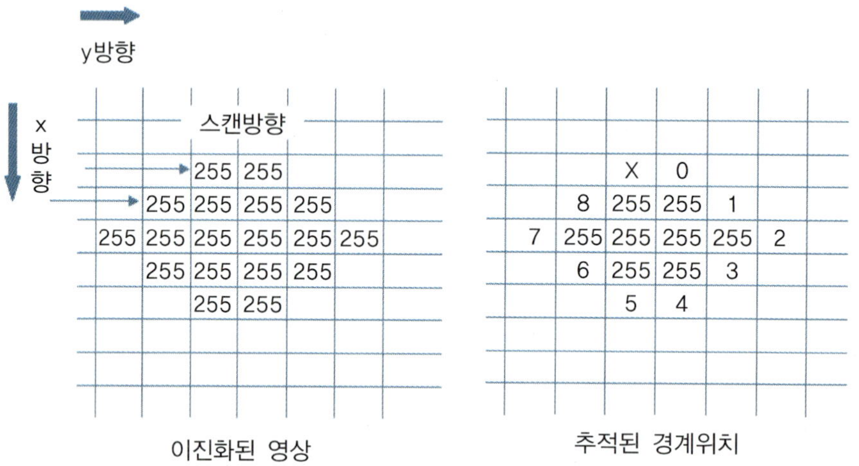

[그림 8-23] 이진화 영상을 경계추적하는 과정

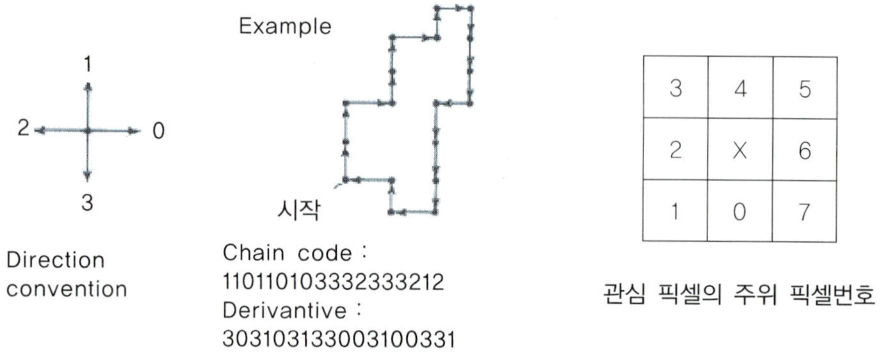

[그림 8-24] 체인 코드 진행과정

위 그림처럼 체인코드 형식으로 경계추적을 하면서 1픽셀의 두께를 가지는 픽셀의 순서화된 연속체인 정보를 얻는 것이 가능하기 때문에 물체의 영역의 길이, 모양의 생김새 등과 같은 특징들을 얻을 수 있다.

위와 같은 라벨링 알고리즘과 경계추적 알고리즘을 통해 다음과 같은 여러 가지 인식이 가능하다.

- **물체의 중심** : 영상내부에서 xi와 yi는 라벨링된 임의의 한 영역에 대한 구성 픽셀의

세로와 가로 영상좌표이다.

$$x = \frac{1}{n}\sum_{i=0}^{N-1} x\,i$$

$$y = \frac{1}{n}\sum_{i=0}^{N-1} yi$$

- **경계 길이** : 이진화된 영역의 경계를 추적해서 경계 길이를 추적 가능하다.
- **원형도** : 원형 또는 형상의 모양이 얼마나 원에 가까운가를 나타내는 척도로써 이상적인 원은 1의 값이 나오며 원형에서 멀어질수록 값이 작아진다. 아래의 식은 원형도 계산식이다. 라벨링 과정을 거쳐서 A값을 얻을 수 있고 경계추적 알고리즘을 이용하여 1의 경계 길이를 알 수 있으므로 원형도를 쉽게 찾을 수 있다.

$$e = \frac{4\pi A}{l^2}$$

(3) 영상의 확대 및 축소

영상의 확대 및 축소를 하는 이유는 서로 비교하고 싶은 두 영상을 확대 및 축소를 통해서 두 영상의 일치 여부를 판단할 수 있기 때문이다.

영상을 확대하거나 축소시키면 공백이나 과다한 충돌 등이 발생하게 된다. 이를 해결하기 위해서는 이상이 생긴 부분의 주변 값들을 이용하여 영상을 보관해야 하는 데 이러한 영상처리 방법을 이중선형 보간법이라고 한다.

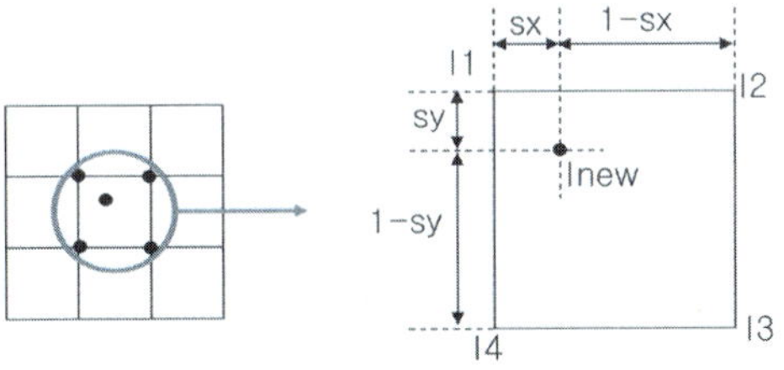


```
Inew =
        I1*(1-sx)*(1-sy) +
        I2*(sx)*(1-y) +
        I3*(sx)*(sy) +
        I4*(1-sy)*sy
---------------------------------
        I4*(1-sy)*sy
```

[그림 8-25] 보간법

앞의 I1, I2, I3, I4 지점은 보간 지점과 이웃한 네 지점의 밝기값이며 이중 선형 보간 방법의 경우 보간 지점과의 떨어진 거리에 비례하여 가중치를 두고 있다.

정수배 확대의 경우 역방향 매핑을 이용하고 축소를 할 때는 역방향 매핑을 이용하여 영상을 확대·축소한다.

$$\left| \begin{array}{l} x_{new} = s_x \times x_{org} \\ y_{new} = s_y \times y_{org} \end{array} \right. \rightarrow \begin{array}{l} x_{org} = \dfrac{1}{s_x} \times x_{new} \\ y_{org} = \dfrac{1}{s_y} \times y_{new} \end{array}$$

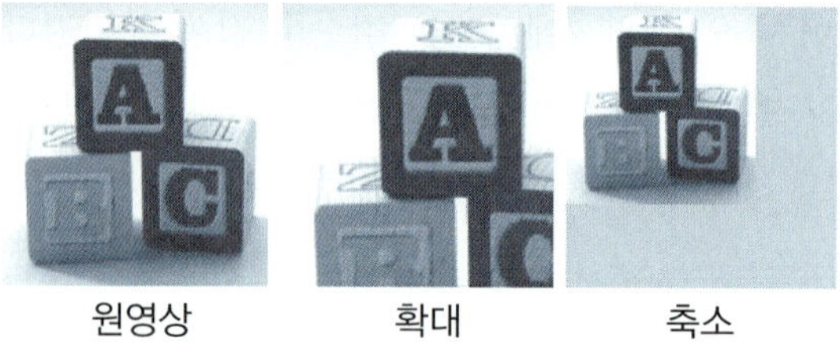

[그림 8-26] 이중 선형 보간법을 이용하여 확대 및 축소를 한 결과

6. 패턴 인식

(1) 패턴 인식 개요

패턴 인식이란 공학적 접근법을 이용하여 인공지능의 실제 구현 문제인 센싱된 대상을 인식하는 문제를 주로 다룬다. 패턴 인식을 여러 방식으로 정의할 수 있겠지만 "계산이 가능한 기계적인 장치(컴퓨터)가 어떠한 대상을 인식하는 문제를 다루는 인공지능의 한 분야"라고 정의한다.

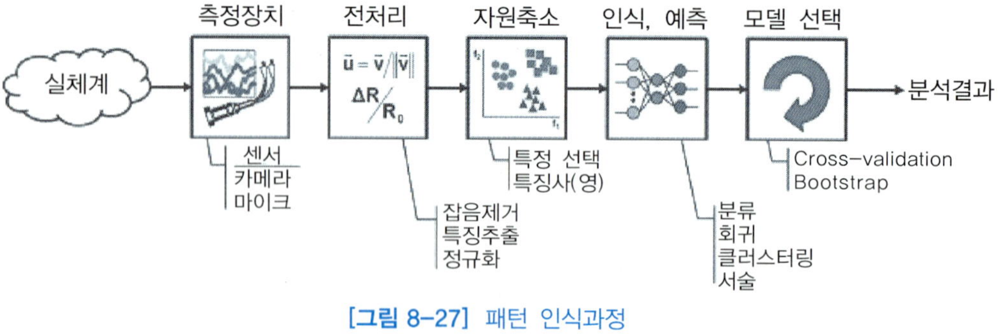

[그림 8-27] 패턴 인식과정

패턴 인식에서 패턴이란 사람이 인식하려는 정보를 물리적으로 표현한 대상물로 정의할 수 있으며, 인식은 대상물의 존재를 아는 인지(cognition)의 과정에서 한걸음 더 나아가 구체적인 의미나 정보를 판정하는 것을 의미한다. 패턴 인식 시스템의 구성 요소에 따른 처리과정은 [그림 8-27]과 같다. 위의 그림을 다르게 표현하자면 "입력 영상이 n개의 카테고리 중 어디에 속하는지?"에 대한 답을 구하는 것이다.

(2) 농담정규화 정합(NGC : Normalized Gray-Level Correlation) 개요

템플레이트 정합은 검사할 영상이 주어졌을 때 미리 주어진 템플레이트 영상을 이용하여 검사할 영상 내부에 있는 유사한 영상 패턴을 찾아낸다.

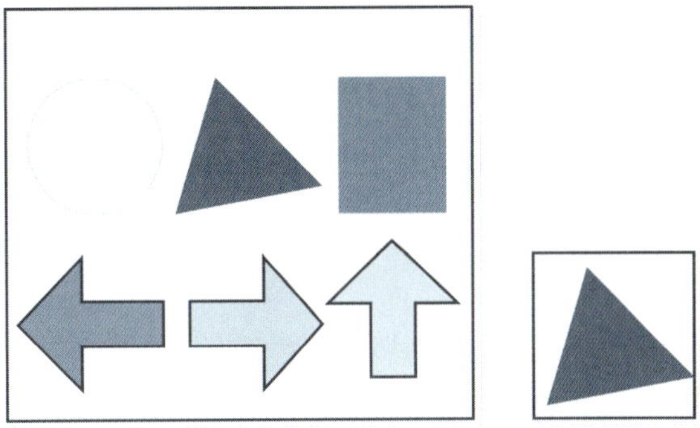

[그림 8-28] 탐색할 영상과 템플레이트 영상

- 연산횟수 : 템플레이트 크기 : $M \times N$
  검사할 영사의 기 : $R \times C$
  겹침이 발생하는 횟수 : $(R-M) \times (C-N)$

NGC(Normalized Gray-level Correlation) 정합 알고리즘은 템플레이트 영상을 입력영상에 겹쳐가면서 두 겹친 부분이 얼마나 밝기가 유사한지 검사하는 방법이다.

템플레이트 정합을 통한 알고리즘 중에는 MAD, MSD 알고리즘이 있는데 이 알고리즘 같은 경우는 밝기값이 변하게 되면 정확한 패턴 인식이 불가능하다. 하지만 NGC 알고리즘은 입력영상에서 취한 비교할 영상 영역의 밝기 평균을 구해서 평균값을 빼버린 영상을 만들고 이 영상을 비교하기 위한 영상으로 사용하는 방법을 생각할 수가 있다.

이때 유사하게 템플레이트 영상도 밝기의 평균을 계산하여 평균 밝기값을 템플레이트와 비교할 검사 영상의 비교 영역을 밝기에 대해 정규화시켜 비교한다면 전체적인 조명의 밝기가 높아지거나 낮아진다고 하여도 패턴의 비교가 가능할 것이다.

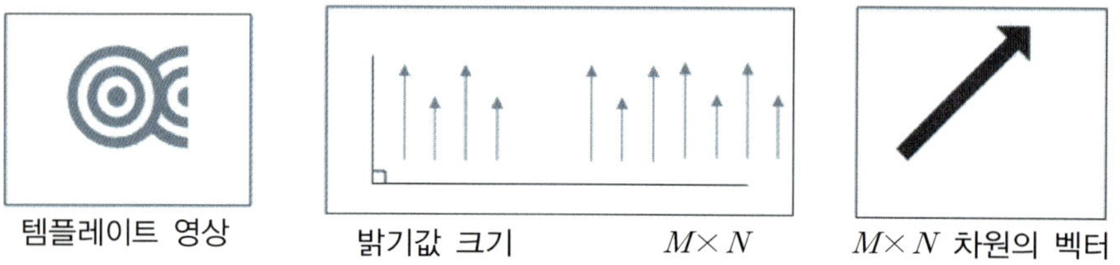

[그림 8-29] 다차원 공간에서의 영상 벡터 정의

앞 그림은 상의 크기 $M\times N$이다. 화소수가 전부 MN개가 있으므로 이 화소수를 수평축으로 하고 화소의 밝기값을 수직축으로 해서 펼친 그래프가 중간에 있는 밝기 그래프이다. 이 때 화소수만큼 큰 이론적인 고차원을 하나 정의한다면 이 템플레이트의 화소값 데이터는 MN-차원상에 놓여 있는 하나의 벡터가 된다.

$$r = \frac{a \cdot b}{|a| \cdot |b|} = \frac{\sum_{i=0}^{M}\sum_{j=0}^{N} a(i,j)b(i,j)}{\sqrt{\sum_{i=0}^{M}\sum_{j=0}^{N} a(i,j) \sum_{i=0}^{M}\sum_{j=0}^{N} b(i,j)^2}}$$

$$r = \frac{(MN)\sum gt - (\sum g)\sum t}{\sqrt{[(MN)\sum g^2 - (\sum g^2)][(MN)\sum t^2 - (\sum t^2)]}}$$

두 식 모두 평균 밝기를 빼서 정규화시킨 두 영상을 두 벡터 비교식을 이용하여 유사도를 검사하는 수식이다. 유사도 값을 이용하여 두 그림과의 인식률을 가지고 패턴을 인식할 수 있다.

(3) Signature 기법 알고리즘

이 알고리즘은 물체의 중심에서 경계까지의 거리를 각도변화에 따라 나타냄으로써 물체의 특징을 알 수 있는 알고리즘이다.

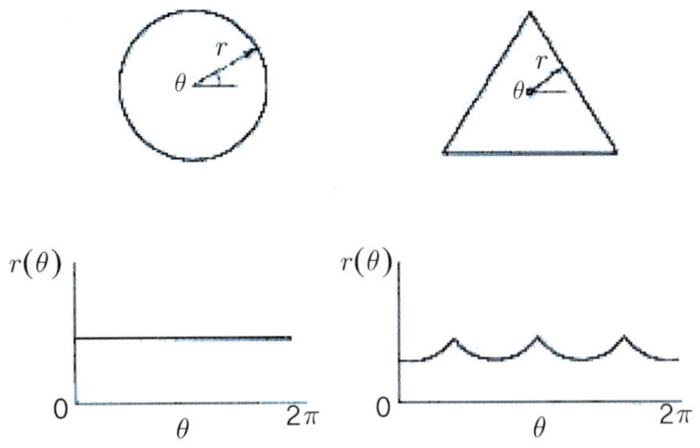

[그림 8-30] Signature 기법

[그림 8-30]은 사인 기법 알고리즘에 대한 그림이다. 물체의 중심점에서 일정한 각도와 크기를 가진 선분을 그려서 중심점에서 한 바퀴 돌리면서 선분과 만나는 점들의 집합을 가지고 특징을 추출할 수 있다. 위의 원의 그래프는 일정한 길이를 가지는 것을 볼 수 있고 삼각형이나 사각형 같은 경우는 볼록하게 솟아오르는 꼭지점으로 도형을 구별할 수 있다.

[그림 8-31]은 다각형을 구하는 방법에 대해서 설명해 놓았다. 영상에 들어온 물체를 이진화를 한 후 라벨링 알고리즘을 거쳐서 라벨링된 알고리즘의 각각의 영역에 대해서 경계추적을 한다. 이때 경계추적을 하면서 각 영역의 외각 에지의 좌표를 저장한다. 저장된 좌표를 이용하여 물체의 중심점에서 각 화소의 좌표들의 거리를 계산하여 물체의 특징을 알 수 있다.

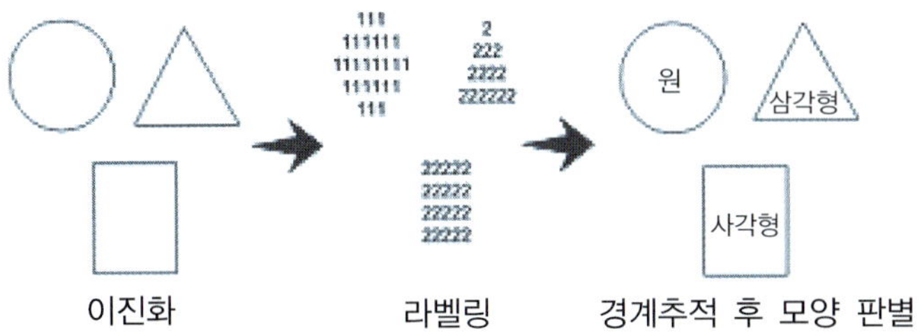

[그림 8-31] Signature 기법 전 처리과정

02 USB 카메라 영상처리

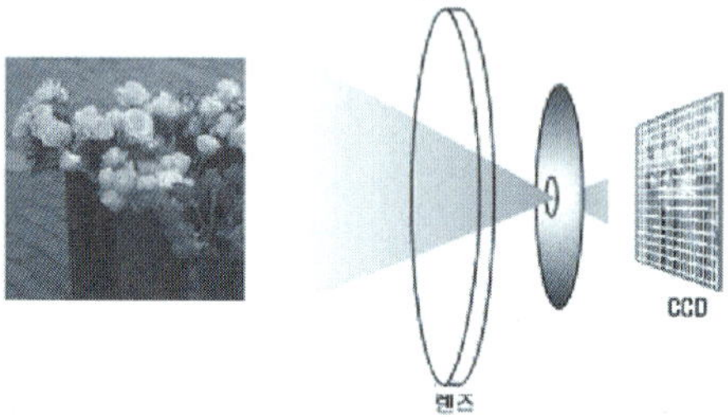

[그림 8-32] CCD 카메라의 원리

[그림 8-32]처럼 USB 카메라는 렌즈를 통한 영상을 CCD(Charge Coupled Device)에 저장하고 저장된 값을 버퍼에 저장해서 이 값을 파일로 저장하거나 모니터로 볼 수 있게 된다. USB 카메라의 CCD는 빛의 신호를 전기적인 신호로 바꿔주는 역할을 하는 수많은 광전소자로 구성되어 있는데, 그 소자들을 픽셀 또는 화소라고 표현한다.

03 카메라 초기화 및 영상인식 실습

영상처리에 대한 프로그램 골격과 실습 목표는 다음 그림들과 같다.

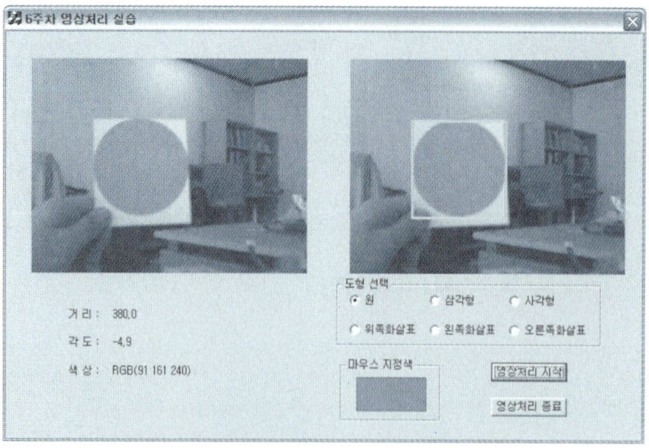

[그림 8-33] 실습 목표

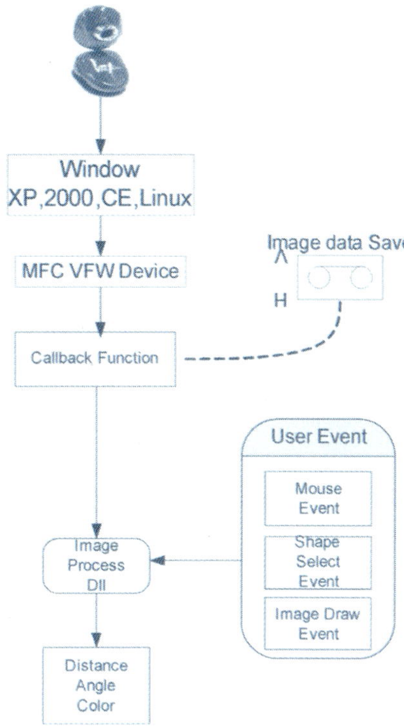

[그림 8-34] MFC 응용 구조

※ 이 교재에 나와 있는 프로그램의 프로젝트명과 예제 프로그램의 프로젝트명이 틀리나 실습에는 영향이 없으므로 교재나 예제 둘 중에 선택하여 따라하도록 한다.

1. 프로젝트 생성

MicroSoft사의 'Visual C++'를 실행한다.

'Visual C++'의 초기 실행 화면에서 메뉴창의 'File'를 클릭한 후 'New'를 선택한다.

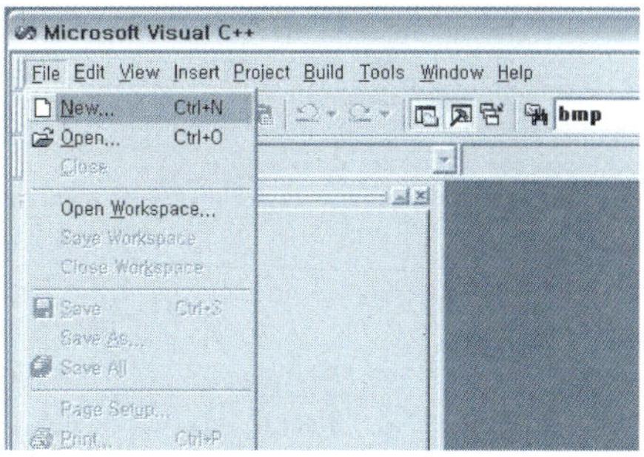

[그림 8-35] 메 뉴

다음과 같은 새로운 창이 열리면 좌측 상단의 'Project'란을 선택한 후 'MFC AppWizard [exe]'를 클릭한 후 'Project name'를 기입하고, Project 파일들이 저장될 폴더를 'Location'란에 지정한다(지정된 폴더에 'Project name'으로 하위폴더가 생성되어 저장된다).

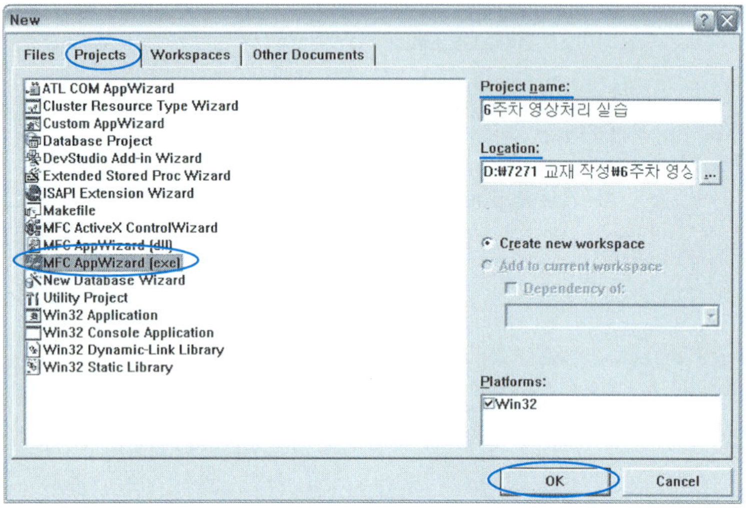

[그림 8-36] 프로젝트 종류와 이름, 폴더 지정

'OK' 버튼을 누르면 [그림 8-37]과 같은 화면이 나오며, 'Dialog based'를 선택한 후 'Next'를 클릭한다.

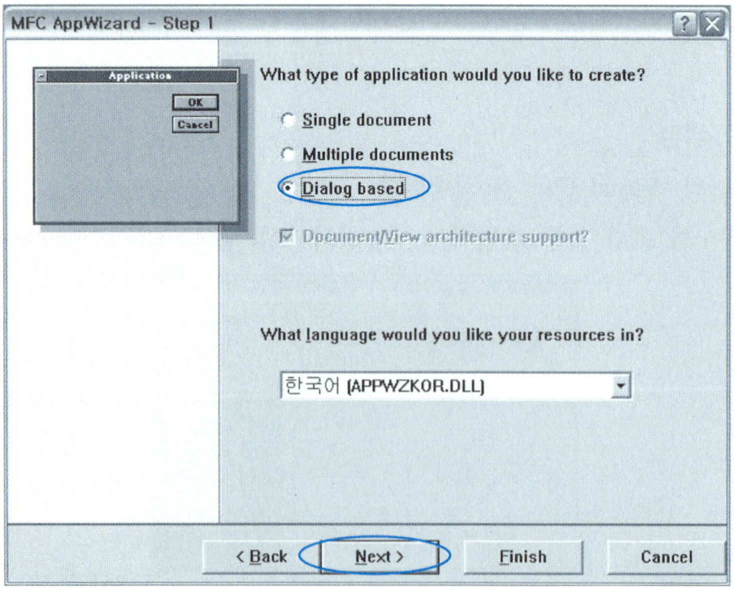

[그림 8-37] Application Type 선택

TCP/IP 통신을 하기 위해서 'Windows Sockets'을 선택하고 'Finish' 버튼을 누른다.

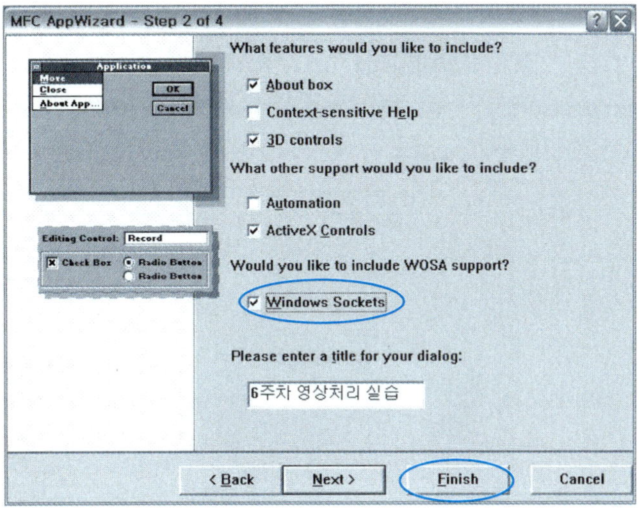

[그림 8-38] 'Window Socket' 선택

최종적으로 생성된 프로젝트의 정보가 나와 있는 창이 열리며, 'OK' 버튼을 클릭하면 기본적인 프로젝트의 생성은 끝난다.

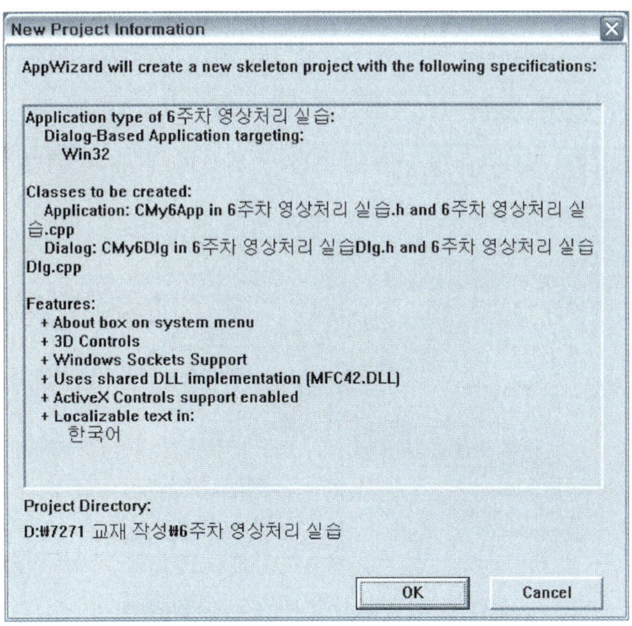

[그림 8-39] 프로젝트 생성 화면

'OK' 버튼을 클릭하면 다음 화면이 나오며, 기본적인 Dialog 창이 생성되어 있음을 볼 수 있다. 우선 원으로 선택되어 있는 항목들을 삭제한다(우측 상단의 '확인', '취소' 버튼을 필히 삭제할 필요는 없다. : 선택사항).

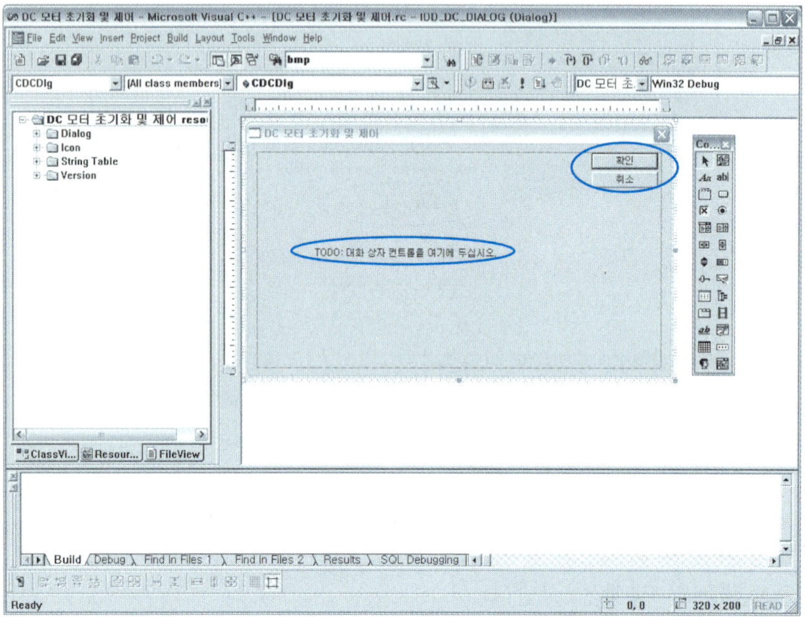

[그림 8-40] 기본 Dialog Box 생성 화면

2. 화면에 카메라 영상 출력

MFC Application에서 화면에 영상을 출력하기 위하여 윈도우 VFW 장치를 이용하면 CallBack 함수로 지정된 카메라의 영상을 화면상에 출력할 수 있다.

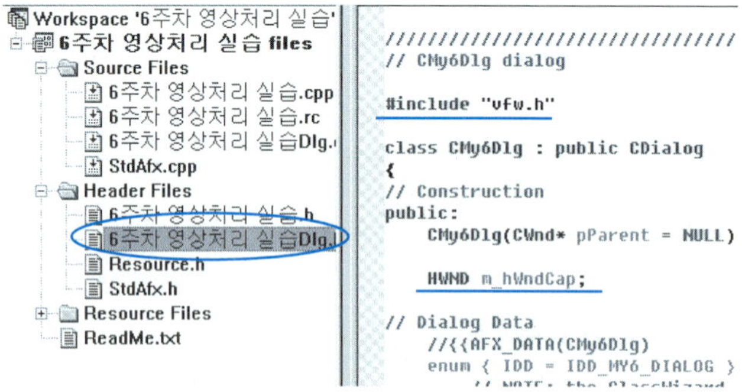

[그림 8-41] vfw.h와 윈도우 핸들 추가

'영상처리 실습Dlg.h' 파일에 vfw.h와 윈도우 핸들을 추가한다.

컴파일 링크 환경을 설정해 주기 위해 프로젝트 세팅 메뉴에서 다음과 같이 추가한다.

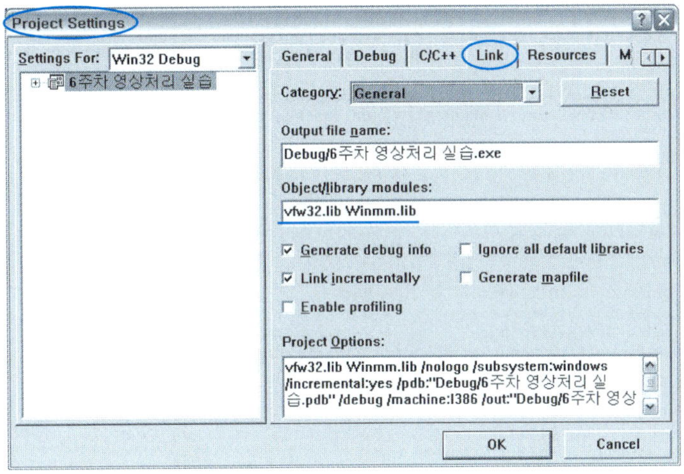

[그림 8-42] 프로젝트에 Library 연결

'영상처리 실습Dlg.cpp' 파일에 다음과 같이 추가한다.

```
#undef THIS_FILE
static char THIS_FILE[] = __FILE__;
#endif

BITMAPINFO BmInfo;                // 장치 독립 비트맵(DIB)에 대한 컬러 정보를 포함하는 구조체
unsigned char *pImageBuffer;      // 영상을 담을 포인터

/////////////////////////////////////////////////////////////////////////////
// CAboutDlg dialog used for App About

class CAboutDlg : public CDialog
{
public:
```

[그림 8-43] 구조체와 포인터 추가

'영상처리 실습Dlg.cpp' 파일의 생성자 부분에 'pImageBuffer' 변수를 NULL로 초기화 시켜준다.

```
CMy6Dlg::CMy6Dlg(CWnd* pParent /*=NULL*/)
    : CDialog(CMy6Dlg::IDD, pParent)
{
    //{{AFX_DATA_INIT(CMy6Dlg)
        // NOTE: the ClassWizard will add member initialization here
    //}}AFX_DATA_INIT
    // Note that LoadIcon does not require a subsequent DestroyIcon in Win32
    m_hIcon = AfxGetApp()->LoadIcon(IDR_MAINFRAME);

    pImageBuffer = NULL;     // 버퍼 초기화
}
```

[그림 8-44] 변수 초기화

'영상처리 실습Dlg.cpp' 파일의 'OnInitDialog' 함수에 다음과 같이 작성한다.

```
    // TODO: Add extra initialization here

    // 주어진 위치에 주어진 화면 크기로 영상 출력
    m_hWndCap = capCreateCaptureWindow( _T( "Gomins Capture for Windows" ), WS_CHILD | WS_VISIBLE,
                                        30,30, 320, 240, this->m_hWnd, NULL );

    // 매 frame이 캡쳐될때마다 호출될 callback function 지정
    if ( capSetCallbackOnFrame( m_hWndCap, capCallbackOnFrame ) == FALSE ) return FALSE;

    // Camera Driver와 Capture Window 연결
    if ( capDriverConnect( m_hWndCap, 0 ) == FALSE ) return FALSE;

    // 현재 Video Format을 조사해서 24bits color가 아니면 24bits color로 바꿈
    capGetVideoFormat( m_hWndCap, &BmInfo, sizeof(BITMAPINFO) );
    if ( BmInfo.bmiHeader.biBitCount != 24 )
    {
        BmInfo.bmiHeader.biBitCount         = 24;
        BmInfo.bmiHeader.biCompression      = 0;
        BmInfo.bmiHeader.biSizeImage        = BmInfo.bmiHeader.biWidth*BmInfo.bmiHeader.biHeight*3;
        capSetVideoFormat( m_hWndCap, &BmInfo, sizeof(BITMAPINFO) );
    }

    capPreviewRate(m_hWndCap, 30);      // 주어진 프레임 속도로 프레임 캡처 후 화면에 출력
    capOverlay( m_hWndCap, false );
    capPreview(m_hWndCap, true);

    return TRUE;  // return TRUE  unless you set the focus to a control
}
```

[그림 8-45] OnInitDialog 함수에 코드 추가

영상을 실시간으로 출력하기 위해서 'CallBack' 함수를 호출한다. 우선 '영상처리 실습Dlg.h' 파일에 다음과 같이 CallBack 함수를 선언한다.

```
    //}}AFX_MSG
    DECLARE_MESSAGE_MAP()
};

LRESULT CALLBACK    capCallbackOnFrame( HWND hWnd, LPVIDEOHDR lpVHdr );

//{{AFX_INSERT_LOCATION}}
// Microsoft Visual C++ will insert additional declarations immediately befor
```

[그림 8-46] Callback 함수 선언

보통의 함수가 사용자가 호출하는데 반해 CallBack 함수는 OS가 호출하는 함수이다. OS는 주기적으로 이 함수를 호출하면서 CallBack 함수의 내용을 처리하기 때문에 이를 이용하여 윈도우 화면에 영상을 나타낼 수 있다.

'영상처리 실습Dlg.cpp' 파일의 하단에 다음과 같이 작성하여 화면에 영상을 출력한다.

```
LRESULT CALLBACK capCallbackOnFrame(HWND hWnd, LPVIDEOHDR lpVHdr)
                                        //윈도우 핸들, 비디오 헤더 구조체
{
    return( LRESULT ) TRUE;
}
```

[그림 8-47] CallBack 함수 작성

클래스위자드에서 'OnDestory()' 함수를 추가한 후 다음과 같이 작성한다.

```
void CAboutDlg::OnDestroy()
{
    CDialog::OnDestroy();

    if ( pImageBuffer != NULL ) delete [] pImageBuffer;
}
```

[그림 8-48] 'OnDestory()' 함수 추가 / 작성

이제 카메라를 연결하고 프로그램을 실행하면 Dialog에 영상이 나오는 것을 볼 수 있다.

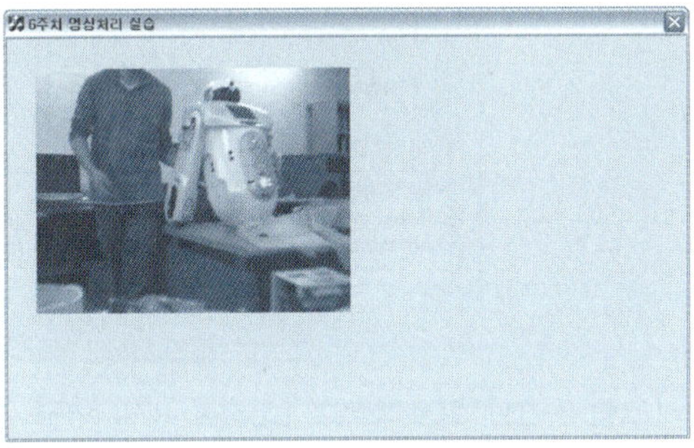

[그림 8-49] 실행 결과

영상을 뿌려줄 때 Preview 모드를 이용했기 때문에 지정한 Window의 위치(30, 30)와 영상의 크기(320, 240)에서 영상을 볼 수 있다.

3. 영상처리 알고리즘 라이브러리 추가

앞 절에서 카메라로부터 윈도우 장치인 VFW 를 이용하여 Dialog Box에 나타나는 영상을 볼 수 있었다. 이제 이 영상을 영상처리의 알고리즘이 있는 DLL 파일을 이용하여 색을 선택하고 6개의 지정되어 있는 도형을 인식할 수 있는 Application을 만들어 보도록 하겠다. 제공되는 파일 중 DLL 파일은 현 프로젝트의 실행 파일이 생성되는 폴더에, 6개의 도형 DB는 프로젝트 폴더에 복사한다.

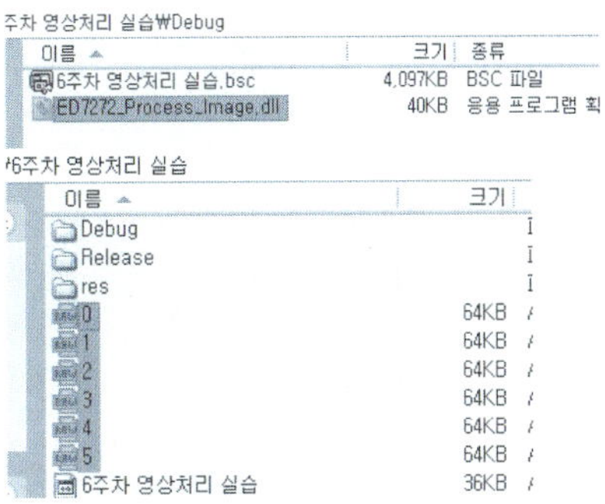

[그림 8-50] 파일 복사

'ED7272_Process_Image.lib' 파일을 프로젝트에 연결한다.

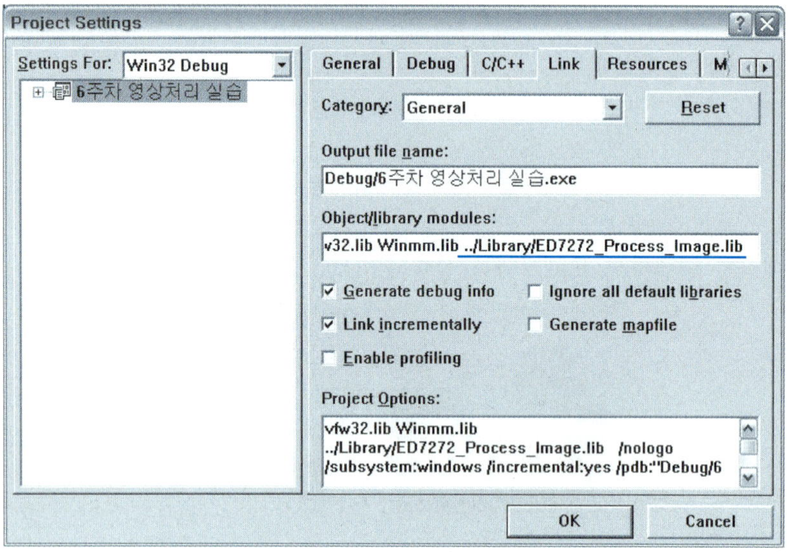

[그림 8-51] 프로젝트에 Library 파일 연결

Dialog box를 다음과 같이 작성한다.

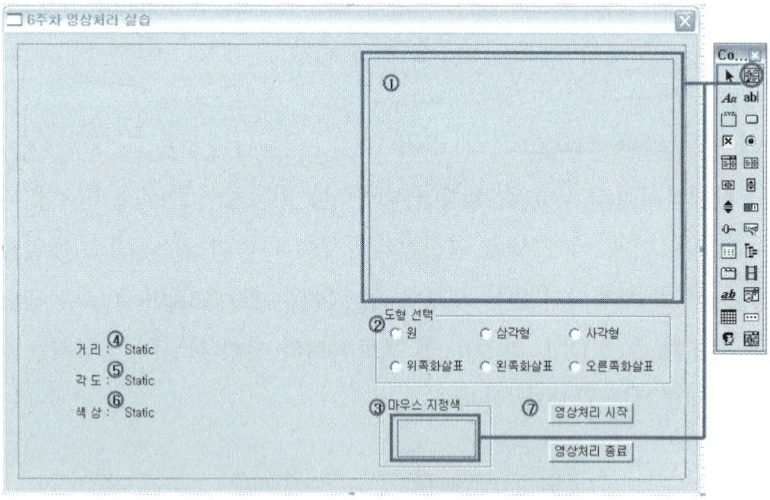

[그림 8-52] Dialog box 배치

우선 [표 8-1]과 같이 ID와 변수형, 변수명을 속성창과 클래스위자드를 사용하여 지정한다.

[표 8-1] ID, 변수형, 변수명

번 호		ID	변수형	변수명
1		IDC_PROCESS_VIEW	CStatic	m_View
2	원	IDC_CIRCLE	int	m_Shape
	삼각형	IDC_TRIANGLE	·	·
	사각형	IDC_RECT	·	·
	위쪽화살표	IDC_UARR	·	·
	왼쪽화살표	IDC_LARR	·	·
	오른쪽화살표	IDC_RARR	·	·
3		IDC_MOUSE	·	·
4		IDC_DISTANCE	double	m_dbDistance
5		IDC_ANGLE	double	m_dbAngle
6		IDC_COLOR	CString	m_strColor
7	영상처리시작	IDC_PROCESSSTART	·	·
	영상처리종료	IDC_PORCESSSTOP	·	·

'Ctrl+D'을 누른 후 2번 Radio 버튼들에게 마우스 왼쪽 버튼을 사용하여 [그림 8-53]과 같이 순서를 할당하고(1~6), 'IDC_CIRCLE' Radio버튼의 속성 창에서 'Group'에 체크한다(IDC_CIRCLE의 속성창에만 체크).

지능형 로봇 응용시스템(ED7271)에서 사용하는 영상처리를 위하여 제공되는 RAW 파일에는 각 패널들의 모양이 아래 그림의 번호순으로 저장되어 있다(예 : RAW 이미지 0번은 '원', 4번은 '왼쪽 화살표'를 가리킨다). 프로그램 실행시, 영상처리를 위하여 DLL 파일을 호출하고, DLL 내부에서는 각 모양에 해당되어 있는 번호를 순차적으로 RAW 이미지와 비교(라벨링 등)하여 사용자가 선택한 이미지를 판별한다. 그러므로 아래 그림의 번호와 도형 이름이 맞지 않을 때, 원하지 않는 결과가 나올 수 있으므로 그림처럼 번호와 도형 이름을 똑같게 하여야 한다.

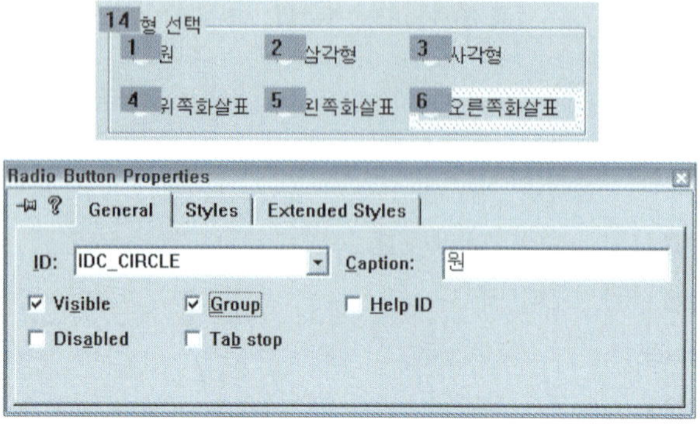

[그림 8-53] Radio 버튼 번호 할당과 IDC_CIRCLR 속성창에서 Group 체크

이제 각 Radio 버튼에 연결될 함수를 작성한다. 영상처리에서 도형의 모양을 정하기 위해서 사용자가 버튼을 클릭했을 때, 찾고자 하는 도형의 모양을 알려주는 역할이다(m_Shape 변수에는 각 패널에 해당하는 번호가 저장된다). 클래스위자드에서 Radio 버튼에 해당하는 ID에 BN_CLICKED을 이용하여 각각의 함수를 생성한다. 혹은 Dialog box의 각 Radio 버튼을 더블클릭하여 생성한다. 생성된 함수들에게 다음과 같이 모두 작성한다.

```
void CMy6Dlg::OnCircle()
{
    UpdateData( TRUE );
    Process.Shape = m_Shape; //DLL 파일에서 특정 모양을 찾으라는 명령 전달
    UpdateData( FALSE );
}

void CMy6Dlg::OnTriangle()
{
    UpdateData( TRUE );
    Process.Shape = m_Shape;
    UpdateData( FALSE );
}

void CMy6Dlg::OnRect()
{
    UpdateData( TRUE );
    Process.Shape = m_Shape;
    UpdateData( FALSE );
```

[그림 8-54] 생성된 Radio 버튼의 함수에 코드 작성

'영상처리 시작'과 '영상처리 종료' 버튼에 다음과 같이 함수를 생성, 작성한다.

```
void CMy6Dlg::OnProcessstart()
{
    process_flag = FALSE; // 영상처리의 ON/OFF 를 하는 변수
    UpdateData( FALSE );
}

void CMy6Dlg::OnProcessstop()
{
    process_flag = TRUE;
    UpdateData( TRUE );
}
```

[그림 8-55] 영상처리 시작, 종료 버튼의 함수에 코드 작성

'영상처리 실습Dlg.h'에 다음과 같이 변수와 함수를 추가한다.

```
public:
    CMy6Dlg(CWnd* pParent = NULL);  // standard constructor

    HWND m_hWndCap;

    HWND m_hWndCap;

    CRect m_Cap_Rect;
    CRect m_RectTrack;
    CRect m_RECT_mouse;
    unsigned char *MouseImg, ndir;
    COLORREF m_CaptureColor( unsigned char *InImg );
    // 마우스로 도형의 색을 추출하는 변수 초기화
// Dialog Data
    //{{AFX_DATA(CMy6Dlg)
    enum { IDD = IDD_MY6_DIALOG };

////////////////////////// 생략 된 부분입니다. //////////////////////////////
```

[그림 8-56] header 파일에 변수, 함수 선언-1

```
////////////////////////// 생략 된 부분입니다. //////////////////////////////

    afx_msg void OnRarr();
    afx_msg void OnProcessstart();
    afx_msg void OnProcessstop();
    //}}AFX_MSG
    DECLARE_MESSAGE_MAP()
};

LRESULT CALLBACK    capCallbackOnFrame( HWND hWnd, LPVIDEOHDR lpVHdr );
void SaveToBitmapFile( LPCTSTR pFilename, BYTE *pSaveImage );

//{{AFX_INSERT_LOCATION}}
```

[그림 8-57] header 파일에 변수, 함수 선언-2

'영상처리 실습Dlg.cpp'에 [그림 8-58]과 같이 전역변수를 추가한다.

※ 구조체내에서 변수의 순서를 그림과 똑같이 작성해야 한다. 이 구조체를 이용하여

DLL 파일에 명령 등을 전달하는데, 동일한 양식으로 선언되어 있으므로 순서 등이 틀릴 경우 프로그램이 실행되지 않는다.

```
BITMAPINFO BmInfo;                  // 장치 독립 비트맵(DIB)에 대한 컬러 정보를 포
unsigned char *pImageBuffer;        // 영상을 담을 포인터

BOOL m_flagMouse;                   // mouse flag
BOOL process_flag;                  // image process flag
int SHAPE;                          // user select shape
COLORREF m_SelColor;                //선택되어진 Color

typedef struct tagProcess_Info
{
    int width;
    int height;
    unsigned char *m_Inimg;         // 영상을 저장할 버퍼
    int Shape;                      // 사용자가 지정한 도형
    int R;                          // 사용자가 지정한 색
    int G;
    int B;
    double distance;                // 거리
    double Angle;                   // 로봇과의 각도
    int Object_Top;
    int Object_Bottom;
    int Object_Left;
    int Object_Right;
    BOOL find_success;              // 물체를 찾았는지 성공 여부
    int robot_select;               // 도형 모양의 사용자 선택 -> 1
                                    // DB 안의 모든 도형 찾기 -> 2

}Process_Info,*KProcess_Info;
Process_Info Process;  //구조체 선언

#define EDROBOT_API extern "C" __declspec(dllimport)
EDROBOT_API void Proccess_Image( KProcess_Info Process );

/////////////////////////////////////////////////////////////////////////////
// CAboutDlg dialog used for App About
```

[그림 8-58] 전역 변수 추가

'영상처리 실습Dlg.cpp'의 생성자 함수에서 다음과 같이 작성한다.

```
CMy6Dlg::CMy6Dlg(CWnd* pParent /*=NULL*/)
    : CDialog(CMy6Dlg::IDD, pParent)
{
    //{{AFX_DATA_INIT(CMy6Dlg)
    m_View = _T("");
    m_dbDistance = _T("");
    m_strColor = _T("");
    m_dbAngle = _T("");
    m_Shape = -1;
    //}}AFX_DATA_INIT
    // Note that LoadIcon does not require a subsequent DestroyIcon in Win32
    m_hIcon = AfxGetApp()->LoadIcon(IDR_MAINFRAME);

    pImageBuffer = NULL;    // 버퍼 초기화

    Process.m_Inimg = NULL; // Process 버퍼 초기화
    MouseImg = NULL;        // 버퍼 초기화
    process_flag = TRUE;    // Process flag
}
```

[그림 8-59] 생성자 함수에 전역 변수에서 선언한 변수의 초기화

'영상처리 실습Dlg.cpp'의 OnInitDialog 함수에서 다음과 같이 작성한다.

```
// TODO: Add extra initialization here
m_view.GetWindowRect( &m_Cap_Rect );
ScreenToClient( &m_Cap_Rect );        // Process image rect get

GetDlgItem( IDC_MOUSE )->GetWindowRect( &m_RECT_mouse );
ScreenToClient( &m_RECT_mouse );        // mouse color drag rect get

GetDlgItem( IDC_PROCESS_VIEW )->SetWindowPos( &wndBottom,400,30,320,240,SWP_DRAWFRAME );
// 뿌려지는 화면위치 지정


// 주어진 위치에 주어진 화면 크기로 영상 출력
m_hWndCap = capCreateCaptureWindow( _T( "Gomins Capture for Windows" ), WS_CHILD | WS_VISIBLE,
                                    30,30, 320, 240, this->m_hWnd, NULL );

////////////////////// 생략된 부분입니다. ///////////////////////

capOverlay( m_hWndCap, false );
capPreview(m_hWndCap, true);

pImageBuffer= new unsigned char[BmInfo.bmiHeader.biWidth*BmInfo.bmiHeader.biHeight*3];
// 저장할 버퍼의 크기 설정
SetTimer(0, 100,NULL);  // 타이머 설정

m_shape=0;                  // Radio 버튼 초기화
Process.robot_select=1; // 1 -> 사용자가 영상을 Radio 버튼을 이용하여 개별 선택
                        // 2 -> DB안의 모든 영상을 자동적으로 비교하여 확인

return TRUE;  // return TRUE  unless you set the focus to a control
}
```

[그림 8-60] Dialog 초기화 함수에 코드 추가

'Process.robot_select'를 이용하여 프로그램 목적에 맞게 영상의 개별선택 모드와 지정된 색의 모든 도형 선택 모드를 구분하여 사용할 수 있다.

다음은 마우스 선택 안에 들어간 픽셀들의 RGB 값을 조사해서 평균값을 낸 후 RGB 값으로 Return해주는 함수이다. 다음과 같이 작성한다.

```
COLORREF CMy6Dlg::m_CaptureColor( unsigned char *InImg )
{
    int y,x,index,count=0;
    int count_r=0, count_g=0, count_b=0;

    int width=320;
    int height=240;


    for(y=(m_RectTrack.top-30); y<m_RectTrack.bottom-30; y++)

    {
        index = (height-y-1)*width*3;
        for(x=(m_RectTrack.left-400); x<(m_RectTrack.right-400); x++)
        {
            count_r += InImg[index+3*x+2];
            count_g += InImg[index+3*x+1];
            count_b += InImg[index+3*x  ];
            count++;
        }
    }
```

```
    if(count==0){
        count_r = InImg[(height-m_RectTrack.top-30-1)*width*3+3*(m_RectTrack.left-400)+2];
        count_g = InImg[(height-m_RectTrack.top-30-1)*width*3+3*(m_RectTrack.left-400)+1];
        count_b = InImg[(height-m_RectTrack.top-30-1)*width*3+3*(m_RectTrack.left-400)];
    }
    else {
        count_r = (int)(count_r/count);
        count_g = (int)(count_g/count);
        count_b = (int)(count_b/count);
    }
    return RGB(count_r,count_g,count_b);
}
```

[그림 8-61] 마우스의 선택 영역의 색추출 함수

영상처리를 하면서 저장되는 BMP 파일을 저장하는 함수이다. BMP 구조를 정의한 후 버퍼안의 내용을 파일에 복사한다.

```
COLORREF CMy6Dlg::m_CaptureColor( unsigned char *InImg )
{
    int y,x,index,count=0;
    int count_r=0, count_g=0, count_b=0;

    int width=320;
    int height=240;


    for(y=(m_RectTrack.top-30); y<m_RectTrack.bottom-30; y++)

    {
        index = (height-y-1)*width*3;
        for(x=(m_RectTrack.left-400); x<(m_RectTrack.right-400); x++)
        {
            count_r += InImg[index+3*x+2];
            count_g += InImg[index+3*x+1];
            count_b += InImg[index+3*x  ];
            count++;
        }
    }
    if(count==0){
        count_r = InImg[(height-m_RectTrack.top-30-1)*width*3+3*(m_RectTrack.left-400)+2];
        count_g = InImg[(height-m_RectTrack.top-30-1)*width*3+3*(m_RectTrack.left-400)+1];
        count_b = InImg[(height-m_RectTrack.top-30-1)*width*3+3*(m_RectTrack.left-400)];
    }
    else {
        count_r = (int)(count_r/count);
        count_g = (int)(count_g/count);
        count_b = (int)(count_b/count);
    }
    return RGB(count_r,count_g,count_b);
}

void SaveToBitmapFile(LPCTSTR pFilename, BYTE *pSaveImage)
{


    BITMAPFILEHEADER     bmFileHeader;
    BITMAPINFOHEADER     bmInfoHeader;
    CFile                file;

    bmFileHeader.bfSize      = sizeof(BITMAPFILEHEADER);
    bmFileHeader.bfType      = 0x4D42;
    bmFileHeader.bfOffBits   = sizeof(BITMAPFILEHEADER) + sizeof(BITMAPINFOHEADER);
```

```
    bmInfoHeader.biSize              = sizeof(BITMAPINFOHEADER);
    bmInfoHeader.biWidth             = 320;
    bmInfoHeader.biHeight            = 240;
    bmInfoHeader.biPlanes            = BmInfo.bmiHeader.biPlanes;
    bmInfoHeader.biBitCount          = 24;
    bmInfoHeader.biCompression       = BmInfo.bmiHeader.biCompression;
    bmInfoHeader.biSizeImage         = (240 * 320 * 3);
    bmInfoHeader.biXPelsPerMeter     = BmInfo.bmiHeader.biXPelsPerMeter;
    bmInfoHeader.biYPelsPerMeter     = BmInfo.bmiHeader.biYPelsPerMeter;
    bmInfoHeader.biClrUsed           = BmInfo.bmiHeader.biClrUsed;
    bmInfoHeader.biClrImportant      = BmInfo.bmiHeader.biClrImportant;

    file.Open(pFilename, CFile::modeNoTruncate |
              CFile::modeCreate | CFile::modeReadWrite );
    file.Write(&bmFileHeader, sizeof(BITMAPFILEHEADER));
    file.Write(&bmInfoHeader, sizeof(BITMAPINFOHEADER));
    file.Write(pSaveImage, 320*240*3);
    file.Close();
}
```

[그림 8-62] BMP 파일 저장 함수

마우스를 드래그하여 선택된 영역의 색을 capture 하기 위해선 마우스 event가 발생할 때마다 처리해주는 Message Map이 필요하다. 이를 생성하기 위하여 클래스위자드를 열어서 다음과 같이 Message Map을 만든다.

WM_LBUTTONDOWN, WM_LBUTTONUP, WM_MOUSEMOVE 세 가지 함수를 추가한다.

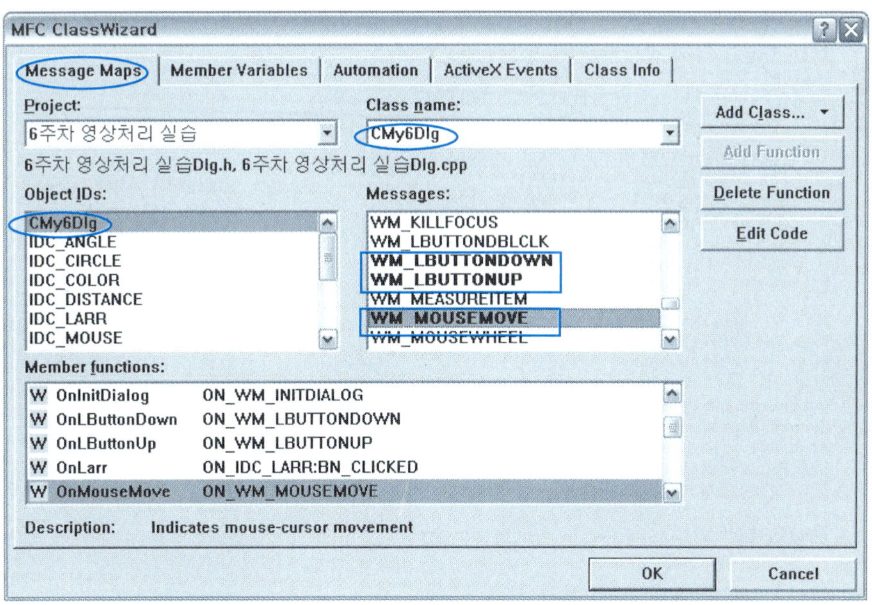

[그림 8-63] Mouse Event를 처리하는 Message Map 생성

[그림 8-63]과 같이 함수들을 생성한 후 각각의 함수에 다음과 같이 작성한다.

```
void CMy6Dlg::OnLButtonDown(UINT nFlags, CPoint point)
{
    if(point.y<m_Cap_Rect.top|| point.y>m_Cap_Rect.bottom) return;
    if(point.x<m_Cap_Rect.left || point.x>m_Cap_Rect.right) return;


    m_RectTrack.left = m_RectTrack.right = point.x;
    m_RectTrack.top = m_RectTrack.bottom = point.y;

    m_flagMouse = TRUE;

    CDialog::OnLButtonDown(nFlags, point);
}
```

[그림 8-64] WM_LBUTTONDOWN 함수

```
void CMy6Dlg::OnLButtonUp(UINT nFlags, CPoint point)
{
    if(m_flagMouse==TRUE)
    {


        if(point.y<m_Cap_Rect.top|| point.y>m_Cap_Rect.bottom) return;
        if(point.x<m_Cap_Rect.left || point.x>m_Cap_Rect.right) return;



        m_RectTrack.right = point.x;
        m_RectTrack.bottom = point.y;

        m_flagMouse = FALSE;

        if(m_RectTrack.top>m_RectTrack.bottom) {
            int tmp = m_RectTrack.top;
            m_RectTrack.top = m_RectTrack.bottom;
            m_RectTrack.bottom = tmp;
        }
        if(m_RectTrack.left>m_RectTrack.right) {
            int tmp = m_RectTrack.left;
            m_RectTrack.left = m_RectTrack.right;
            m_RectTrack.right = tmp;
        }

        m_SelColor = m_CaptureColor(pImageBuffer);

        Process.R=GetRValue(m_SelColor);
        Process.G=GetGValue(m_SelColor);
        Process.B=GetBValue(m_SelColor);

        CClientDC pDC(this);
        CBrush Brush(m_SelColor),*OldBrush;
        OldBrush = pDC.SelectObject(&Brush);    // 출력 Color 영역 설정.
        pDC.FillRect(&m_RECT_mouse,&Brush);
        pDC.SelectObject(OldBrush);

        Invalidate(FALSE);
    }

    CDialog::OnLButtonUp(nFlags, point);
}
```

[그림 8-65] WM_LBUTTONUP 함수

```
void CMy6Dlg::OnMouseMove(UINT nFlags, CPoint point)
{
    if(m_flagMouse==TRUE)
    {

        if(point.y<m_Cap_Rect.top|| point.y>m_Cap_Rect.bottom) return;
        if(point.x<m_Cap_Rect.left || point.x>m_Cap_Rect.right) return;

        m_RectTrack.right = point.x;
        m_RectTrack.bottom = point.y;
        // 드래그 하는 것을 화면에 표시

        CPen pen;
        pen.CreatePen(PS_SOLID,2,RGB(255,0,0));
        CClientDC dc(this);
        dc.SelectObject(&pen);
        dc.DrawEdge(m_RectTrack,EDGE_ETCHED,BF_RECT);


    }

    CDialog::OnMouseMove(nFlags, point);
}
```

[그림 8-66] WM MOUSEMOVE 함수

영상을 실시간으로 화면에 뿌려주기 위하여 OnTimer() 함수를 이용한다. 클래스위자드를 사용하여 다음과 같은 함수를 추가한다.

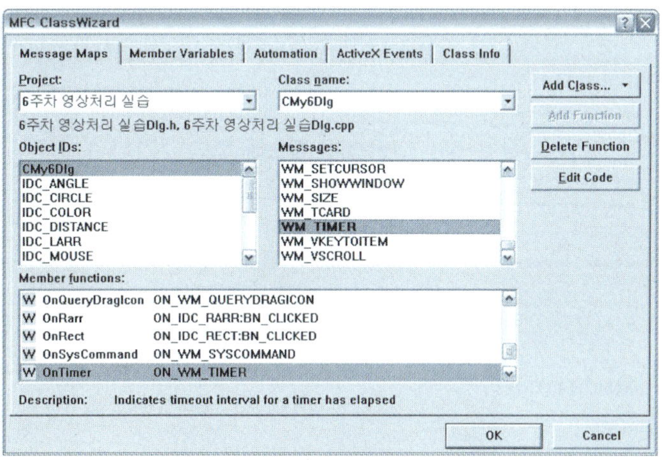

[그림 8-67] OnTimer() 함수 추가

추가된 함수에 다음과 같이 작성한다.

```
void CMy6Dlg::OnTimer(UINT nIDEvent)
{
    OnPaint();

    CDialog::OnTimer(nIDEvent);
}
```

[그림 8-68] OnTimer() 함수

실제 화면에 영상을 출력하기 위해 MFC 안의 OnPaint() 함수를 이용하여 Dialog에 영상과 영상처리된 결과물을 출력할 수 있다. 다음과 같이 OnPaint() 함수에 추가한다.

```
    // Draw the icon
    dc.DrawIcon(x, y, m_hIcon);
}
else
{
    /***********************************************************************/
    /*                 processing 이미지 그리기                              */
    /***********************************************************************/
    CClientDC dc(this);
    CDC MemDC;
    MemDC.CreateCompatibleDC(&dc);

    CBitmap bitmap;
    CString strPathname = "Org.bmp";
    bitmap.DeleteObject();

    bitmap.Attach((HBITMAP)LoadImage(NULL,strPathname,IMAGE_BITMAP, 0, 0, LR_LOADFROMFILE));

    CBitmap *oldbm = MemDC.SelectObject(&bitmap);

    dc.StretchBlt(  400,30,

        320,
        240,
        &MemDC,0,0,320,240,SRCCOPY);
    MemDC.SelectObject(oldbm);



    /***********************************************************************/
    /*                 찾고자하는 도형의 물체 추적                            */
    /***********************************************************************/
    if(process_flag==FALSE)
    {
```

[그림 8-69] OnPaint() 함수에 코드 추가 – 1

```
    /***********************************************************************/
    /*                 찾고자하는 도형의 물체 추적                            */
    /***********************************************************************/
    if(process_flag==FALSE)
    {

        CClientDC pDC(this);

        CPen myPen;
        CPen *pOldPen;
        COLORREF cr;
        cr = RGB(0,255,0);
        myPen.CreatePen(PS_SOLID, 3, cr);
        pOldPen = pDC.SelectObject(&myPen);


        int x,y,x1,y1;


        x=400+Process.Object_Left;
        y=30  +(240-Process.Object_Top);
        x1=400 +Process.Object_Right;
        y1=30 +(240-Process.Object_Bottom);
```

```
            pDC.MoveTo(x,y);
            pDC.LineTo(x1,y);
            pDC.LineTo(x1,y1);
            pDC.LineTo(x,y1);
            pDC.LineTo(x,y);

            pDC.SelectObject(pOldPen);
            myPen.DeleteObject();
        }

        CDialog::OnPaint();
    }
}
```

[그림 8-70] OnPaint() 함수에 코드 추가 – 2

CallBack 함수에서 영상의 데이터를 버퍼에 저장하고 영상처리를 하는 코드를 작성한다. 생성되어 있는 함수에 다음과 같이 작성한다.

```
LRESULT CALLBACK capCallbackOnFrame(HWND hWnd, LPVIDEOHDR lpVHdr)
{
    int height=BmInfo.bmiHeader.biHeight;   // 영상의 높이 값 설정
    int width=BmInfo.bmiHeader.biWidth;     // 영상의 넓이 값 설정
    for(int i=0; i<height*width-1; i++)
    {
        *(pImageBuffer + (i*3))     =    *(lpVHdr->lpData + (i*3)    );
        *(pImageBuffer + (i*3) + 1) =    *(lpVHdr->lpData + (i*3) + 1);
        *(pImageBuffer + (i*3) + 2) =    *(lpVHdr->lpData + (i*3) + 2) ;
    }       // VFW 에서 들어오는 영상데이터를 버퍼에 저장


    Process.m_Inimg=new unsigned char[width*height*3];
    memcpy(Process.m_Inimg,pImageBuffer,sizeof(unsigned char)*width*height*3);

    Process.width=320;
    Process.height=240;

    if(process_flag==FALSE)
    {
        Proccess_Image(&Process);
    }       // 영상처리하는 DLL 파일을 실행시키면서 영상데이터 및 정보를 넘겨주는 코드

    CString bit;
    bit.Format("Org.bmp");
    SaveToBitmapFile(bit,Process.m_Inimg);  // 1 Frame 을 저장

    delete []Process.m_Inimg;

    return (LRESULT)TRUE;
}

LRESULT CALLBACK capCallbackOnFrame(HWND hWnd, LPVIDEOHDR lpVHdr)
{
    int height=BmInfo.bmiHeader.biHeight;   // 영상의 높이 값 설정
    int width=BmInfo.bmiHeader.biWidth;     // 영상의 넓이 값 설정
    for(int i=0; i<height*width-1; i++)
    {
        *(pImageBuffer + (i*3))     =    *(lpVHdr->lpData + (i*3)    );
        *(pImageBuffer + (i*3) + 1) =    *(lpVHdr->lpData + (i*3) + 1);
        *(pImageBuffer + (i*3) + 2) =    *(lpVHdr->lpData + (i*3) + 2) ;
    }       // VFW 에서 들어오는 영상데이터를 버퍼에 저장


    Process.m_Inimg=new unsigned char[width*height*3];
    memcpy(Process.m_Inimg,pImageBuffer,sizeof(unsigned char)*width*height*3);
```

```
    Process.width=320;
    Process.height=240;

    if(process_flag==FALSE)
    {
        Proccess_Image(&Process);
    }       // 영상처리하는 DLL 파일을 실행시키면서 영상데이터 및 정보를 넘겨주는 코드

    CString bit;
    bit.Format("Org.bmp");
    SaveToBitmapFile(bit,Process.m_Inimg);  // 1 Frame 을 저장

    delete []Process.m_Inimg;

    return (LRESULT)TRUE;
}
```

[그림 8-71] CallBack 함수에 코드 작성

마지막으로 CallBack 함수에서 영상으로 처리하고 나온 결과물인 거리, 색, 각도 정보를 Dialog에 표시하기 위하여 OnTimer() 함수에 다음과 같이 추가 작성한다.

```
void CMy6Dlg::OnTimer(UINT nIDEvent)
{
    OnPaint();

    m_dbDistance.Format( "%4.1f", Process.distance );
    m_dbAngle.Format( "%4.1f", Process.Angle );
    m_strColor.Format( "RGB(%d %d %d)", Process.R, Process.G, Process. B );

    UpdateData(FALSE);

    CDialog::OnTimer(nIDEvent);
}
```

[그림 8-72] OnTimer() 함수에 코드 추가

최종 작성된 프로그램을 실행한 후 다음 순서에 맞게 실행하면 된다.

① 찾고자 하는 도형의 패널을 영상에 나타나게 한다.

② 도형의 모양을 선택한다(Radio 버튼).

③ 영상처리 부분의 Picture Box(오른쪽)에서 도형의 색이 있는 부분에 마우스로 드래그한다. 마우스 지정색에 현재 드래그한 영역의 색이 표시될 것이다.

④ 영상처리 시작 버튼을 누르면 선택한 도형의 모양에 사각형의 네모가 그려지고 왼쪽 하단에 거리, 각도, 색상값이 나타난다.

⑤ 영상처리 종료 버튼을 누르면 해당 처리과정이 종료된다.

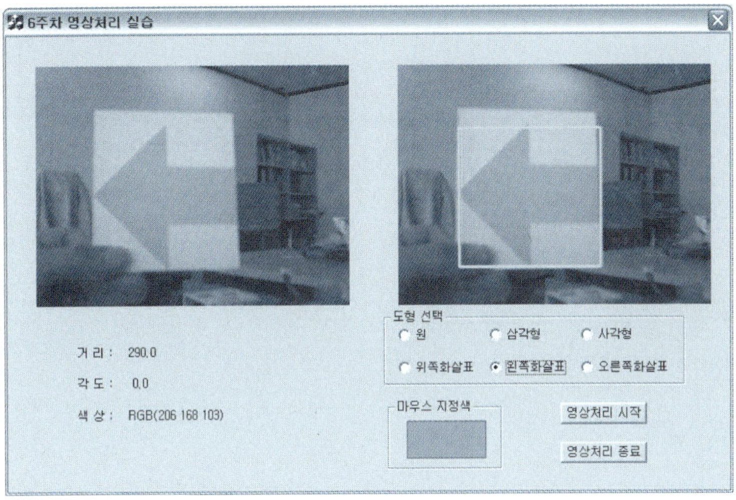

[그림 8-73] 최종 완성 프로그램

PART IV

지능형 로봇 응용시스템의 제어실습

지능형 로봇 응용시스템에서 사용하는 로봇 제어 소프트웨어인 IRES과 ED7271을 이용하여 19종의 지능형 로봇에서 사용되는 기능을 실습을 통하여 습득하고자 한다.

실습내용은 DC 모터 제어, 스텝 모터 제어, RC 모터 제어, 광원 모듈 제어, 모터의 속도제어, DC 모터 이동거리제어, 스텝 모터의 방향제어, 속도제어, 바이디렉션 모듈 제어, 로봇 방향제어, 음성인식, 영상처리, 로봇 반응, 경보장치, 자동문제어, 방향감지 카메라 제어, 이동로봇 제어실습 등을 실습하여 로봇의 작동원리 및 프로그램 능력을 향상시킨다.

CHAPTER

09 외부 밝기에 따른 광원 모듈의 제어실습

01 실습 과제

조도 센서 모듈을 이용해 빛의 밝기에 따라 광원 모듈의 밝기를 제어한다.

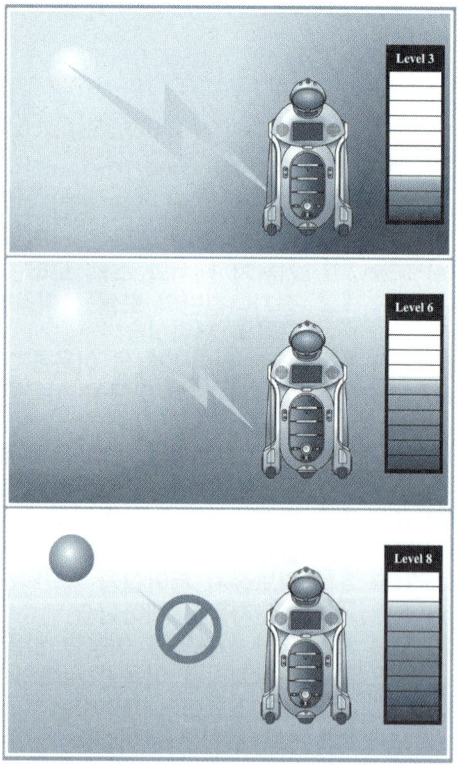

02 실습 목표

로봇 프로그램의 기본인 센서의 입력을 받는 방법을 이해하고 분기객체를 학습한다.

03 순서도 작성

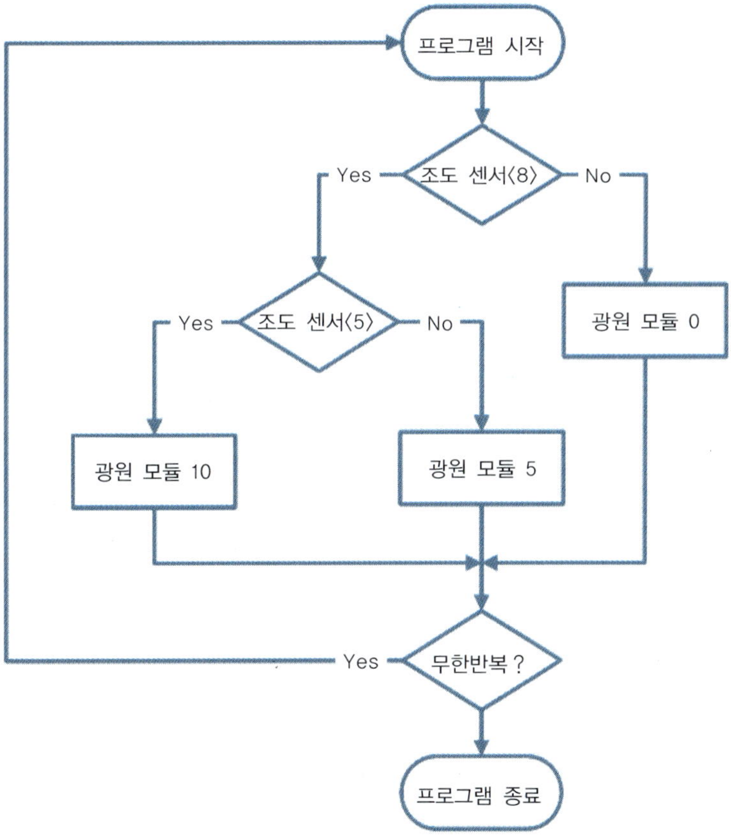

04 실습 준비

메인제어 모듈(ED7271-15)	1EA
조도 센서(ED7271-1)	1EA
광원 모듈(ED7271-2)	1EA
USB 케이블 A ↔ B	1EA
16P Plat 케이블	1EA
AC220V 전원선	1EA

05 장비 결선

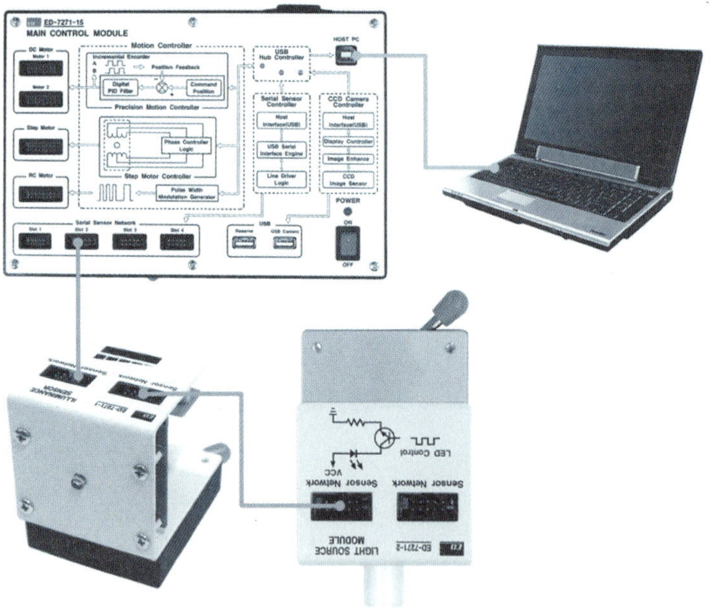

06 프로그램 작성

현재 조도가 레벨 8 이상이면 광원 모듈을 끄고, 레벨 5 이상이면 광원 모듈의 레벨을 5로 설정하고 그 이하의 조도 레벨이 측정된다면 광원 모듈의 밝기를 최대 설정(레벨 10) 하게 프로그램한다. 조도 센서의 경우 빛의 밝기에 대한 인식이 용이하도록 'Progress control'을 병행 사용하여 표현한다.

1. IRES를 이용한 프로그램 작성

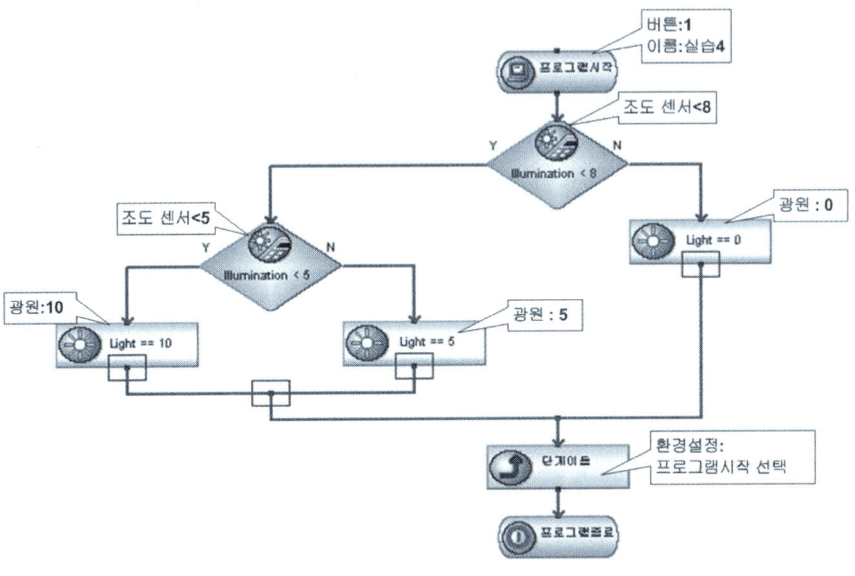

2. MFC를 이용한 프로그램 작성

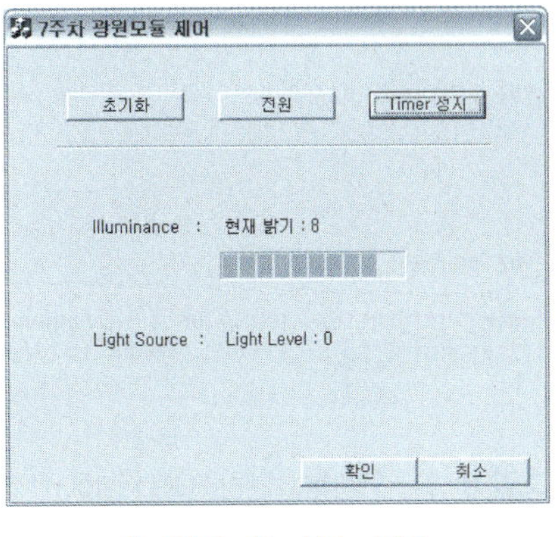

[그림 9-1] 실습 목표

3. 프로젝트 생성

7장과 동일한 방법으로 프로젝트를 생성한다.

(1) 초기화, 전원공급 버튼, OnDestory() 생성

다음과 같이 버튼을 생성, 각 버튼에 대하여 '초기화', '전원' 버튼, OnDestory() 함수를 생성하여 작성한다.

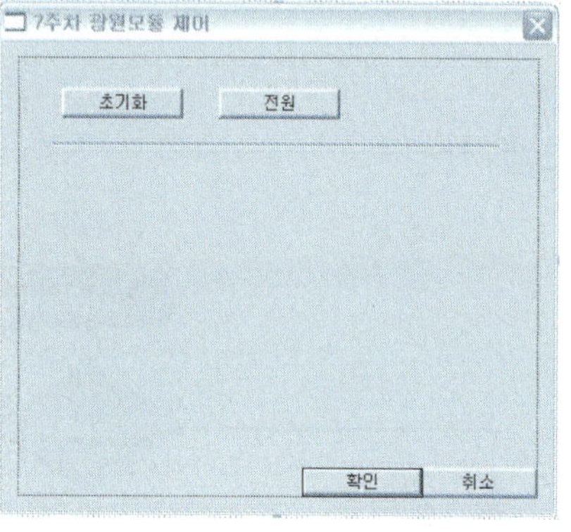

[그림 9-2] 초기화, 전원 버튼 생성

```
void CMy7Dlg::OnBtInit()
{
    pMotion = NULL;
    pSensor = NULL;

    if ( DCServo01_Initialize( m_hWnd, &pMotion ) != EDROBOT_API_OK )
        ::Message( NULL, "모션보드 초기화 실패", "Error", MB_OK );

    if ( SSN_Initialize( &pSensor, FALSE ) != EDROBOT_API_OK )
        ::Message( NULL, "센서 초기화 실패", "Error", MB_OK );
}

void CMy7Dlg::OnDestroy()
{
    CDialog::OnDestroy();

    SSN_Close( pSensor );
    DCServo01_ExternalPower_5V( pMotion, EXT5V_OFF );
    DCServo01_Close( pSensor );
}

void CMy7Dlg::OnBtPower()
{
    DCServo01_ExternalPower_5V( pMotion, EXT5V_OFF );
    Sleep(500);
    if ( DCServo01_ExternalPower_5V( pMotion, EXT5V_ON ) != EDROBOT_API_OK )
        ::MessageBox( NULL, "전원공급 실패", "Error", MB_OK );
    SSN_Start ( pSensor );
}
```

[그림 9-3] 초기화, 전원, OnDestory() 함수

(2) 조도 센서, 광원 모듈 제어 함수작성

다음과 같이 조도 센서의 데이터와 광원 모듈의 레벨을 Dialog에 출력하는 Static Text와 Progress control을 생성한다.

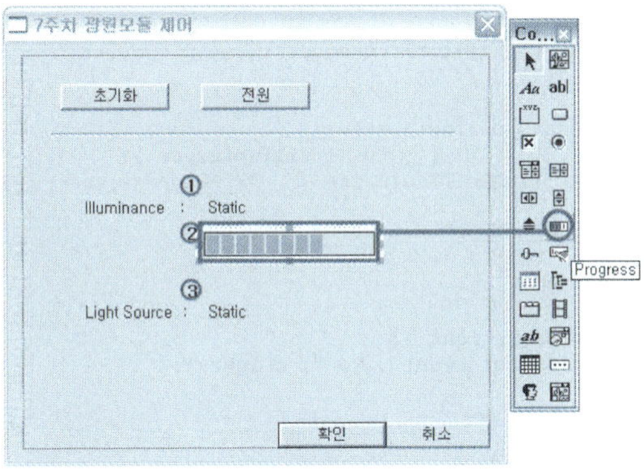

[그림 9-4] Static text, Progress control 생성

[표 9-1] ID, 변수형, 변수명

번 호	ID	변수형	변수명
1	IDC_ILLUMINANCE	CString	m_strIlluminance
2	IDC_ILLUMINANCE_PROG	CProgressCtrl	m_ctrlIlluminanceProg
3	IDC_LIGHTSOURCE	CString	m_strLightsource

조도 센서로부터 외부 밝기 데이터를 획득할 수 있는 함수를 작성하고, 그 데이터를 받아 광원 모듈의 레벨(빛의 밝기)을 결정하는 함수를 작성한다.

각 센서의 데이터를 저장하는 변수를 Header 파일에 선언한다.

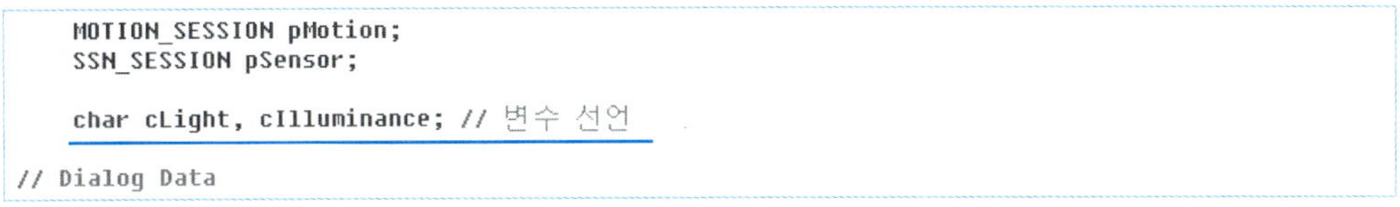

```
    MOTION_SESSION pMotion;
    SSN_SESSION pSensor;

    char cLight, cIlluminance; // 변수 선언

// Dialog Data
```

[그림 9-5] 변수 선언

조도 센서로부터 데이터를 받아 출력하는 함수와 광원 모듈의 레벨을 결정하는 함수를 다음 그림과 같이 '광원 모듈 제어Dlg.cpp' 파일(파일명은 사용자가 작성한 프로젝트 이름에 따라 다르다.)에 직접 작성한다. 클래스위자드를 통하여 함수를 생성하는 것이 아니므로, 함수명을 직접 선언하고 작성해주어야 한다.

조도 센서로부터 받은 데이터로 광원 모듈의 빛의 밝기를 결정하는 함수를 순서도를 참고하여 '광원 모듈 제어 Dlg.cpp'에 작성하고, '광원 모듈 제어Dlg.h'에 선언한다.

```
void CMy7Dlg::GetIlluminance()
{
    cIlluminance = 0;
    m_ctrlIlluminance.SetRange(0, 10);  // Progress 범위 설정
    m_ctrlIlluminance.SetStep(1);  // 증가될 스텝을 지정

    SSN_GetIlluminance( pSensor, cIlluminance );
    m_strIlluminance.Format( "현재 밝기 : %d ", cIlluminance );
    m_ctrlIlluminance.SetPos( (int)cIlluminance );  // Progress control에 넘겨줄 변수 설정
    UpdateData(FALSE);
}

void CMy7Dlg::Lightsource()
{
    SSN_SetLightSource( pSensor, cLight );
    m_strLightsource.Format( "Light Level : %d ", cLight );
    UpdateData(FALSE);
}
```

[그림 9-6] 조도 센서와 광원 모듈 함수작성

```
void CMy7Dlg::LightControl()
{
    GetIlluminance();                    // 조도센서로부터 외부 밝기 데이터를 가져온다.

    if ( cIlluminance < 8 )              // 외부 밝기가 8 보다 작으면..
        {
            if ( cIlluminance < 5 )      // 외부 밝기가 5 보다 작으면..
            {
                cLight = 10;             // 광원 모듈의 밝기는 10
                LightSource();
            }
            else
            {
                cLight = 5;              // 광원 모듈의 밝기는 5
                LightSource();
            }

        }
        else                             // 외부 밝기가 8 이상이면..
        {
            cLight = 0;                  // 광원 모듈의 밝기는 0
            LightSource();
        }
}
```

[그림 9-7] LightControl 함수

```
    MOTION_SESSION pMotion;
    SSN_SESSION pSensor;

    BOOL bTimerFlag;            // flag 선언

    char cLight, cIlluminance;  // 변수 선언

    void GetIlluminance();
    void Lightsource();
    void LightControl();

// Dialog Data
```

[그림 9-8] 생성한 함수의 선언

외부 밝기에 따른 광원 모듈 제어에 필요한 함수의 작성은 끝났으며, 이제 작성한 함수를 동작시키는 것만 남았다. 이 교재에서는 OnTimer() 함수를 사용하여 동작시키도록 한다.

(3) OnTimer() 함수 생성, 작성

Dialog에 다음과 같이 버튼을 생성한 후 다음 그림들과 같이 작성한다.

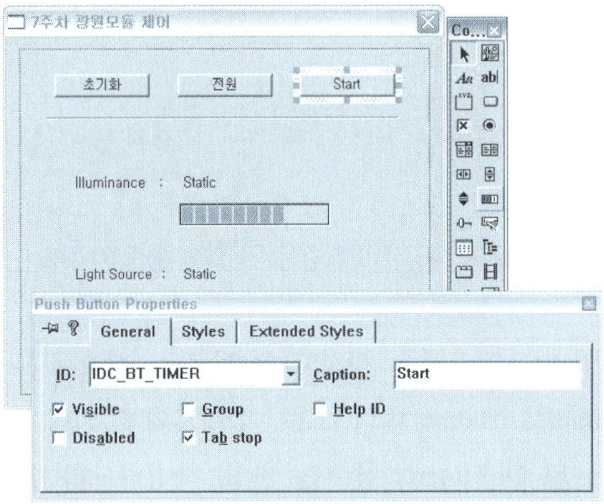

[그림 9-9] Start 버튼 생성

버튼 동작을 위하여 flag 변수를 선언하고 초기값을 설정한다.

```
MOTION_SESSION pMotion;
SSN_SESSION pSensor;

BOOL bTimerFlag;                // flag 선언

char cLight, cIlluminance;      // 변수 선언
```

[그림 9-10] Header 파일에 flag 선언

```
void CMy7Dlg::OnBtInit()            // 초기화
{
    pMotion = NULL;
    pSensor = NULL;

    bTimerFlag = FALSE;             // flag 초기값 설정

    if ( DCServo01_Initialize( m_hWnd, &pMotion ) != EDROBOT_API_OK )
        ::MessageBox( NULL, "모션보드 초기화 실패", "Error", MB_OK );

    if ( SSN_Initialize( &pSensor, FALSE ) != EDROBOT_API_OK )
        ::MessageBox( NULL, "센서 초기화 실패", "Error", MB_OK );
}
```

[그림 9-11] Initial 함수에 flag 초기값 설정

생성한 함수(버튼에 연결된)에 다음과 같이 작성한다. 선언한 flag 변수에 의하여 버튼을 눌렀을 때 OnTimer() 함수를 Call하여 동작, 정지하게 된다.

```
void CMy7Dlg::OnBtTimer()                    // 버튼에 연결된 함수
{
    if( bTimerFlag == FALSE )
    {
        bTimerFlag = TRUE;
        SetTimer( 0, 100, NULL );            // Timer() 함수 시작
        SetDlgItemText( IDC_BT_TIMER, "Timer 정지" );    // 버튼에 표시될 Text
    }
    else
    {
        bTimerFlag = FALSE;
        KillTimer(0);                        // Timer() 함수 정지
        SetDlgItemText( IDC_BT_TIMER, "TImer 실행" );    // 버튼에 표시될 Text
    }
}
```

[그림 9-12] 버튼에 연결된 함수에 코드 작성

'SetTimer(0, 100, NULL)' 구문은 생성할 OnTimer() 함수를 호출하는 부분이다. 이 구문으로 '0' 번째 Timer를 100ms 마다 호출, 실행시키게 된다.

이제 실제 동작하게 될 OnTimer() 함수를 생성, 작성하도록 한다.

클래스위자드를 실행하여 WM_TIMER를 추가한다.

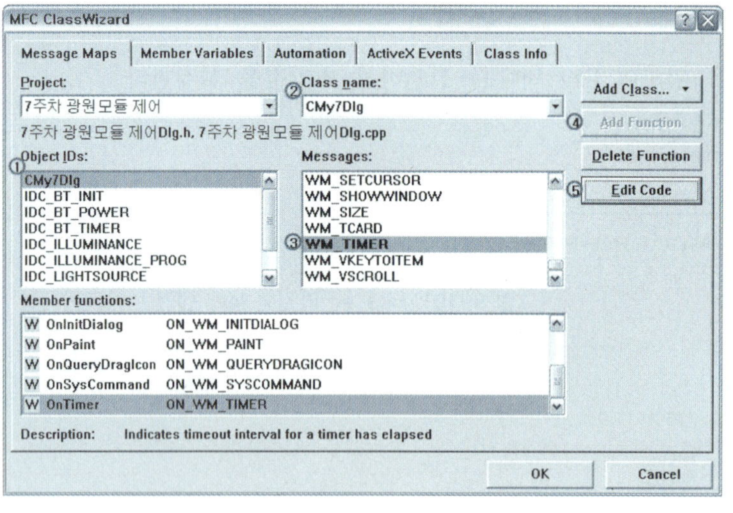

[그림 9-13] 클래스위자드 - OnTimer() 생성

생성된 함수에 다음과 같이 작성한다.

```
void CMy7Dlg::OnTimer(UINT nIDEvent)
{
    LightControl();

    CDialog::OnTimer(nIDEvent);
}
```

[그림 9-14] OnTimer() 함수 코드

'Start' 버튼이 눌러졌을 때 실제 실행되는 함수이며 이 함수에서 다시 LightControl() 함수를 호출하여 동작하게 된다. LightControl() 함수안에 작성한 코드를 이 OnTimer() 함수 안에 직접 작성하여 동작시킬 수도 있다. 다음 그림은 그에 대한 예시이다.

```
void CMy7Dlg::OnTimer(UINT nIDEvent)
{
    if ( nIDEvent == 0 )                // SetTimer() 에서 Timer 번호가 '0'이면..
    {
        GetIlluminance();               // 조도센서로부터 외부 밝기 데이터를 가져온다.

        if ( cIlluminance < 8 )         // 외부 밝기가 8 보다 작으면..
        {
            if ( cIlluminance < 5 )     // 외부 밝기가 5 보다 작으면..
            {
                cLight = 10;            // 광원 모듈의 밝기는 10
                Lightsource();
            }
            else
            {
                cLight = 5;             // 광원 모듈의 밝기는 5
                Lightsource();
            }
        }
        else                            // 외부 밝기가 8 이상이면..
        {
            cLight = 0;                 // 광원 모듈의 밝기는 0
            Lightsource();
        }
    }

    CDialog::OnTimer(nIDEvent);
}
```

[그림 9-15] OnTimer() 함수(예)

위 그림과 작성하면 LightControl() 함수를 작성할 필요가 없이 버튼이 눌러졌을 때 바로 위 그림의 코드와 같은 동작을 실행하게 된다. 두 방법 모두 같은 동작을 실행하며, 어떠한 방법으로 프로그램할지는 개개인의 취향이라 하겠다.

07 동작 확인 및 결과

작성한 프로그램이 올바르게 동작하는지 확인한다.

여기에서 지능형 로봇 실험실습 장치는 빛의 밝기를 측정하기 위해서 포토다이오드를 사용한다. 조도를 측정하기 위한 다른 센서는 어떤 것이 있는지 알아보고, 각각의 장단점을 비교해보자.

1. 동작 확인

① 조도가 8 이상이면 광원 모듈 밝기는 0이 된다.

② 1이 아니고 조도가 5 이상이면(8>조도≥5) 광원 모듈 밝기는 5가 된다.

③ 1, 2가 아닐 경우(5>조도) 광원 모듈 밝기는 10이 된다.

2. 결과 및 토의

조도가 8보다 작을 경우 빛의 밝기에 따라서 광원 모듈의 밝기가 5 또는 10으로 정상 작동하였다. 그러나 조도가 8보다 클 경우 광원 모듈의 밝기가 0이 되지 않았다.

조도 센서에 측정되는 빛의 세기가 8 이상으로 유지될 때도 광원 모듈이 일정한 밝기(0)를 유지하지 않고 0과 5를 오가며 깜빡거린다.

08 심화학습

- 기울기 센서를 사용하여 X축의 기울기가 10보다 작을 때 광원 모듈이 동작하도록 프로그램하시오.
- 조도 센서에 측정되는 빛의 세기가 8 이상으로 유지될 때도 광원 모듈이 일정한 밝기를 유지하기 위한 방법을 생각해보시오.
- 기울기 센서의 기울기에 따라 광원 모듈의 레벨이 달라지는 프로그램을 작성하시오. (예 : 기울기가 커질수록 광원 모듈의 레벨이 상승하도록…)

CHAPTER

10 빛의 밝기에 따른 모터의 속도 제어실습

01 실습 과제

빛의 밝기에 따라 로봇의 움직임 속도를 제어한다.

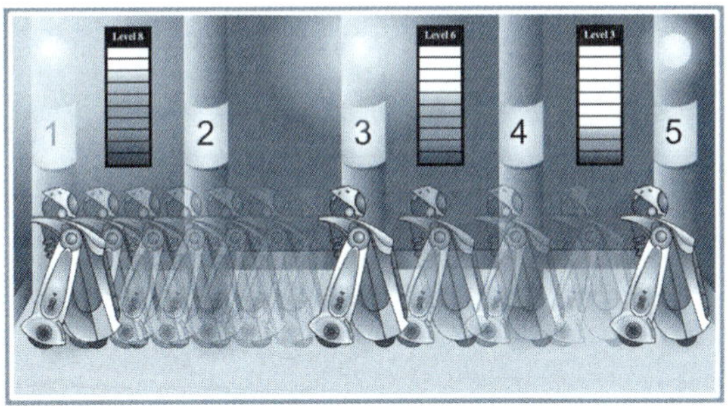

02 실습 목표

로봇 프로그램의 기본인 센서의 입력방법을 이해한다.

03 순서도 작성

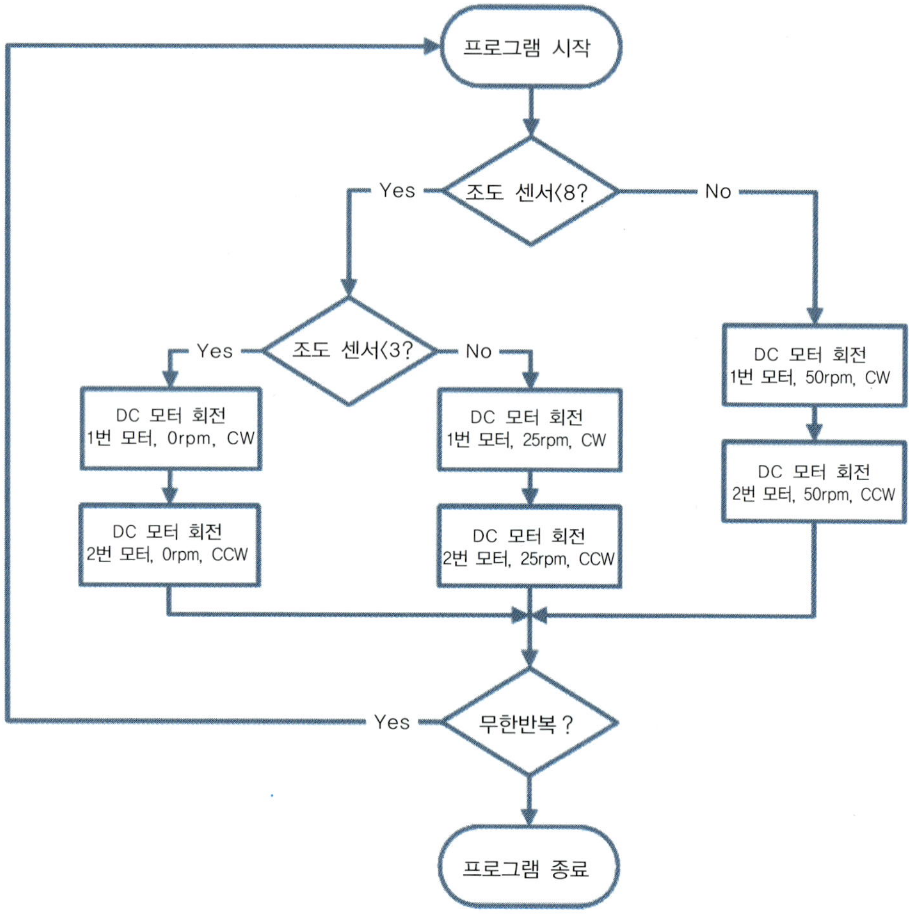

04 실습 준비

메인제어 모듈(ED7271-15)	1EA
조도 센서(ED7271-1)	1EA
광원 모듈(ED7271-2)	1EA
DC 모터(ED7271-13)	2EA

양방향 구동 모듈	1EA
타이밍벨트	2EA
USB 케이블 A ↔ B	1EA
16P Plat 케이블	1EA
AC220V 전원선	1EA

05 장비 결선

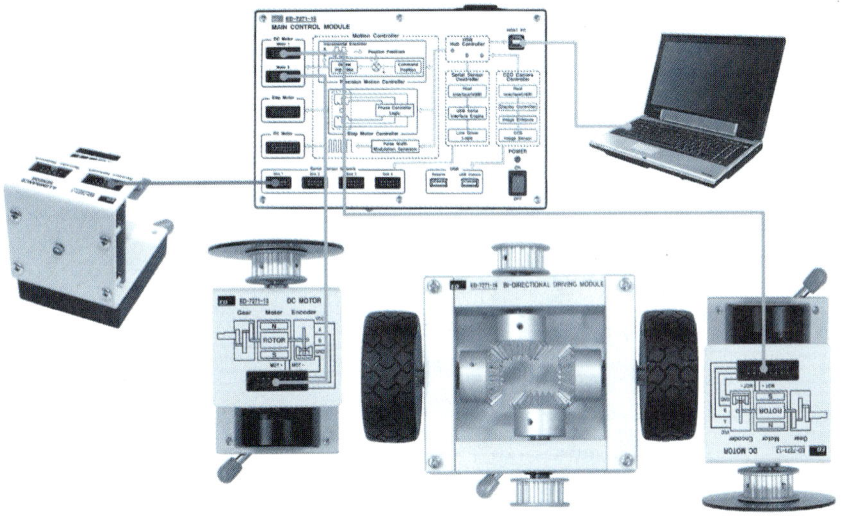

06 프로그램 작성

조도 센서의 입력이 레벨 8 이상일 때 DC 모터의 속도를 50rpm으로 동작하고 레벨 3 이하일 경우 로봇을 정지한다. 레벨 7~레벨 4의 영역에서는 25rpm으로 프로그램을 작성한다.

1. IRES를 이용한 프로그램 작성

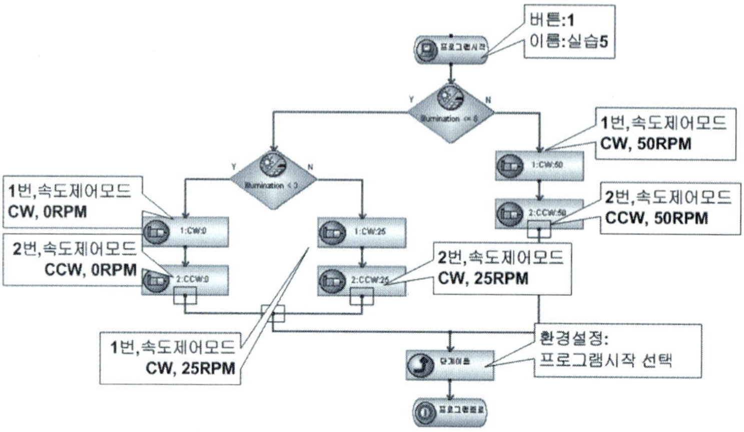

2. MFC를 이용한 프로그램 작성

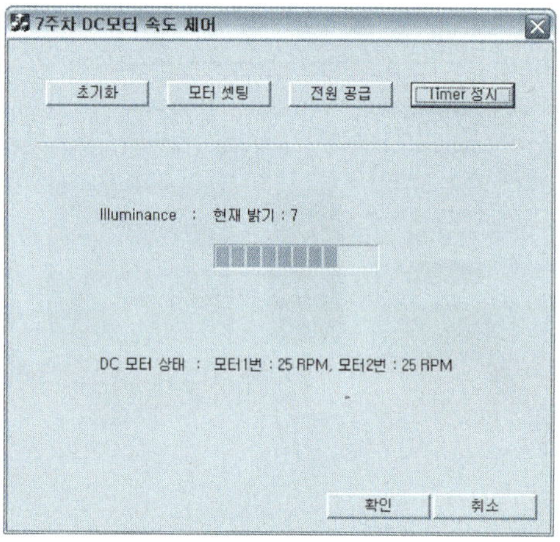

[그림 10-1] 실습 목표

(1) 프로젝트 생성

7장에서 같은 과정을 수행, 프로젝트를 생성한다.

(2) 초기화, 전원공급, 모터 세팅 버튼, OnDestory() 생성

다음 그림과 같이 버튼을 생성, 각 버튼에 대하여 '초기화', '모터 세팅', '전원공급', 'Start' 버튼과 OnDestory() 함수를 생성하여 작성한다. 지난 응용실습들과 달리 'DCServo01_SetAbsoluteAcceleration()' 함수를 '모터 세팅' 함수 안에 포함하여 작성토록 한다.

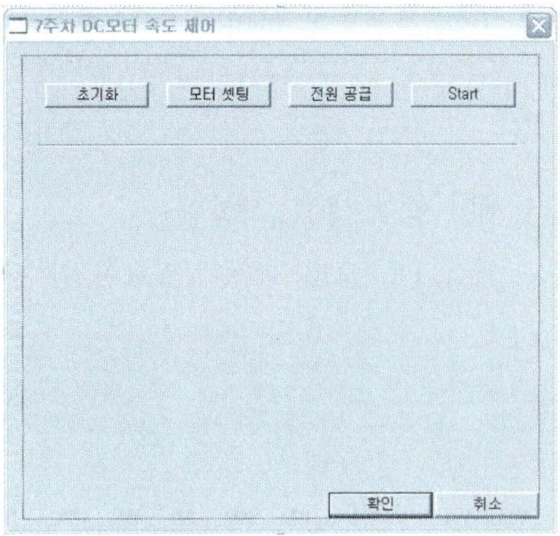

[그림 10-2] 버튼 생성

```
void CMy7DCDlg::OnBtInit()      // 초기화
{
    pMotion = NULL;
    pSensor = NULL;

    bTimerFlag = FALSE;         // flag 초기값 설정

    if ( DCServo01_Initialize( m_hWnd, &pMotion ) != EDROBOT_API_OK )
        ::MessageBox( NULL, "모션보드 초기화 실패", "Error", MB_OK );

    if ( SSN_Initialize( &pSensor, FALSE ) != EDROBOT_API_OK )
        ::MessageBox( NULL, "센서 초기화 실패", "Error", MB_OK );
}

void CMy7DCDlg::OnDestroy()
{
    CDialog::OnDestroy();

    SSN_Close( pSensor );
    DCServo01_ExternalPower_5V( pMotion, EXT5V_OFF );
    DCServo01_Close( pSensor );
}

void CMy7DCDlg::OnBtFilter()    // 모터 셋팅
{
    DCServo01_FillterSet( pMotion, 1, 14, 30, 200, 0, 0, 0 );
    DCServo01_FillterSet( pMotion, 2, 14, 30, 200, 0, 0, 0 );

    DCServo01_SetAbsoluteAcceleration( pMotion, 1, 200 );
    DCServo01_SetAbsoluteAcceleration( pMotion, 2, 200 );
}

void CMy7DCDlg::OnBtPower()     // 전원 공급
{
    DCServo01_ExternalPower_5V( pMotion, EXT5V_OFF );
    Sleep(500);
    if ( DCServo01_ExternalPower_5V( pMotion, EXT5V_ON ) != EDROBOT_API_OK )
        ::MessageBox( NULL, "전원공급 실패", "Error", MB_OK );
    SSN_Start ( pSensor );
}

void CMy7DCDlg::OnBtTimer()
{
    // TODO: Add your control notification handler code here

}
```

[그림 10-3] 초기화, OnDestory, 모터 세팅, 전원공급, Start 함수

Start 버튼에 대한 함수는 차후 작성토록 하며 다음 응용실습부터는 이와 같은 방법으로 Dialog 안의 기본적인 버튼들을 생성, 작성하면 된다.

(3) 조도 센서, DC 모터 제어 함수 생성, 작성

다음 그림들과 같이 조도 센서, DC 모터 제어에 필요한 함수들을 생성하고 선언, 작성한다.

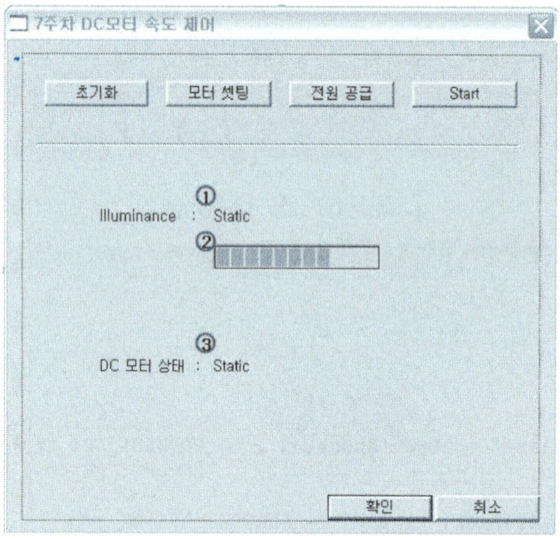

[그림 10-4] Static text, Progress control 생성

[표 10-1] ID, 변수형, 변수명

번 호	ID	변수형	변수명
1번	IDC_ILLUMINANCE	CString	m_strIlluminance
2번	IDC_ILLUMINANCE_PROG	CProgressCtrl	m_ctrlIlluminanceProg
3번	IDC_DCSTATE	CString	m_strDcstate

함수작성 전, 함수 안에서 사용할 변수들에 대하여 Header 파일에 선언해준다.

```
MOTION_SESSION pMotion;
SSN_SESSION pSensor;

char cIlluminance;          // 변수 선언
double dbVelocity;          // 변수 선언
```

[그림 10-5] Header 파일에 변수 선언

```
void CMy7DCDlg::GetIlluminance()
{
    cIlluminance = 0;
    m_ctrlProgress.SetRange(0, 10);  // Progress 범위 설정
    m_ctrlProgress.SetStep(1);  // 증가될 스텝을 지정

    SSN_GetIlluminance( pSensor, cIlluminance );
    m_strIlluminance.Format( "현재 밝기 : %d ", cIlluminance );
    m_ctrlProgress.SetPos( (int)cIlluminance );  // Progress control에 넘겨줄 변수 설정
    UpdateData(FALSE);
}

void CMy7DCDlg::DCForward()        // 모터 전진
{
    UpdateData(TRUE);

    DCServo01_SetAbsoluteVelocity( pMotion, 1, dbVelocity );
    DCServo01_SetAbsoluteVelocity( pMotion, 2, dbVelocity );

    DCServo01_ForwardStart( pMotion, 1 );
    DCServo01_BackwardStart( pMotion, 2 );
}

void CMy7DCDlg::DCStop()           // 모터 정지
{
    DCServo01_StopSmoothly( pMotion, 1 );
    DCServo01_StopSmoothly( pMotion, 2 );
}

void CMy7DCDlg::ReadRpm()                          // 모터 Rpm 값 획득, 출력
{
    double dbRpm1 = 0, dbRpm2 = 0;                 // 변수 선언

    DCServo01_ReadRpm( pMotion, 1, dbRpm1 );       // 모터1번 Rpm 값 획득
    DCServo01_ReadRpm( pMotion, 1, dbRpm2 );       // 모터1번 Rpm 값 획득

    m_strDcstate.Format( "모터1번 : %2.f RPM, 모터2번 : %2.f RPM", dbRpm1, dbRpm2 );    // 모터 Rpm 출력
    UpdateData(FALSE);
}
```

[그림 10-6] 조도 센서, 모터 제어 함수

```
void CMy7DCDlg::DCControl()
{
    GetIlluminance();

    if ( cIlluminance < 8 )
        {
            if ( cIlluminance > 2 )     // 외부 밝기가 8보다 작고 2보다 크면..
            {
                dbVelocity = 25;        // 모터 속도는 25
                DCForward();            // 모터 전진
                ReadRpm();              // 모터 속도 값 획득, 출력
            }
            else                        // 외부 밝기가 2보다 작으면..
            {
                DCStop();               // 모터 정지
                ReadRpm();              // 모터 속도 값 획득, 출력
            }
        }
        else                            // 외부 밝기가 8이상이면..
        {
            dbVelocity = 50;            // 모터 속도는 50
            DCForward();                // 모터 전진
            ReadRpm();                  // 모터 속도 값 획득, 출력
        }
}
```

[그림 10-7] 실행 함수

작성한 함수들을 Header 파일에 선언해준다.

```
    char cIlluminance;          // 변수 선언
    double dbVelocity;          // 변수 선언

    void GetIlluminance();
    void DCForward();
    void DCStop();
    void DCControl();
    void ReadRpm();

// Dialog Data
    //{{AFX_DATA(CMy7DCDlg)
    enum { IDD = IDD_MY7DC_DIALOG };
```

[그림 10-8] Header 파일에 생성한 함수 선언

(4) OnTimer() 함수 생성, 작성

생성되어 있는 Start 함수 안에 다음과 같이 작성한다.

```
void CMy7DCDlg::OnBtTimer()
{
    if( bTimerFlag == FALSE )
    {
        bTimerFlag = TRUE;
        SetTimer( 0, 100, NULL );        // Timer() 함수 시작
        SetDlgItemText( IDC_BT_TIMER, "Timer 정지" );   // 버튼에 표시될 Text
    }
    else
    {
        bTimerFlag = FALSE;
        DCStop();                        // DC 모터 정지
        KillTimer(0);                    // Timer() 함수 정지
        SetDlgItemText( IDC_BT_TIMER, "TImer 실행" );   // 버튼에 표시될 Text
    }
}
```

[그림 10-9] Start 함수

버튼을 눌렀을 때 호출된 OnTimer() 함수를 앞 실습과 같은 방법으로 생성한 후 다음과 같이 작성한다.

```
void CMy7DCDlg::OnTimer(UINT nIDEvent)
{
    DCControl();

    CDialog::OnTimer(nIDEvent);
}
```

[그림 10-10] OnTimer() 함수작성

클래스위자드로 On Timer( ) 함수를 생성하고 컴파일을 하면 Header 파일에 [그림 10-8]과 같이 선언한 함수들이 삭제되어 다시 선언해야 하는 경우가 발생한다. 이런 경우를 방지하기 위하여 On Timer( ) 함수까지 생성한 후 선언해주는 것도 방법이다. 이 교재

에서는 기본 버튼 생성과 On Destory( ) 함수 생성시, On Timer( ) 함수도 같이 생성한 후 프로그램을 작성하는 방법을 사용하고 있다.

07 동작 확인 및 결과

빛의 밝기에 따라 속도가 변하는지 확인하자.

1. 동작 확인

빛의 밝기가 8 이상일 경우 모터는 50rpm으로 회전한다.
빛의 밝기가 3보다 작을 경우 모터는 정지한다.
위의 경우가 아닐 경우 모터는 25rpm으로 회전한다.

2. 결과 및 토의

정상적으로 동작한다. 빛의 밝기가 8 이상으로 밝을 경우에서 3 이하로 갑자기 작아지는 경우와 그 반대의 경우에 대해서도 DC 모터가 정상 작동하였다.

주변 환경에 대한 데이터를 이용하여 로봇이 가·감속을 조절하여 어두운 곳에 있는 경우에는 로봇의 속도를 낮추고, 밝은 곳에 있는 곳은 로봇의 주행속도를 높여 주행할 수 있는 방법에 대하여 알았다.

08 심화학습

- 기울기 센서를 사용하여 X축의 기울기가 10보다 작을 때 광원 모듈이 동작하도록 프로그램하시오.
- 조도 센서에 측정되는 빛의 세기가 8 이상으로 유지될 때도 광원 모듈이 일정한 밝기를 유지하기 위한 방법을 생각해보시오.
- 기울기 센서의 기울기에 따라 광원 모듈의 레벨이 달라지는 프로그램을 작성하시오 (예 : 기울기가 커질수록 광원 모듈의 레벨이 상승하도록…).

CHAPTER 11

기울기 센서와 스텝 모터 속도 제어실습

01 실습 과제

기울기 센서의 입력은 받은 데이터로 스텝 모터의 속도제어를 구현한다. 로봇이 경사면을 올라갈 때 저속의 고토크의 구동법을 사용하고 평지를 이동할 때에는 고속의 저 토크 영역의 스텝 모터 제어방법을 사용한다. 이에 따라 경사도가 높으면 저속으로 주행하고, 낮으면 고속으로 움직이는 알고리즘을 구현한다.

02 실습 목표

로봇에서 기울기 센서의 용도를 모색하고 기울기 센서의 활용도를 높인다.

03 순서도 작성

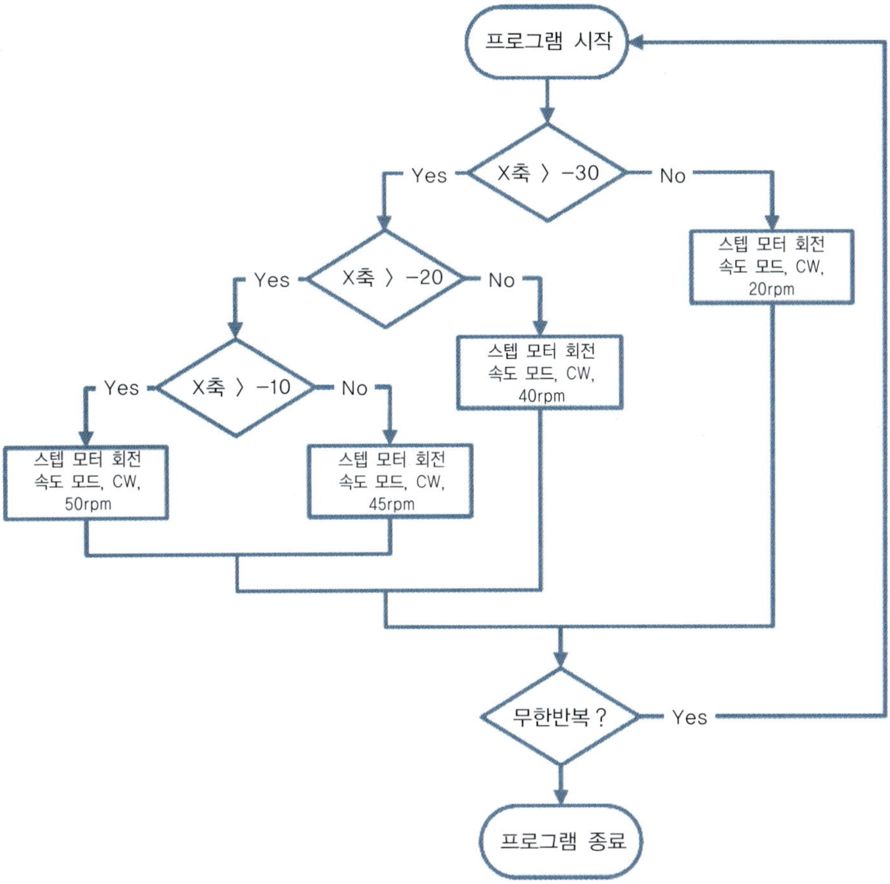

04 실습 준비

메인제어 모듈(ED7271-15)	1EA
가속도 센서(ED7271-6)	1EA
RC 모터(ED7271-10)	1EA
USB 케이블 A ↔ B	1EA

10P Plat 케이블	1EA
16P Plat 케이블	1EA
AC220V 전원선	1EA

05 장비 결선

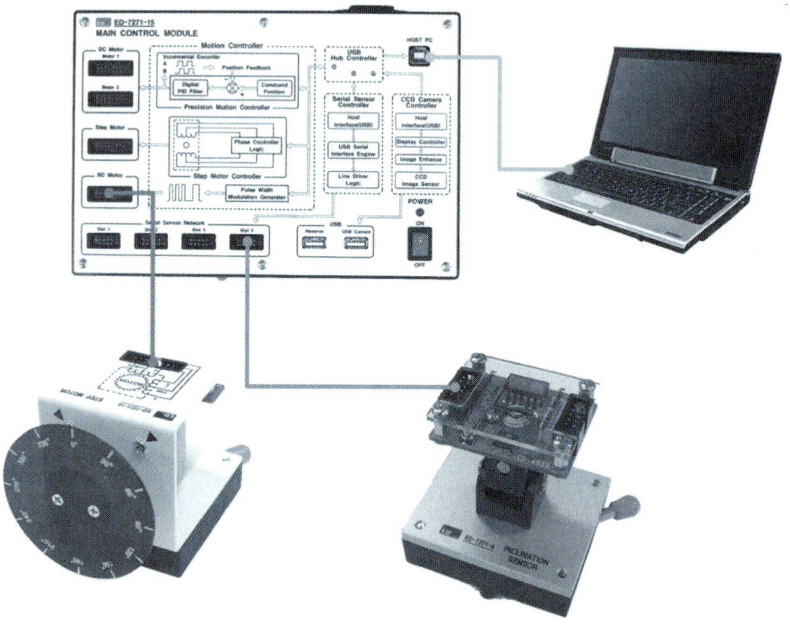

06 프로그램 작성

X축 기울기에 대해서만 프로그램을 작성한다. 간략한 프로그램을 예로 든다. X축의 기울기 값이 −30°보다는 −20°가 더 완만하다. 기울기에 따라 모터의 속도를 변화하는 프로그램을 작성하고 0°의 기울기값이 측정될 때는 평지를 의미한다. 평지일 때 가장 빠른 속도로 모터를 제어하는 프로그램을 작성한다.

1. IRES를 이용한 프로그램 작성

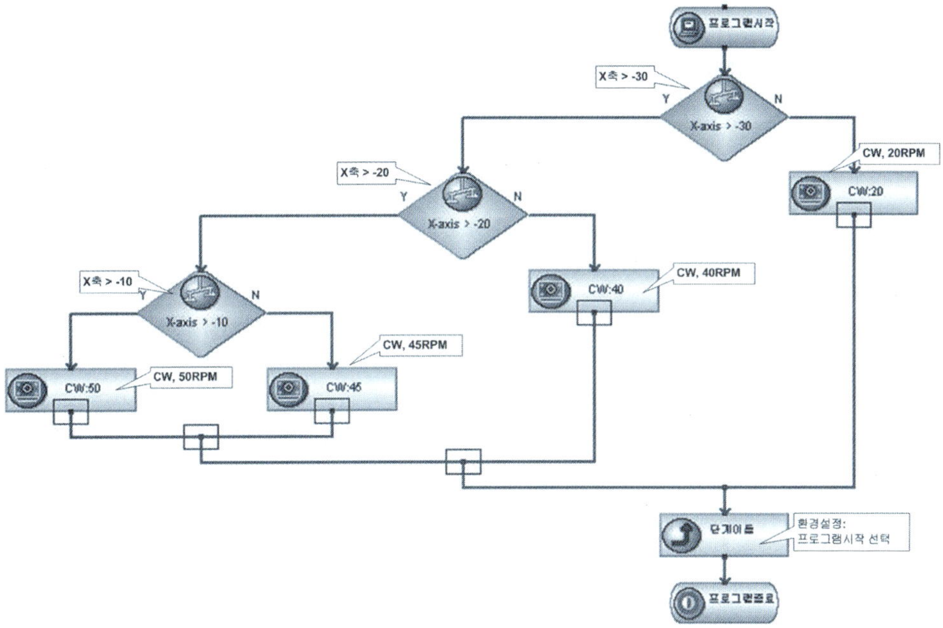

2. MFC를 이용한 프로그램 작성

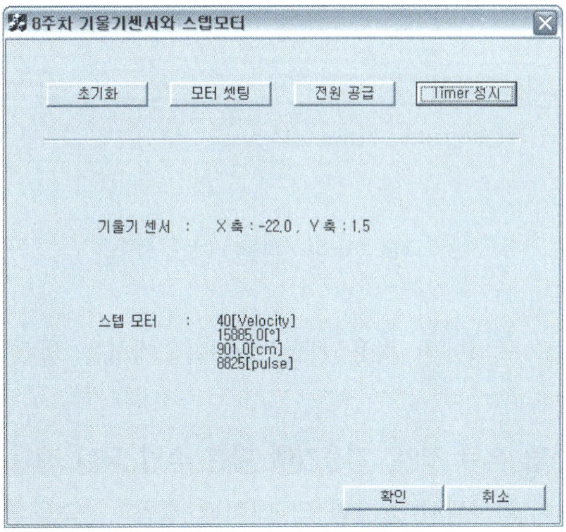

[그림 11-1] 실습 목표

(1) 프로젝트 및 기본 버튼 생성

이전 실습들과 동일한 방법으로 다음 그림을 참조하여 생성한다.

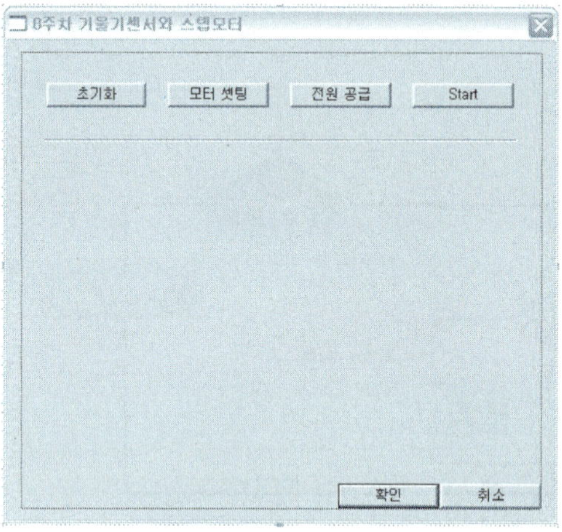

[그림 11-2] 버튼 생성

```
void CMy8Dlg::OnBtTimer()
{
    if( bTimerFlag == FALSE )
    {
        bTimerFlag = TRUE;
        SetTimer( 0, 100, NULL );        // Timer() 함수 시작
        SetDlgItemText( IDC_BT_TIMER, "Timer 정지" );   // 버튼에 표시될 Text
    }
    else
    {
        bTimerFlag = FALSE;
        KillTimer(0);                    // Timer() 함수 정지
        SetDlgItemText( IDC_BT_TIMER, "TImer 실행" );   // 버튼에 표시될 Text
    }
}
```

[그림 11-3] 'Start' 버튼 함수

※ '모터 세팅'은 DC 모터에만 적용되므로 현 실습에서는 생략해도 무방하다.

(2) 기울기 센서, 스텝 모터 제어, 기울기에 따른 스텝 모터 제어 함수작성

'모터 초기화 및 제어'와 '센서 초기화 및 데이터 획득' 실습을 참고하여 다음과 같이 작성한다.

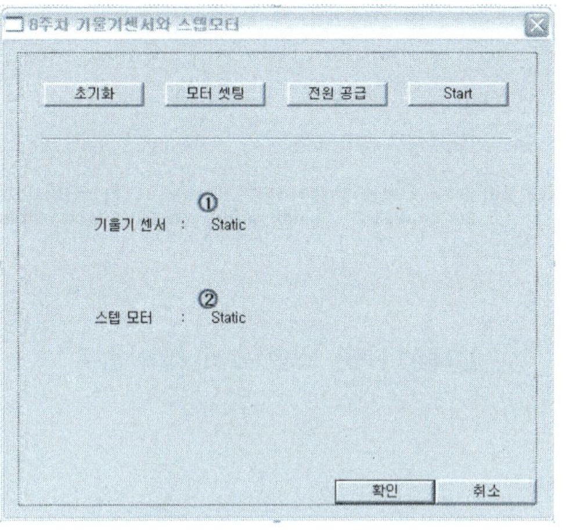

[그림 11-4] Dialog 구성

[표 11-1] ID, 변수형, 변수명

번 호	ID	변수형	변수명
1	IDC_INCLINATION	CString	m_strInclination
2	IDC_STEPSTATE	CString	m_strStepstate

```
void CMy8Dlg::GetInclination()
{
    InclinationX = 0, InclinationY = 0;

    SSN_GetInclination( pSensor, InclinationX, InclinationY );
    m_strInclination.Format( "X 축 : %2.1f ,  Y 축 : %2.1f ", InclinationX, InclinationY );

    UpdateData(FALSE);
}
```

[그림 11-5] 기울기 센서 데이터 획득 함수

```
void CMy8Dlg::StepForward()
{
    UpdateData(TRUE);

    GetStepStatus();
    dwPluse = 10000;
    STEP_SetVelocity( pMotion, dwStepVel );
    STEP_AbsoultePulseStart( pMotion, DIR_CW, dwPluse );
}

void CMy8Dlg::StepStop()
{
    UpdateData(TRUE);
    KillTimer(1);
    STEP_Stop( pMotion );
}

void CMy8Dlg::GetStepStatus()
```

```
{
    unsigned char StepDir;
    DWORD dwReadPulse;
    double dwDegree, dwDistance;

    STEP_ReadState( pMotion, StepDir, dwReadPulse, dwDegree, dwDistance );

    m_strStepstate.Format("%d[Velocity]\r\n%4.1f[° ]\r\n%4.1f[cm]\r\n%4d[pulse]",
                            dwStepVel,    dwDegree,  dwDistance, dwReadPulse);

    UpdateData(FALSE);
}
```

[그림 11-6] 스텝 모터 제어 함수

```
void CMy8Dlg::StepControl()
{
    GetInclination();

        if ( InclinationX < -10 )
        {
            if ( InclinationX < -20 )
            {
                if ( InclinationX < -30 )
                {
                    dwStepVel = 20;     // 기울기가 30보다 클때
                    StepForward();
                    }
                else
                {
                    dwStepVel = 35;     // 기울기가 20보다 크고 30보다 작을때
                    StepForward();
                }
            }
            else
            {
                dwStepVel = 50;         // 기울기가 10보다 크고 20보다 작을때
                StepForward();
            }
        }
        else
        {
            GetStepStatus();
            dwStepVel = 70;             // 기울기가 10보다 작을때
            StepForward();
        }
}
```

[그림 11-7] 기울기에 따른 스텝 모터 제어 함수

```
    MOTION_SESSION pMotion;
    SSN_SESSION pSensor;

    BOOL bTimerFlag;            // Timerflag 선언

    float InclinationX, InclinationY;
    DWORD dwStepVel;
```

[그림 11-8] 변수 선언

앞의 그림들과 같이 생성 및 작성한다. [그림 11-8]의 변수들은 해당 함수내에서만 사용되지 않기 때문에 위와 같이 Header 파일에 선언하며, 각 변수들에 저장된 값으로 [그림 11-9]의 함수가 실행된다.

생성한 함수들은 클래스위자드를 사용하지 않았기 때문에 Header 파일에 선언을 필히 직접 해주어야 한다.

```
    BOOL bTimerFlag;            // Timerflag

    float InclinationX, InclinationY;
    DWORD dwStepVel;

    void GetInclination();
    void StepForward();
    void StepStop();
    void GetStepStatus();
    void StepControl();

// Dialog Data
    //{{AFX_DATA(CMy8Dlg)
```

[그림 11-9] 함수 선언

(3) OnTimer() 함수 생성

다음과 같이 OnTimer() 함수를 생성, 작성한다.

```
void CMy8Dlg::OnBtTimer()
{
    if( bTimerFlag == FALSE )
    {
        bTimerFlag = TRUE;
        STEP_DefineHome( pMotion );     // pulse 값 초기화
        SetTimer( 0, 100, NULL );       // Timer() 함수 시작
        SetDlgItemText( IDC_BT_TIMER, "Timer 정지" );   // 버튼에 표시될 Text
    }
    else
    {
        bTimerFlag = FALSE;
        StepStop();                     // 스텝 모터 정지
        KillTimer(0);                   // Timer() 함수 정지
        SetDlgItemText( IDC_BT_TIMER, "TImer 실행" );   // 버튼에 표시될 Text
    }
}

void CMy8Dlg::OnTimer(UINT nIDEvent)
{
    StepControl();

    CDialog::OnTimer(nIDEvent);
}
```

[그림 11-10] OnTimer() 함수

Start 버튼으로 프로그램을 시작할 때마다 스텝 모터의 상태값들을 초기화시켜 주며, 정지시켰을 때 스텝 모터를 정지시키는 함수를 추가하였다. StepStop() 함수를 Destory() 함수 안에 추가할 수도 있다.

07 동작 확인 및 결과

프로그램이 올바르게 실행되는지 확인한다.

1. 동작 확인

기울기 센서의 X축 기울기가 커질수록 스텝 모터의 회전속도가 감소하는 것을 확인할 수 있다.

또한 기울기의 수평계가 정 가운데 위치하는 경우 스텝 모터가 설정된 최대 속도로 회전하는 것을 확인할 수 있다.

2. 결과 및 토의

본 프로그램의 경우에는 기울기의 단계를 3단계로 하여 스텝 모터의 가감속에 대한 반응이 부드럽지가 않다.

기울기 센서의 단계를 보다 세부적으로 프로그램하면 보다 스텝 모터가 부드럽게 가감속이 될 것이며, 이것은 로봇이 정지하거나 출발을 하는 경우 모터의 가감속에 사용될 수 있을 것 같다.

실제 로봇에 적용 시스템 모터보다 주로 DC 모터를 사용하므로 스텝 모터를 제거하고 DC 모터를 적용한 프로그램을 작성하여 보아야 한다.

08 심화학습

- DC 모터를 이용하여 빛의 밝기가 8이상일 경우 로봇이 좌회전하고, 3보다 작을 경우 로봇이 우회전하고, 나머지 경우에 대해서는 직진하도록 프로그램 하시오.

CHAPTER 12

전자나침반의 모듈을 이용한 바이디렉션 모듈의 제어실습

01 실습 과제

로봇에 전자나침반이 장착되었다고 가정하고 전자나침반 모듈로 특정 방향(동서남북)에 대해 직진하는 로봇을 구현하라.

로봇이 북쪽으로만 진행하게 프로그램을 작성한다. 로봇이 북쪽이 아닌 다른 방향으로 진행하고 있다는 센서 값을 획득하면 회전하여 북쪽 방향을 향하게 하고, 북쪽으로 진행 방향이 고정되었을 때 로봇은 직진하는 알고리즘을 구현한다.

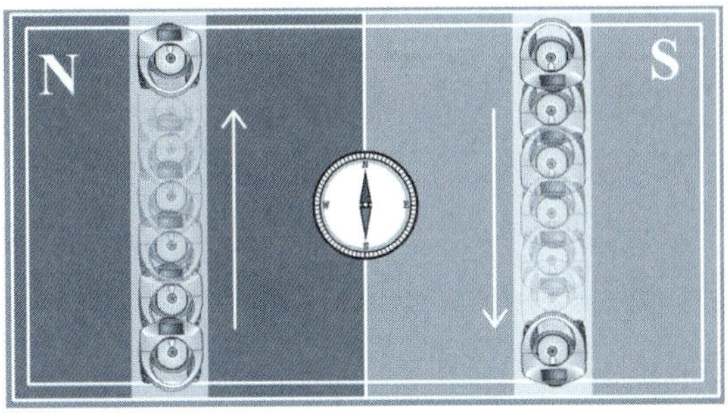

02 실습 목표

전자나침반의 동작원리와 로봇이 어떤 목적으로 사용되는지 알아보자.

03 순서도 작성

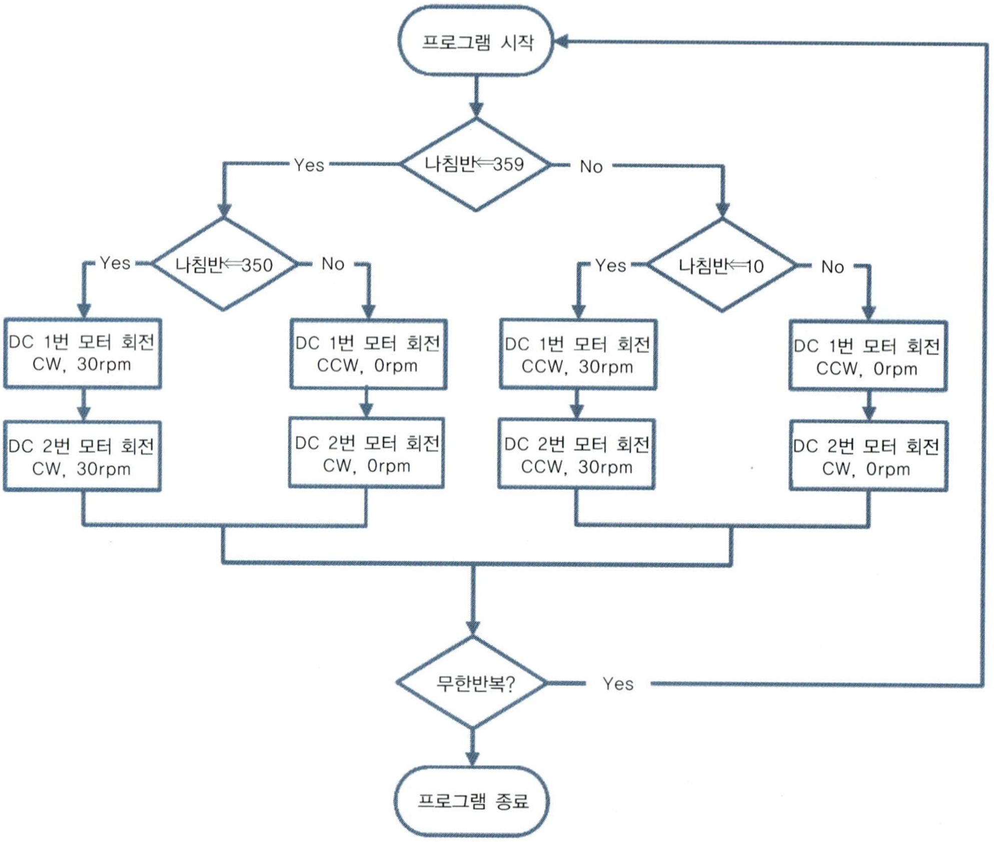

04 실습 준비

메인제어 모듈(ED7271-15)	1EA
전자나침반 모듈(ED7271-5)	1EA
DC 모터(ED7271-10)	2EA
양방향 구동 모듈	1EA
타이밍벨트	2EA

USB 케이블 A ↔ B	1EA
10P Plat 케이블	1EA
16P Plat 케이블	2EA
AC220V 전원선	1EA

05 장비 결선

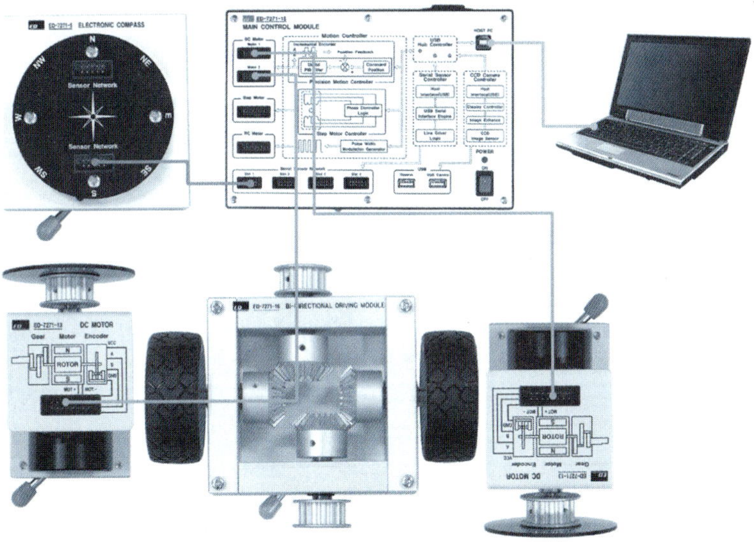

06 프로그램 작성

로봇이 정북으로 진행하기 위해서는 나침반의 각도가 335~25°사이일 때 직진을 수행하고, 335° 이하의 각도에서는 로봇이 좌회전을 수행하여 0°의 각도를 맞추고, 25° 이상일 때는 우회전을 수행하여 나침반과의 각도를 0°로 맞추어 진행하는 프로그램을 작성한다.

1. IRES를 이용한 프로그램 작성

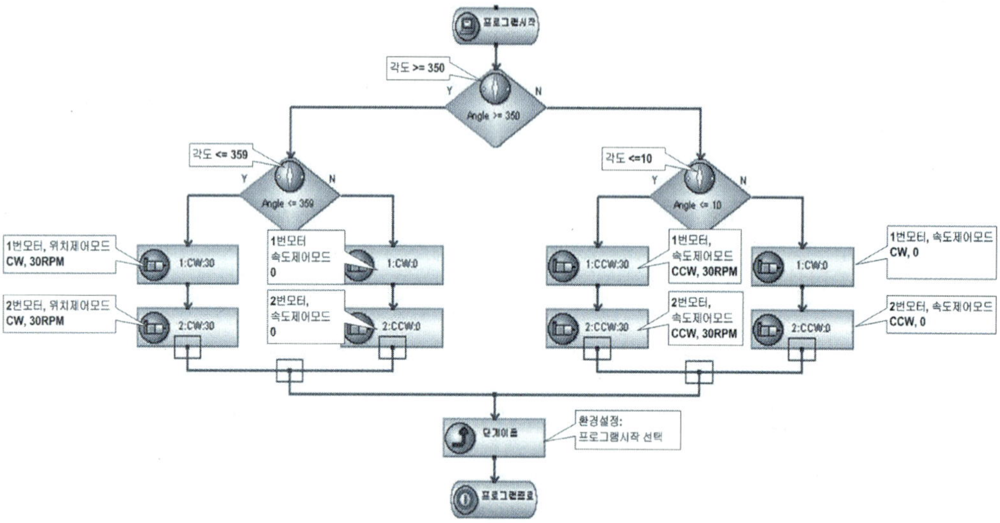

2. MFC를 이용한 프로그램 작성

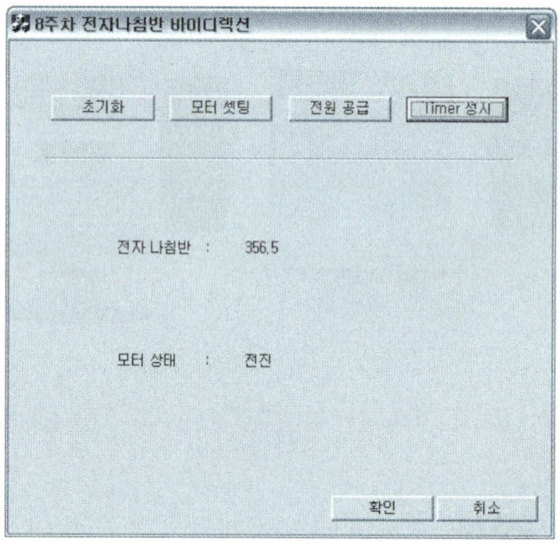

[그림 12-1] 실습 목표

(1) 프로젝트 생성, 기본 버튼 / 함수작성

지난 실습들과 동일하게 작성한다.

(2) 전자나침반, 바이디렉션 제어 함수작성

다음 그림들을 참조하여 작성한다.

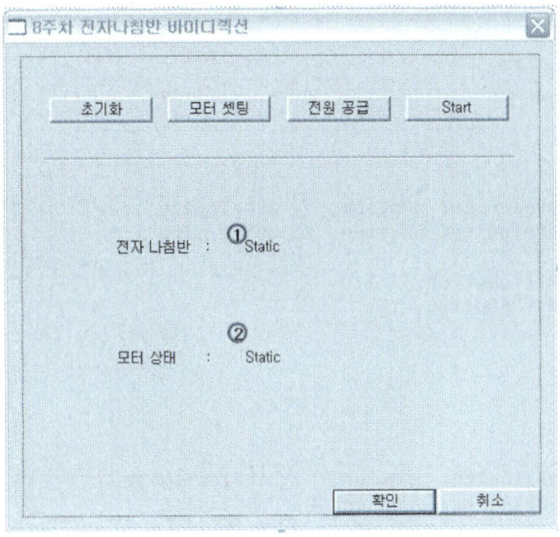

[그림 12-2] Dialog 구성

[표 12-1] ID, 변수형, 변수명

번 호	ID	변수형	변수명
1	IDC_COMPASS	CString	m_strCompass
2	IDC_STATE	CString	m_strState

```
void CMy8Dlg::GetElectronicCompass()
{
    fCompass = 0;

    SSN_GetElectronicCompass( pSensor, fCompass );
    m_strCompass.Format( "%4.1f", fCompass );

    UpdateData(FALSE);
}
```

[그림 12-3] 전자나침반 함수

```
void CMy8Dlg::DCForward()
{
    UpdateData(TRUE);

    DCServo01_SetAbsoluteVelocity( pMotion, 1, dbVelocity );
    DCServo01_SetAbsoluteVelocity( pMotion, 2, dbVelocity );

    DCServo01_ForwardStart( pMotion, 2 );
    DCServo01_BackwardStart( pMotion, 1);
}
```

[그림 12-4] DC 모터 제어 함수 - 1

```
void CMy8Dlg::DCStop()
{
    UpdateData(TRUE);

    DCServo01_StopSmoothly( pMotion, 1 );
    DCServo01_StopSmoothly( pMotion, 2 );
}

void CMy8Dlg::DCRight()
{
    UpdateData(TRUE);

    DCServo01_SetAbsoluteVelocity( pMotion, 1, dbVelocity );
    DCServo01_SetAbsoluteVelocity( pMotion, 2, dbVelocity );

    DCServo01_ForwardStart( pMotion, 2 );
    DCServo01_ForwardStart( pMotion, 1);
}

void CMy8Dlg::DCLeft()
{
    UpdateData(TRUE);

    DCServo01_SetAbsoluteVelocity( pMotion, 1, dbVelocity );
    DCServo01_SetAbsoluteVelocity( pMotion, 2, dbVelocity );

    DCServo01_BackwardStart( pMotion, 2 );
    DCServo01_BackwardStart( pMotion, 1);
}
```

[그림 12-5] DC 모터 제어 함수 - 2

```
void CMy8Dlg::BiDirection()
{
    GetElectronicCompass();

    if ( 5 < fCompass && fCompass < 355 )
    {
        if ( 180 < fCompass )
        {
            dbVelocity = 10;

            DCRight();
            m_strState.Format( "우회전" );
        }
        else
        {
            dbVelocity = 10;

            DCLeft();
            m_strState.Format( "좌회전" );
        }
    }
    else
    {
        dbVelocity = 50;
        DCForward();
        m_strState.Format( "전진" );
    }
}
```

[그림 12-6] 바이디렉션 제어 함수

```
    MOTION_SESSION pMotion;
    SSN_SESSION pSensor;

    BOOL bTimerFlag;            // TimerFlag 선언

    float fCompass;
    double dbVelocity;
```

[그림 12-7] Header 파일에 변수 선언

```
    float fCompass;
    double dbVelocity;

    void GetElectronicCompass();
    void DCForward();
    void DCStop();
    void DCRight();
    void DCLeft();
    void BiDirection();

// Dialog Data
    //{{AFX_DATA(CMy8Dlg)
```

[그림 12-8] Header 파일에 함수 선언

(3) OnTimer() 함수작성

지난 실습들과 동일한 방법으로 OnTimer() 함수를 생성한 후 Bidirection() 함수를 포함시키고, DCStop() 함수를 적절한 위치에 추가한다.

```
void CMy8Dlg::OnBtTimer()
{
    if( bTimerFlag == FALSE )
    {
        bTimerFlag = TRUE;
        SetTimer( 0, 100, NULL );        // Timer() 함수 시작
        SetDlgItemText( IDC_BT_TIMER, "Timer 정지" );    // 버튼에 표시될 Text
    }
    else
    {
        bTimerFlag = FALSE;
        DCStop();
        KillTimer(0);                    // Timer() 함수 정지
        SetDlgItemText( IDC_BT_TIMER, "TImer 실행" );    // 버튼에 표시될 Text
    }
}

void CMy8Dlg::OnTimer(UINT nIDEvent)
{
    BiDirection();

    CDialog::OnTimer(nIDEvent);
}
```

[그림 12-9] OnTimer() 함수

07 동작 확인 및 결과

전자나침반은 지자계를 측정한다고 앞에서 설명한 바 있다.

지자계는 약한 자계를 띄기 때문에 약한 자석에도 쉽게 측정 오차를 내는 것을 볼 수 있다.

로봇 내부에 이 센서를 적용할 때 어떤 문제점이 발생하는지 생각해보자.

1. 동작 확인

① 나침반이 북쪽에서 ±5˚의 오차 범위 내를 가리킬 경우(355˚보다 같거나 클 때 또는 5˚보다 작을 때) 1번, 2번 모터가 역방향으로 60rpm으로 회전하여야 로봇은 직진할 수 있다.

② ①의 경우 외에 나침반이 180˚보다 큰 값을 가리키면 로봇이 오른쪽으로 회전하게 한다.

③ ①, ②의 경우 외에 나침반이 180˚보다 작은 값을 가리키면 로봇이 왼쪽으로 회전하게 한다. 회전할 때는 1번, 2번 모터가 각각 반대 방향으로 10rpm의 느린 속도로 움직인다.

2. 결과 및 토의

센서의 오차와 DC모터의 동작을 고려하여 정확하게 북쪽을 향하게 하지 않고 북쪽(0˚)에서 ±5˚의 오차 범위를 주었다.

지자계의 센서의 특성상 자계의 영향에 의하여 데이터의 오차가 발생하는 것을 확인할 수 있다.

전자나침반을 로봇에 적용하는 경우에는 로봇에 취부하는 위치를 정확히 선정하고, 테스트 후 결정하여야 한다.

08 심화학습

- DC모터를 사용하고, 기울기의 단계를 7단계 이상으로 세분화하여 DC모터의 가・감속에 대한 반응이 더욱 부드럽게 되도록 프로그램하시오.
- X축과 Y축의 값이 모두 양수일 때 로봇이 직진, X축이 음수, Y축이 양수일 때 로봇은 좌회전, X축이 양수, Y축이 음수일 때 로봇은 우회전, X축과 Y축이 모두 음수이면 로봇이 후진하는 프로그램을 작성하시오.

CHAPTER 13

RFID 리더 모듈을 이용한 DC 모터의 제어실습

01 실습 과제

RFID 센서를 이용하여 사용자 Tag를 입력한 뒤 인식된 결과에 따른 DC모터 구동을 구현해보자.

02 실습 목표

RFID 센서가 버스나 지하철에서 사용되고 있는 동작원리를 배울 수 있다.

03 순서도 작성

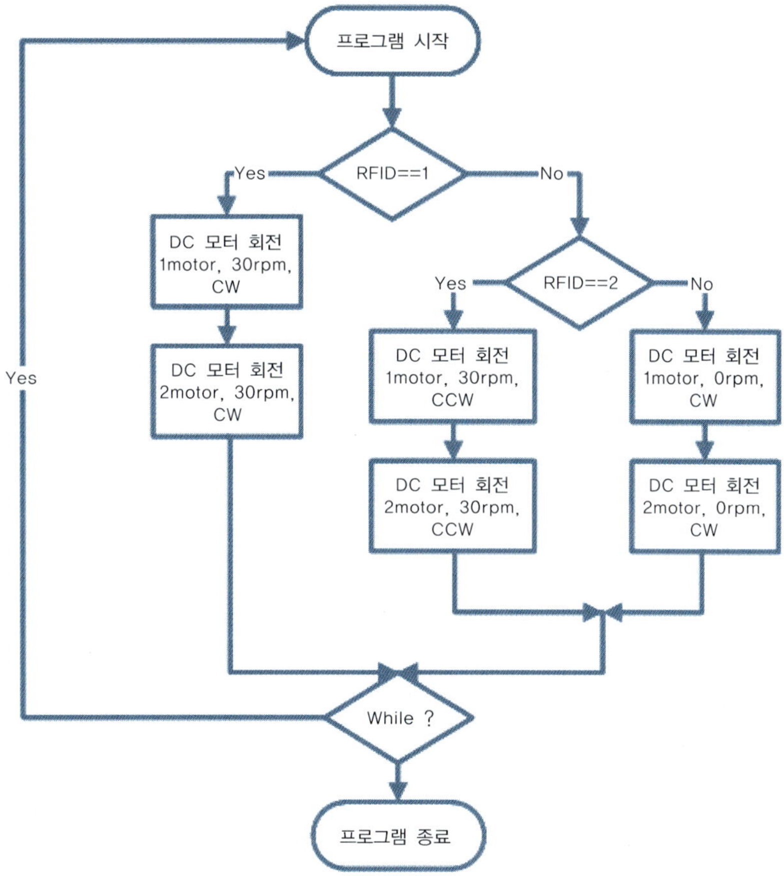

04 실습 준비

메인제어 모듈(ED7271-15)	1EA
RFID 모듈(ED7271-19)	1EA
DC 모터(ED7271-10)	2EA
양방향 구동 모듈	1EA
타이밍벨트	2EA

USB 케이블 A ↔ B	1EA
10P Plat 케이블	1EA
16P Plat 케이블	2EA
AC220V 전원선	1EA

05 장비 결선

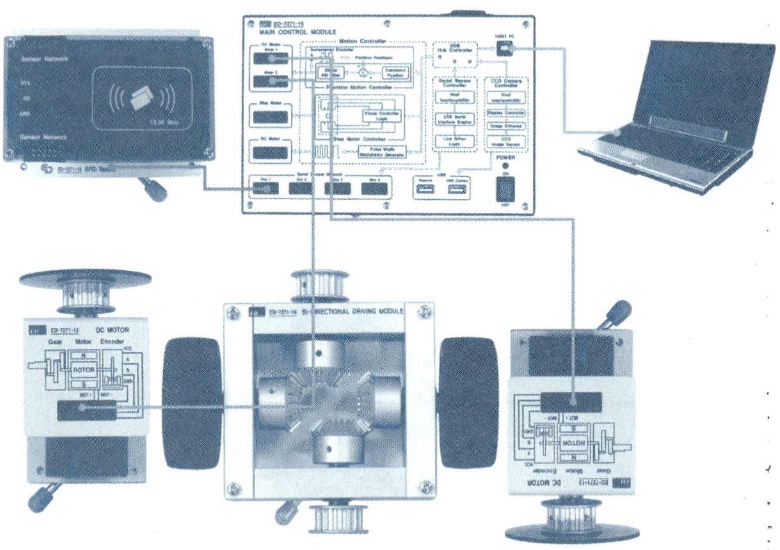

06 프로그램 작성

사용자가 미리 설정한 RFID 데이터 값과 비교하여 값은 Tag의 값이 들어오면 DC모터를 구동하는 프로그램을 작성하여 보고 Tag의 값은 2가지를 설정한다.

1. IRES를 이용한 프로그램 작성

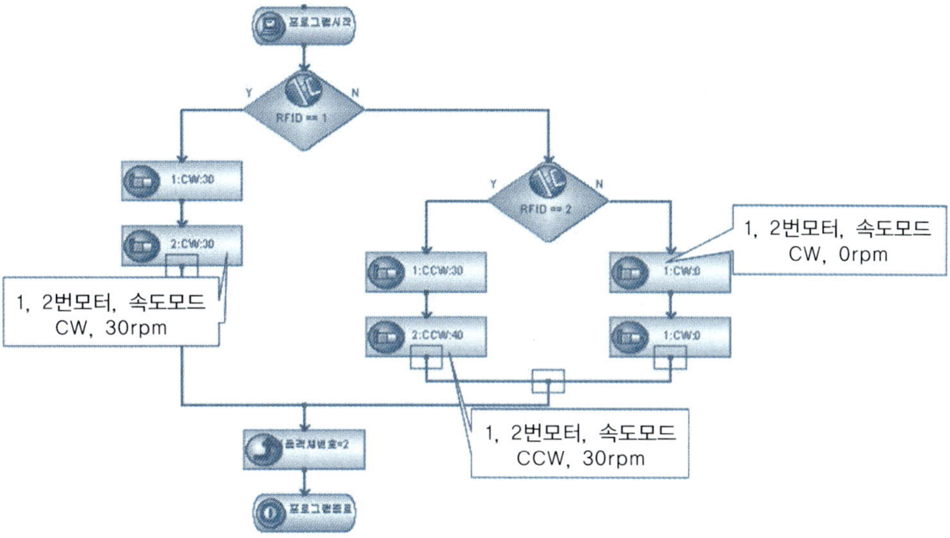

2. MFC를 이용한 프로그램 작성

실시간으로 RFID의 데이터 값을 획득하고 저장된 값과 비교할 수 있는 프로그램을 작성하여 보자.

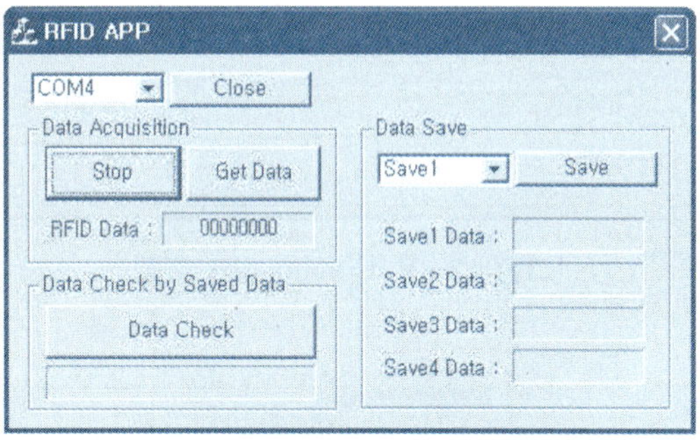

[그림 13-1] 실행

3. 프로젝트 생성

7장과 동일한 방법으로 프로젝트를 생성한다.

(1) 초기화, 전원공급 버튼, OnDestory() 생성

다음과 같이 버튼을 생성, 콤보박스를 생성하고 [표 13-1]과 [그림 13-3]과 같이 작성한다. OnDestory() 함수를 생성하여 작성한다.

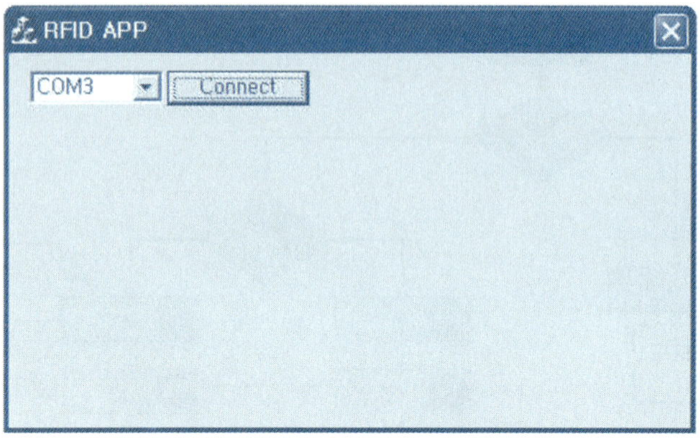

[그림 13-2] 초기화

[표 13-1] ID, 변수형, 변수명

번 호	ID	변수형	변수명
1	IDC_CB_Port	int	m_nPort

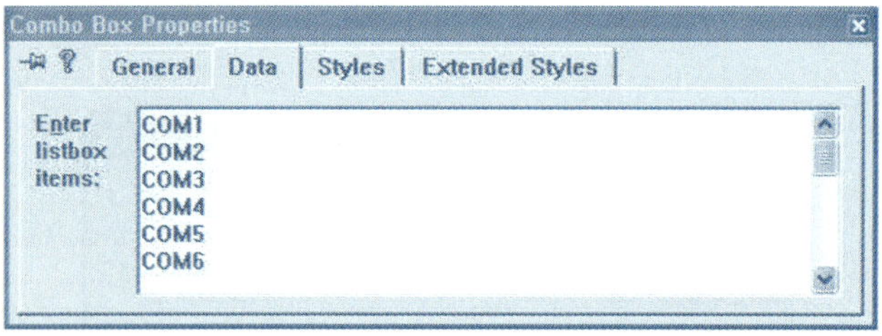

[그림 13-3] Combo box 설정

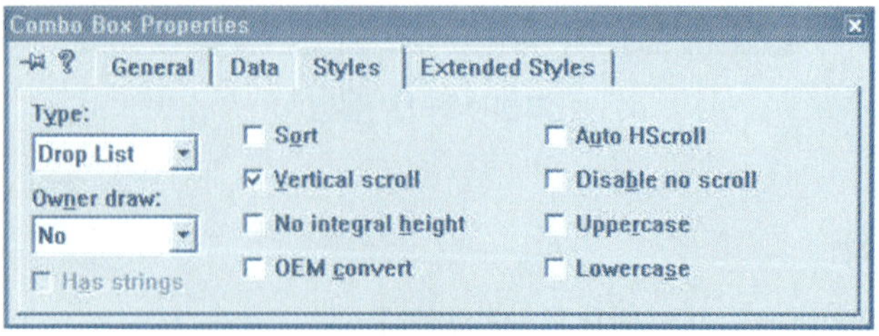

[그림 13-4] Combo box 속성 설정

```
void CRFIDAPPDlg::OnBTinitialize()
{
    UpdateData(TRUE);

    if ( bInit == FALSE )
    {
        if ( SSN_ManualInitialize( &pSensor, m_nPort+1 ) != EDROBOT_API_OK )
        {
            bInit = FALSE;
            pSensor = NULL;
            ::MessageBox( NULL, "SSN Iitialize Failed!", "Error", MB_OK );
        }
        else
        {
            bInit = TRUE;
            SetDlgItemText( IDC_BT_initialize, "Close" );
        }
    }
    else if ( bInit == TRUE )
    {
        bInit = FALSE;
        SSN_Close( pSensor );
        pSensor = NULL;
        SetDlgItemText( IDC_BT_initialize, "Connect" );
    }
}

void CRFIDAPPDlg::OnDestroy()
{
    CDialog::OnDestroy();

    SSN_Close( pSensor );
}
```

[그림 13-5] 초기화, OnDestory() 함수

(2) RFID 센서 값 획득하는 함수

다음과 같이 RFID의 값을 실시간으로 가져오는 함수를 만들기 위해 Static Text와 버튼을 생성한다.

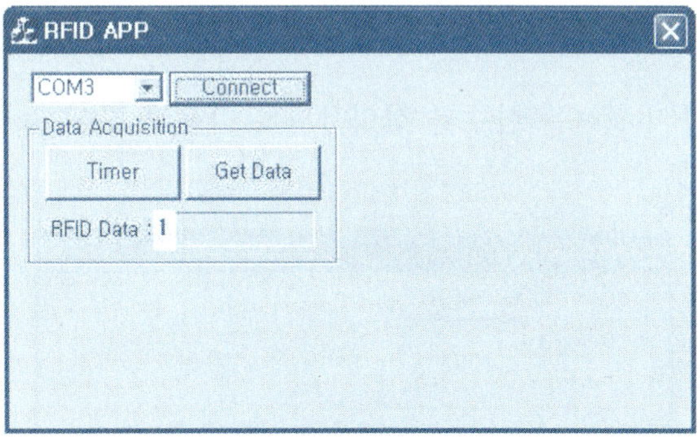

[그림 13-6] 버튼 생성

[표 13-2] ID, 변수형, 변수명

번 호	ID	변수형	변수명
1	IDC_RFIDData	CString	m_strRFIDData

OnBTGetData() 함수는 RFID 데이터를 실시간으로 호출하는 함수이고 OnBTGetData2()는 RFID 데이터를 버튼을 눌렀을 때에만 데이터를 가져오는 함수이다.

```
void CRFIDAPPDlg::GetRFIDData()
{
    unsigned char cTemp[4] = {0,};
    SSN_GetRFIDData( pSensor, cTemp );
    m_strRFIDData.Format( "%02x%02x%02x%02x", cTemp[0], cTemp[1], cTemp[2], cTemp[3] );
    UpdateData(FALSE);
}

void CRFIDAPPDlg::OnBTGetData() ==> TIMER
{
    if ( bTimer == FALSE )
    {
        bTimer = TRUE;
        SetTimer( 1, 100, NULL );
        SetDlgItemText( IDC_BT_GetData, "Stop" );
    }
    else if ( bTimer == TRUE )
    {
        bTimer = FALSE;
        KillTimer(1);
        SetDlgItemText( IDC_BT_GetData, "Start" );
    }
}

void CRFIDAPPDlg::OnBTGetData2() ==> Get Data
{
    UpdateData(TRUE);
    GetRFIDData();
}
```

[그림 13-7] 변수 선언

저장해 둔 데이터와 비교하는 함수를 작성하도록 다음과 같이 Static text, 버튼을 생성하고 함수작성을 한다.

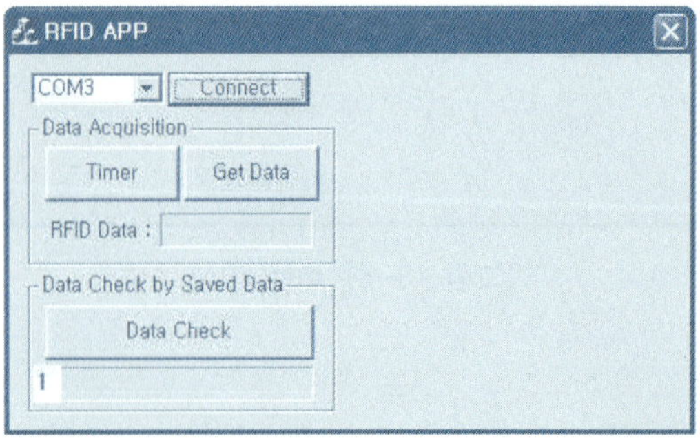

[그림 13-8] 버튼 생성

[표 13-3] ID, 변수형, 변수명

번 호	ID	변수형	변수명
1	IDC_DataCheck	CString	m_strDataCheck

```
void CRFIDAPPDlg::DataCheck()
{
    UpdateData(TRUE);

    if ( bTimer == TRUE )
        OnBTGetData();

    if ( m_strRFIDData == m_strSave1 )
        m_strDataCheck.Format( "Save1 Data Detect!" );
    else if ( m_strRFIDData == m_strSave2 )
        m_strDataCheck.Format( "Save2 Data Detect!" );
    else if ( m_strRFIDData == m_strSave3 )
        m_strDataCheck.Format( "Save3 Data Detect!" );
    else if ( m_strRFIDData == m_strSave4 )
        m_strDataCheck.Format( "Save4 Data Detect!" );
    else
        m_strDataCheck.Format( "No Data...." );

    UpdateData(FALSE);
}

void CRFIDAPPDlg::OnBTDataCheck()
{
    if ( bCheck == FALSE )
    {
        bCheck = TRUE;
        SetTimer( 2, 100, NULL );
        SetDlgItemText( IDC_BT_DataCheck, "Stop" );
    }
    else if ( bCheck == TRUE )
    {
        bCheck = FALSE;
        KillTimer(2);
        SetDlgItemText( IDC_BT_DataCheck, "Start" );
    }
}
```

[그림 13-9] 변수 선언

RFID의 값을 저장할 수 있는 함수를 작성한다. 다음과 같이 콤보박스와 버튼, static Text 생성하여 [표 13-4]와 같이 작성하고 함수를 작성한다. 또한 클래스위자드를 이용하여 OnTimer 함수를 생성하여 프로그램을 작성한다.

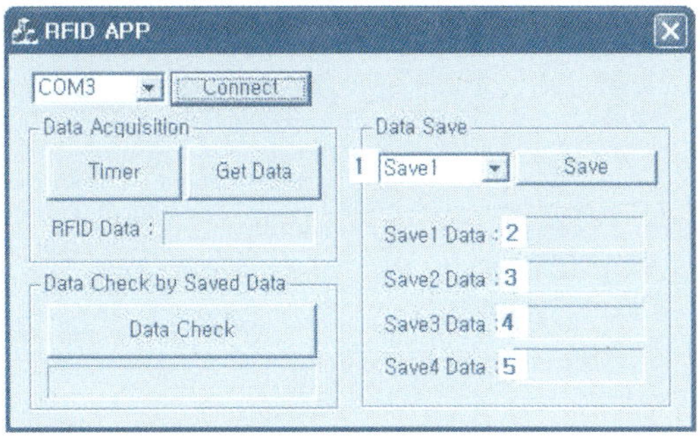

[그림 13-10] OnTimer 생성

[표 13-4] ID, 변수형, 변수명

번 호	ID	변수형	변수명
1	IDC_CB_SaveData	int	m_nSave
2	IDC_SaveData1	CString	m_strSave1
3	IDC_SaveData2	CString	m_strSave1
4	IDC_SaveData3	CString	m_strSave1
5	IDC_SaveData4	CString	m_strSave1

```
void CRFIDAPPDlg::OnTimer(UINT nIDEvent)
{
    if ( nIDEvent == 1 )
    {
        GetRFIDData();
    }

    if ( nIDEvent == 2 )
    {
        GetRFIDData();
        DataCheck();
    }

    CDialog::OnTimer(nIDEvent);
}


void CRFIDAPPDlg::OnBTSaveData()
{
    UpdateData(TRUE);
    switch( m_nSave )
    {
    case 0:
        m_strSave1 = m_strRFIDData;
        break;
    case 1:
        m_strSave2 = m_strRFIDData;
        break;
    case 2:
        m_strSave3 = m_strRFIDData;
        break;
    case 3:
        m_strSave4 = m_strRFIDData;
        break;
    }
    UpdateData(FALSE);
}
```

[그림 13-11] 변수 선언

이제까지 선언된 함수 변수들을 Header 파일에 선언을 한다.

```
class CRFIDAPPDlg : public CDialog
{
// Construction
public:
    CRFIDAPPDlg(CWnd* pParent = NULL);  // standard constructor

    SSN_SESSION pSensor;

    BOOL bInit, bTimer, bCheck;

    void GetRFIDData();
    void DataCheck();

// Dialog Data
    //{{AFX_DATA(CRFIDAPPDlg)
    enum { IDD = IDD_RFIDAPP_DIALOG };
    int      m_nPort;
    CString m_strRFIDData;
    int      m_nSave;
    CString m_strSave1;
    CString m_strSave2;
    CString m_strSave3;
    CString m_strSave4;
    CString m_strDataCheck;
    //}}AFX_DATA
```

[그림 13-12] 변수 선언

07 동작 확인 및 결과

작성한 프로그램이 올바르게 동작하는지 확인한다. 총 4개의 데이터를 저장해보고 프로그램상에서 인식률이 %가 나오는지 확인하여 보자.

이 지능형 로봇 실험실습 장치는 RFID에 관련한 원리학습을 위하여 13.56MHz 장비를 활용하였다. 이 장비 말고 여러 가지의 RFID의 장비에는 어떤 것이 있으며 각각의 장비 특성과 장단점에 대하여 조사하여 보자.

1. 동작 확인

① RFID 리더기에 Tag를 대면 태그의 값이 출력된다.

② 저장된 Tag값에 따라 출력 결과를 확인할 수 있다.

2. 결과 및 토의

RFID 리더기에 tag를 가까이 되면 저장된 데이터와 비교하여 Tag의 값을 확인할 수 있다.

08 심화학습

- 저장된 Tag와 비교하여 사용자 인식을 하여 음성 메시지를 출력하는 프로그램을 하시오.
- 리더기와 Tag와의 거리가 몇 cm일 때 동작하는지 확인해 보시오.
- RFID의 종류와 특징에 대하여 조사하고 고속도로의 하이패스가 어떤 종류의 방식인지 조사하여 보시오.

CHAPTER 14

초음파 센서 모듈을 이용한 DC 모터의 이동거리 제어실습

01 실습 과제

초음파 센서로 장애물과의 거리가 5cm 이내로 측정이 되면 10cm 후진하여 오른쪽 방향으로 직진하는 프로그램을 작성한다.

02 실습 목표

초음파 센서의 특성을 파악하고, 지능형 로봇의 가장 기본적인 장애물 회피 알고리즘을 이해한다.

03 순서도 작성

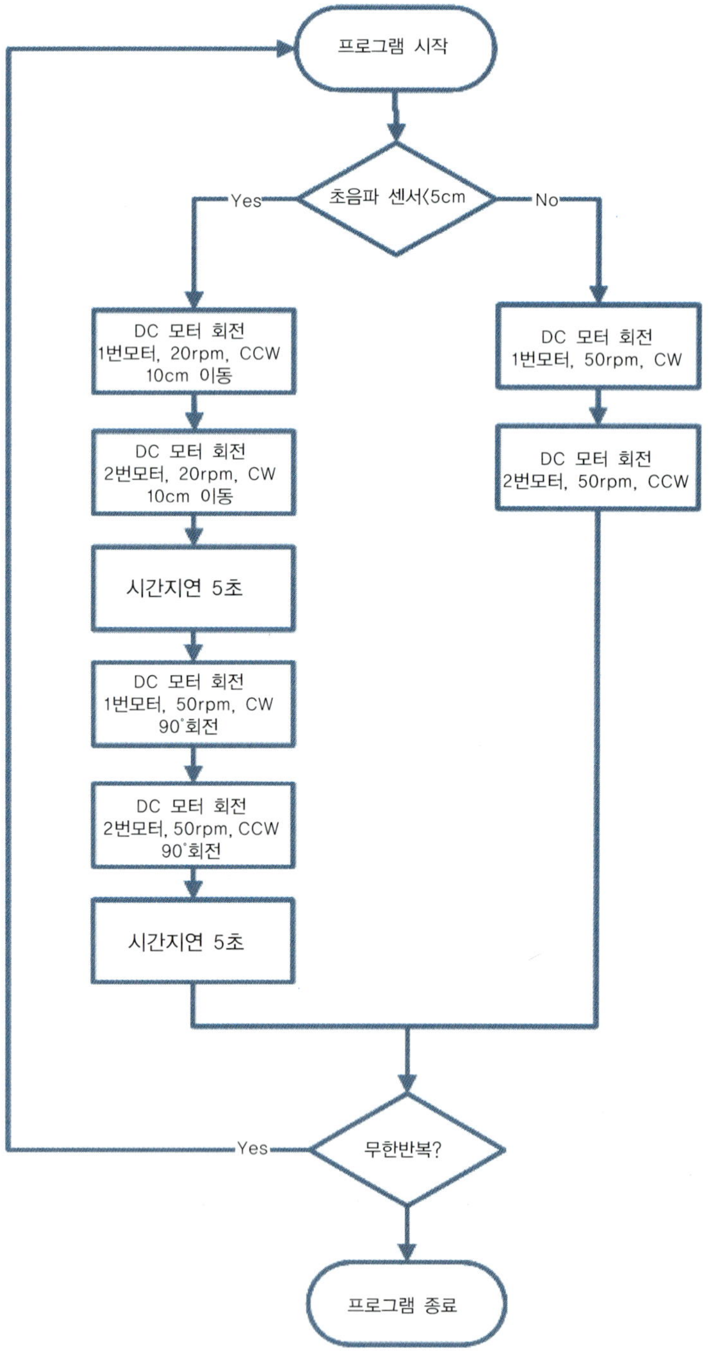
프로그램 시작
초음파 센서<5cm
Yes
No
DC 모터 회전
1번모터, 20rpm, CCW
10cm 이동
DC 모터 회전
2번모터, 20rpm, CW
10cm 이동
시간지연 5초
DC 모터 회전
1번모터, 50rpm, CW
90˚회전
DC 모터 회전
2번모터, 50rpm, CCW
90˚회전
시간지연 5초
DC 모터 회전
1번모터, 50rpm, CW
DC 모터 회전
2번모터, 50rpm, CCW
무한반복?
Yes
프로그램 종료

04 실습 준비

메인제어 모듈(ED7271-15)	1EA
초음파 센서(ED7271-4)	1EA
슬라이드 모듈(ED7271-11)	1EA
DC 모터(ED7271- 13)	2EA
양방향 구동 모듈	1EA
타이밍벨트	2EA
USB 케이블 A ↔ B	1EA
10P Plat 케이블	1EA
16P Plat 케이블	2EA
AC220V 전원선	1EA

05 장비 결선

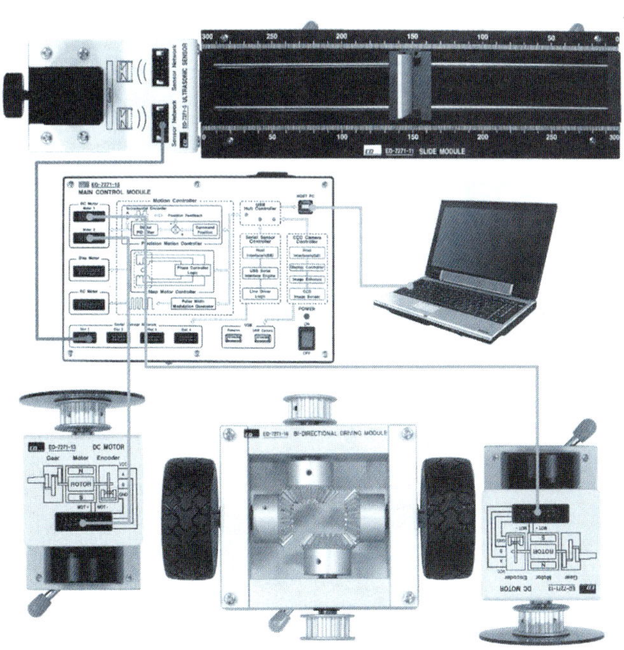

06 프로그램 작성

1. IRES를 이용한 프로그램 작성

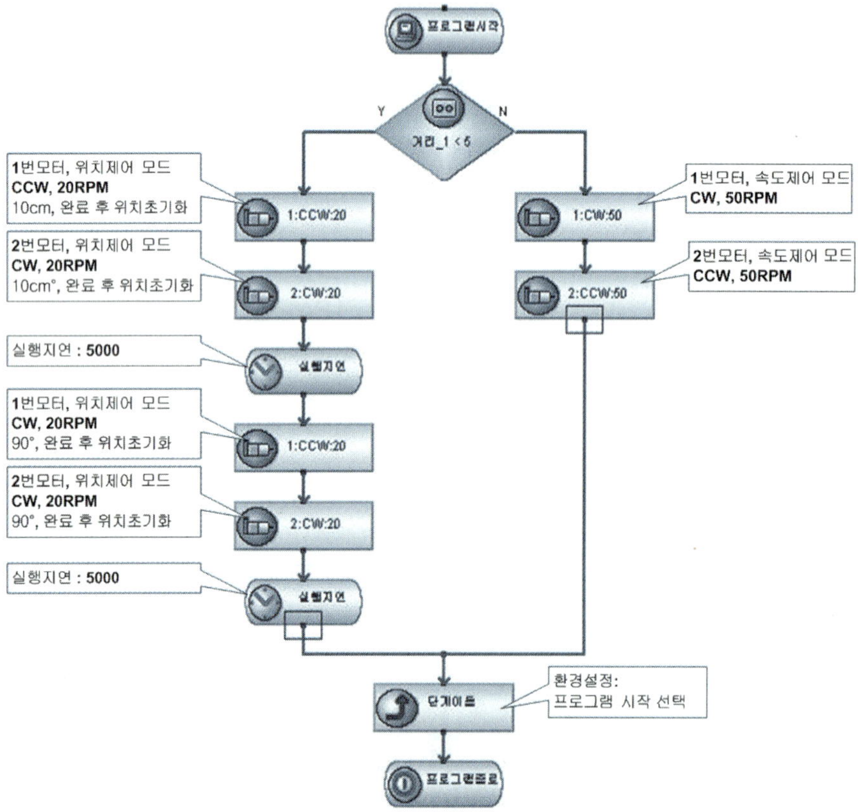

2. MFC를 이용한 프로그램 작성

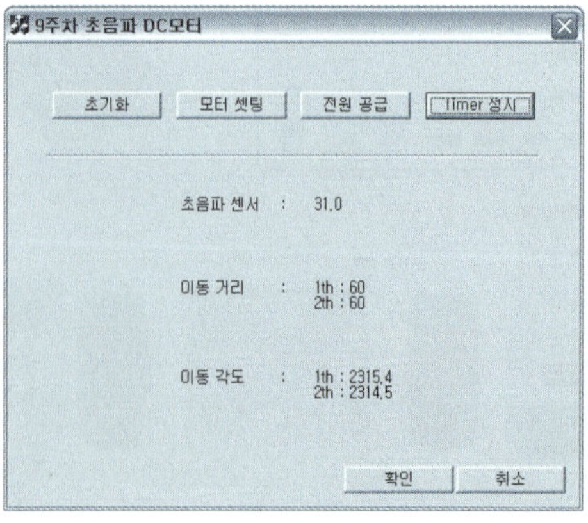

[그림 14-1] 실습 목표

(1) 프로젝트 생성, 기본 버튼 / 함수작성

지난 실습들과 동일하게 작성한다.

(2) 초음파 데이터 획득, DC 모터 제어 함수작성

초음파 데이터의 획득은 5주차 실습과 동일하게 작성하고, 장애물 회피를 위한 DC 모터 제어를 위하여 DC 모터의 이동거리와 이동각도를 이용하도록 한다.

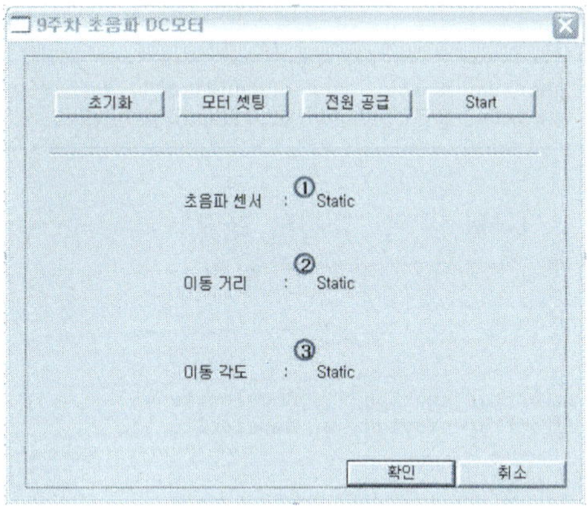

[그림 14-2] Dialog 구성

[표 14-1] ID, 변수형, 변수명

번 호	ID	변수형	변수명
1	IDC_ULTRASENSOR	CString	m_strUltrasensor
2	IDC_DISTANCE	CString	m_strDistance
3	IDC_DEGREE	CString	m_strDegree

```
void CMy9DCDlg::GetUtrasonic()
{
    SSN_GetUtrasonic( pSensor, fUltrasensor );

    m_strUltrasensor.Format( "%4.1f", fUltrasensor[0] );
    UpdateData(FALSE);
}
```

[그림 14-3] 초음파 데이터 획득 함수

```
void CMy9DCDlg::OnBtInit()
{
    pMotion = NULL;
    pSensor = NULL;

    nSelectSensor[0] = 1;

    bTimerFlag = FALSE;          // flag 초기값 설정

    if ( DCServo01_Initialize( m_hWnd, &pMotion ) != EDROBOT_API_OK )
        ::MessageBox( NULL, "모션보드 초기화 실패", "Error", MB_OK );

    if ( SSN_Initialize( &pSensor, FALSE ) != EDROBOT_API_OK )
        ::MessageBox( NULL, "센서 초기화 실패", "Error", MB_OK );

    SSN_SetUtrasonic( pSensor, nSelectSensor, 1 );

    DCServo01_DefineHome( pMotion, 1 );     // 초기화시 1번 모터 정보 초기화
    DCServo01_DefineHome( pMotion, 2 );     // 초기화시 2번 모터 정보 초기화
}
```

[그림 14-4] 초기화 함수에 코드 추가

```
void CMy9DCDlg::DCForward()
{
    UpdateData(TRUE);

    DCServo01_SetAbsoluteVelocity( pMotion, 1, dbVelocity );
    DCServo01_SetAbsoluteVelocity( pMotion, 2, dbVelocity );

    DCServo01_ForwardStart( pMotion, 2 );
    DCServo01_BackwardStart( pMotion, 1 );
}
```

[그림 14-5] DC 모터 제어 함수 – 1

```
void CMy9DCDlg::DCBackward()
{
    UpdateData(TRUE);

    DCServo01_SetAbsoluteVelocity( pMotion, 1, dbVelocity );
    DCServo01_SetAbsoluteVelocity( pMotion, 2, dbVelocity );

    DCServo01_ForwardStart( pMotion, 1 );
    DCServo01_BackwardStart( pMotion, 2 );
}

void CMy9DCDlg::DCStop()
{
    UpdateData(TRUE);

    DCServo01_StopSmoothly( pMotion, 1 );
    DCServo01_StopSmoothly( pMotion, 2 );
}

void CMy9DCDlg::DCRight()
{
    UpdateData(TRUE);

    DCServo01_SetAbsoluteVelocity( pMotion, 1, dbVelocity );
    DCServo01_SetAbsoluteVelocity( pMotion, 2, dbVelocity );

    DCServo01_ForwardStart( pMotion, 1 );
    DCServo01_ForwardStart( pMotion, 2 );
}
```

[그림 14-6] DC 모터 제어 함수 – 2

```
void CMy9DCDlg::ReadCantimeter()
{
    DCServo01_ReadCantimeter( pMotion, 1, Centi1 );
    DCServo01_ReadCantimeter( pMotion, 2, Centi2 );
    m_strDistance.Format( "1th : %d \r\n2th : %d", -Centi1, Centi2 );
    UpdateData(FALSE);
}

void CMy9DCDlg::ReadDegree()
{
    DCServo01_ReadDegree( pMotion, 1, dbDegree1 );
    DCServo01_ReadDegree( pMotion, 2, dbDegree2 );
    m_strDegree.Format( "1th : %4.1f \r\n2th : %4.1f", -dbDegree1, dbDegree2 );
    UpdateData(FALSE);
}
```

[그림 14-7] DC 모터 상태값(이동거리, 이동각도) 읽기 함수

(3) 초음파 센서 값과 DC 모터 상태값을 이용한 제어 함수

초음파값 획득 후 DC 모터를 제어하여 10cm 후진, 90 회전을 위해서는 각각의 동작을 순차적으로 제어할 수 있어야 한다. 이를 위한 방법으로 여러 개의 Timer를 사용할 수도 있으나, 이 교재에서는 'flag'를 사용하도록 하겠다. 다음 그림들을 참고하여 작성한다.

```
void CMy9DCDlg::OnBtInit()
{
    pMotion = NULL;
    pSensor = NULL;

    nSelectSensor[0] = 1;

    bTimerFlag = FALSE;          // flag 초기값 설정
    bAvoidBackflag = FALSE;
    bAvoidTurnflag = FALSE;
    dbVelocity = 0;

    if ( DCServo01_Initialize( m_hWnd, &pMotion ) != ED
        ::MessageBox( NULL, "모션보드 초기화 실패", "Er
```

[그림 14-8] flag 추가

```
void CMy9DCDlg::ObstacleDetect()              // 장애물 확인 함수
{
    if ( bAvoidBackflag == FALSE && bAvoidTurnflag == FALSE )
    {
        if ( fUltrasensor[0] < 5 )            // 장애물과의 거리가 5보다 작을때
        {
            bAvoidBackflag = TRUE;            // 후진을 위한 함수의 flag값 set
            temp = -Centi1;                   // 현재 이동한 거리 값 저장
        }
        else
        {
            bAvoidBackflag = FALSE;
            bAvoidTurnflag = FALSE;
            dbVelocity = 40;
            DCForward();
        }
    }
    else if ( bAvoidBackflag == TRUE )
    {
        ObstacleAvoidBack();                  // 후진 함수 호출
```

```
    }
    else if ( bAvoidTurnflag == TRUE )
    {
        ObstacleAvoidTurn();              // 회전 함수 호출
    }
}
```

[그림 14-9] 장애물 확인 함수

```
void CMy9DCDlg::ObstacleAvoidBack()          // 10cm 후진 함수
{
    if ( bAvoidBackflag == TRUE )
    {
        dbVelocity = 10;
        DCBackward();

        if ( -Centi1 < temp-9 )              // 10cm 후진하였을 때
        {
            bAvoidBackflag = FALSE;          // 후진한 후 falg 값 초기화
            bAvoidTurnflag = TRUE;           // 회전을 위한 flag 값 set
            DCStop();
            temp = (int)-dbDegree2;          // 현재 이동한 각도 값 저장
            ObstacleAvoidTurn();
        }
    }
}
void CMy9DCDlg::ObstacleAvoidTurn()          // 90도 오른쪽 방향 회전 함수
{
    if ( bAvoidTurnflag == TRUE )
    {
        dbVelocity = 20;
        DCRight();

        if ( -dbDegree2 < temp-179 )         // 오른쪽 방향을 약 90도 회전하였을 때
        {
            DCStop();
            bAvoidTurnflag = FALSE;          // 회전후 flag 값 초기화
        }
    }
}
```

[그림 14-10] 10cm 후진, 90° 오른쪽 방향 회전 함수

```
    CMy9DCDlg(CWnd* pParent = NULL);     // standard const

    MOTION_SESSION pMotion;
    SSN_SESSION pSensor;

    BOOL bTimerFlag, bAvoidBackflag, bAvoidTurnflag;

    int Centi1, Centi2, temp;
    double dbVelocity, dbDegree1, dbDegree2;

    unsigned char nSelectSensor[1];      // 사용할 적외선,
    float fUltrasensor[1];
```

[그림 14-11] Header 파일에 변수 선언

```
    unsigned char nSelectSensor[1]
    float fUltrasensor[1];

    void GetUtrasonic();
    void DCForward();
    void DCBackward();
    void DCStop();
    void DCRight();
    void ReadCantimeter();
    void ObstacleDetect();
    void ObstacleAvoidBack();
    void ObstacleAvoidTurn();
    void ReadDegree();


// Dialog Data
```

[그림 14-12] Header 파일에 함수 선언

(4) OnTimer() 함수

```
void CMy9DCDlg::OnBtTimer()
{
    if( bTimerFlag == FALSE )
    {
        bTimerFlag = TRUE;
        SetTimer( 0, 100, NULL );
        SetTimer( 1, 100, NULL );
        SetDlgItemText( IDC_BT_TIMER, "Timer 정지" );
    }
    else
    {
        bTimerFlag = FALSE;
        DCStop();
        KillTimer(0);
        KillTimer(1);
        SetDlgItemText( IDC_BT_TIMER, "TImer 실행" );
    }
}

void CMy9DCDlg::OnTimer(UINT nIDEvent)
{
    if ( nIDEvent == 0 )
        ObstacleDetect();

    if ( nIDEvent == 1 )
    {
        GetUtrasonic();
        ReadCantimeter();
        ReadDegree();
    }
    CDialog::OnTimer(nIDEvent);
}
```

[그림 14-13] OnTimer() 함수

07 동작 확인 및 결과

작성한 프로그램이 올바르게 동작하는지 알아보자.

1. 동작 확인

거리에 따라 초음파 센서의 출력값이 똑바로 출력되는지 확인해 본다.

제공된 슬라이드 모듈의 아크릴 조각 이외에 다른 장애물로 초음파 센서의 출력값을 확인해본다. 초음파 센서의 특성을 다시 한 번 생각하면서 어떤 형태의 장애물은 초음파 센서로 측정이 불가능한지 생각해보자.

2. 결과 및 토의

초음파의 거리 체크를 아크릴 조각을 사용하여 변화를 주어 보았지만 데이터의 변화는 없었다.

초음파의 데이터는 음파를 이용하기 때문에 매질의 차이에 의하여 데이터의 차이가 발생하는 것을 확인할 수 있었다.

초음파의 장점의 경우에는 원거리에서 데이터를 취득할 수 있다는 것을 확인할 수 있다.

초음파의 특성상 센서에서 음파를 발산하는 것을 확인할 수 있다.

초음파를 취부하기 위해서는 초음파의 센서가 케이스 및 수신부와 떨어져 있어야 하는 것을 확인할 수 있다.

08 심화학습

- 초음파, 적외선 센서의 장단점을 찾은 후 실제 로봇에 어떻게 적용해야 효과적인지 토론하여 보자.

CHAPTER 15

적외선 센서와 스텝 모터 방향 제어실습

01 실습 과제

적외선 센서를 이용해 스텝 모터의 회전방향을 제어한다.

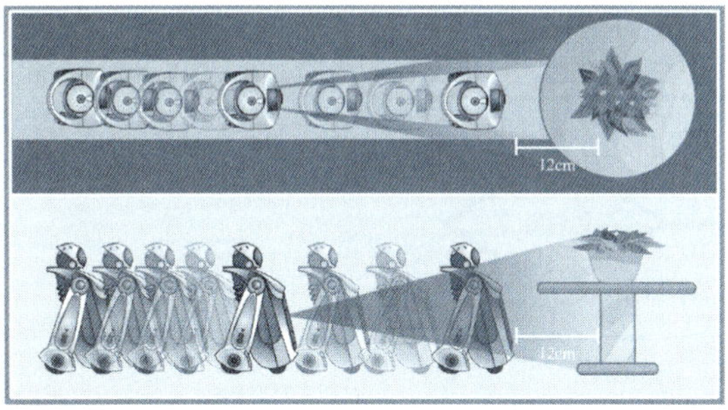

02 실습 목표

PSD를 이용한 적외선 센서의 원리 및 특징을 파악하고, 로봇에 어떤 용도로 적용되고 있는지 알아본다.

03 순서도 작성

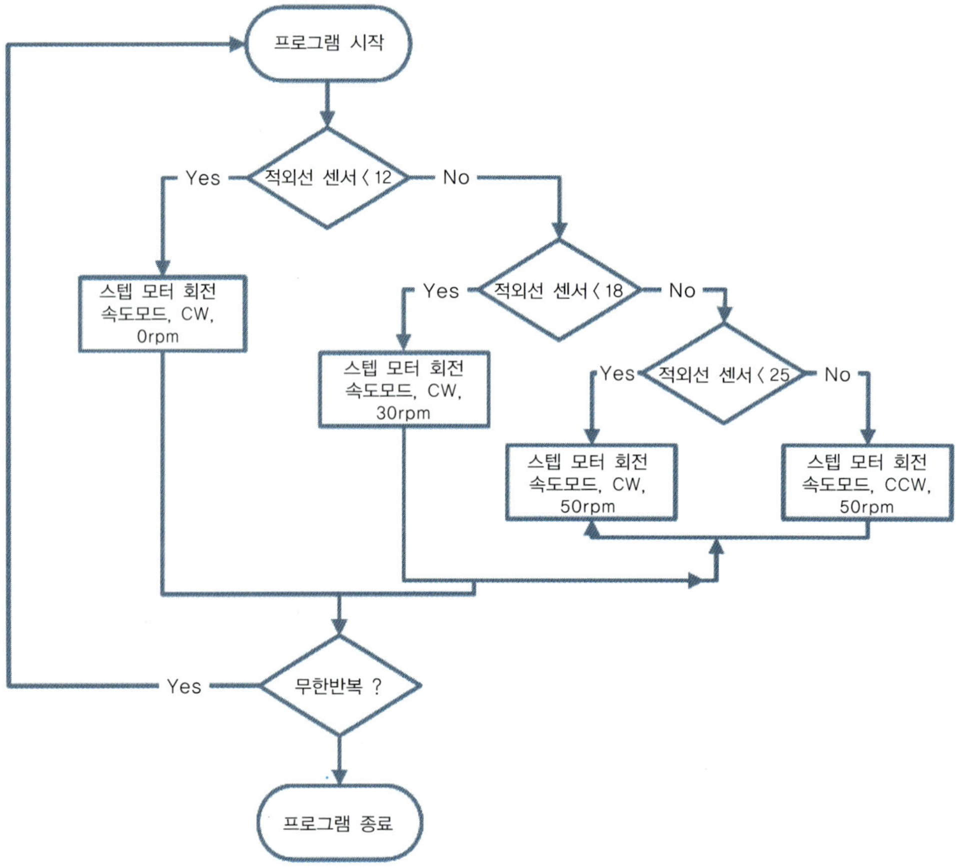

04 실습 준비

메인제어 모듈(ED7271-15)	1EA
적외선 센서(ED7271-3)	1EA
슬라이드 모듈(ED7271-11)	1EA
스텝 모터(ED7271-13)	1EA
USB 케이블 A ↔ B	1EA

10P Plat 케이블	1EA
16P Plat 케이블	2EA
AC220V 전원선	1EA

05 장비 결선

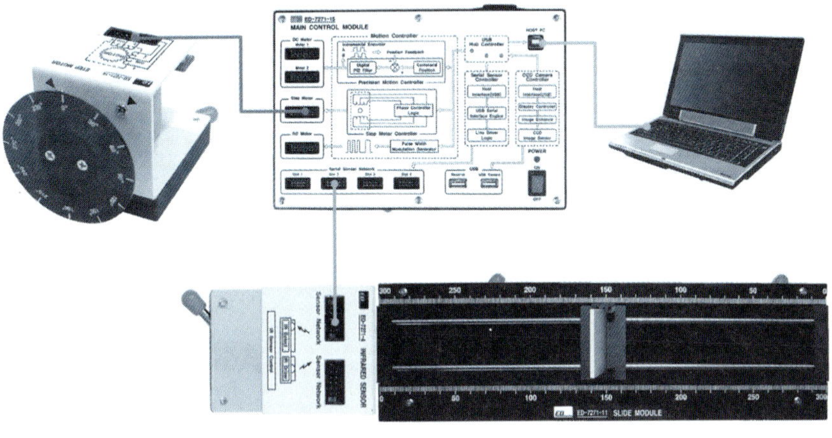

06 프로그램 작성

적외선 센서로 장애물을 감지하는 로봇이 장애물과의 거리가 가까워짐에 따라 속도를 낮추고 12cm 이하로 감지가 되면 로봇을 정지하는 프로그램을 작성한다.

1. IRES를 이용한 프로그램 작성

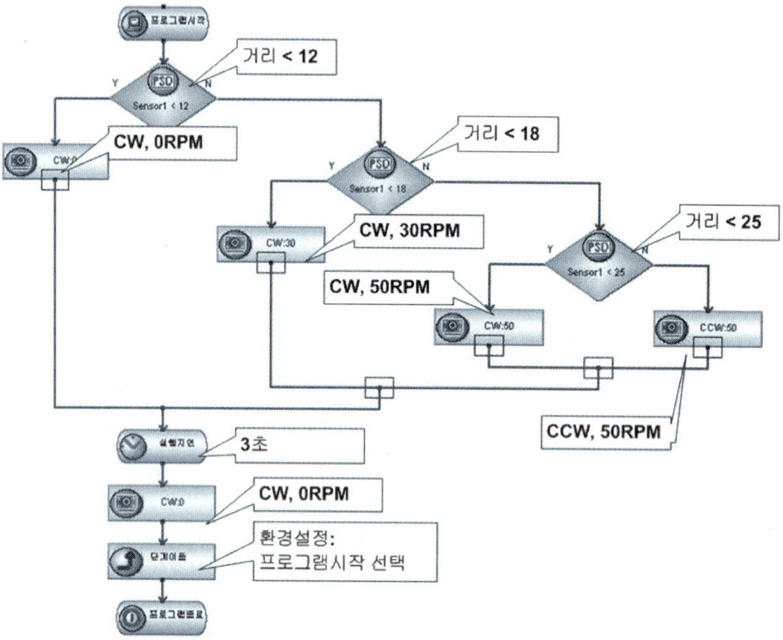

2. MFC를 이용한 프로그램 작성

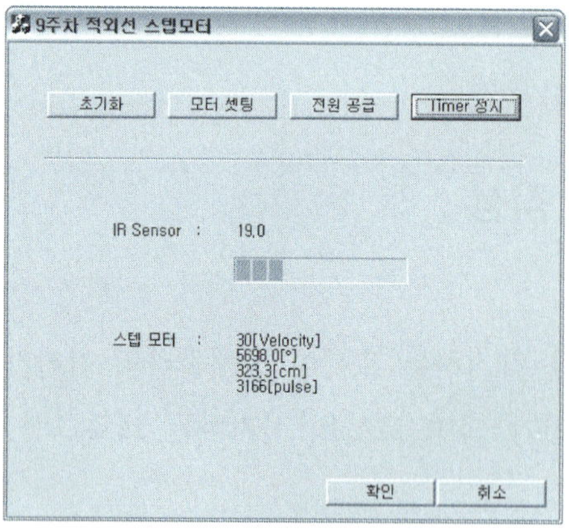

[그림 15-1] 실습 목표

(1) 프로젝트 생성, 기본 버튼 / 함수작성

지난 실습들과 동일하게 작성한다.

※ 모터 세팅 제외 가능

(2) 적외선 데이터 획득, 스텝 모터 제어 함수작성

다음 그림들을 참조하여 작성한다.

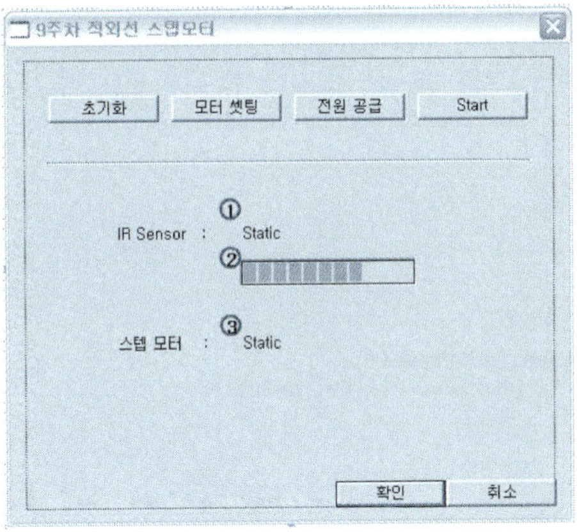

[그림 15-2] Dialog 구성

[표 15-1] ID, 변수형, 변수명

번 호	ID	변수형	변수명
1	IDC_IRSENSOR	CString	m_strIRsensor
2	IDC_IRPROGRESS	CProgressCtrl	m_ctrlProgress
3	IDC_STEPMOTOR	CString	m_strStepmotor

```
void CMy9Dlg::GetIRDistance()
{
    SSN_GetIRDistance( pSensor, fIRSensor );

    m_strIRsensor.Format( "%4.1f", fIRSensor[0] );
    m_ctrlProgress.SetRange(0, 80);
    m_ctrlProgress.SetPos((int) fIRSensor[0] );

    UpdateData(FALSE);
}
```

[그림 15-3] 적외선 센서 데이터 획득 함수

```
void CMy9Dlg::OnBtInit()
{
    pMotion = NULL;
    pSensor = NULL;

    nSelectSensor[0] = 1;

    bTimerFlag = FALSE;          // flag 초기값 설정

    if ( DCServo01_Initialize( m_hWnd, &pMotion ) != EDROBOT_API_OK )
        ::MessageBox( NULL, "모션보드 초기화 실패", "Error", MB_OK );
```

```
    if ( SSN_Initialize( &pSensor, FALSE ) != EDROBOT_API_OK )
        ::MessageBox( NULL, "센서 초기화 실패", "Error", MB_OK );

    SSN_SetIRDistance( pSensor, nSelectSensor, 1 );
}
```

[그림 15-4] 초기화 함수에 코드 추가

```
void CMy9Dlg::StepMove()
{
    UpdateData(TRUE);

    dwPulse = 100000;

    STEP_SetVelocity( pMotion, dwStepVel );
    STEP_AbsoultePulseStart( pMotion, DIR_CW, dwPulse );
}

void CMy9Dlg::StepStop()
{
    UpdateData(TRUE);
    STEP_Stop( pMotion );
}

void CMy9Dlg::GetStepStatus()
{
    unsigned char StepDir;
    DWORD dwReadPulse;
    double dwDegree, dwDistance;

    STEP_ReadState( pMotion, StepDir, dwReadPulse, dwDegree, dwDistance );

    m_strStepmotor.Format("%d[Velocity]\r\n%4.1f[° ]\r\n%4.1f[cm]\r\n%4d[pulse]",
                            dwStepVel,    dwDegree,  dwDistance, dwReadPulse);

    UpdateData(FALSE);
}
```

[그림 15-5] 스텝 모터 제어 / 상태값 읽기 함수

```
void CMy9Dlg::ObstacleDetect()
{
    GetIRDistance();
    GetStepStatus();

    if ( fIRSensor[0] < 25 )
        {
            if ( fIRSensor[0] >= 12 )
            {
                dwStepVel = 30;
                StepMove();
            }
            else if ( fIRSensor[0] < 12 )
            {
                StepStop();
            }
        }
        else
        {
            dwStepVel = 50;
            StepMove();
        }
}
```

[그림 15-6] 장애물 확인 함수

```
void CMy9Dlg::OnBtTimer()
{
    if( bTimerFlag == FALSE )
    {
        bTimerFlag = TRUE;
        STEP_DefineHome( pMotion );
        SetTimer( 0, 100, NULL );                        // Timer 0번 시작
        SetDlgItemText( IDC_BT_TIMER, "Timer 정지" );    // 버튼에 표시될 Text
    }
    else
    {
        bTimerFlag = FALSE;
        StepStop();
        KillTimer(0);                                    // Timer() 함수 정지
        SetDlgItemText( IDC_BT_TIMER, "TImer 실행" );    // 버튼에 표시될 Text
    }
}

void CMy9Dlg::OnTimer(UINT nIDEvent)
{
    ObstacleDetect();

    CDialog::OnTimer(nIDEvent);
}
```

[그림 15-7] OnTimer() 함수

```
    MOTION_SESSION pMotion;
    SSN_SESSION pSensor;

    BOOL bTimerFlag;                    // Timerflag 선언

    DWORD dwPulse, dwStepVel;
    unsigned char nSelectSensor[1];     // 사용할 적외선, 초음파 센서 각각의 개수
    float fIRSensor[1];
```

[그림 15-8] Header 파일에 변수 선언

```
    unsigned char nSelectSensor
    float fIRSensor[1];

    void GetIRDistance();
    void StepMove();
    void StepStop();
    void GetStepStatus();
    void ObstacleDetect();

// Dialog Data
    //{{AFX_DATA(CMy9Dlg)
```

[그림 15-9] Header 파일에 함수 선언

07 동작 확인 및 결과

1. 동작 확인

작성한 프로그램을 실행해보고 장애물과 거리가 10cm 이하의 영역에서는 센서의 측정 거리가 10cm 이상의 값이 출력되는 것을 알 수 있다.

장애물이 12cm 이하에 발견이 되면 스텝 모터가 정지하는 것을 확인할 수 있었다.

장애물이 12cm 이상의 경우에는 스텝 모터가 프로그램 된 속도로 이동되는 것을 확인할 수 있었다.

2. 결 과

지능형 로봇 실습실험 장치에 적용된 적외선 거리감지 센서의 특성이 최소 10cm부터 최대 80cm의 거리 측정이 가능한 것을 확인할 수 있었다.

적외선 거리감지 방법이 기존의 방법과 틀린, 송신 IR과 수신 IR간의 수신 각도를 이용하여 거리를 측정하는 방법인 PSD의 원리를 확인할 수 있었다.

적외선 센서의 특성상 매질의 색상에 따른 거리 오차가 있는 것에 대하여 확인할 수 있었다.

적외선 거리감지 센서는 초음파 센서보다 오차는 적지만 원거리의 측정이 불가능한 것을 확인할 수 있다.

08 심화학습

- 적외선 센서를 추가하여 일정 거리 이하의 값을 획득하였을 경우 광원 모듈을 사용, LED 점등을 통하여 상대방에게 경고할 수 있도록 프로그램을 작성하시오(빛의 밝기를 단계적으로 증가 후 감소).

CHAPTER 16

자동문 제어실습

01 실습 과제

인체감지 센서와 스텝 모터를 이용하여 일상생활에서 흔히 볼 수 있는 자동문을 만들어보자.

02 실습 목표

센서를 활용하여 일상생활에서 응용할 수 있는 방법에 대하여 알아보자.

03 실습 준비

메인제어 모듈(ED7271-15)	1EA
스텝 모터(ED7271-14)	1EA
초전 센서(ED7271-7)	1EA
USB 케이블 A ↔ B	1EA
10P Plat 케이블	1EA
16P Plat 케이블	1EA
AC220V 전원선	1EA

04 장비 결선

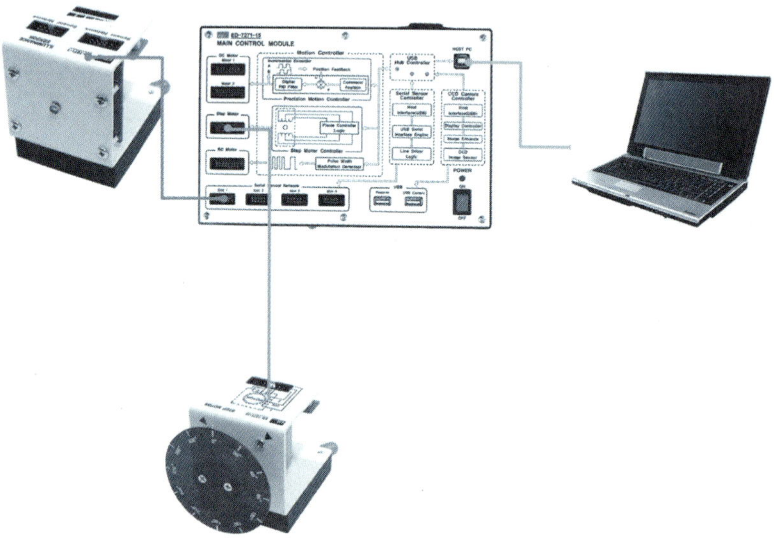

05 프로그램 작성

1. IRES를 이용한 프로그램 작성

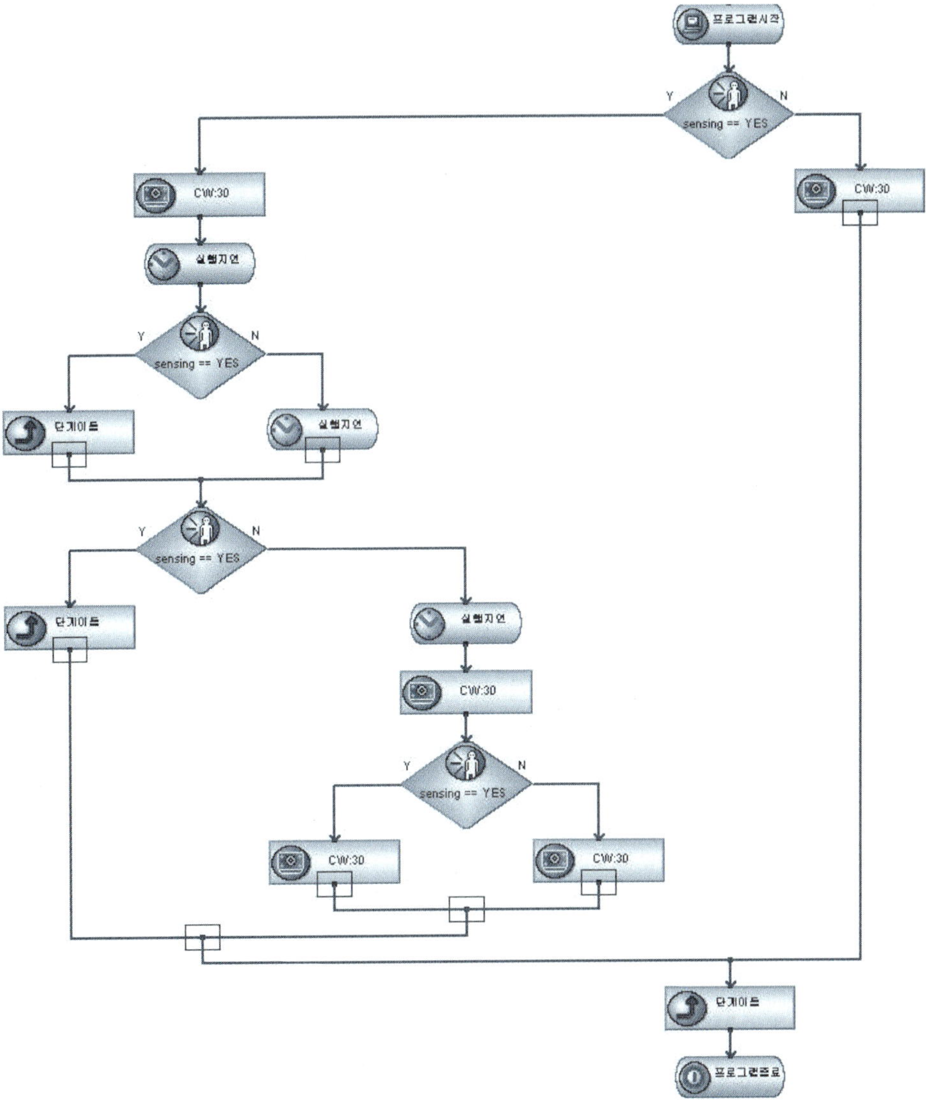

2. MFC를 이용한 프로그램 작성

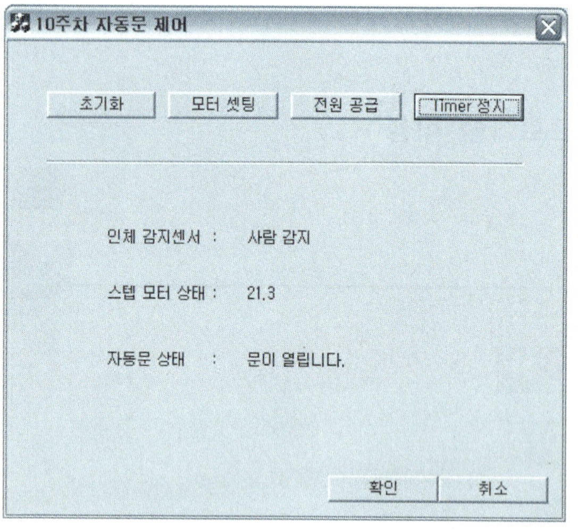

[그림 16-1] 실습 목표

(1) 프로젝트 생성, 기본 버튼 / 함수작성

지난 실습들과 동일하게 작성한다.

※ 모터 세팅 함수를 작성할 필요는 없다.

(2) 인체감지 센서, 스텝 모터 제어 함수작성

다음 그림들을 참조하여 작성한다.

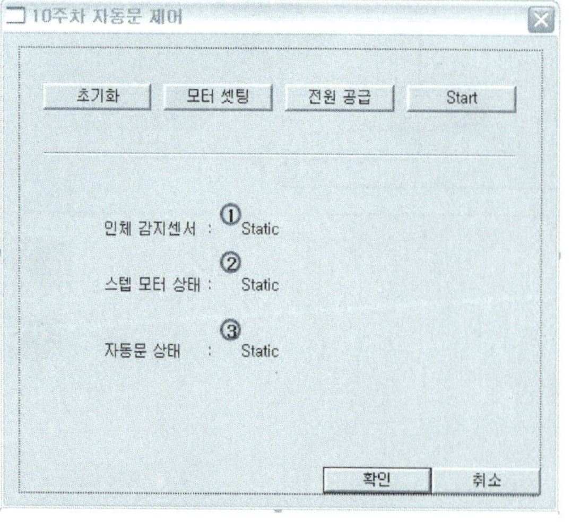

[그림 16-2] Dialog 배치

[표 16-1] ID, 변수형, 변수명

번 호	ID	변수형	변수명
1	IDC_PYRO	CString	m_strPyro
2	IDC_STEPSTATE	CString	m_strStepstate
3	IDC_DOOR	CString	m_strDoor

```
void CMy10Dlg::GetPyroelectric()
{
    cPyro = 0;
    SSN_GetPyroelectric( pSensor, cPyro );
    if ( cPyro )
    {
        m_strPyro.Format( "사람 감지" );
        UpdateData(FALSE);
    }
    else
    {
        m_strPyro.Format( "--------" );
        UpdateData(FALSE);
    }
}
```

[그림 16-3] 인체감지 센서 함수

※ 인체감지 센서 특성상 전원공급 후 약 15~20초 정도 기다린 후 Start한다.

```
void CMy10Dlg::StepForward()
{
    UpdateData(TRUE);

    dwPulse = 2000;

    STEP_SetVelocity( pMotion, dwStepVel );
    STEP_AbsoultePulseStart( pMotion, DIR_CW, dwPulse );
}

void CMy10Dlg::StepBackward()
{
    UpdateData(TRUE);

    dwPulse = 2000;

    STEP_SetVelocity( pMotion, dwStepVel );
    STEP_AbsoultePulseStart( pMotion, DIR_CCW, dwPulse );
}
void CMy10Dlg::StepStop()
{
    UpdateData(TRUE);
    STEP_Stop( pMotion );
}

void CMy10Dlg::STEPReadState()
{
    unsigned char StepDir;
    DWORD dwReadPulse;
    double dbDegree;
```

```
    STEP_ReadState( pMotion, StepDir, dwReadPulse, dbDegree, dbReadDistance );
    m_strStepstate.Format( "%4.1f", dbReadDistance);
    UpdateData(FALSE);
}
```

[그림 16-4] 스텝 모터 제어 / 상태값 읽기 함수

```
CMy10Dlg::CMy10Dlg(CWnd* pParent /*=NULL*/)
    : CDialog(CMy10Dlg::IDD, pParent)
{
    //{{AFX_DATA_INIT(CMy10Dlg)
    m_strDoor = _T("");
    m_strPyro = _T("");
    m_strStepstate = _T("");
    dwStepVel = 2;              // 스텝 모터의 회전 속도 초기값 할당
    //}}AFX_DATA_INIT
    // Note that LoadIcon does not require a subsequent DestroyIcon in Win32
    m_hIcon = AfxGetApp()->LoadIcon(IDR_MAINFRAME);
}
```

[그림 16-5] '자동문 제어Dlg.cpp' 파일에 회전속도 초기값 할당

```
void CMy10Dlg::DoorOpen()
{
    GetPyroelectric();
    STEPReadState();
    if ( cPyro )                        // 인체 감지가 되면..
    {
        StepBackward();                 // 자동문 열림
        m_strDoor.Format( "문이 열립니다." );
    }
    if ( dbReadDistance > 70 )          // 자동문의 이동 거리 설정 = 70
    {
        StepStop();
        m_strDoor.Format( "문이 열려있습니다." );
        KillTimer(0);
        Sleep(5000);                    // 문이 열린후 5초간의 강제 딜레이
        STEP_DefineHome( pMotion );
        SetTimer( 1, 100, NULL );       // Timer 1번 호출
    }
}
```

[그림 16-6] 자동문 열림 함수

```
void CMy10Dlg::DoorClose()
{
    GetPyroelectric();
    STEPReadState();
    StepForward();                      // 자동문 닫힘
    m_strDoor.Format( "문이 닫힙니다." );
    if ( cPyro )                        // 인체 감지가 되면..
    {
        StepBackward();                 // 자동문 열림
        m_strDoor.Format( "문이 열립니다." );
    }
    if ( dbReadDistance > 70 )          // 자동문의 이동 거리 설정 = 70
    {
        StepStop();
        m_strDoor.Format( "문이 닫혀 있습니다." );
        KillTimer(1);
```

```
void CMy10Dlg::DoorClose()
{
    GetPyroelectric();
    STEPReadState();
    StepForward();                          // 자동문 닫힘
    m_strDoor.Format( "문이 닫힙니다." );
    if ( cPyro )                            // 인체 감지가 되면..
    {
        StepBackward();                     // 자동문 열림
        m_strDoor.Format( "문이 열립니다." );
    }
    if ( dbReadDistance > 70 )              // 자동문의 이동 거리 설정 = 70
    {
        StepStop();
        m_strDoor.Format( "문이 닫혀 있습니다." );
        KillTimer(1);
        STEP_DefineHome( pMotion );
        SetTimer( 0, 100, NULL );           // Timer 2번 호출
    }
}
```

[그림 16-7] 자동문 닫힘 함수

```
void CMy10Dlg::OnBtTimer()
{
    if( bTimerFlag == FALSE )
    {
        bTimerFlag = TRUE;
        STEP_DefineHome( pMotion );
        SetTimer( 0, 100, NULL );                          // Timer 0번 시작
        SetDlgItemText( IDC_BT_TIMER, "Timer 정지" );      // 버튼에 표시될 Text
    }
    else
    {
        bTimerFlag = FALSE;
        StepStop();
        STEP_DefineHome( pMotion );
        KillTimer(0);                                       // Timer() 함수 정지
        KillTimer(1);
        SetDlgItemText( IDC_BT_TIMER, "TImer 실행" );      // 버튼에 표시될 Text
    }
}

void CMy10Dlg::OnTimer(UINT nIDEvent)
{
    if ( nIDEvent == 0 )
        DoorOpen();

    if ( nIDEvent == 1 )
        DoorClose();

    CDialog::OnTimer(nIDEvent);
}
```

[그림 16-8] OnTimer() 함수

```
    MOTION_SESSION pMotion;
    SSN_SESSION pSensor;

    BOOL bTimerFlag;                    // Timerflag 선언

    char cPyro;
    double dbDistance, dbReadDistance;
    DWORD dwPulse, dwStepVel;
```

[그림 16-9] Header 파일에 변수 선언

```
    DWORD dwPulse, dwStepVel;

    void GetPyroelectric();
    void StepForward();
    void StepBackward();
    void StepStop();
    void STEPReadState();
    void DoorOpen();
    void DoorClose();

// Dialog Data
```

[그림 16-10] Header 파일에 함수 선언

06 동작 확인 및 결과

1. 동작 확인

우선 처음에 인체감지 센서가 인체가 감지되는지 안 되는지 판단을 한다.

감지된다면 스텝 모터를 시계방향으로 70cm 움직인다. 그리고 약 5초 동안 실행 지연 함수로 인해 문이 열린 상태를 유지하며, 그 후 자동으로 문이 닫힌다.

닫히는 동안에도 인체감지 센서 함수가 작동하기 때문에 인체가 감지되면 다시 열리게 된다.

2. 결 과

지능형 로봇 실습실험 장치에 적용된 센서를 이용하여 일상 가정에 응용분야로 활용할 수 있는 부분에 대하여 알아보았다.

실제 인체감지 센서의 경우 주의의 보안 및 보안 등에 많이 사용되는 것을 확인할 수 있었다.

07 심화학습

- DC모터를 추가하여 문이 닫혀 있는 상태일 때만 DC모터가 작동하도록 프로그램하시오.

CHAPTER 17

터치센서와 DC 모터의 제어실습

01 실습 과제

터치 모듈을 이용해 각각의 값에 따른 모터 제어를 한다.

02 실습 목표

로봇 프로그램의 기본인 센서의 입력을 받는 방법을 이해하고 분기객체를 학습한다.

03 순서도 작성

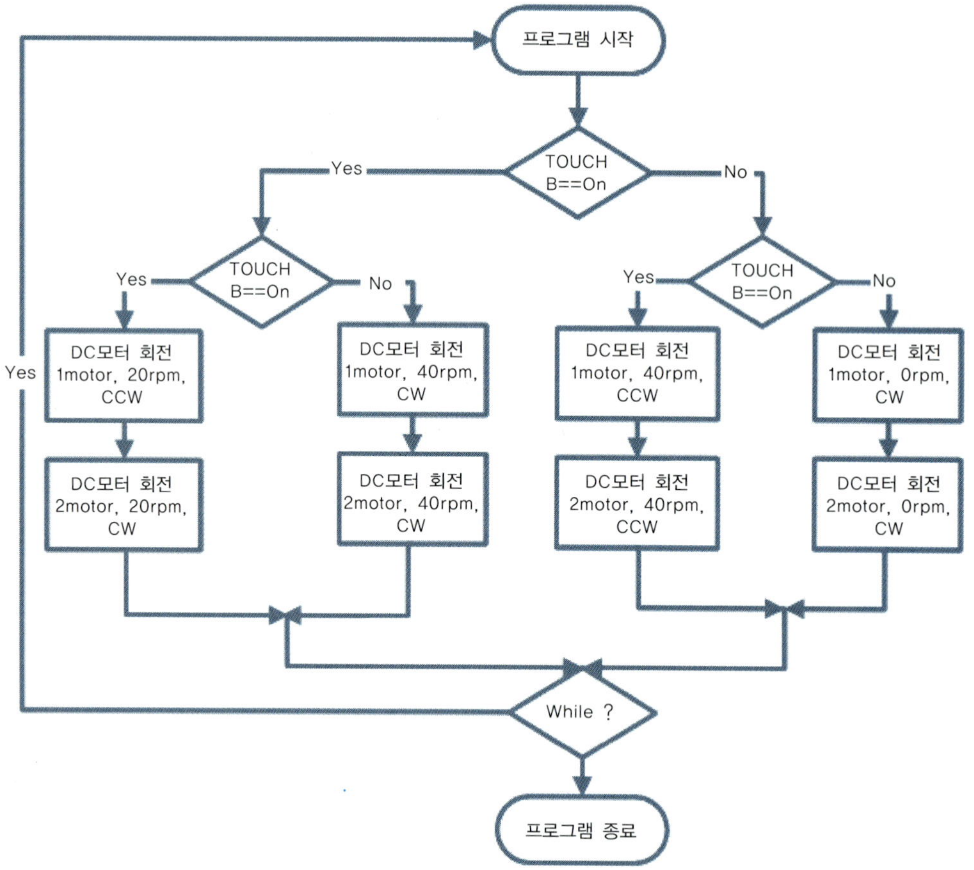

04 실습 준비

메인제어 모듈(ED7271-15)	1EA
TOUCH 센서(ED7271-18)	1EA
DC 모터모듈(ED7271-13)	2EA
양방향 구동 모듈	1EA
타이밍벨트	2EA

USB 케이블 A ↔ B	1EA
16P Plat 케이블	1EA
AC220V 전원선	1EA

05 장비 결선

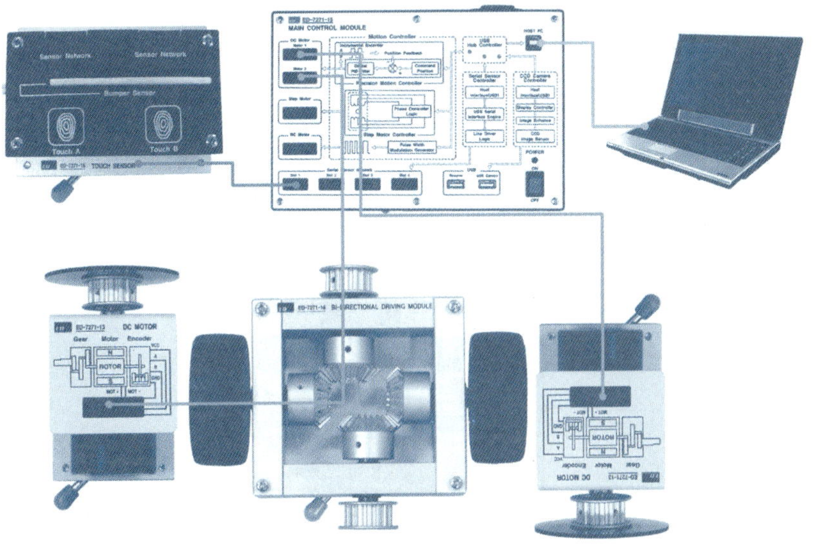

06 프로그램 작성

터치센서의 값을 이용하여 터치 B가 On이 되면 오른쪽으로 회전, 터치 A가 On이 되면 왼쪽으로 회전하고 동시에 On이 되면 전진하는 프로그램을 작성하여 보자.

1. IRES를 이용한 프로그램 작성

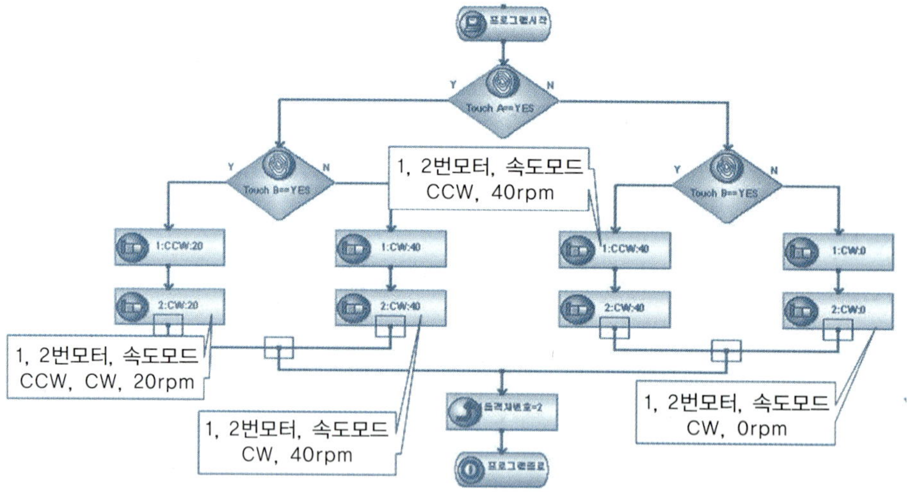

2. MFC를 이용한 프로그램 작성

실시간으로 터치 데이터 값을 획득하는 프로그램을 작성하여 보자.

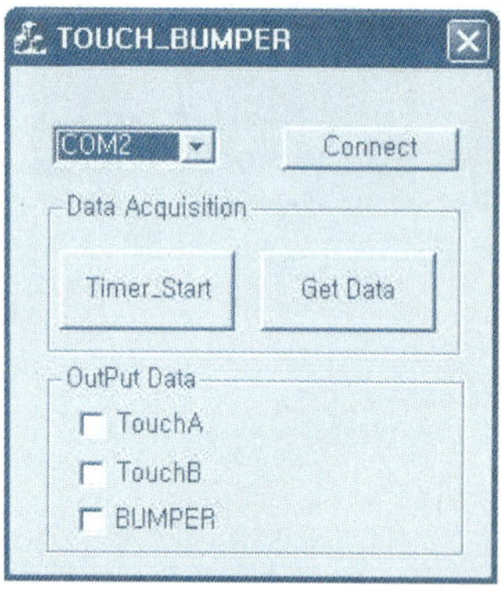

[그림 17-1] 실행

3. 프로젝트 생성

7장과 동일한 방법으로 프로젝트를 생성한다.

(1) 초기화, 전원공급 버튼, OnDestory() 생성

다음과 같이 버튼을 생성, 콤보박스를 생성하고 [표 17-1]과 다음 그림과 같이 작성한다. OnDestory() 함수를 생성하여 작성한다.

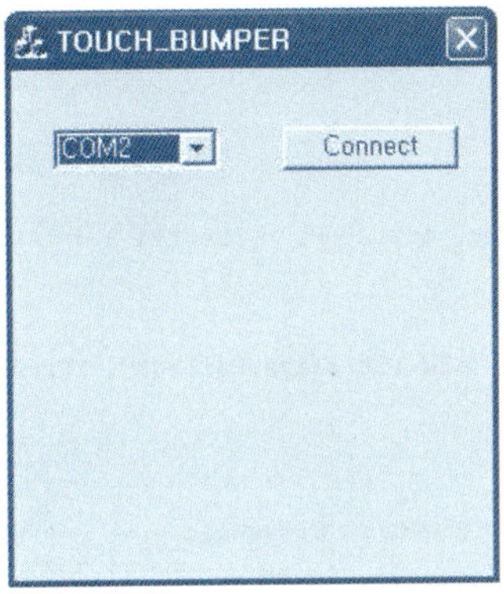

[그림 17-2] Combo Box

[표 17-1] ID, 변수형, 변수명

번 호	ID	변수형	변수명
1	IDC_CB_Port	int	m_nPort

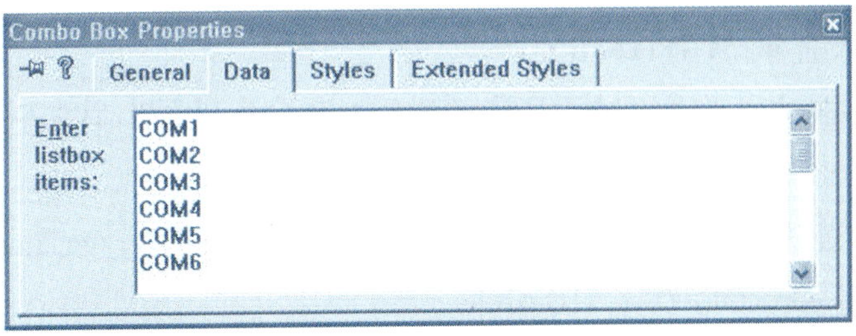

[그림 17-3] Data set

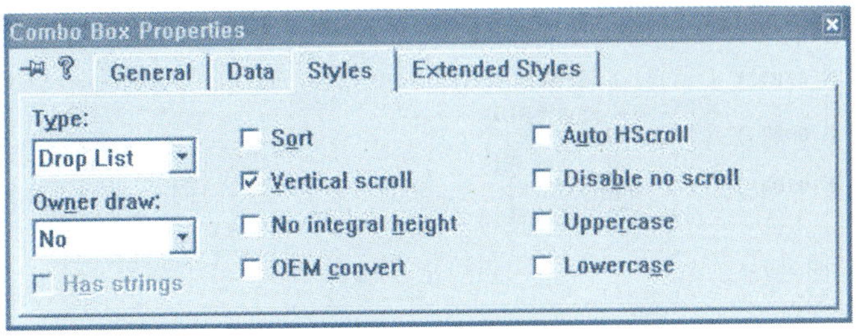

[그림 17-4] 속성 설정

```
void CTOUCH_BUMPERDlg::OnConnect()
{
    UpdateData(TRUE);

    if ( bInit == FALSE )
    {
        if ( SSN_ManualInitialize( &pSensor, m_nPort+1 ) != EDROBOT_API_OK )
        {
            bInit = FALSE;
            pSensor = NULL;
            ::MessageBox( NULL, "SSN Iitialize Failed!", "Error", MB_OK );
        }
        else
        {
            bInit = TRUE;
            SetDlgItemText( IDC_CONNECT, "Close" );
        }
    }
    else if ( bInit == TRUE )
    {
        bInit = FALSE;
        SSN_Close( pSensor );
        pSensor = NULL;
        SetDlgItemText( IDC_CONNECT, "Connect" );
    }

}
```

[그림 17-5] 초기화, OnDestory() 함수

(2) Touch 센서 값 획득하는 함수

다음과 같이 Touch의 값을 실시간으로 가져오는 함수를 만들기 위해 다음 그림과 같이 프로그램한다.

OnGetData() 함수는 터치센서의 현재 값을 가져오는 함수이다. OnTimerstart() 함수는 윈도우 타이머를 On, OFF하는 함수이다.

```
void CTOUCH_BUMPERDlg::OnGetdata()
{

    UpdateData(TRUE);
    char cData = 0x00;
    SSN_GetTouchBumperData( pSensor, cData );

    if ( cData & 0x01 ) m_bTouchA = TRUE;
    else                m_bTouchA = FALSE;
    if ( cData & 0x02 ) m_bTouchB = TRUE;
    else                m_bTouchB = FALSE;
    if ( cData & 0x04 ) m_bBumper = TRUE;
    else                m_bBumper = FALSE;

    UpdateData(FALSE);

}

void CTOUCH_BUMPERDlg::OnTimerstart()
{
    if ( bTimer == FALSE )
    {
        bTimer = TRUE;
        SetTimer( 1, 100, NULL );
        SetDlgItemText( IDC_TIMERSTART, "Stop" );
    }
```

```
    else if ( bTimer == TRUE )
    {
        bTimer = FALSE;
        KillTimer(1);
        SetDlgItemText( IDC_TIMERSTART, "Start" );
    }
}
```

[그림 17-6] 초기화, OnDestory() 함수

타이머를 사용한 터치센서의 값이 보여지게 Check button을 생성하여 다음과 같이 작성한다.

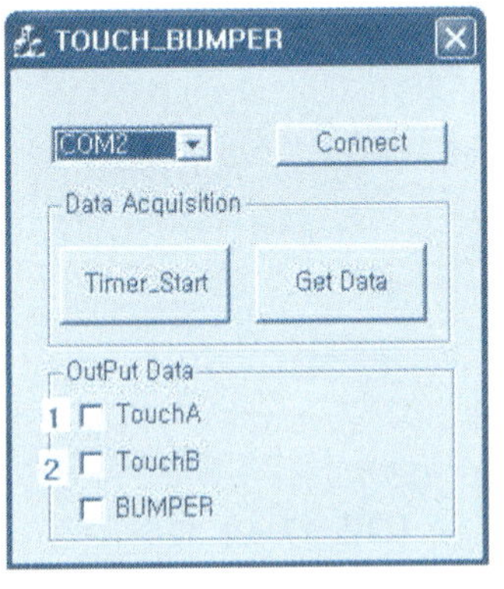

[그림 17-7] Check box

[표 17-2] ID, 변수형, 변수명

번 호	ID	변수형	변수명
1	IDC_TOUCHA	bool	m_bTouchA
2	IDC_TOUCHB	bool	m_bTouchB

다음은 윈도우 타이머와 프로그램 종료시 선언해놓은 메모리 삭제하는 함수이다.

```
void CTOUCH_BUMPERDlg::OnTimer(UINT nIDEvent)
{
    // TODO: Add your message handler code here and/or call default

    if(nIDEvent==1)
    {
        UpdateData(TRUE);

        OnGetdata();

        UpdateData(FALSE);

    }

    CDialog::OnTimer(nIDEvent);
}
void CTOUCH_BUMPERDlg::OnDestroy()
{
```

```
    CDialog::OnDestroy();

    SSN_Close( pSensor );

}
```

[그림 17-8] 변수 선언

이제까지 선언된 함수 변수들을 Header 파일에 선언을 한다.

```
class CTOUCH_BUMPERDlg : public CDialog
{

    SSN_SESSION pSensor;
    BOOL bInit, bTimer, bCheck;

// Construction
public:
    CTOUCH_BUMPERDlg(CWnd* pParent = NULL);

// Dialog Data
    //{{AFX_DATA(CTOUCH_BUMPERDlg)
    enum { IDD = IDD_TOUCH_BUMPER_DIALOG };
    int     m_nPort;
    BOOL    m_bTouchA;
    BOOL    m_bTouchB;
    BOOL    m_bBumper;
    //}}AFX_DATA
```

[그림 17-9] 변수 선언

07 동작 확인 및 결과

작성한 프로그램이 올바르게 동작하는지 확인한다. 터치 A, 터치 B 모듈에 터치를 해보자. 사람손이나 전기가 통하는 재질로 해보고 고무재질 같은 부전도체로도 터치를 해보자.

1. 동작 확인

① 터치 A, B를 만져본 결과를 프로그램에서 알 수 있다.

② 전도체, 부전도체에 따라 터치 작동을 볼 수 있다.

2. 결과 및 토의

터치센서 모듈에 터치를 하면 A, B 프로그램 체크버튼에 On, Off되는 것을 볼 수 있다.

08 심화학습

- 터치센서를 이용하여 앞, 우회전, 좌회전하는 프로그램을 작성하여 보시오.
- 모바일폰이나 PMP기기에서 사용되고 있는 터치 기술에 대하여 조사하여 보고 터치 기술이 사용되는 서비스를 조사해보시오.

CHAPTER

18 음성인식 및 합성 모듈의 제어실습

01 실습 과제

음성인식 모듈을 이용해 음성인식 명령에 따른 모터를 구동을 한다.

02 실습 목표

음성인식의 제어방식을 이해하고 각각의 분기제어 객체를 학습한다.

03 순서도 작성

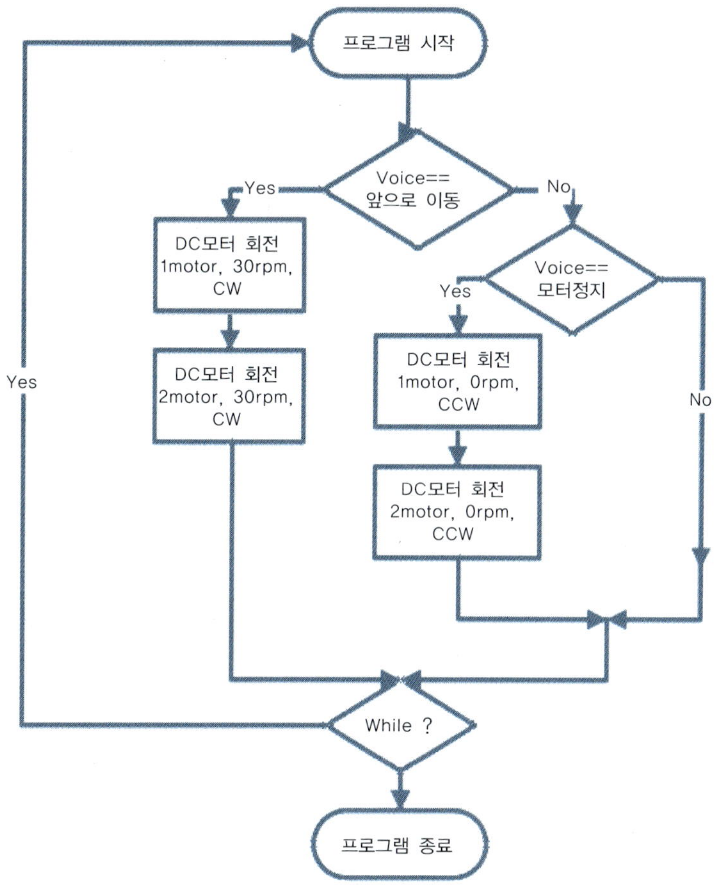

04 실습 준비

메인제어 모듈(ED7271-15)	1EA
음성인식 센서(ED7271-21)	1EA
DC 모터 모듈(ED7271-13)	2EA
양방향 구동 모듈	1EA
타이밍벨트	2EA

USB 케이블 A ↔ B	1EA
16P Plat 케이블	1EA
AC220V 전원선	1EA

05 장비 결선

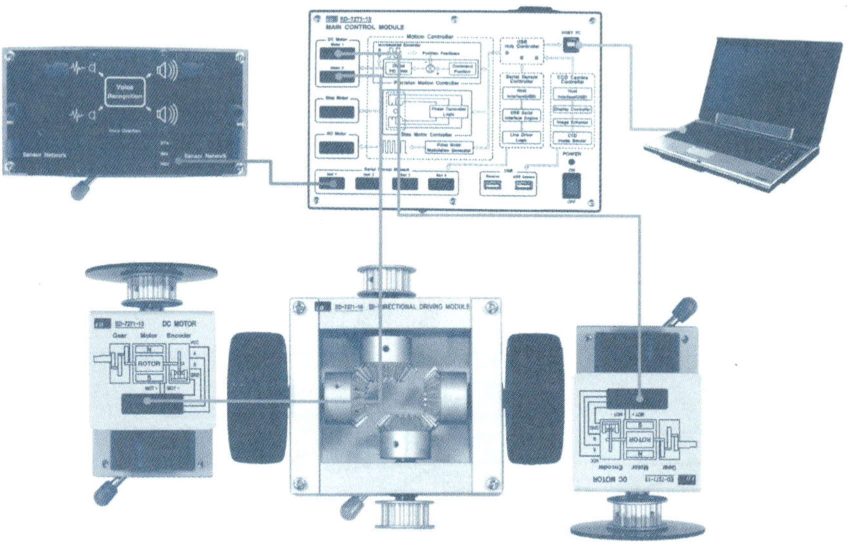

06 프로그램 작성

RFID 센서에 입력한 값 1, 2번 값이 들어오면 DC 모터를 회전하고 그렇지 않으면 정지하는 프로그램을 한다.

1. IRES를 이용한 프로그램 작성

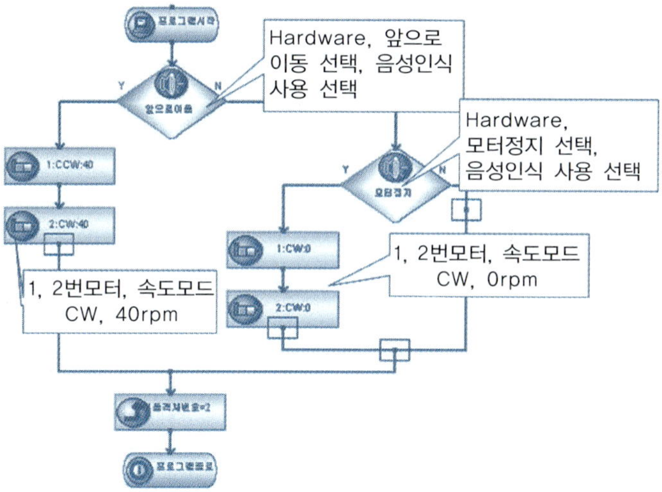

2. MFC를 이용한 프로그램 작성

음성인식 모듈을 통해 사용자가 설정한 음성명령을 이용해 각종 모터를 구동하는 프로그램을 작성하여 보자.

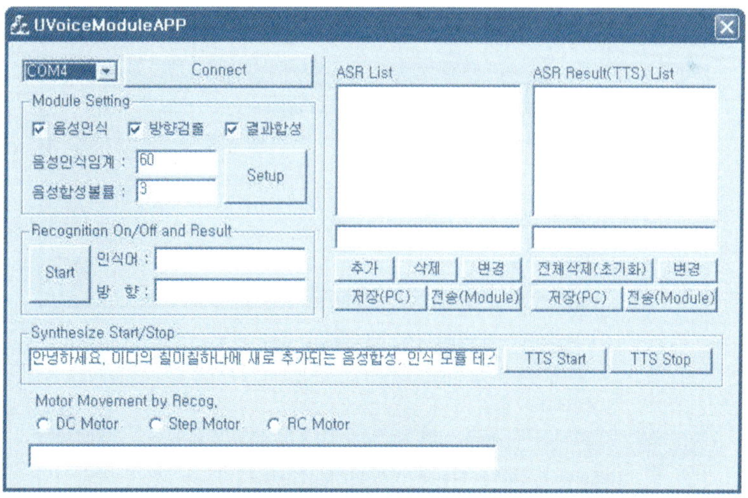

[그림 18-1] 실행

3. 프로젝트 생성

제공되는 소스의 UVoiceModuleApp를 보고 프로젝트를 생성한다. 센서와 모션 라이브러리 헤더파일도 링크를 한다.

(1) 초기화, 전원공급 버튼, OnDestory() 생성

다음 그림과 같이 버튼을 생성, 콤보박스를 생성하고 [표 18-1]과 그림과 같이 작성한다. OnDestory() 함수를 생성하여 작성한다.

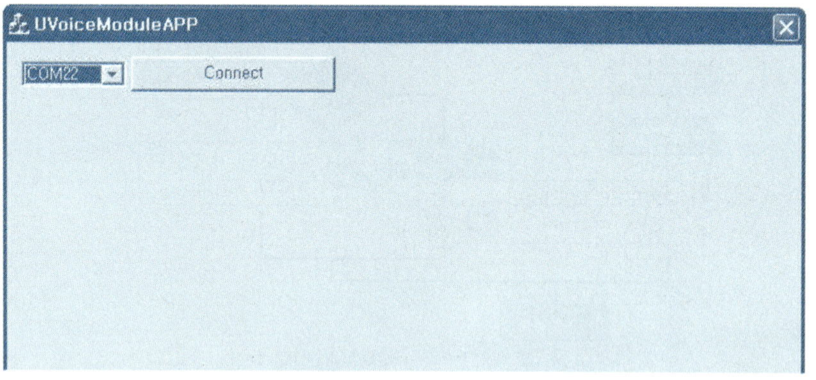

[그림 18-2] Combo box

[표 18-1] ID, 변수형, 변수명

번 호	ID	변수형	변수명
1	IDC_CB_Port	int	m_nPort

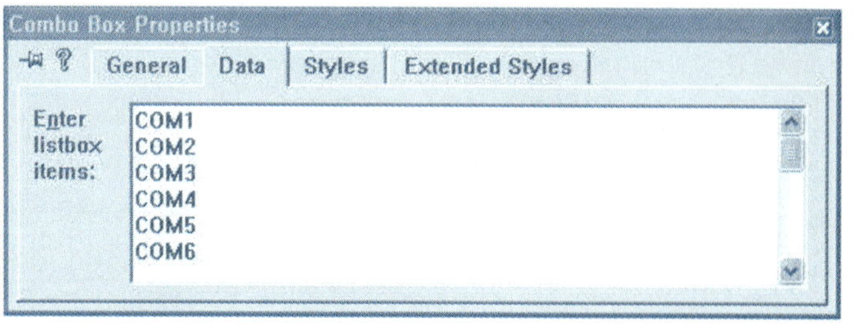

[그림 18-3] Data set

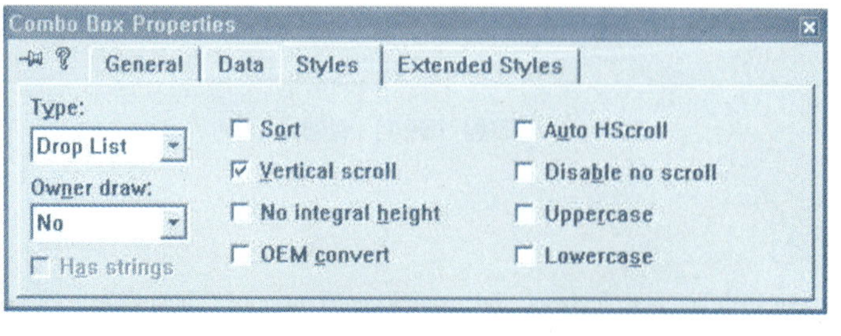

[그림 18-4] 속성 설정

이 함수는 SSN 초기화, Motion 초기화, 음성인식 리스트 초기화를 하는 함수이다.

```
void CUVoiceModuleAPPDlg::OnBTConnect()
{
    UpdateData(TRUE);

    if ( bInit == FALSE )
    {
        bInit = TRUE;
        pSensor = NULL;
        if ( SSN_ManualInitialize( &pSensor, m_nPort+1 ) != EDROBOT_API_OK )
        {
            bInit = FALSE;
            pSensor = NULL;
            ::MessageBox( NULL, "SSN Init. Failed!", "Error", MB_OK );
            return;
        }

        if ( DCServo01_Initialize( m_hWnd, &pMotion ) != EDROBOT_API_OK )
        {
            bInit = FALSE;
            if ( pSensor != NULL )
                SSN_Close( pSensor );
            pSensor = NULL;
            pMotion = NULL;
            ::MessageBox( NULL, "Motion Board Init. Failed!", "Error", MB_OK );
            return;
        }

        DCServo01_FillterSet( pMotion, 1, 14, 31, 100, 20, 10, 0 );
        DCServo01_FillterSet( pMotion, 2, 14, 31, 100, 20, 10, 0 );

        DCServo01_SetAbsoluteAcceleration( pMotion, 1, 70 );
        DCServo01_SetAbsoluteAcceleration( pMotion, 2, 70 );
        DCServo01_SetAbsoluteVelocity( pMotion, 1, 20 );
        DCServo01_SetAbsoluteVelocity( pMotion, 2, 20 );


          STEP_DefineHome( pMotion );
          STEP_SetVelocity( pMotion, dwStepVel );

          RC_DefineHome( pMotion, 1 );
          RC_DefineHome( pMotion, 2 );

          LoadASRList( ASR_FILE_NAME );
          LoadTTSList( TTS_FILE_NAME );
          RefreshListShow();

          SSN_Start( pSensor );
          SetDlgItemText( IDC_BT_Connect, "DisConnect" );
      }
      else if ( bInit == TRUE )
      {
          SetDlgItemText( IDC_BT_Connect, "Connect" );
          bInit = FALSE;
          if ( pSensor != NULL )
          {
              SSN_Stop( pSensor );
              SSN_Close( pSensor );
              pSensor = NULL;
          }
          if ( pMotion != NULL )
          {
              DCServo01_Close( pMotion );
              pMotion = NULL;
          }
      }
   }
```

[그림 18-5] 초기화

(2) 음성인식 환경설정 함수

다음과 같이 음성인식 모듈의 환경설정을 하는 함수를 만들기 위해 Check button과 Static Text을 생성한다. 각각의 체크버튼을 통하여 모듈의 사용하고자 하는 기능을 선택 할 수 있다.

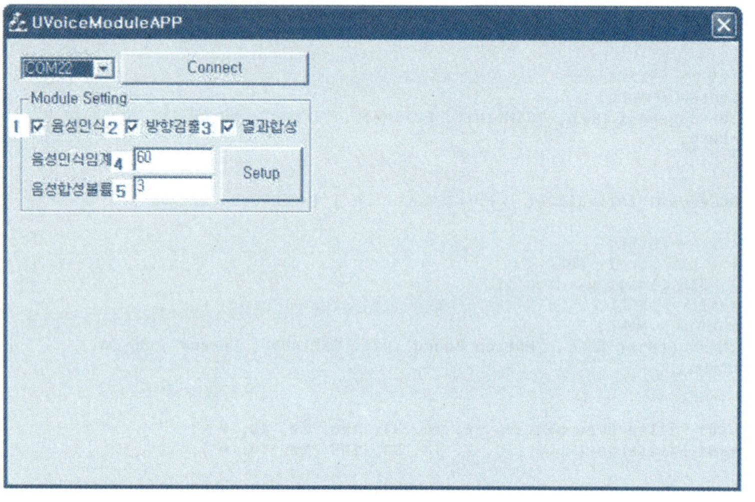

[그림 18-6] 음성인식 환경설정

[표 18-2] ID, 변수형, 변수명

번 호	ID	변수형	변수명
1	IDC_CK_Recog	bool	m_bRecog
2	IDC_CK_SSL	bool	m_bRecogResult
3	IDC_CK_RecogResult	bool	m_bSSL
4	IDC_RecogThreadhold	CString	m_nRecogThreshold
5	IDC_SynthesizeVolume	CString	m_nSynthesizeVolume

OnBTSetup() 함수는 음성인식 모듈의 환경설정을 하는 함수이다.

```
void CUVoiceModuleAPPDlg::OnBTSetup()
{
    UpdateData(TRUE);

    SSN_UVoiceModuleSetup( pSensor, m_bRecog, m_bSSL, m_bRecogResult
                         , m_nRecogThreshold, m_nSynthesizeVolume );
}
```

[그림 18-7] Setup

(2) 음성인식 시작 함수

다음과 같이 음성인식 모듈의 시작을 하는 함수를 만들기 위해 EDIT Box을 생성한다.

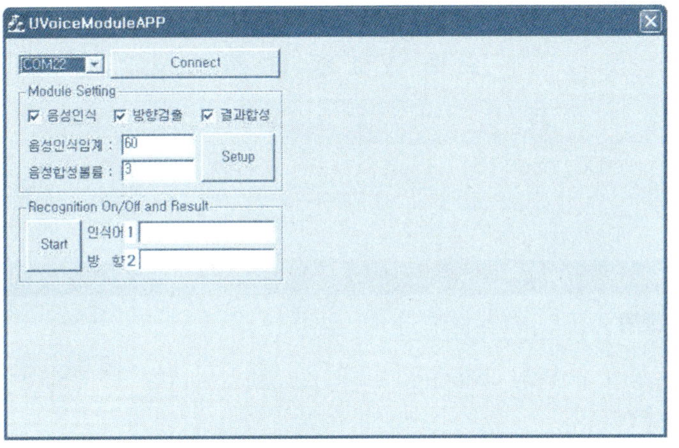

[그림 18-8] 음성인식 시작 함수

[표 18-3] ID, 변수형, 변수명

번 호	ID	변수형	변수명
1	IDC_RecogWord	CString	m_strRecogWord
2	IDC_RecogDirect	CString	m_strRecogDirect

OnBTRecogStartStop() 함수는 음성인식 모듈에게 음성인식을 준비하는 명령을 내리는 함수이다.

```
void CUVoiceModuleAPPDlg::OnBTRecogStartStop()
{
    UpdateData(TRUE);

    if ( bRecogStartStop == FALSE )
    {
        bRecogStartStop = TRUE;
        SetDlgItemText( IDC_BT_RecogStartStop, "Stop" );
        SSN_UVoiceModuleRecogStartStop( pSensor, bRecogStartStop );
        SetTimer( 1, 100, NULL );
    }
    else if ( bRecogStartStop == TRUE )
    {
        bRecogStartStop = FALSE;
        SetDlgItemText( IDC_BT_RecogStartStop, "Start" );
        SSN_UVoiceModuleRecogStartStop( pSensor, bRecogStartStop );
        KillTimer( 1 );
    }
}
```

[그림 18-9] Start, Stop

음성인식 모듈에서 음성합성 명령을 내려서 출력할 수 있게 다음 그림과 같이 Edit box를 추가한다.

[표 18-4] ID, 변수형, 변수명

번 호	ID	변수형	변수명
1	IDC_InputTTS	CString	m_strInputTTS

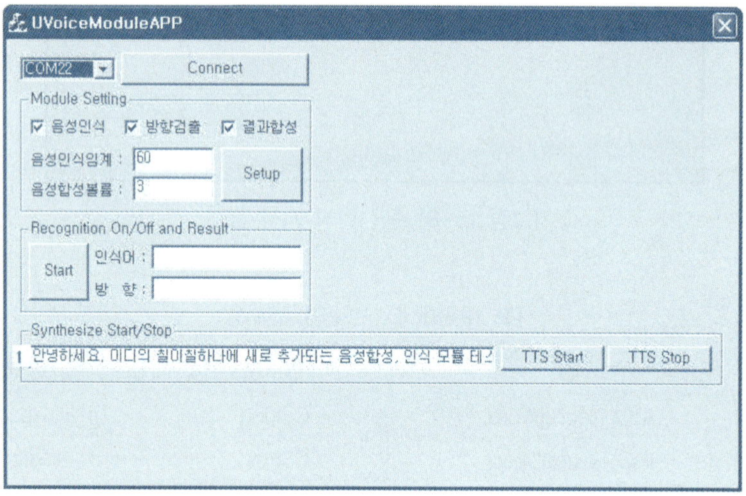

[그림 18-10] TTS

음성인식 모듈에 설정한 메시지를 전송해 모듈에서 음성합성 출력이 나오게 하는 함수이다.

```
void CUVoiceModuleAPPDlg::OnBTTTSStart()
{
    UpdateData(TRUE);
    SSN_UVoiceModuleTTSSend( pSensor, m_strInputTTS );
}

void CUVoiceModuleAPPDlg::OnBTTTSStop()
{
    UpdateData(TRUE);
    SSN_UVoiceModuleTTSStop( pSensor );
}
```

[그림 18-11] TTS Start

[그림 18-12]는 음성인식 모듈의 음성인식 리스트 설정과 출력결과 리스트 설정을 할 수 있다. [표 18-5]와 같이 변수명과 버튼의 함수 프로그램을 한다.

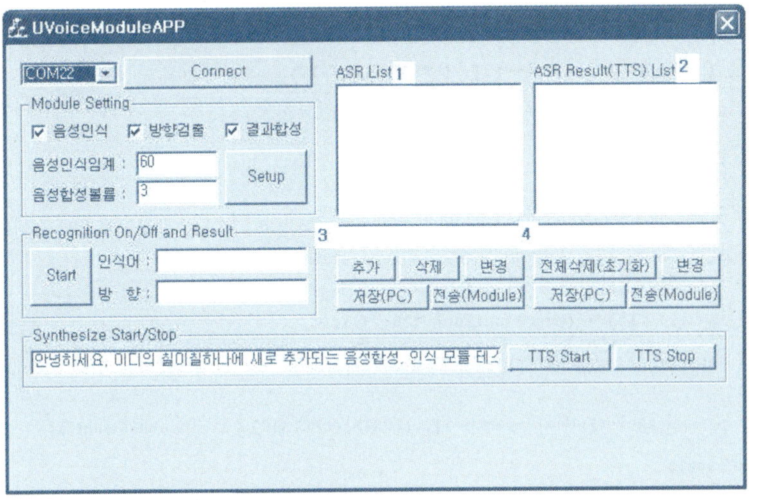

[그림 18-12] 리스트

[표 18-5] ID, 변수형, 변수명

번 호	ID	변수형	변수명
1	IDC_ASR_List	CListBox	m_ASRList
2	IDC_TTS_List	CListBox	m_TTSList
3	IDC_Input_ASRWord	CString	m_strInputASRWord
4	IDC_Input_TTSWord	CString	m_strInputTTSWord

음성인식 명령을 추가할 수 있는 함수이다.

```
void CUVoiceModuleAPPDlg::OnBTAddASRWord()
{
    UpdateData(TRUE);
    char **ppTempASRList = NULL;
    int nNumTempWord = nNumASRWord;

    if ( m_strInputASRWord.GetLength() < 1 )
    {
        AfxMessageBox( "추가할 단어를 입력하세요." );
        return;
    }
    else if ( m_strInputASRWord.GetLength() > 32 )
    {
        AfxMessageBox( "인식단어 최대길이(32Byte) 초과입니다." );
        return;
    }

    nNumTempWord++;

    if ( nNumTempWord > 200 )
    {
        AfxMessageBox( "Max 어휘수(200) 초과" );
        return;
    }
```

```
    for ( int i=0 ; i<nNumASRWord ; i++ )
    {
        if ( !strcmp( ppStrASRList[i], (LPSTR)(LPCTSTR)m_strInputASRWord ) )
        {
            AfxMessageBox( "중복 단어 추가 불가" );
            m_strInputASRWord = "";
            UpdateData(FALSE);
            return;
        }
    }

    ppTempASRList = (char**)calloc( nNumTempWord*sizeof(char*), 1 );
    for ( i=0 ; i<nNumTempWord ; i++ )
    {
        ppTempASRList[i] = (char*)calloc( 128, 1 );
        if ( i<nNumASRWord )
            strcpy( ppTempASRList[i], ppStrASRList[i] );
    }

    strcpy( ppTempASRList[nNumTempWord-1], (LPSTR)(LPCTSTR)m_strInputASRWord );

    FreeASRList();

    nNumASRWord = nNumTempWord;
    ppStrASRList = ppTempASRList;
    RefreshListShow();
    m_strInputASRWord = "";
    UpdateData(FALSE);
}
```

[그림 18-13] 추가

음성인식 모듈에서 선택된 내용을 삭제하는 함수이다.

```
void CUVoiceModuleAPPDlg::OnBTDelASRWord()
{
    UpdateData(TRUE);

    int nNumTempWord = nNumASRWord;
    int nDelIndex = m_ASRList.GetCurSel();

    if ( nDelIndex == -1 )
    {
        AfxMessageBox( "삭제할 단어를 선택해 주세요" );
        return;
    }

    for ( int i=nDelIndex+1 ; i<nNumTempWord ; i++ )
        strcpy( ppStrASRList[i-1], ppStrASRList[i] );

    nNumASRWord--;
    RefreshListShow();
}
```

[그림 18-14] 삭제

음성인식 모듈에서 선택된 내용을 수정하는 함수이다.

```
void CUVoiceModuleAPPDlg::OnBTModiASRWord()
{
    UpdateData(TRUE);

    int nModiIndex = m_ASRList.GetCurSel();

    if ( m_strInputASRWord.GetLength() < 1 )
    {
        AfxMessageBox( "수정할 단어를 입력하세요." );
        return;
    }

    if ( nModiIndex == -1 )
    {
        AfxMessageBox( "수정할 단어를 선택하세요" );
        return;
    }

    for ( int i=0 ; i<nNumASRWord ; i++ )
    {
        if ( !strcmp( ppStrASRList[i], (LPSTR)(LPCTSTR)m_strInputASRWord ) )
        {
            AfxMessageBox( "중복단어 입력 불가" );
            m_strInputASRWord = "";
            UpdateData(FALSE);
            return;
        }
    }

    strcpy( ppStrASRList[nModiIndex], (LPSTR)(LPCTSTR)m_strInputASRWord );
    RefreshListShow();
    m_strInputASRWord = "";
    UpdateData(FALSE);
}
```

[그림 18-15] 수정

음성인식 모듈에서 설정한 내용을 저장하는 함수이다.

```
void CUVoiceModuleAPPDlg::OnBTSaveASRWord()
{
    FILE *fp;
    fp = fopen( ASR_FILE_NAME, "wb" );
    if ( !fp )
    {
        AfxMessageBox( "파일열기 실패" );
        return;
    }
    for ( int i=0 ; i<nNumASRWord ; i++ )
        fprintf( fp, "%s\r\n", ppStrASRList[i] );

    fclose(fp);
    AfxMessageBox( "저장완료" );
}
```

[그림 18-16] 저장

음성인식 모듈에서 저장된 내용을 모듈로 전송하는 함수이다.

```
void CUVoiceModuleAPPDlg::OnBTSendASRWord()
{
    SSN_UVoiceModuleListSend( pSensor, FALSE, nNumASRWord, ppStrASRList );
}
```

[그림 18-17] 전송

음성인식 모듈에서 결과 리스트를 전체 삭제하는 함수이다.

```
void CUVoiceModuleAPPDlg::OnBTDelTTSAll()
{
    for ( int i=0 ; i<nNumASRWord; i++ )
        strcpy( ppStrTTSList[i], ppStrASRList[i]);

    RefreshListShow();
}
```

[그림 18-18] 삭제

음성인식 모듈에서 결과 리스트 중 선택된 내용을 수정하는 함수이다.

```
void CUVoiceModuleAPPDlg::OnBTModiTTSWord()
{
    UpdateData(TRUE);
    int nModiIndex = m_TTSList.GetCurSel();

    if ( m_strInputTTSWord.GetLength() < 1 )
    {
        AfxMessageBox( "수정할 단어를 선택하세요" );
        return;
    }
    else if ( m_strInputTTSWord.GetLength() > 64 )
    {
        AfxMessageBox( "최대길이(64Byte) 초과입니다." );
        return;
    }

    if ( nModiIndex == -1 )
    {
        AfxMessageBox( "수정될 단어를 선택하세요." );
        return;
    }

    strcpy( ppStrTTSList[nModiIndex], (LPSTR)(LPCTSTR)m_strInputTTSWord );

    RefreshListShow();
    m_strInputTTSWord = "";
    UpdateData(FALSE);
}
```

[그림 18-19] 수정

음성인식 모듈에서 결과 리스트를 저장하는 함수이다.

```
void CUVoiceModuleAPPDlg::OnBTSaveTTSWord()
{
    FILE *fp;
    fp = fopen( TTS_FILE_NAME, "wb" );
    if ( !fp )
    {
        AfxMessageBox( "파일열기 실패" );
        return;
    }

    for ( int i=0 ; i<nNumASRWord ; i++ )
        fprintf( fp, "%s₩r₩n", ppStrTTSList[i] );
    fclose(fp);

    AfxMessageBox( "저장완료" );
}
```

[그림 18-20] 저장

음성인식 모듈에서 결과 리스트를 모듈에 전송하는 함수이다.

```
void CUVoiceModuleAPPDlg::OnBTSendTTSWord()
{
    char **ppTempTTSList = NULL;
    ppTempTTSList = (char**) calloc( nNumASRWord*sizeof(char*), 1 );
    for ( int i=0 ; i<nNumASRWord ; i++ )
    {
        ppTempTTSList[i] = (char*) calloc( 128, 1 );
        if ( i<nNumASRWord )
            strcpy( ppTempTTSList[i], ppStrTTSList[i] );
    }

    SSN_UVoiceModuleListSend( pSensor, TRUE, nNumASRWord, ppTempTTSList );

    for ( i=0 ; i<nNumASRWord ; i++ )
        free( ppTempTTSList[i] );
    free( ppTempTTSList );
    ppTempTTSList = NULL;
}
```

[그림 18-21] 전송

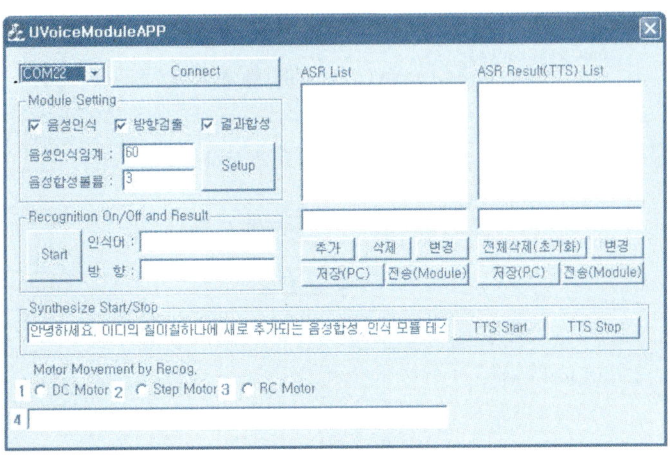

[그림 18-22] 모터

[표 18-6] ID, 변수형, 변수명

번 호	ID	변수형	변수명
1	IDC_Motor	int	m_nMotorSelect
2	IDC_Motor2		
3	IDC_Motor3		
4	IDC_MotorStatus	CString	m_strMotorStatus

[그림 18-23]처럼 OnTimer를 이용하여 음성인식 모듈을 통하여 DC, RC, STEP 모터를 구동하는 프로그램을 작성할 수 있다. 코드의 양이 많기 때문에 제공되는 소스를 참고하길 바란다.

```
void CUVoiceModuleAPPDlg::OnTimer(UINT nIDEvent)
{
    if ( nIDEvent == 1 )
    {
        UpdateData(TRUE);
        BYTE Data1, Data2;
        signed char angle;

        SSN_UVoiceModuleASRSSLCheck( pSensor, Data1, Data2 );
        if ( Data1 != 0xFF || Data2 != 0xFF )
        {
            if ( nNumASRWord > Data1 )
            {
                m_strRecogWord.Format( "%s, (%d)", ppStrASRList[Data1], Data1 );
                UpdateData(FALSE);
                switch( (int)Data1 )
                {

                case 0:
                    //m_strInputTTS.Format( "안녕하세요. 이디 칠이칠하나 통합음성모듈입니다." );
                    //UpdateData(FALSE);
                    //OnBTTTSStart();
                    m_nMotorSelect = -1;
                    break;
                case 1:
                    m_nMotorSelect = 1;
                    m_strInputTTS.Format( "스텝모터를 선택하셨습니다." );
                    UpdateData(FALSE);
                    OnBTTTSStart();
                    m_strMotorStatus.Format( "스텝모터를 선택하셨습니다." );
                    break;
                case 2:
                    m_nMotorSelect = 2;
                    m_strInputTTS.Format( "알씨모터를 선택하셨습니다." );
                    UpdateData(FALSE);
                    OnBTTTSStart();
                    m_strMotorStatus.Format( "알씨모터를 선택하셨습니다." );
                    break;

                                  • • • •
```

[그림 18-23] 타이머

음성인식 모듈의 초기화하기 위해 리스트 삭제, 음성 출력결과 Read하는 함수이다.

```
void CUVoiceModuleAPPDlg::FreeASRList()     // Free ASR List Pointer allocated by calloc.
{
    if ( nNumASRWord < 1 )
        return;

    for ( int i=0 ; i<nNumASRWord ; i++ )
        free( ppStrASRList[i] );
    free( ppStrASRList );
    ppStrASRList = NULL;
    nNumASRWord = 0;
}
void CUVoiceModuleAPPDlg::LoadTTSList( char *cFileName )
{
    FILE *fp;
    char cReadBuf[128] = {0,};
    int nCount;

    if ( nNumASRWord < 1 )
        return;

    for ( int i=0 ; i<nNumASRWord ; i++ )
        strcpy( ppStrTTSList[i], ppStrASRList[i] );

    fp = fopen( cFileName, "rb" );
    if ( !fp )
        return;

    nCount = 0;
    while ( fgets( cReadBuf, 128, fp ) )
    {
        if ( strlen( cReadBuf ) < 3 )   continue;
        cReadBuf[strlen( cReadBuf ) -2 ] = NULL;
        strcpy( ppStrTTSList[nCount++], cReadBuf );
    }
    fclose(fp);
}
```

[그림 18-24] 리스트

음성인식 모듈에 인식할 단어를 Read하는 함수이다.

```
void CUVoiceModuleAPPDlg::LoadASRList( char *cFileName )
{
    FILE *fp;
    char cReadBuf[128] = {0,};
    int nCount;

    fp = fopen( cFileName, "rb" );
    if ( !fp )
        return;

    FreeASRList();

    while ( fgets( cReadBuf, 128, fp ) )
    {
        if ( strlen( cReadBuf ) < 3 )   continue;
        nNumASRWord++;
    }
    fseek( fp, 0, SEEK_SET );

    ppStrASRList = (char**) calloc( nNumASRWord, sizeof(char*) );
```

```
    for ( int i=0 ; i<nNumASRWord ; i++ )
        ppStrASRList[i] = (char*) calloc( 128, 1 );
    nCount = 0;
    while ( fgets( cReadBuf, 128, fp ) )
    {
        if ( strlen( cReadBuf ) < 3 )   continue;
        else if ( strlen( cReadBuf ) > 32 )
        {
            AfxMessageBox( "단어 길이 초과" );
            continue;
        }
        cReadBuf[strlen( cReadBuf )-2] = NULL;
        strcpy( ppStrASRList[nCount++], cReadBuf );
    }
    fclose(fp);
}
```

[그림 18-25] 리스트

Read한 결과를 list box에 재출력하는 함수이다.

```
void CUVoiceModuleAPPDlg::RefreshListShow()
{
    m_ASRList.ResetContent();
    m_TTSList.ResetContent();

    for ( int i=0 ; i<nNumASRWord ; i++ )
    {
        m_ASRList.AddString( ppStrASRList[i] );
        m_TTSList.AddString( ppStrTTSList[i] );
    }
}
```

[그림 18-26] 변수 선언

이제까지 선언된 함수 변수들을 Header 파일에 선언을 한다.

```
/////////////////////////////////////////////////
// CUVoiceModuleAPPDlg dialog
#define ASR_FILE_NAME    "Bin/ASRList.txt"
#define TTS_FILE_NAME    "Bin/TTSList.txt"

class CUVoiceModuleAPPDlg : public CDialog
{
// Construction
public:
    CUVoiceModuleAPPDlg(CWnd* pParent = NULL);

    SSN_SESSION pSensor;
    BOOL bInit, bRecogStartStop;

    void FreeASRList();
    void LoadASRList( char *cFileName );
    void LoadTTSList( char *cFileName );
    void RefreshListShow();

    MOTION_SESSION pMotion;
    DWORD dwStepVel;
    double dbStepDegree;
```

[그림 18-27] Header

Dlg상에서 전역변수 선언

```
int nNumASRWord = 0;                   // 파일로 읽어들인, 혹은 APP Dlg 상에서 수정한 인식 단어 개수
char **ppStrASRList = NULL;            // 파일로 읽어들인, 혹은 APP Dlg 상에서 수정한 인식 단어 2차 포인터
char ppStrTTSList[200][64] = {0,};     // APP Dlg 상에서 수정한 인식결과 합성 단어 2차 배열

char cAngle[][32] =
{
    "왼쪽 90도",
    "왼쪽 75도",
    "왼쪽 60도",
    "왼쪽 45도",
    "왼쪽 30도",
    "왼쪽 15도",
    "중앙",
    "오른쪽 15도",
    "오른쪽 30도",
    "오른쪽 45도",
    "오른쪽 60도",
    "오른쪽 75도",
    "오른쪽 90도",
};
```

[그림 18-28] 전역변수

07 동작 확인 및 결과

작성한 프로그램이 올바르게 동작하는지 확인한다. 모터 제어에서 DC, RC, Step 모터를 각각 음성 명령으로 조작해보고 인식률이 어느 정도인지 확인하여 보자.

1. 동작 확인

① DC 모터를 선택하여 이동, 정지를 확인한다.

② RC 모터를 선택하여 이동, 정지를 확인한다.

③ Step 모터를 선택하여 이동, 정지를 확인한다.

2. 결과 및 토의

사용자가 입력한 음성명령을 이용해 각종 모터 제어를 할 수 있다. 사용자와 음성인식 모듈과의 거리와 소리크기, 발음에 따라서 인식률이 조금씩 다른 것을 볼 수 있다.

08 심화학습

- 음성인식의 방법에 대하여 조사하여 보시오.
- 거리, 소리크기, 방향 등에 다른 인식률이 어떻게 변하는지 조사하여 보시오.
- 현재 단어수준의 음성인식 방법에서 긴 문장의 언어를 이해할 수 있는 방법은 어떤 방식으로 해야 하는지 토론해 보시오.

CHAPTER 19

경보장치 제어실습

01 실습 과제

각종 센서로 사람을 감지하고 DC 모터로 동작하는 경보장치를 만든다.

02 실습 목표

이 실습에서는 초전 센서와 초음파, 적외선 거리감지 센서를 이용하여 사람이 감지가 된 경우 DC 모터를 사용하여 경보를 발생하는 프로그램을 작성하여 본다.

03 실습 준비

메인제어 모듈(ED7271-15)	1EA
DC 모터(ED7271-10)	2EA
초전 센서(ED7271-7)	1EA
초음파 센서(ED7271-3)	1EA
적외선 센서(ED7271-4)	1EA
양방향 구동 모듈	1EA

타이밍벨트	2EA
USB 케이블 A ↔ B	1EA
10P Plat 케이블	1EA
16P Plat 케이블	2EA
AC220V 전원선	1EA

04 장비 결선

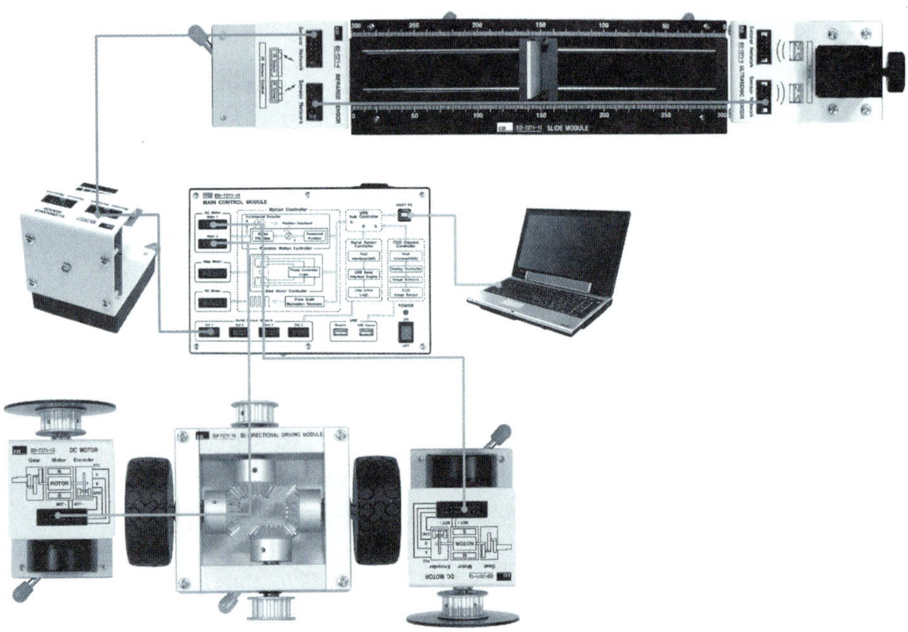

05 프로그램 작성

1. IRES를 이용한 프로그램 작성

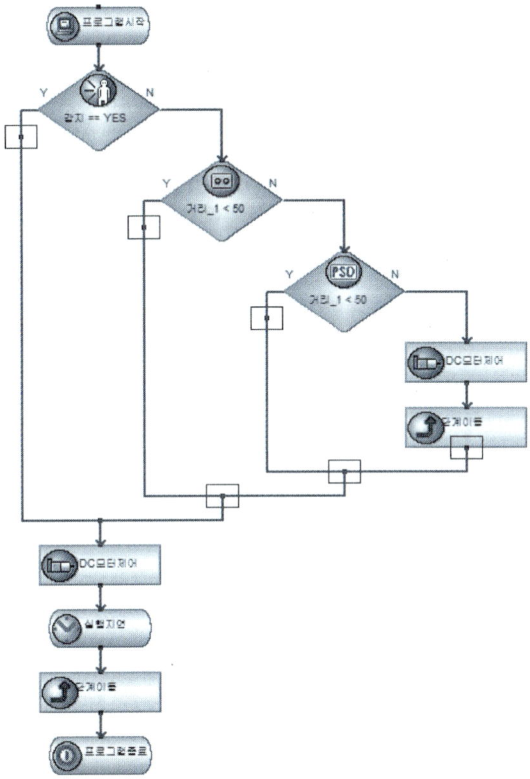

2. MFC를 이용한 프로그램 작성

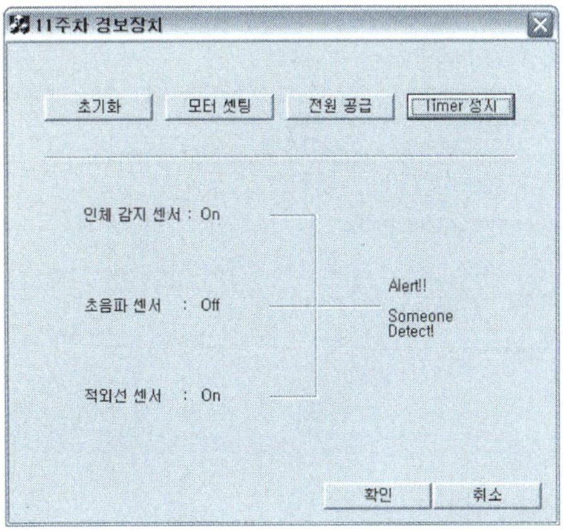

[그림 19-1] 실습 목표

(1) 프로젝트 생성, 기본 버튼 / 함수작성

지난 실습들과 동일하게 작성한다.

(2) 인체감지, 초음파, 적외선 센서, DC 모터 제어 함수작성

다음 그림들을 참조하여 작성한다.

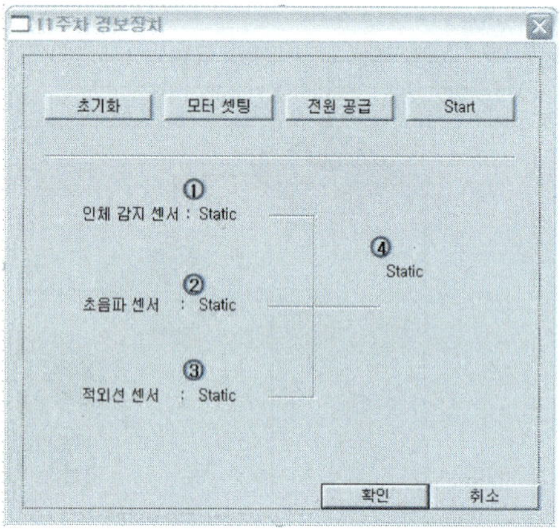

[그림 19-2] Dialog 배치

[표 19-1] ID, 변수형, 변수명

번 호	ID	변수형	변수명
1	IDC_PYRO	CString	m_strPyro
2	IDC_ULTRA	CString	m_strUltrasensor
3	IDC_IR	CString	m_strIRsensor
4	IDC_ALERTSTATE	CString	m_strAlertstate

```
void CMy11Dlg::GetPyroelectric()
{
    cPyro = 0;

    SSN_GetPyroelectric( pSensor, cPyro );

    if ( cPyro )
        m_strPyro.Format( "On" );
    else
        m_strPyro.Format( "OFF" );
    UpdateData(FALSE);
}

void CMy11Dlg::GetUtrasonic()
{
    SSN_GetUtrasonic( pSensor, fUltrasensor );
```

```
    if ( fUltrasensor[0] < 50 )
        m_strUltrasensor.Format( "On" );
    else
        m_strUltrasensor.Format( "Off" );

    UpdateData(FALSE);
}

void CMy11Dlg::GetIRDistance()
{
    SSN_GetIRDistance( pSensor, fIRsensor );

    if ( fIRsensor[0] < 50 )
        m_strIRsensor.Format( "On" );
    else
        m_strIRsensor.Format( "Off" );

    UpdateData(FALSE);
}
```

[그림 19-3] 인체감지, 초음파, 적외선 센서 함수

```
void CMy11Dlg::DCMotor()
{
    double dbVelocity = 30;

    DCServo01_SetAbsoluteVelocity( pMotion, 1, dbVelocity );
    DCServo01_ForwardStart( pMotion, 1 );
}

void CMy11Dlg::DCStop()
{
    DCServo01_StopSmoothly( pMotion, 1 );
}
```

[그림 19-4] DC 모터 제어 함수

```
void CMy11Dlg::Alert()
{
    GetPyroelectric();
    GetUtrasonic();
    GetIRDistance();

    if ( cPyro || fUltrasensor[0] < 50 || fIRsensor[0] < 50 )
    {
        m_strAlertstate.Format( "₩r₩nAlert!! ₩r₩n₩r₩nSomeone Detect!" );
        DCMotor();
    }
    else
    {
        m_strAlertstate.Format( "----₩r₩n₩r₩n----₩r₩n₩r₩n----" );
        DCStop();
    }

    UpdateData(FALSE);
}
```

[그림 19-5] 경보장치 함수

```
void CMy11Dlg::OnBtTimer()
{
    if( bTimerFlag == FALSE )
    {
        bTimerFlag = TRUE;
        SetTimer( 0, 100, NULL );                          // Timer 0번 시작
        SetDlgItemText( IDC_BT_TIMER, "Timer 정지" );     // 버튼에 표시될 Text
    }
    else
    {
        bTimerFlag = FALSE;
        DCStop();
        KillTimer(0);                                      // Timer() 함수 정지
        SetDlgItemText( IDC_BT_TIMER, "TImer 실행" );     // 버튼에 표시될 Text
    }
}

void CMy11Dlg::OnTimer(UINT nIDEvent)
{
    Alert();

    CDialog::OnTimer(nIDEvent);
}
```

[그림 19-6] OnTimer() 함수

```
    MOTION_SESSION pMotion;
    SSN_SESSION pSensor;

    BOOL bTimerFlag;                    // Timerflag 선언

    char cPyro;

    unsigned char nSelectSensor[1];     // 사용할 적외선, 초음파 센서 각각의 개수
    float fUltrasensor[1], fIRsensor[1];
```

[그림 19-7] Header 파일에 변수 선언

```
    float fUltrasensor[1], fIR:

    void GetPyroelectric();
    void GetUtrasonic();
    void GetIRDistance();
    void DCMotor();
    void DCStop();
    void Alert();

// Dialog Data
```

[그림 19-8] Header 파일에 함수 선언

06 동작 확인 및 결과

1. 동작 확인

각 센서를 이용하여 사람이 침입했다고 판단될 경우 모터가 동작한다.

인체감지 센서 외의 센서는 모두 거리측정 센서로 특정 거리내에 물체가 탐지될 경우 모터가 동작한다.

2. 결과 및 토의

인체감지를 적용하여 사람의 유무를 확인하고, 거리 센서를 이용하여 일정 거리 내에 감지가 된 경우의 프로그램을 한 경우 좀 더 정확한 프로그램을 할 수 있을 것 같다.

위와 같은 프로그램을 서브함수로 구현하여 다른 프로그램에 활용하는 경우에 보다 유효하게 로봇에 적용이 가능할 것 같다.

07 심화학습

- 인체감지, 초음파, 적외선센서가 모두 동작하고 있더라도 초음파 센서가 20cm에서 장애물을 발견할 경우 "알람해제" 메시지를 띄우도록 프로그램하시오.

CHAPTER 20

보안자동문 제어실습

01 실습 과제

영상 센서와 스텝 모터를 이용하여 특정 도형을 인식했을 때 문이 자동으로 열리도록 프로그램하자.

02 실습 목표

이 프로그램에서는 앞 장에서 프로그램한 부분을 좀 더 응용하는 부분으로 영상의 센서를 추가하여 기존의 자동문에 보안적인 요소를 추가하여 프로그램하여 본다.

03 실습 준비

메인제어 모듈(ED7271-15)	1EA
양방향 구동 모듈	1EA
영상 센서(ED7271-10)	1EA
영상 패널	
타이밍벨트	2EA

USB 케이블 A ↔ B	1EA
10P Plat 케이블	1EA
16P Plat 케이블	2EA
AC220V 전원선	1EA

04 장비 결선

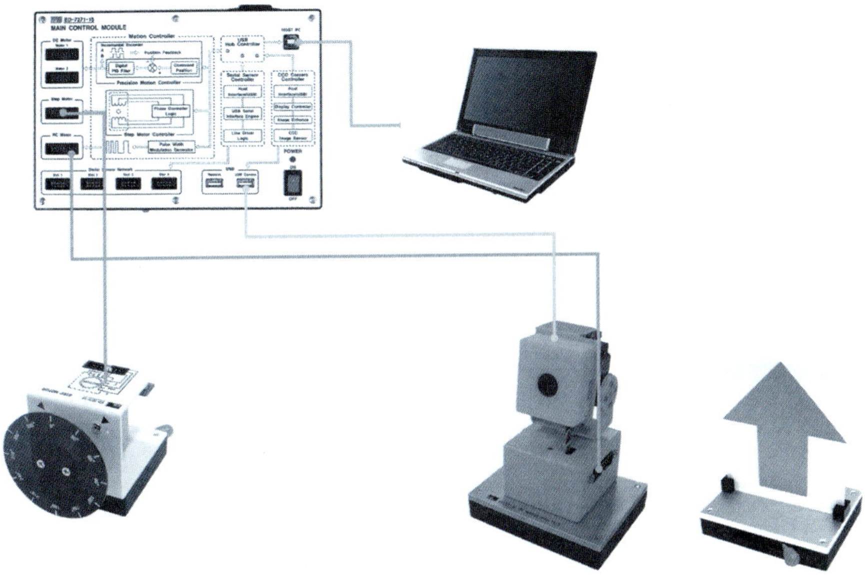

05 프로그램 작성

지금까지 응용실습의 모터, 센서 제어에 영상처리가 추가된다. 프로젝트 생성과 기본 Dialog 생성 및 버튼 함수 설정에 있어 지금까지의 응용실습과 7장을 참조하여 작성한다.

1. IRES를 이용한 프로그램 작성

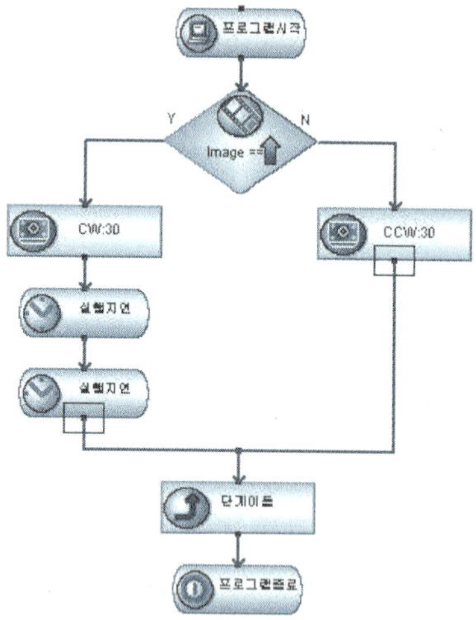

2. MFC를 이용한 프로그램 작성

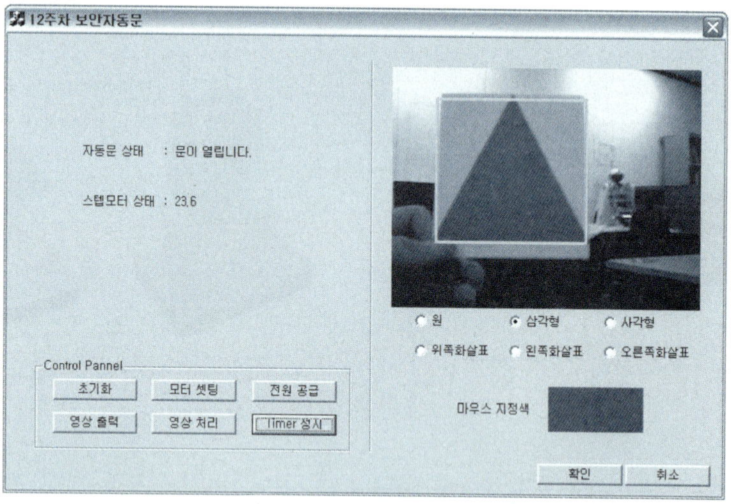

[그림 20-1] 실습 목표

(1) 프로젝트 생성, 기본 버튼 / 함수작성

지능형 로봇 응용시스템의 센서부, 모터부, 영상처리부를 혼합 사용하는 기본적인 Dialog와 프로그램의 작성이며, 앞으로 진행하게 될 실습들은 이를 참고하여 작성하면 된다. 지금까지 했던 모터와 센서를 사용한 응용실습에 앞에서 영상처리가 추가된 것이므로, 다음 그림들과 설명을 보면서 차근차근 따라 하면 쉽게 할 수 있을 것이다.

제공되는 DLL 파일과 도형 DB 파일을 각각 해당되는 폴더에 복사한다.

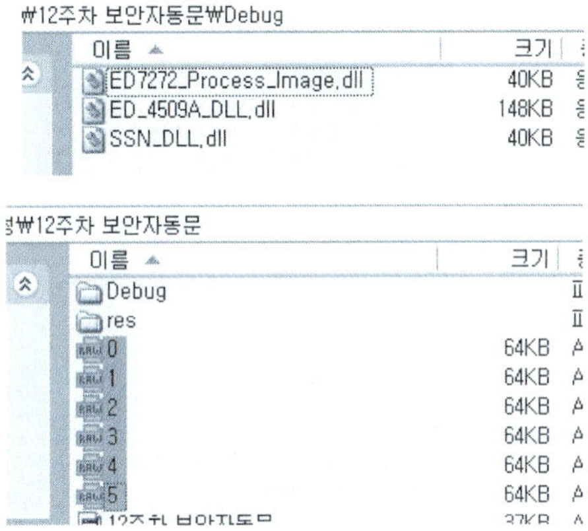

[그림 20-2] 파일 복사

※ 프로젝트 생성시 8장과 동일하게 생성한다.

프로젝트 세팅의 Library 연결란에 다음과 같이 추가하여 작성한다(기존, '../Library/ED_4509A_DLL.lib ../Library/SSN_DLL.lib' 작성에 [그림 20-3], [그림 20-4]를 추가).

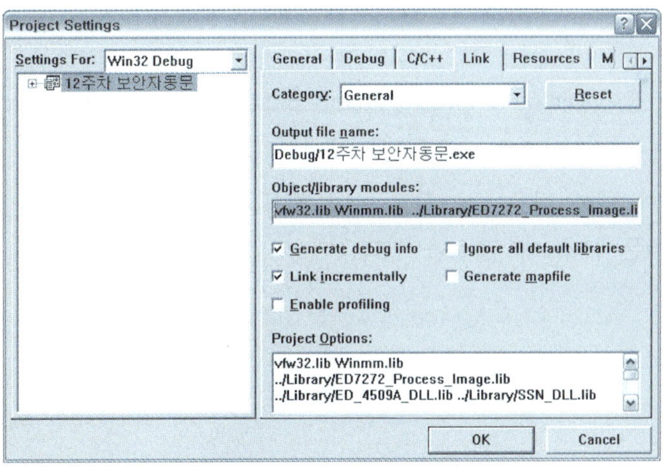

[그림 20-3] Library 연결 추가

Header 파일('보안자동문Dlg.h')에 다음과 같이 작성한다.

```
#include "vfw.h"

class CMy12Dlg : public CDialog
{
// Construction
public:
    CMy12Dlg(CWnd* pParent = NULL); // standard constructor

    MOTION_SESSION pMotion;
    SSN_SESSION pSensor;
    HWND m_hWndCap;
    BOOL bTimerFlag;

    CRect m_Cap_Rect;
    CRect m_RectTrack;
    CRect m_RECT_mouse;
    unsigned char *MouseImg, ndir;
    COLORREF m_CaptureColor( unsigned char *InImg );
    // 마우스로 도형의 색을 추출하는 변수 초기화

// Dialog Data
    //{{AFX_DATA(CMy12Dlg)

//////////////////////////// 생략된 부분입니다. ///////////////////////

    //}}AFX_MSG
    DECLARE_MESSAGE_MAP()
};

LRESULT CALLBACK capCallbackOnFrame(HWND hWnd, LPVIDEOHDR lpVHdr);
void SaveToBitmapFile( LPCTSTR pFilename, BYTE *pSaveImage );
```

[그림 20-4] Header 파일에 변수 선언

[그림 20-5]와 같이 Dialog에 Picture, Radio Button, Button, Static Text들을 추가하고, ID와 변수형, 변수명은 [표 20-1]을 보고 작성한다.

Radio 버튼들에 대한 경우 Ctrl+D를 누른 후 [그림 20-5]와 같이 번호를 할당한 후 IDC_CIRCLE 버튼에 Group 설정을 한다.

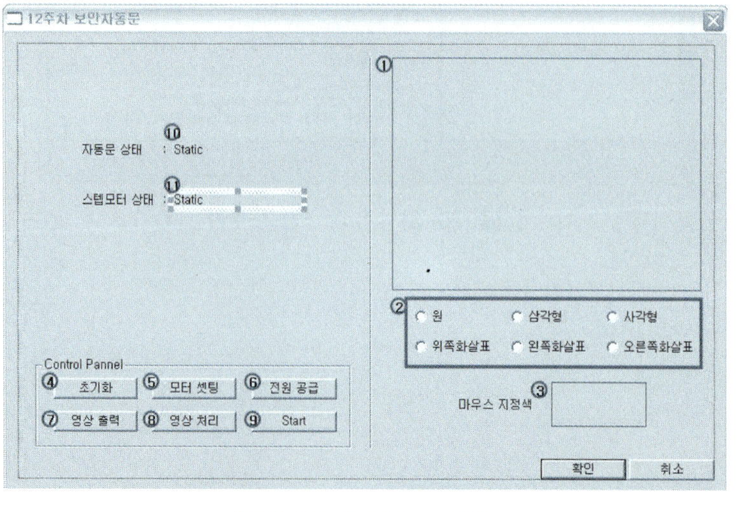

[그림 20-5] Dialog 배치

[표 20-1] ID, 변수형, 변수명

번 호		ID	변수형	변수명
1		IDC_PROVESS_VIEW	CStatic	m_View
2	원	IDC_CIRCLE	int	m_Shape
	삼각형	IDC_TRIANGLE	·	·
	사각형	IDC_RECT	·	·
	위쪽화살표	IDC_UARR	·	·
	왼쪽화살표	IDC_LARR	·	·
	오른쪽화살표	IDC_RARR	·	·
3		IDC_MOUSE	·	·
4		IDC_BT_INIT	·	·
5		IDC_BT_FILTER	·	·
6		IDC_BT_POWER	·	·
7		IDC_BT_VISION	·	·
8		IDC_BT_PROCESS	·	·
9		IDC_BT_TIMER	·	·
10		IDC_DOORSTATE	CString	m_strDoorstate
11		IDC_STEPMOTOR	CString	m_strStepmotor

'보안자동문 Dlg.cpp' 파일의 상단에 다음과 같이 작성한다.

```
static char THIS_FILE[] = __FILE__;
#endif

BITMAPINFO BmInfo;
unsigned char *pImageBuffer;

BOOL m_flagMouse;
BOOL process_flag;
int SHAPE, i;
COLORREF m_SelColor;
typedef struct tagProcess_Info
{
    int width;
    int height;
    unsigned char *m_Inimg; // 영상을 저장할 버퍼
    int Shape;              // 사용자가 지정한 도형
    int R;                  // 사용자가 지정한 색
    int G;
    int B;
    double distance;        // 거리
    double Angle;           // 로봇과의 각도
    int Object_Top;
    int Object_Bottom;
    int Object_Left;
    int Object_Right;
    BOOL find_success;      // 물체를 찾았는지 성공 여부
    int robot_select;           // 도형 모양의 사용자 선택 -> 1
                                // DB 안의 모든 도형 찾기 -> 2
}Process_Info,*KProcess_Info;
```

```
Process_Info Process;  //구조체 선언

EDROBOT_API void Proccess_Image( KProcess_Info Process );

//////////////////////////////////////////////////////////////////////
// CAboutDlg dialog used for App About
```

[그림 20-6] 코드 추가

[그림 20-5]의 버튼 4~6에 연결되는 함수를 작성한다. 초기화 버튼의 경우 지난 실습들과 동일하며, 7장과 다르게 영상처리의 초기화 역시 이 버튼의 함수에 추가하여 작성토록 하겠다(이 교재의 방법이며, 실제 영상처리의 초기화를 8장의 경우처럼 Dialog 생성시 실행되는 OnInitDialog() 함수에 작성하여도 상관없다).

```
BOOL CMy12Dlg::OnBtInit()
{
    pMotion = NULL;
    pSensor = NULL;

    if ( DCServo01_Initialize( m_hWnd, &pMotion ) != EDROBOT_API_OK )
        ::MessageBox( NULL, "모션보드 초기화 실패", "Error", MB_OK );

    if ( SSN_Initialize( &pSensor, FALSE ) != EDROBOT_API_OK )
        ::MessageBox( NULL, "센서 초기화 실패", "Error", MB_OK );

/*------------------센서, 모터 초기화와 영상처리 초기화를 구분------------------------------*/

    m_View.GetWindowRect(&m_Cap_Rect);
    ScreenToClient(&m_Cap_Rect);

    GetDlgItem(IDC_MOUSE)->GetWindowRect(&m_RECT_mouse);
    ScreenToClient(&m_RECT_mouse);

    GetDlgItem(IDC_PROCESS_VIEW)->SetWindowPos(&wndBottom,400,30,320,240,SWP_DRAWFRAME);

    m_hWndCap = capCreateCaptureWindow(_T("Gomins Capture for Windows"), WS_CHILD | WS_VISIBLE,
                                       30,30, 1, 1, this->m_hWnd, NULL );

    if (capSetCallbackOnFrame(m_hWndCap, capCallbackOnFrame) == FALSE) return FALSE;
    if (capDriverConnect(m_hWndCap, 0) == FALSE) return FALSE;

    capGetVideoFormat(m_hWndCap, &BmInfo, sizeof(BITMAPINFO));
    if (BmInfo.bmiHeader.biBitCount != 24)
    {
        BmInfo.bmiHeader.biBitCount         = 24;
        BmInfo.bmiHeader.biCompression      = 0;
        BmInfo.bmiHeader.biSizeImage        = BmInfo.bmiHeader.biWidth
                                              * BmInfo.bmiHeader.biHeight * 3;
        capSetVideoFormat(m_hWndCap, &BmInfo, sizeof(BITMAPINFO));
    }

    capPreviewRate(m_hWndCap, 30);
    capPreview(m_hWndCap, true);

    pImageBuffer= new unsigned char[BmInfo.bmiHeader.biWidth*BmInfo.bmiHeader.biHeight*3];

    bTimerFlag = FALSE;
    m_Shape=0;
    Process.robot_select = 1;

    return TRUE;
}
```

[그림 20-7] 초기화 버튼에 연결된 초기화 코드

지난 실습들과 다르게 함수가 BOOL 값을 넘겨주도록 작성되어 있다. 이는 영상처리의 초기화 과정에서 TRUE, FALSE 값을 넘겨주기 위한 것이므로, 함수 역시 BOOL 값을 반환시키도록 변형하였음에 유의하자(Header 파일에서도 'void'를 'BOOL'로 변형하여야 한다).

영상 출력 버튼에 다음과 같이 추가한 후 OnTimer() 함수에서 해당 버튼을 눌렀을 때 OnPaint() 함수를 호출하여(100ms마다) 영상을 출력하도록 한다.

또한 영상처리 버튼에 다음과 같이 작성하여 해당 버튼을 눌렀을 때 영상처리를 수행토록 한다.

```
void CMy12Dlg::OnBtVision()
{
    SetTimer( 0, 100, NULL );
}

void CMy12Dlg::OnBtProcess()
{
    process_flag = FALSE;
    UpdateData(FALSE);
}

void CMy12Dlg::OnBtTimer()
{
    if( bTimerFlag == FALSE )
    {
        bTimerFlag = TRUE;
        STEP_DefineHome( pMotion );
        SetTimer( 1, 100, NULL );
        SetDlgItemText( IDC_BT_TIMER, "Timer 정지" );

    }
    else
    {
        bTimerFlag = FALSE;
        KillTimer(0);
        KillTimer(1);
        SetDlgItemText( IDC_BT_TIMER, "TImer 실행" );
    }
}

void CMy12Dlg::OnTimer(UINT nIDEvent)
{
    if ( nIDEvent == 0 )
        OnPaint();

    if ( nIDEvent == 1 )
    {
    }

    CDialog::OnTimer(nIDEvent);
}
```

[그림 20-8] 영상출력, 영상처리, Timer 함수

OnTimer() 함수에서 영상 출력 버튼을 눌렀을 때 OnPaint() 함수를 100ms마다 호출하는 것을 알 수 있으며, 'if(nIDEvevt = 1)'은 보안자동문 제어를 위한 것으로 아직 작성하지 않은 부분이다.

'모터 세팅', '전원공급'에 연결된 함수의 작성 및 Radio 버튼에서 작성한 함수(WM_LBUTTONUP, WM_LBUTTONDOWN, WM_MOUSEMOVE, CallBack 함수 등)들을 모두 동일하게 작성한다. 영상처리에 모터와 센서의 초기화, 모터 세팅, 전원공급 버튼과 그에 연결되는 함수를 추가한 것이다.

보안자동문 제어를 하기 위한 기본적인 프로그램 작성은 끝이며, 에러 없이 작성되었을 때 다음과 같은 결과를 얻을 수 있다.

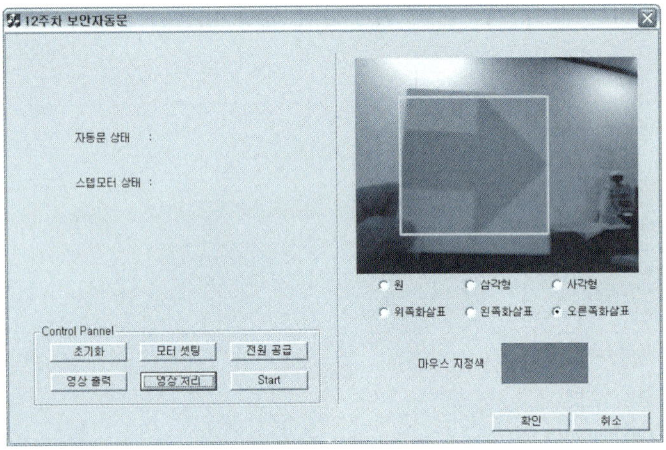

[그림 20-9] 기본 프로그램 작성

① 초기화 버튼으로 모터와 센서, 영상처리에 대한 초기화를 한다.
② 모터 세팅 버튼으로 DC 모터의 정보값을 입력한다.
③ 전원공급 버튼으로 각 센서 모듈들에 전원을 공급한다.
④ 영상 출력 버튼으로 OnTimer() 함수의 '0' 번째를 구동시켜 OnPaint() 함수를 호출, 지정한 영역의 화면에 영상을 출력한다.
⑤ 나타난 영상의 영역색을 마우스로 지정한 후 도형의 모양을 결정한다.
⑥ 영상처리 버튼을 누르면 지정된 색과 모양이 일치할 경우 녹색의 사각형으로 표시한다.

영상처리를 모터와 센서 제어에 혼합시키는 응용실습을 위한 기본 준비는 끝났다. 아직 잘 이해가 되지 않는 부분이 있다면, 8장의 실습내용을 다시 한번 읽고 직접 작성해보기 바란다. 다음 실습부터는 지금까지 한 준비 과정을 동일하게 진행하면 된다.

(2) 스텝 모터 제어

스텝 모터를 제어하기 위한 함수와 변수를 [그림 20-10], [그림 20-11], [그림 20-12], [그림 20-13]과 같이 작성, 선언한다.

```
void CMy12Dlg::StepForward()
{
    UpdateData(TRUE);

    dwPulse = 2000;

    STEP_SetVelocity( pMotion, dwStepVel );
    STEP_AbsoultePulseStart( pMotion, DIR_CW, dwPulse );
}

void CMy12Dlg::StepBackward()
{
    UpdateData(TRUE);

    dwPulse = 2000;

    STEP_SetVelocity( pMotion, dwStepVel );
    STEP_AbsoultePulseStart( pMotion, DIR_CCW, dwPulse );
}

void CMy12Dlg::StepStop()
{
    UpdateData(TRUE);
    STEP_Stop( pMotion );
}

void CMy12Dlg::STEPReadState()
{
    unsigned char StepDir;
    DWORD dwReadPulse;
    double dbDegree;

    STEP_ReadState( pMotion, StepDir, dwReadPulse, dbDegree, dbReadDistance );
    m_strStepmotor.Format( "%4.1f", dbReadDistance);
    UpdateData(FALSE);
}
```

[그림 20-10] 스텝 모터 제어 함수

```
    unsigned char *MouseImg, ndir;
    COLORREF m_CaptureColor( unsigned char *InImg );
    // 마우스로 도형의 색을 추출하는 변수 초기화

    DWORD dwPulse, dwStepVel;
    double dbReadDistance;

// Dialog Data
    //{{AFX_DATA(CMy12Dlg)
```

[그림 20-11] 변수 선언

```
    DWORD dwPulse, dwStepVel;
    double dbReadDistance;

    void StepForward();
    void StepStop();
    void StepBackward();
    void STEPReadState();
    void SecurityDoorClose();
    void SecurityDoorOpen();

// Dialog Data
```

[그림 20-12] 함수 선언

```
    // Note that LoadIcon does not require a subsequen
    m_hIcon = AfxGetApp()->LoadIcon(IDR_MAINFRAME);

    dwStepVel = 5;
    pImageBuffer = NULL;     // 버퍼 초기화

    Process.m_Inimg = NULL; // Process 버퍼 초기화
    MouseImg = NULL;        // 버퍼 초기화
```

[그림 20-13] 생성자에 스텝 모터 속도값 선언(초기화)

(3) 보안자동문 제어

이제 설정한 도형을 확인했을 경우 문을 열도록 제어하는 함수를 작성한다.

보안자동문 제어를 하기 위해서는 영상처리 과정 중 지정한 물체를 찾았는지에 대한 확인 여부가 중요한 것으로 이는 구조체 'Process'의 'find_success'의 값으로 판단한다.

```
typedef struct tagProcess_Info
{
    int width;
    int height;
    unsigned char *m_Inimg; // 영상을 저장할 버퍼
    int Shape;              // 사용자가 지정한 도형
    int R;                  // 사용자가 지정한 색
    int G;
    int B;
    double distance;        // 거리
    double Angle;           // 로봇과의 각도

    int Object_Top;
    int Object_Bottom;
    int Object_Left;
    int Object_Right;
    BOOL find_success;      // 물체를 찾았는지 성공 여부
    int robot_select;           // 도형 모양의 사용자 선택 -> 1
                                // DB 안의 모든 도형 찾기 -> 2
}Process_Info,*KProcess_Info;
Process_Info Process;   //구조체 선언
```

[그림 20-14] 구조체 내의 'find success' 변수

이 변수의 반환값을 확인하여 TRUE일 경우 보안 해제(문 열림)를 실행시키면 된다. 다음 그림들을 보면서 직접 프로그램을 작성해 보면서 그 결과를 확인토록 한다.

```
void CMy12Dlg::SecurityDoorOpen()
{
    STEPReadState();
    if ( Process.find_success == TRUE )          // 도형을 확인하면..
    {
        StepBackward();                          // 자동문 열림
        m_strDoorstate.Format( "문이 열립니다." );
    }
    if ( dbReadDistance > 70 )                   // 자동문의 이동 거리 설정 = 70
    {
        StepStop();
        m_strDoorstate.Format( "문이 열려있습니다." );
        UpdateData(FALSE);
        KillTimer(1);
        Sleep(5000);                             // 문이 열린후 5초간의 강제 딜레이
        STEP_DefineHome( pMotion );
        SetTimer( 2, 100, NULL );                // Timer 1번 호출
    }
}

void CMy12Dlg::SecurityDoorClose()
{
    STEPReadState();
    StepForward();                               // 자동문 닫힘
    m_strDoorstate.Format( "문이 닫힙니다." );
    if ( Process.find_success == TRUE )          // 도형을 확인하면..
    {
        StepBackward();                          // 자동문 열림
        m_strDoorstate.Format( "문이 열립니다." );
    }
    if ( dbReadDistance > 70 )                   // 자동문의 이동 거리 설정 = 70
    {
        StepStop();
        m_strDoorstate.Format( "문이 닫혀 있습니다." );
        KillTimer(2);
        STEP_DefineHome( pMotion );
        SetTimer( 1, 100, NULL );                // Timer 2번 호출
    }
}
```

[그림 20-15] 보안자동문 제어 함수

```
void CMy12Dlg::OnTimer(UINT nIDEvent)
{
    if ( nIDEvent == 0 )
        OnPaint();

    if ( nIDEvent == 1 )
        SecurityDoorOpen();

    if ( nIDEvent == 2 )
        SecurityDoorClose();

    CDialog::OnTimer(nIDEvent);
}
```

[그림 20-16] OnTimer() 함수

자동문 제어에서 인체감지 센서 대신 영상처리를 이용한 점이 차이다. 실제 동작을 확인해 보도록 하자.

06 동작 확인 및 결과

1. 동작 확인

영상 센서 분기 객체에 위쪽 화살표 모양을 보여주면 문이 열리게 된다. 닫히는 동안에 화살표를 보여주어도 문이 다시 열리게 된다.

2. 결 과

실습의 목적은 주인 인식 자동문이다. 화살표는 주인의 얼굴을 대신한 것이다.

실험에 쓰인 영상 센서는 5가지의 특정 패턴만 인식하게 되어 있는데 이 센서가 좀 더 나아가 사람 얼굴 형태를 인식할 수 있었으면 하는 생각이 들었다.

07 심화학습

- 초음파 센서와 적외선 센서를 추가하여 특정 패널을 인식했다 하더라도 일정 거리에 위치하였을 때만 자동문이 동작하도록 프로그램하시오.

CHAPTER 21

영상 카메라를 이용한 얼굴추적

01 실습 과제

카메라 모듈을 이용하여 얼굴을 추적하는 프로그램을 구현해 보자.

02 실습 목표

영상 비전 처리를 이용한 여러 가지 패턴 인식방법에 대하여 학습한다.

03 순서도 작성

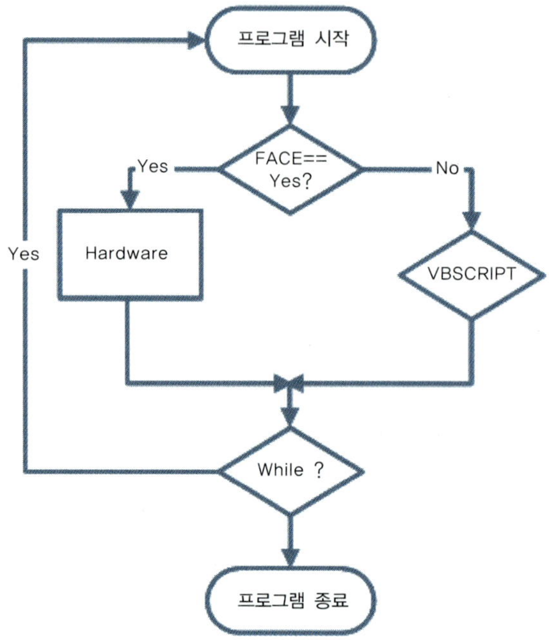

04 실습 준비

메인제어 모듈(ED7271-15)	1EA
영상 센서(ED7271-10)	1EA
RC 모터모듈(ED7271-10)	1EA
USB 케이블 A ↔ B	1EA
16P Plat 케이블	1EA
AC220V 전원선	1EA

05 장비 결선

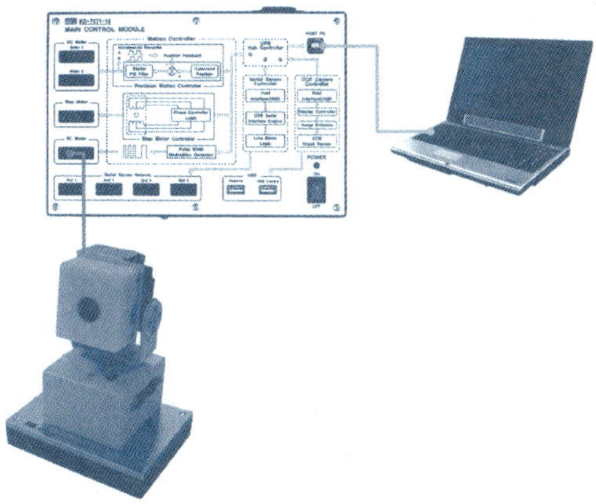

06 프로그램 작성

RC 모터를 좌우로 움직이면서 얼굴이 검출하는 프로그램을 작성해보자.

1. IRES를 이용한 프로그램 작성

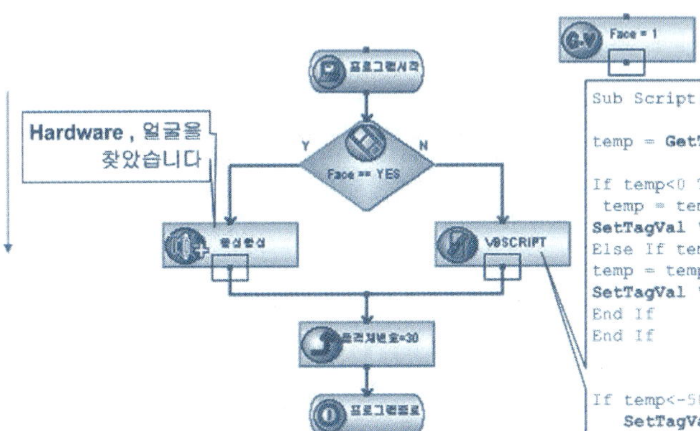


```
Sub Script()

temp = GetTagVal("Face")

If temp<0 Then
 temp = temp -3
SetTagVal "Face",temp
Else If temp>0 Then
temp = temp + 3
SetTagVal "Face",temp
End If
End If

If temp<-50 Then
   SetTagVal "Face",1
Else If temp>50 Then
SetTagVal "Face",-3
End If
End If

SetTagVal "MotorNum",1
SetTagVal "MotorMode",1
SetTagVal "MotorAngle",temp


End Sub
```

RC 모터를 좌우측으로 순차적으로 이동하는 프로그램을 IRES의 스크립터를 이용하여 위와 같이 작성한다. 이 알고리즘은 현재의 RC 모터의 값을 각도를 가져와서 −50도 ~ 50도까지 가로 방향으로 왕복하게 하는 것이다. 얼굴이 검출되었을 경우에는 음성합성(하드웨어 모듈)을 이용하여 얼굴이 검출된 음성을 나타낸다.

IRES 스크립터 사용법은 부록부분에 있으니 미리 학습한 후 사용하기 바란다.

1. MFC를 이용한 프로그램 작성

실시간으로 얼굴을 검출하여 RC 모터를 이용하여 얼굴을 추적하는 프로그램을 만들어 보자.

1. 프로젝트 생성

ED7271_ImageProcess라는 이름으로 프로젝트를 생성한다. 프로젝트 생성할 때 다음의 속성값 설정을 한다.

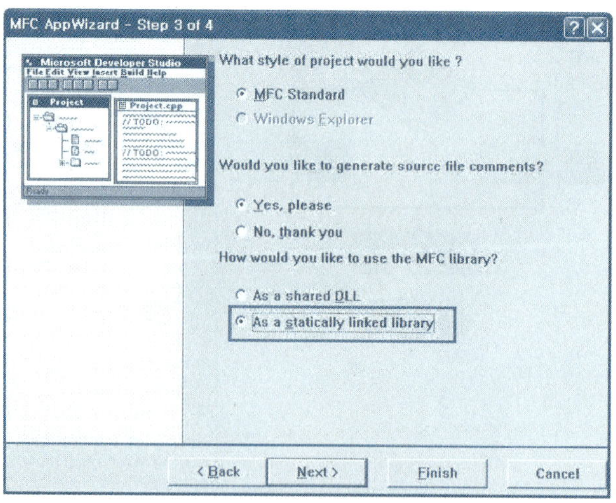

[그림 21-1] 속성선택

우선 프로젝트가 생성된 폴더 안에 Bin 폴더를 만들어서 필요한 DLL과 파일들을 제공되는 ED7271_ImageProcess 소스 안의 Bin 폴더안의 파일을 복사한다.

프로젝트 생성이 끝나면 [그림 21-2]와 같이 영상처리에 필요한 라이브러리 설정을 한다. 메뉴의 Project → setting 선택한 후 Link Tab를 선택한다.

Output File name

=> ./Bin/ED7271_ImageProcess.exe 입력

Object/library modules

=> vfw32.lib Winmm.lib ./Bin/EDCV.lib ../Library/ED_4509A_DLL.lib

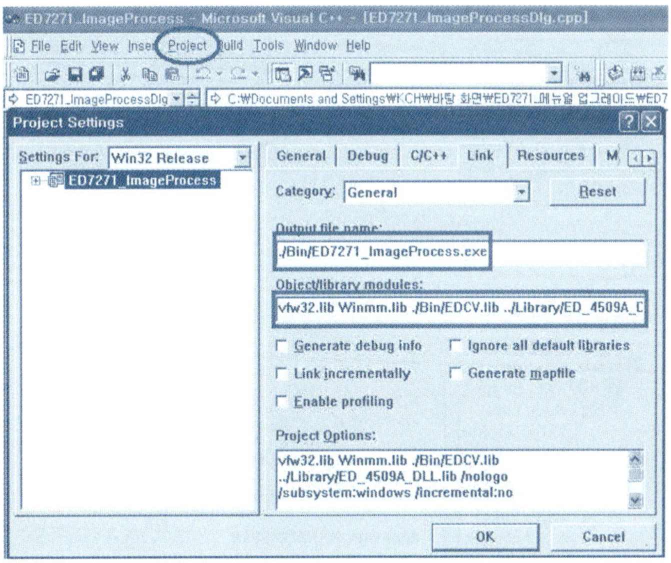

[그림 21-2] 링크

(1) GUI

다음 그림과 같이 Picbox, Static text로 GUI를 꾸미고 ID와 변수를 작성한다.

CHAPTER 21

[그림 21-3] 실행

[표 21-1] ID, 변수형, 변수명

번 호	ID	변수형	변수명
1	IDC_IMAGE_VIEW	CStatic	m_View
2	IDC_STATUS	CString	m_status

(2) Header 선언

다음과 같이 StdAfx.h 헤더에 모션 라이브러리를 추가한다.

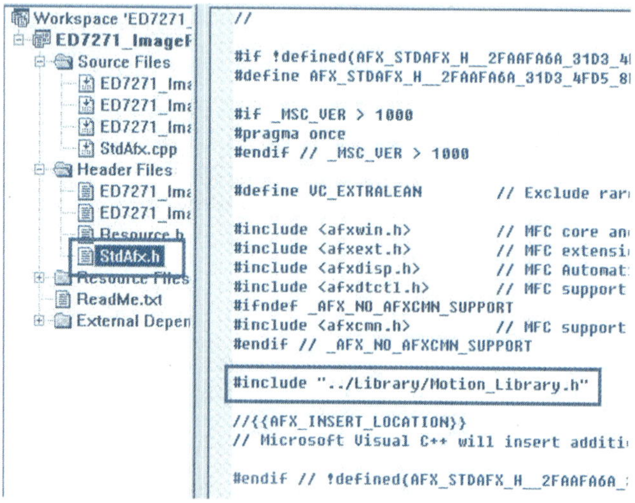

[그림 21-4] 모션헤더 선언

ED7271_ImageProcessDlg.h 파일에 다음과 같이 선언을 한다.

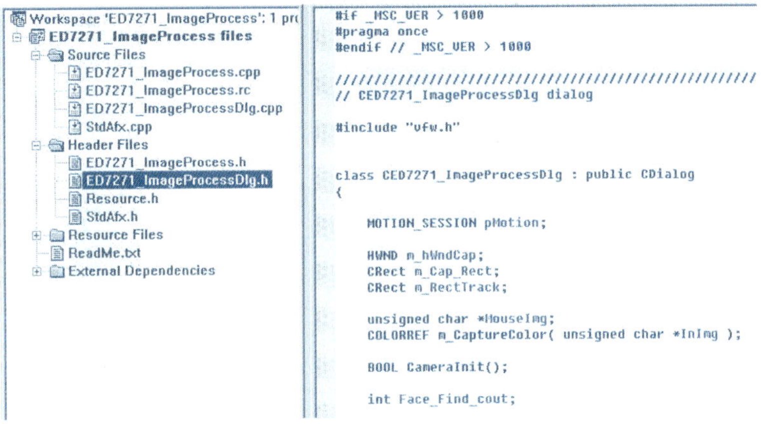

[그림 21-5] 변수 선언

ED7271_ImageProcessDlg.cpp 파일에 전역 변수의 값으로 선언한다.

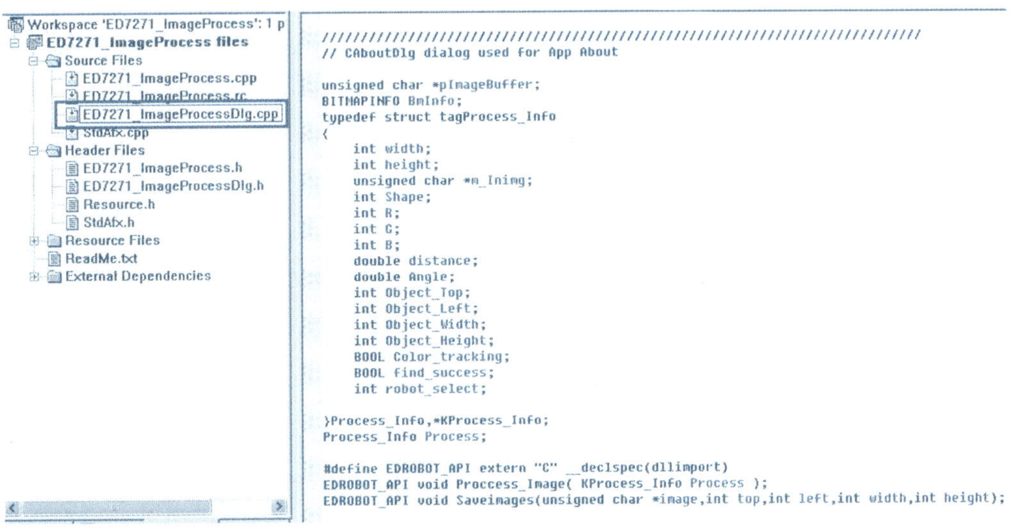

[그림 21-6] 전역 변수 선언

CHAPTER 21

(3) 초기화, Destrory

생성자에서 변수값 초기화를 한다.

```
CED7271_ImageProcessDlg::CED7271_ImageProcessDlg(CWnd* pParent /*=NULL*/)
    : CDialog(CED7271_ImageProcessDlg::IDD, pParent)
{
    //{{AFX_DATA_INIT(CED7271_ImageProcessDlg)
    m_status = _T("");
    //}}AFX_DATA_INIT
    // Note that LoadIcon does not require a subsequent DestroyIcon in Win32
    m_hIcon = AfxGetApp()->LoadIcon(IDR_MAINFRAME);


    pImageBuffer = NULL;
    Process.m_Inimg = NULL;
    Face_Find_cout=0;
}
```

[그림 21-7] 초기화, OnDestory() 함수

BOOL CED7271_ImageProcessDlg::OnInitDialog() 함수에서 다음과 같이 한다.

```
Process.robot_select=-1;

if(CameraInit())
{

    pMotion = NULL;

    if ( DCServo01_Initialize( m_hWnd, &pMotion ) != EDROBOT_API_OK )
        ::MessageBox( NULL, "Motor init fail", "Error", MB_OK );


    RC_DefineHome( pMotion, 1 );
    RC_DefineHome( pMotion, 2 );


    pImageBuffer= new unsigned char[BmInfo.bmiHeader.biWidth*BmInfo.bmiHeader.biHeight*3];
    SetTimer(0,30,NULL);
    Process.robot_select=3;  //face detecting


}
else
    return FALSE;
```

[그림 21-8] 초기화

카메라 초기화하는 함수를 작성한다.

```
BOOL CED7271_ImageProcessDlg::CameraInit()
{
    m_View.GetWindowRect( &m_Cap_Rect );
    ScreenToClient( &m_Cap_Rect );        // Process image rect get

    GetDlgItem( IDC_IMAGE_VIEW )->SetWindowPos( &wndBottom,m_Cap_Rect.left,m_Cap_Rect.top,
        BmInfo.bmiHeader.biWidth,BmInfo.bmiHeader.biHeight,SWP_DRAWFRAME );

    m_hWndCap = capCreateCaptureWindow( _T( "Image Process" ), WS_CHILD | WS_VISIBLE
        , 0
        , 0
        , 1
```

```
        , 1, this->m_hWnd, NULL );

    if ( capSetCallbackOnFrame( m_hWndCap, capCallbackOnFrame ) == FALSE ) return FALSE;

    if ( capDriverConnect( m_hWndCap, 0 ) == FALSE ) return FALSE;

    capGetVideoFormat( m_hWndCap, &BmInfo, sizeof(BITMAPINFO) );
    if ( BmInfo.bmiHeader.biBitCount != 24 )
    {
        BmInfo.bmiHeader.biBitCount          = 24;
        BmInfo.bmiHeader.biCompression       = 0;
        BmInfo.bmiHeader.biSizeImage         = BmInfo.bmiHeader.biWidth*BmInfo.bmiHeader.biHeight*3;
        capSetVideoFormat( m_hWndCap, &BmInfo, sizeof(BITMAPINFO) );
    }

    capPreviewRate(m_hWndCap, 33);
    capPreview(m_hWndCap, true);

    return TRUE;

}
```

[그림 21-9] 카메라 초기화

종료 함수작성한다.

```
void CED7271_ImageProcessDlg::OnDestroy()
{
    CDialog::OnDestroy();

    capDriverDisconnect( m_hWndCap );
    if ( pImageBuffer != NULL ) delete [] pImageBuffer;

    DCServo01_Close( pMotion );

}
```

[그림 21-10] OnDestory() 함수

(4) OnTimer, OnPaint, Callback

영상처리되는 결과를 보여주고 RC 모터를 이용하여 얼굴을 추적하는 함수를 작성한다.

void CED7271_ImageProcessDlg::OnPaint() 함수에 아래와 같이 작성한다.

```
    dc.DrawIcon(x, y, m_hIcon);
}
else
{

    CDC* pDC = m_View.GetDC();
    ::SetDIBitsToDevice(pDC->GetSafeHdc(), 0, 0, BmInfo.bmiHeader.biWidth,
        BmInfo.bmiHeader.biHeight, 0, 0, 0, (WORD)BmInfo.bmiHeader.biHeight,
        pImageBuffer, &BmInfo, DIB_RGB_COLORS );

    ReleaseDC(pDC  );

        if(Process.find_success)
        {
            CClientDC pDC(this);
```

```
            CPen myPen;
            CPen *pOldPen;
            COLORREF cr;
            cr = RGB(0,255,0);
            myPen.CreatePen(PS_SOLID, 3, cr);
            pOldPen = pDC.SelectObject(&myPen);

            int x,y,x1,y1;

            x=m_Cap_Rect.left+Process.Object_Left;
            y=m_Cap_Rect.top+Process.Object_Top;
            x1=Process.Object_Width;
            y1=Process.Object_Height;

            pDC.MoveTo(x,y);
            pDC.LineTo(x+x1,y);
            pDC.LineTo(x+x1,y+y1);
            pDC.LineTo(x,y+y1);
            pDC.LineTo(x,y);

            pDC.SelectObject(pOldPen);
            myPen.DeleteObject();
        }
    CDialog::OnPaint();
}
```

[그림 21-11] OnPaint

```
LRESULT CALLBACK capCallbackOnFrame(HWND hWnd, LPVIDEOHDR lpVHdr)
{


    int height=BmInfo.bmiHeader.biHeight;
    int width=BmInfo.bmiHeader.biWidth;

    for(int i=0; i<height*width; i++)
    {
        *(pImageBuffer + (i*3))     =     *(lpVHdr->lpData + (i*3)     );
        *(pImageBuffer + (i*3) + 1) =     *(lpVHdr->lpData + (i*3) + 1);
        *(pImageBuffer + (i*3) + 2) =     *(lpVHdr->lpData + (i*3) + 2) ;
    }
    Process.m_Inimg=new unsigned char[width*height*3];

    memcpy(Process.m_Inimg,pImageBuffer,sizeof(unsigned char)*width*height*3);

    Process.width=width;
    Process.height=height;

    Proccess_Image(&Process);

    delete []Process.m_Inimg;

    return (LRESULT)TRUE;
}
```

[그림 21-12] callBack Function

```
void CED7271_ImageProcessDlg::OnTimer(UINT nIDEvent)
{
    if(nIDEvent==0)
        OnPaint();

    UpdateData(TRUE);
    if(Process.find_success)
    {
        int centerX=(int)((Process.Object_Left+(Process.Object_Width/2)));
        int centerY=(int)((Process.Object_Top+(Process.Object_Height/2)));

        int intervalX=2;
        int intervalY=1;

        if(centerX>185)
            RC_IntervalStart( pMotion, 1, DIR_CCW, intervalX);
        else if(centerX<100)
            RC_IntervalStart( pMotion, 1, DIR_CW, intervalX);
        if(centerY>150)
            RC_IntervalStart( pMotion, 2, DIR_CW, intervalY);
        else if(centerY<90)
            RC_IntervalStart( pMotion, 2, DIR_CCW, intervalY);


        m_status.Format(" X = %d  Y= %d  Face_count=%d  width= %d  height = %d" ,
            centerX,centerY,Face_Find_cout,Process.Object_Width,Process.Object_Height);

        Face_Find_cout=0;
    }

    else
    {
        if(Face_Find_cout >100 )
        {
            m_status.Format("RC Home Nothing");

            RC_DefineHome( pMotion, 1 );
            RC_DefineHome( pMotion, 2 );
            Face_Find_cout=0;

        }
        Face_Find_cout++;
    }

    UpdateData(FALSE);

    CDialog::OnTimer(nIDEvent);
}
```

[그림 21-13] OnTimmer

07 동작 확인 및 결과

얼굴인식 알고리즘을 이용하여 화면상에서 얼굴을 찾고 그 좌표를 입력받아서 RC 모터를 구동하는 프로그램을 작성하여 보았다.

처음에는 RC 모터를 초기 위치에 이동한 후 얼굴을 찾으면 모터를 이용하여 추적하고 얼굴을 찾는 것을 실패하면 모터를 초기위치에 오도록 프로그램하였다.

1. 동작 확인

① 얼굴의 위치와 얼굴영역을 화면상에서 볼 수 있다.

② 얼굴을 찾으면 모터를 이용하여 추적하는 것을 볼 수 있다.

2. 결과 및 토의

화면상에서 빛의 간섭이 심하거나 얼굴의 정면을 벗어나면 얼굴을 찾을 수 없다. 또한 얼굴추적하는 것보다 빠르게 움직이면 더 이상 추적이 안되는 것을 볼 수 있을 것이다. 영상처리 기법의 전 처리과정을 거쳐서 인식률을 더 높이고 추적 알고리즘을 개발하여 더 좋은 프로그램을 개발해 보자.

08 심화학습

- 패널 인식 알고리즘을 이용하여 추적하는 프로그램을 해보시오.
- 현재 추적에 사용되는 RC 모터 제어 방식을 다른 방식으로 바꿔보시오.
- 얼굴추적 후 얼굴을 인식하는 방법에는 어떤 알고리즘이 있는지 조사해보고 영상처리를 통해 어떤 일을 할 수 있는지 토론해보자.

CHAPTER 22

영상처리를 이용한 로봇의 이동 제어실습

01 실습 과제

영상 카메라로 영상 패널을 인식하여 각각의 패널에 대한 명령을 달리하여 로봇에게 간단한 전진, 후진, 방향회전 등의 명령을 내려 로봇을 동작시켜 본다.

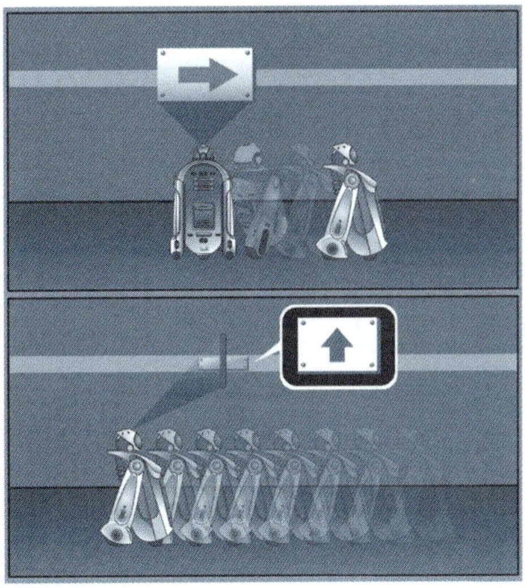

02 실습 목표

영상 카메라에 의한 패널 인식의 원리를 파악하고, 로봇에 어떤 용도로 적용 가능한지 알아본다.

03 순서도 작성

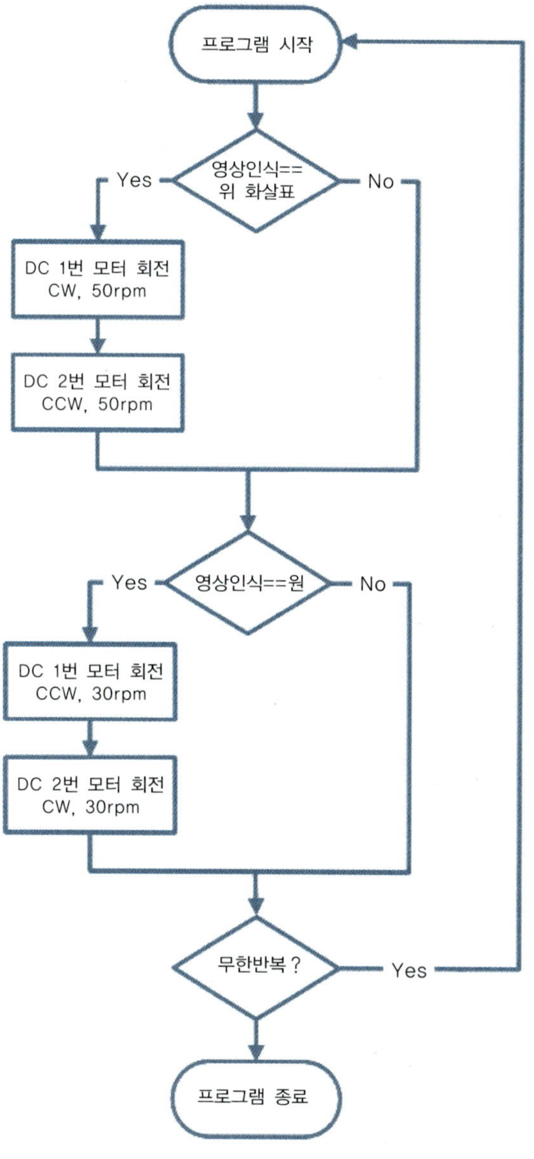
프로그램 시작
영상인식==
위 화살표
Yes
No
DC 1번 모터 회전
CW, 50rpm
DC 2번 모터 회전
CCW, 50rpm
영상인식==원
Yes
No
DC 1번 모터 회전
CCW, 30rpm
DC 2번 모터 회전
CW, 30rpm
무한반복 ?
Yes
프로그램 종료

04 실습 준비

메인제어 모듈(ED7271-15)	1EA
RC 모터(ED7271-10)	1EA
패널 고정 모듈(ED7271-17)	1EA
DC 모터(ED7271-10)	2EA
양방향 구동 모듈	1EA
타이밍벨트	2EA
USB 케이블 A ↔ B	1EA
16P Plat 케이블	2EA
AC220V 전원	1EA

05 장비 결선

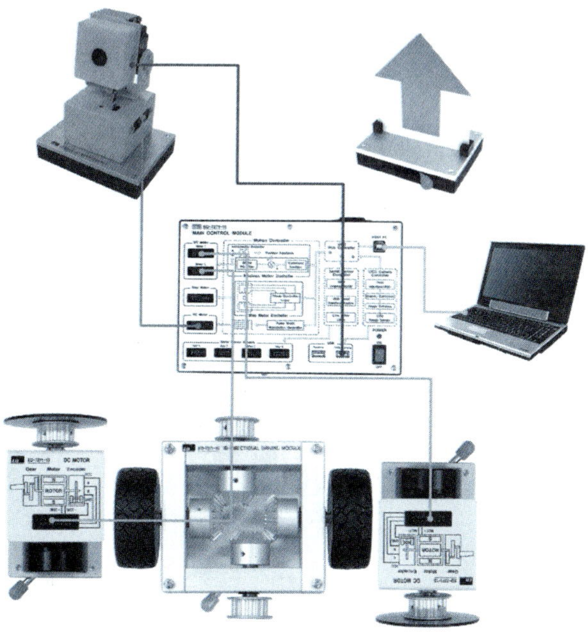

06 프로그램 작성

1. IRES를 이용한 프로그램 작성

녹색의 위쪽 화살표 패널을 인식했을 때 로봇이 전진을 하고 삼각형 패널을 인식했을 때 로봇이 정지하는 프로그램을 작성한다.

프로그램에 앞서 패널의 인식설정 방법을 설명한다. 패널의 인식은 색과 모양을 선택해주면 되는데, 인식 설정방법은 다음과 같다.

영상 분기에서 객체의 환경설정을 패턴 인식으로 선택 후 확인을 클릭한다.

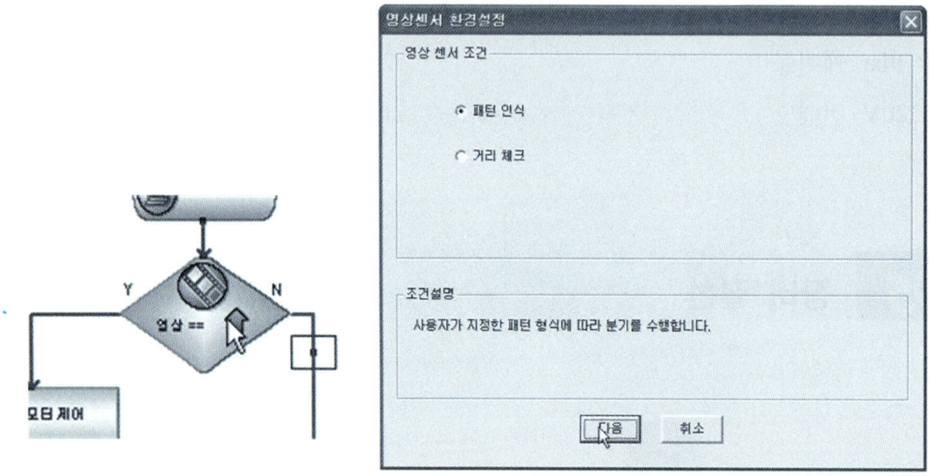

원하는 패턴의 모양을 선택하고 지정색 버튼을 클릭한다.

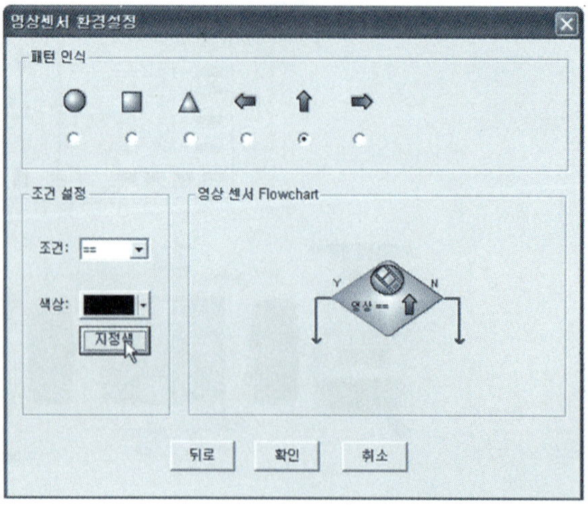

선택한 패턴의 색을 지정하는 방법은 화살표의 녹색 영역을 드래그해준다. 그러면 아래의 표시부분에 드래그해준 색이 설정된다. 이렇게 설정한 객체는 녹색의 위쪽 방향의 화살표만 인식할 것이다.

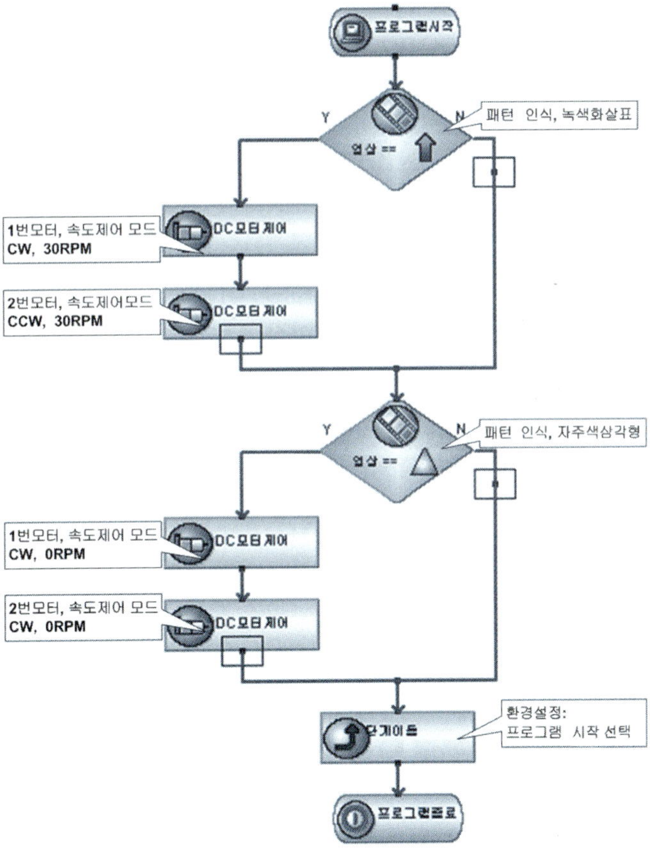

2. MFC를 이용한 프로그램 작성

노란색의 위쪽 화살표 패널을 인식했을 때 로봇이 전진을 하고 오른쪽 화살표는 오른쪽 회전, 왼쪽 화살표는 왼쪽으로 회전하게 한다. 그리고 카메라에 도형이 없거나 영상이 인식이 안됐을 경우 정지하게 한다.

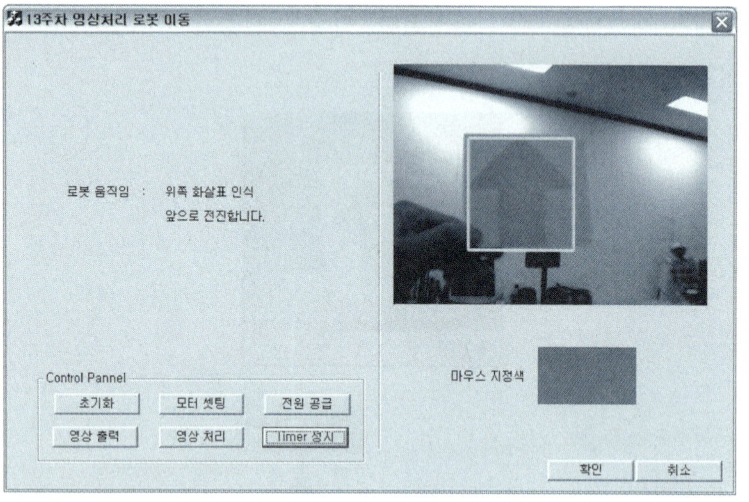

[그림 22-1] 실습 목표

(1) 프로젝트 생성, 기본 버튼 / 함수작성

지금까지 실습에서는 사용자가 지정한 도형의 모양에만 인식이 가능하였다. 그러나 로봇에 영상으로 명령을 내리고자 할 경우 각 영상의 모양을 반복하면서 비교, 검사해야 하며 각 영상을 색상별로 저장, 비교할 수 있어야 한다.

우선 현 실습에서는 'Process' 구조체 안의 'robot_select' 변수값을 이용하여 DLL 파일에서 도형의 DB를 순차적으로 검색, 모양만을 비교하게 한다.

프로젝트 / 기본 버튼의 생성은 21장과 동일하며, 다음 그림들에 대한 부분만을 수정토록 한다.

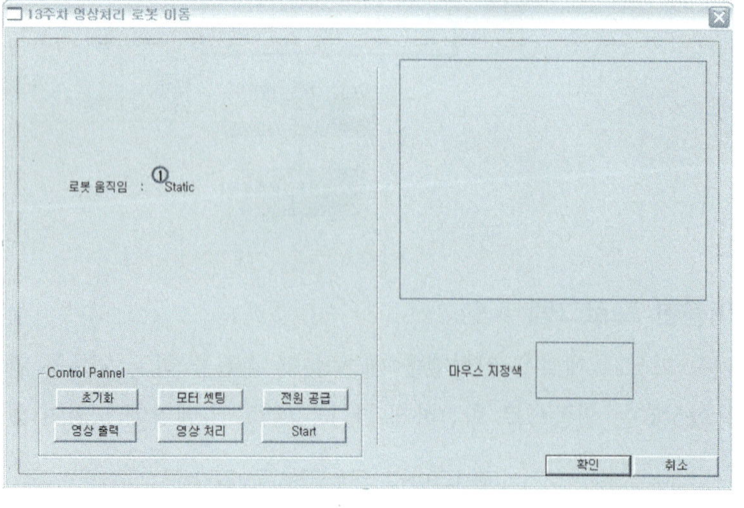

[그림 22-2] Dialog 배치

[표 22-1] ID, 변수형, 변수명

번 호	ID	변수형	변수명
1	IDC_ROBOT	CString	m_strRobot

사용자가 Radio 버튼을 이용하여 도형을 지정하는 것이 아니라, 지정한 색과 일치하는 DB 안에 있는 모든 도형을 검색하게 하여야 한다. 우선 'Process' 구조체의 'robot_select'를 2로 세팅(모드 변경)한다.

초기화 함수에서 다음과 같이 작성, 수정하고, Radio 버튼에 대한 함수, 변수는 작성할 필요가 없다.

```
    pImageBuffer= new unsigned char[BmInfo.bmiHeader.biWid

    bTimerFlag = FALSE;
    Process.robot_select = 2; // DB 안의 모든 도형을 검색
    //m_Shape = 0;

    return TRUE;
}
```

[그림 22-3] 초기화 함수 수정

(2) DC 모터 제어 함수

다음 그림들을 참고하여 작성한다.

```
void CMy13Dlg::DCForward()
{
    UpdateData(TRUE);

    DCServo01_SetAbsoluteVelocity( pMotion, 1, 60 );
    DCServo01_SetAbsoluteVelocity( pMotion, 2, 60 );

    DCServo01_ForwardStart( pMotion, 2 );
    DCServo01_BackwardStart( pMotion, 1 );

    m_strRobot.Format( "위쪽 화살표 인식 \r\n\r\n앞으로 전진합니다. " );

    UpdateData(FALSE);
}

void CMy13Dlg::DCRight()
{
    UpdateData(TRUE);

    DCServo01_SetAbsoluteVelocity( pMotion, 1, 20 );
    DCServo01_SetAbsoluteVelocity( pMotion, 2, 50 );

    DCServo01_ForwardStart( pMotion, 2 );
    DCServo01_BackwardStart( pMotion, 1 );

    m_strRobot.Format( "오른쪽 화살표 인식 \r\n\r\n오른쪽으로 회전합니다. " );

    UpdateData(FALSE);
}
```

[그림 22-4] DC 모터 전진, 오른쪽 회전 함수

```
void CMy13Dlg::DCLeft()
{
    UpdateData(TRUE);

    DCServo01_SetAbsoluteVelocity( pMotion, 1, 50 );
    DCServo01_SetAbsoluteVelocity( pMotion, 2, 20 );

    DCServo01_ForwardStart( pMotion, 2 );
    DCServo01_BackwardStart( pMotion, 1 );

    m_strRobot.Format( "왼쪽 화살표 인식 ₩r₩n₩r₩n왼쪽으로 회전합니다. " );

    UpdateData(FALSE);
}

void CMy13Dlg::DCStop()
{
    UpdateData(TRUE);

    DCServo01_StopSmoothly( pMotion, 1 );
    DCServo01_StopSmoothly( pMotion, 2 );

    m_strRobot.Format( "영상이 없습니다.₩r₩n₩r₩n명령을 내리세요" );

    UpdateData(FALSE);
}
```

[그림 22-5] DC 모터 왼쪽 회전, 정지 함수

(3) 영상처리를 이용한 로봇을 이동시키는 함수

다음 그림을 참고하여 작성한다.

```
void CMy13Dlg::VisionRecg()
{
    if ( Process.find_success == TRUE )             // 도형을 찾으면..
        {
            if ( Process.Shape == 3 )
            {
                DCForward();
            }
            else if ( Process.Shape == 4 )
            {
                DCLeft();
            }
            else if ( Process.Shape == 5 )
            {
                DCRight();
            }
        }
        else if ( Process.find_success == FALSE )   // 도형을 못찾으면..
            DCStop();
}
```

[그림 22-6] 영상처리를 이용한 로봇 이동 함수

```
void CMy13Dlg::OnTimer(UINT nIDEvent)
{
    if ( nIDEvent == 0 )
        OnPaint();

    if ( nIDEvent == 1 )
    {
        VisionRecg();
    }

    CDialog::OnTimer(nIDEvent);
}
```

[그림 22-7] OnTimer() 함수

07 동작 확인 및 결과

패널을 바꿔가며 프로그램의 동작 여부를 확인한다.

빛의 밝기를 조절해가며 영상인식이 어떤지 확인해본다. 영상인식에서 조명의 영향을 확인한다.

1. 동작 확인

상향, 좌향, 우향 화살표를 각각 전진, 좌회전, 우회전 입력신호로 한다.

영상 센서로 입력되는 신호가 없을 경우 DC 모터는 정지한다.

영상 센서로 신호가 입력되면 DC 모터는 그에 해당하는 동작을 한다.

① 전진의 경우 좌우 모터 모두 60rpm으로 회전한다.

② 좌회전의 경우 좌측 모터는 20rpm 우측 모터는 50rpm으로 회전한다.

③ 우회전의 경우 좌측 모터는 50rpm 우측 모터는 20rpm으로 회전한다.

④ 입력되는 신호가 없을 때 정지한다.

2. 결 과

좌회전과 우회전시 모터의 회전방향은 같고 회전속도만 달리 하였다. 이렇게 하여 로봇이 제자리에서 정지하여 방향만 바꾸는 것이 아니라 커브를 따라 돌게 한다. 좌회전 또는 우회전 입력이 계속 지속될 경우 로봇은 원을 그리며 운동한다.

입력신호가 없을 경우 모터는 이전 동작을 계속 유지하도록 카메라 앞에 신호판을 세워 신호를 입력한 후 신호판을 치워버려도 모터는 제일 마지막에 인식한 신호판의 신호에 따라 동작을 계속하는 프로그램으로 발전 가능할 것이다.

08 심화학습

- 원과 사각형 모양의 도형을 인식할 수 있도록 추가하여 원을 인식한 경우 로봇이 원을 그리며 이동하고, 사각형을 인식할 경우 로봇이 사각형을 그리며 이동할 수 있도록 프로그램하시오.

CHAPTER 23

VB 스크립터 제어실습

01 스크립터 정의

IRES(Intelligent Robot Education Studio)는 순서도 기반 형태의 GUI 환경을 제공하여 프로그램을 할 수 있도록 한 소프트웨어이다.

IRES에는 각 컴포넌트마다 VB 스크립터을 사용하여 객체의 조건 및 프로그램 알고리즘을 개발할 수 있게 연동이 되어 있다.

02 전역 변수 소개

-  : 센서 값이나 현재 상태 정보값을 전역으로 저장하기 위한 함수
-  : 전역 변수값을 선택해서 비교하는 함수

03 VB 스크립터 사용방법

각 컴포넌트마다 아래 빨간 원 부분에 스크립터를 사용할 수 있게 체크버튼을 선택한

후 아래 스크립터 버튼을 누르면 스크립터 프로그램 에디터 창이 나타난다. 'Add Script' 부분에 코드를 작성할 수 있다.

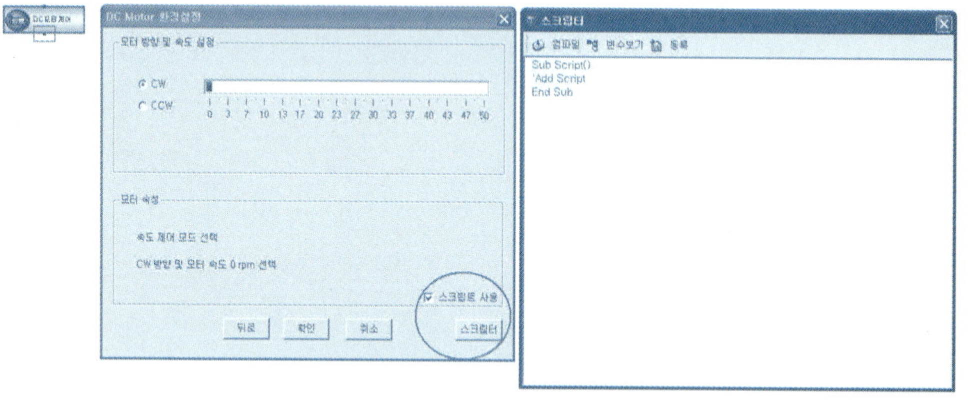

[그림 23-1] 스크립터

04 VB 스크립터 예제

1. DC 모터 제어

IRES으로 프로그램을 만들게 되면 아래와 같이 프로그램을 작성할 수 있다. 아래 그림과 같이 모터를 속도모드 20rpm으로 동작하는 스크립터를 작성해 보자.

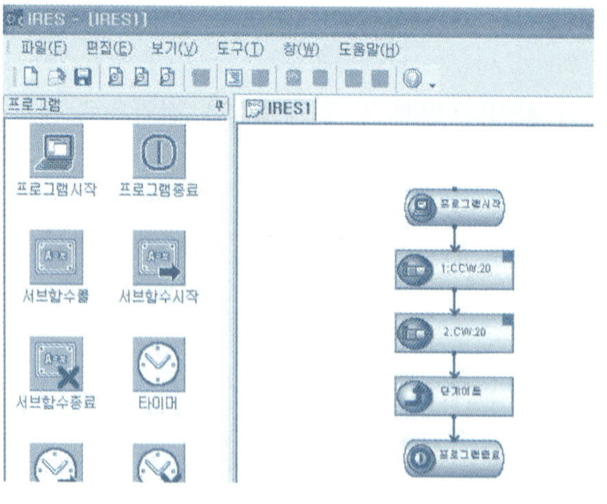

[그림 23-2] 프로그램

- 변수 보기를 클릭하면 하단의 그림처럼 모터의 세팅 값을 제어할 수 있는 값들이 나타난다.
- 모터 세팅하는 스크립터를 작성한 후 컴파일 버튼을 눌러 프로그램이 올바르게 작성됐는지 확인한다.
- 등록 버튼을 눌러 프로그램을 등록시킨다.

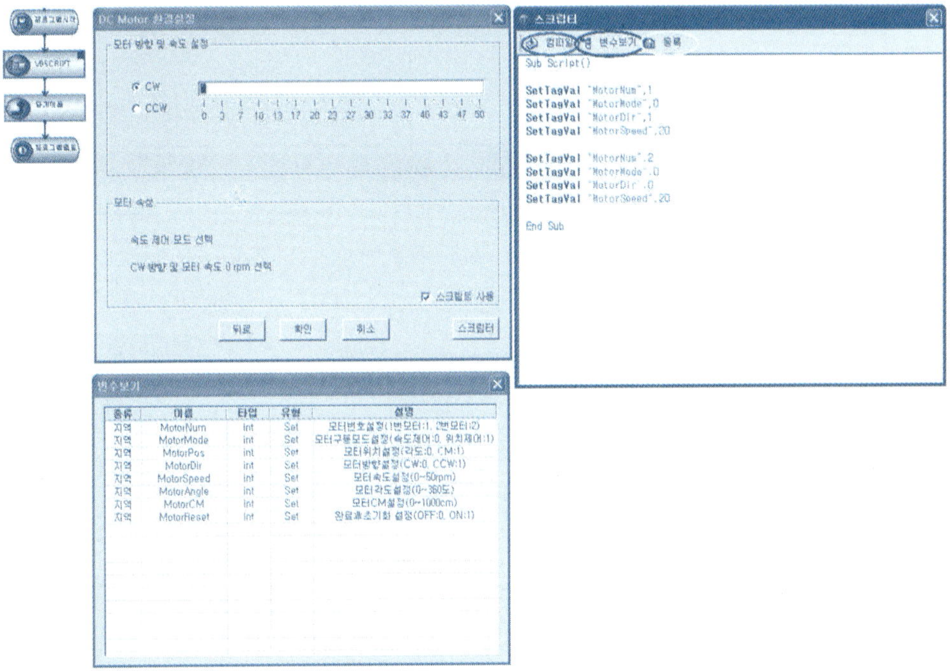

[그림 23-3] 스크립터 프로그램

2. 초음파 센서와 DC모터를 이용한 스크립터

다음과 같이 전역 변수값을 이용하여 센서 값을 저장하여 가까운 물체가 있으면 모터를 정지하는 프로그램을 작성할 수 있다.

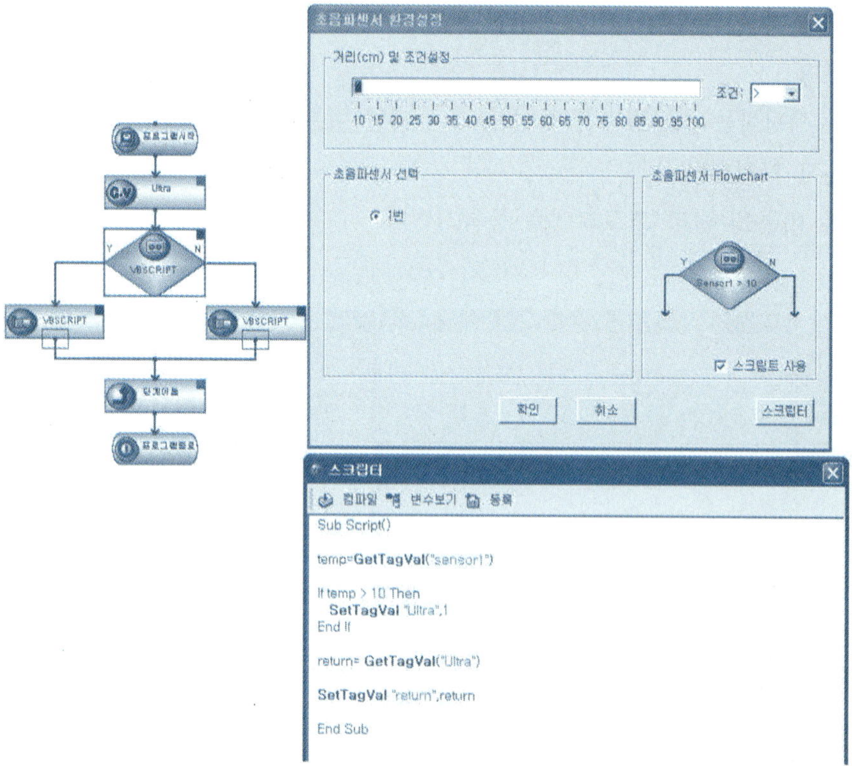
G.V
Ultra
VBSCRIPT
VBSCRIPT
VBSCRIPT
거리(cm) 및 조건설정
조건:
10 15 20 25 30 35 40 45 50 55 60 65 70 75 80 85 90 95 100
초음파센서 선택
1번
초음파센서 Flowchart
Y
N
스크립트 사용
확인
취소
스크립터
스크립터
컴파일
변수보기
등록
Sub Script()
temp=GetTagVal("sensor1")
If temp > 10 Then
SetTagVal "Ultra",1
End If
return= GetTagVal("Ultra")
SetTagVal "return",return
End Sub

[그림 23-4] 프로그램

CHAPTER 24

3중 보안문 제어실습

01 실습 과제

초음파, RFDI, 음성인식, 터치센서를 이용하여 3중 보안작동문 제어 프로그램을 해보자.

02 실습 목표

로봇 프로그램의 기본인 센서의 입력을 받는 방법을 이해하고 분기객체를 학습한다.

03 순서도 작성

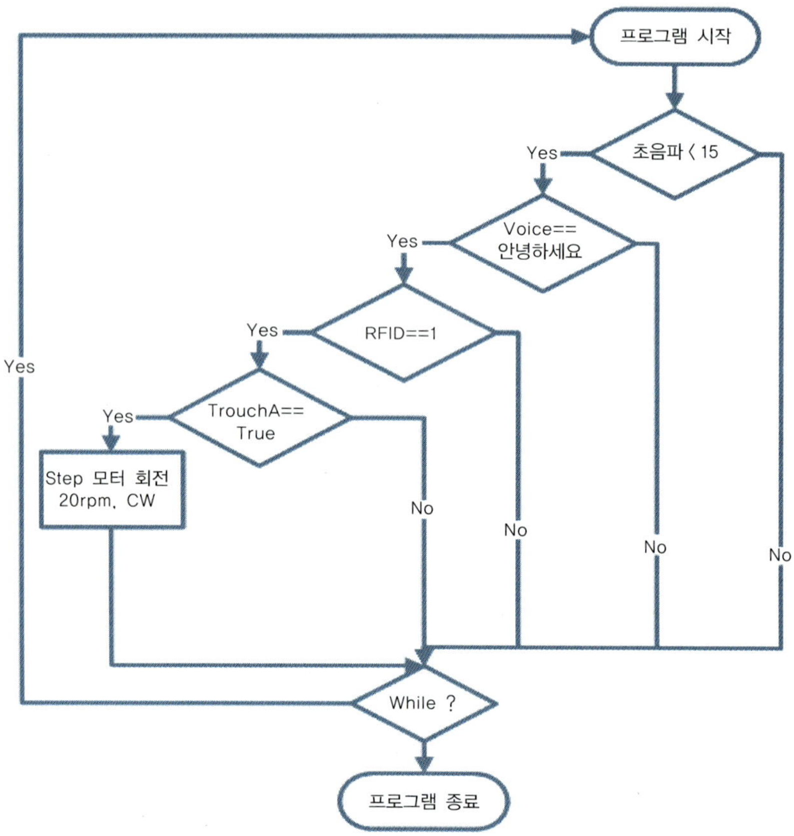

04 실습 준비

메인제어 모듈(ED7271-15) 1EA
RFID 센서(ED7271-19) 1EA
UltraSonic 센서(ED7271-3) 1EA
터치센서(ED7271-18) 1EA
음성인식 센서(ED7271-21) 1EA
Step 모터모듈(ED7271-13) 2EA

슬라이드 모듈(ED7271-11)	1EA
USB 케이블 A ↔ B	1EA
AC220V 전원선	1EA

05 장비 결선

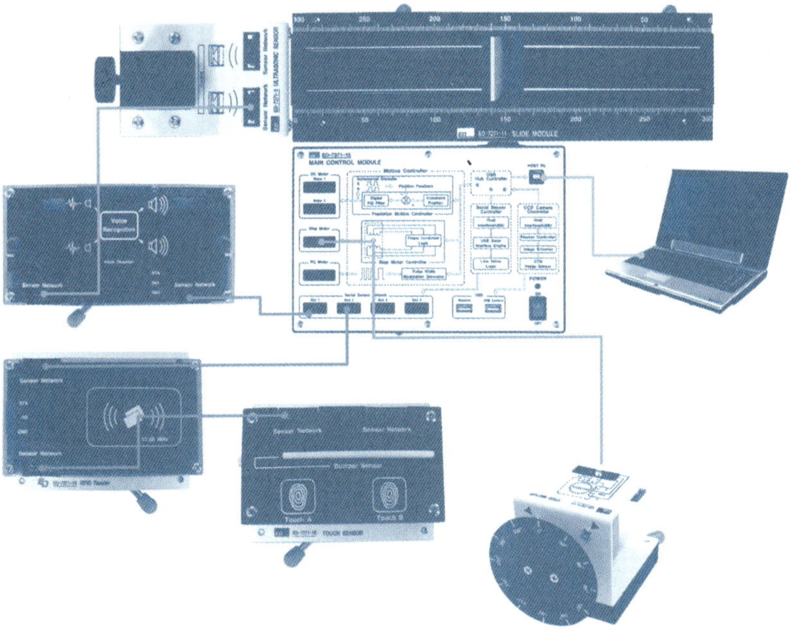

06 프로그램 작성

초음파 센서에 사람이 15Cm 범위 안에 들어오면 보안문 작동이 시작된다. 음성명령으로 암호 '안녕하세요'라고 인식이 되면 사용자가 가지고 있는 RFID 태그를 인식하기 시작하고 인식이 성공되면 터치센서를 이용하여 스텝 모터를 움직여 문을 여는 프로그램을 작성하여 보자.

1. IRES를 이용한 프로그램 작성

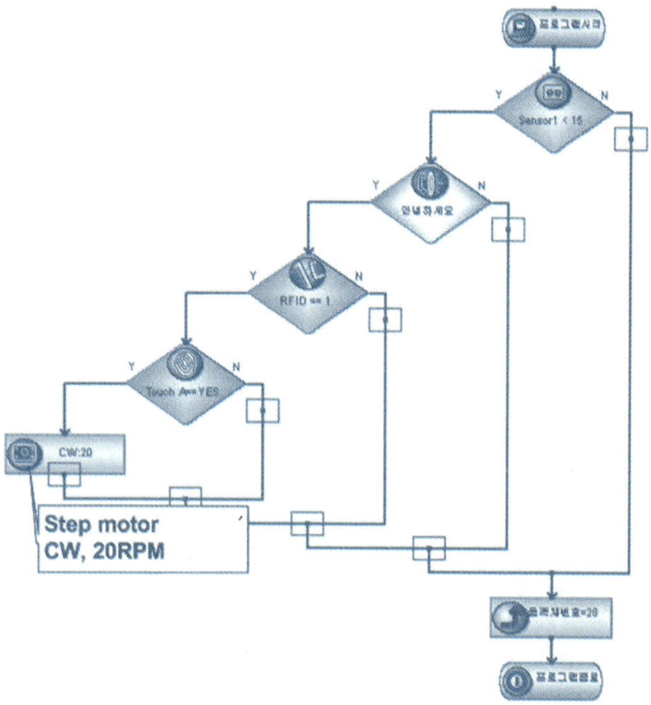

2. MFC를 이용한 프로그램 작성

실시간으로 현재 상황을 보여주고 보안 작동하는 문을 프로그램 해보자.

- 초음파 센서의 값이 15보다 작으면 사람이 왔다고 판단하고 보안문 작동
- 음성인식을 시작하고 '안녕하세요'가 인식되면 첫 번째 인식 완료

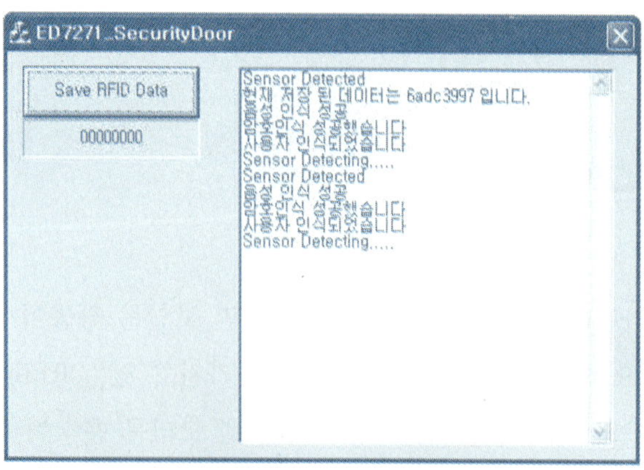

[그림 24-1] 실행

- 미리 RFID 태그값을 저장해 놓은 값과 같은 태그값이 들어오면 두 번째 인식 완료한다.
- 터치센서에 터치 반응이 오면 스텝 모터를 움직여서 문을 연다.
- 초음파 센서의 값이 15보다 크면 사람이 문을 지나갔다고 판단하여 문을 닫는다.

1. 프로젝트 생성

ED7271_SecurityDoor 이름으로 프로젝트를 생성한다. 모션 라이브러리와 센서 라이브러리 링크, 헤더 파일을 추가한다.

(1) GUI 구성

[그림 24-2]와 같이 버튼을 생성, Static, Edit 박스를 생성하고 [표 24-1]과 [그림 24-3]과 같이 작성한다.

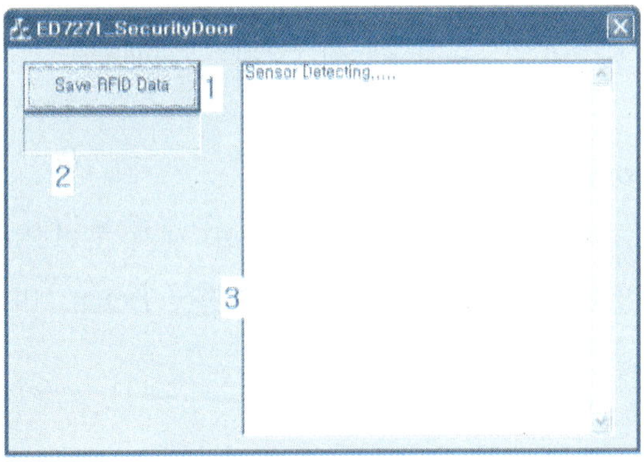

[그림 24-2] GUI

[표 24-1] ID, 변수형, 변수명

번 호	ID	변수형	변수명
1	IDC_SAVE_RFID		
2	IDC_RFID	CString	m_strRFID
3	IDC_ROBOT_STATUS	CString	m_robotStatus

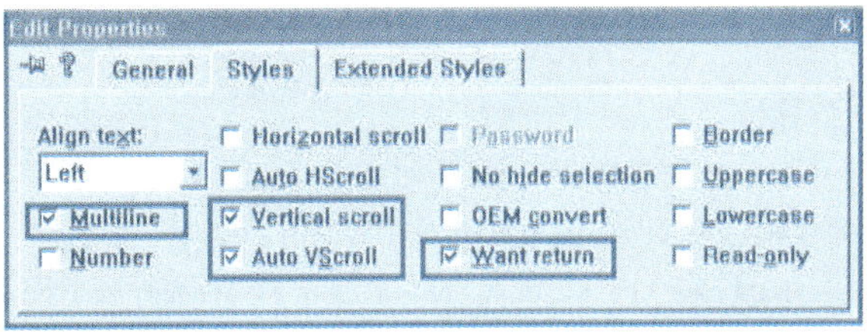

[그림 24-3] 속성

24

(2) Header 선언

```
class CED7271_SecurityDoorDlg : public CDialog
{
    MOTION_SESSION pMotion;  // motor handle
    SSN_SESSION pSensor;     // sensor handle


    unsigned char nSelectSensor[1];
    float fUltrasensor[1];

    BYTE Data1, Data2;  // ARS data

    BOOL Result[4];  // flow restult
    CString Password;

    BOOL Init_7271();
    BOOL GetRFIDData();  // Get RFID data
    BOOL GetUtrasonic(); // Get Ultrasonic data
    void StepMove();     // Step motor run
    void StepStop();     // step stop
    BOOL GetTouch();     // get touch data
    void RecogStart();   // Voice recognize start
    void TTSStart(CString cMessage);  // TTS output

    void Result_init();
```

[그림 24-4] Header 선언

(3) 초기화 및 Destory()

[그림 24-5]와 같이 초기화 함수를 작성한다. 모션, 센서 초기화와 음성인식 암호 초기화를 한다. 또한 보안문이 지속적으로 작동할 수 있는 BOOL 변수를 초기화한다.

```
BOOL CED7271_SecurityDoorDlg::OnInitDialog()
{
.....
        if(Init_7271())
            {
                        SetTimer(0,300,NULL);
            }
}
BOOL CED7271_SecurityDoorDlg::Init_7271()
{
    pMotion = NULL;
    pSensor = NULL;

    if ( DCServo01_Initialize( m_hWnd, &pMotion ) != EDROBOT_API_OK )
    {
        ::MessageBox( NULL, "Motion init fail", "Error", MB_OK );
        return FALSE;
    }
    if ( SSN_Initialize( &pSensor, FALSE ) != EDROBOT_API_OK )
    {
        ::MessageBox( NULL, "Sensor init fail", "Error", MB_OK );
        return FALSE;
    }
    nSelectSensor[0] = 1;

    SSN_SetUtrasonic( pSensor, nSelectSensor, 1 );

    DCServo01_ExternalPower_5V( pMotion, EXT5V_OFF );
    Sleep(500);
    if ( DCServo01_ExternalPower_5V( pMotion, EXT5V_ON ) != EDROBOT_API_OK )
    {
```

```
        ::MessageBox( NULL, "POWER on fail", "Error", MB_OK );
        return FALSE;
    }
    SSN_Start ( pSensor );
    Password="안녕하세요";
    RecogStart();
    Result_init();
    return TRUE;
}
void CED7271_SecurityDoorDlg::Result_init()
{

    for(int i=0; i<4; i++)
            Result[i]=FALSE;

}
```

[그림 24-5] 초기화

```
void CED7271_SecurityDoorDlg::OnDestroy()
{
    CDialog::OnDestroy();

    SSN_UVoiceModuleRecogStartStop( pSensor, false );
    StepStop();
    SSN_Close( pSensor );
    DCServo01_ExternalPower_5V( pMotion, EXT5V_OFF );
    DCServo01_Close( pMotion );

}
```

[그림 24-6] 종료 함수

초음파 센서의 값을 가져오는 함수를 작성한다.

```
BOOL CED7271_SecurityDoorDlg::GetUtrasonic()
{
    SSN_GetUtrasonic( pSensor, fUltrasensor );

    if(fUltrasensor[0] <10)
        return TRUE;

    return FALSE;
}
```

[그림 24-7] 초음파 데이터 획득 함수

RFID 센서의 데이터 값을 가져오는 함수를 작성한다.

```
BOOL CED7271_SecurityDoorDlg::GetRFIDData()
{
    unsigned char cTemp[4] = {0,};
    SSN_GetRFIDData( pSensor, cTemp );
    m_strRFID.Format( "%02x%02x%02x%02x", cTemp[0], cTemp[1], cTemp[2], cTemp[3] );


    UpdateData(FALSE);

    if(m_strRFID.Compare(Password)==0)
        return TRUE;

    return FALSE;
}
```

[그림 24-8] 변수 선언

Save RFID 버튼을 이용하여 데이터 값을 버퍼에 저장하는 함수를 작성한다.

```
void CED7271_SecurityDoorDlg::OnSaveRfid()
{
    Password="";

    GetRFIDData();

    if(m_strRFID.Compare("00000000")==0)
    {
        m_robotStatus =m_robotStatus + "No RFID data ₩r₩n";

        AfxMessageBox("NO RFID DATA");
        return;
    }
    else
    {
        Password=  m_strRFID;
        m_robotStatus =m_robotStatus +"현재 저장 된 데이터는 "+ Password + " 입니다. " +"₩r₩n";

        UpdateData(FALSE);

    }

}
```

[그림 24-9] RFID Tag값 저장

스텝 모터 움직이고 정지하는 함수를 작성한다.

```
void CED7271_SecurityDoorDlg::StepMove()
{
    UpdateData(TRUE);

    DWORD dwPulse = 100000;
    DWORD dwStepVel = 10;

    STEP_SetVelocity( pMotion, dwStepVel );
    STEP_AbsoultePulseStart( pMotion, DIR_CW, dwPulse );
}

void CED7271_SecurityDoorDlg::StepStop()
{
    UpdateData(TRUE);
    STEP_Stop( pMotion );
}
```

[그림 24-10] Step motor move, stop

음성인식 함수와 음성합성하는 함수를 작성한다.

```
void CED7271_SecurityDoorDlg::RecogStart()
{
    SSN_UVoiceModuleRecogStartStop( pSensor, true );
}

void CED7271_SecurityDoorDlg::TTSStart(CString cMessage)
{
    SSN_UVoiceModuleTTSSend( pSensor, cMessage );
}
```

[그림 24-11] ARS, TTS

OnTimer 함수를 다음과 같이 작성한다.

```
void CED7271_SecurityDoorDlg::OnTimer(UINT nIDEvent)
{
 if(nIDEvent==0)
 {
    UpdateData(TRUE);
    if(GetUtrasonic())
    {
        if(Result[0]==FALSE)
            m_robotStatus=m_robotStatus+"Sensor Detected ₩r₩n";

        Result[0] =TRUE;
        if(Result[1] ==TRUE){
            if(GetRFIDData())   {
                if(Result[2] == FALSE)
                    SetTimer(2,3000,NULL);
                Result[2] =TRUE;
            }
            else{
                    if( Result[2] ==TRUE){
                        if(GetTouch())
                            StepMove();
                        else
                            StepStop();
                }
            }
        }
        else {
            SSN_UVoiceModuleASRSSLCheck( pSensor, Data1, Data2 );
            if ( Data1 != 0xFF || Data2 != 0xFF )   {
                    if ((int)Data1==0 ) {
                            SetTimer(1,2000,NULL);
                            Result[1] =TRUE;
                            m_robotStatus = m_robotStatus + "음성 인식 성공 ₩r₩n";
                    }


                }
            }

        }
        else{
            if(Result[2]==TRUE) {
                    Result_init();
                    TTSStart("문 닫습니다.₩r₩n");
                    Sleep(2000);
                    STEP_DefineHome(  pMotion);
                    STEP_SetVelocity( pMotion, 10 );
                    STEP_AbsoulteDegreeStart(  pMotion, DIR_CCW, 360);
            }
            else{

                if(Result[3]==FALSE)
                    m_robotStatus=m_robotStatus+"Sensor Detecting.....₩r₩n";

                Result[3]=TRUE;
            }
        }
        UpdateData(FALSE);
    }
```

[그림 24-12] Ontimer

CHAPTER 24

07 동작 확인 및 결과

작성한 프로그램이 올바르게 동작하는지 확인한다. 프로그램이 순차적으로 작동이 되는지 사람이 지나간 후 스텝 모터를 이용하여 문을 닫는지 확인하여 보자. 보안이 철저히 필요한 연구실, 은행 등에서는 어떤 방식의 보안이 이루어져 있는지 조사하여 보자.

08 심화학습

- 현재 사용되는 보안문의 방식보다 더 좋은 방식이 있는지 조사하여 보자.

CHAPTER 25

타이머를 이용한 실시간 제어실습

01 실습 과제

여기 지능형 로봇 응용시스템의 '대화형 응용 프로그램'에서는 각종 제어기 및 센서의 데이터를 주기적으로 제어할 수 있는 타이머를 제공한다. 이 타이머는 1개의 프로그램에서 최대 4개까지 생성이 가능하며, 타이머 내부에 프로그램한 객체는 사용자가 지정한 시간 간격으로 동작하게 된다. 그러나 현재 실습으로 하고 있는 MFC에서는 특별한 차이점은 없으며, 단지 지금까지의 실습을 복습해 본다는 의미와 개별적인 동작들을 하나의 프로그램 안에서 동작시켜 본다는 데에 의의를 가지고 해보도록 하겠다.

02 실습 목표

각각의 타이머에 임의적인 시간간격으로 영상 센서, 초음파, 적외선 거리감지 센서를 사용하여 구동기를 제어하는 실습을 통하여 타이머의 활용방법에 대하여 알아본다.

03 실습 준비

메인제어 모듈(ED7271-15)	1EA
DC 모터(ED7271-13)	2EA

스텝 모터(ED7271-14)	1EA
이미지 센서(ED7271-10)	1EA
초음파 센서(ED7271-3)	1EA
적외선 센서(ED7271-4)	1EA
발광 모듈(ED7271-2)	1EA
이동 슬라이더(ED7271-11)	1EA
영상 Panel	
Panel 고정판(ED7271-17)	1EA
USB 케이블 A ↔ B	1EA
16P Plat 케이블	1EA
AC220V 전원선	1EA

04 장비 결선

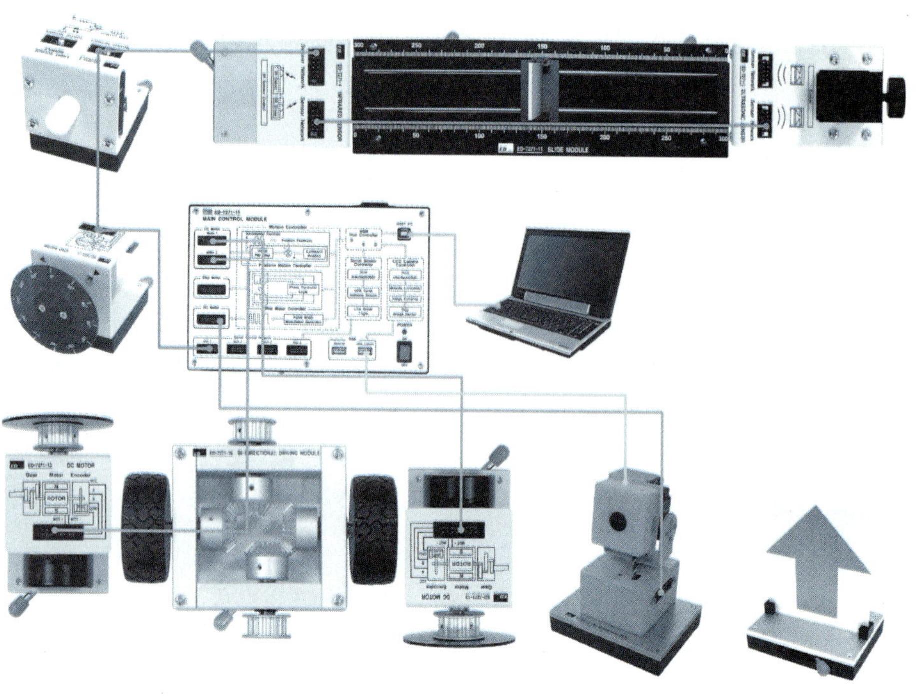

05 프로그램 작성

영상 센서, 초음파, 적외선 거리감지 센서를 각각의 타이머 함수로 구현하여 임의적인 시간 간격을 부여하여 주기적으로 실행할 수 있는 프로그램을 다음과 같이 작성한다.

1. IRES를 이용한 프로그램 작성

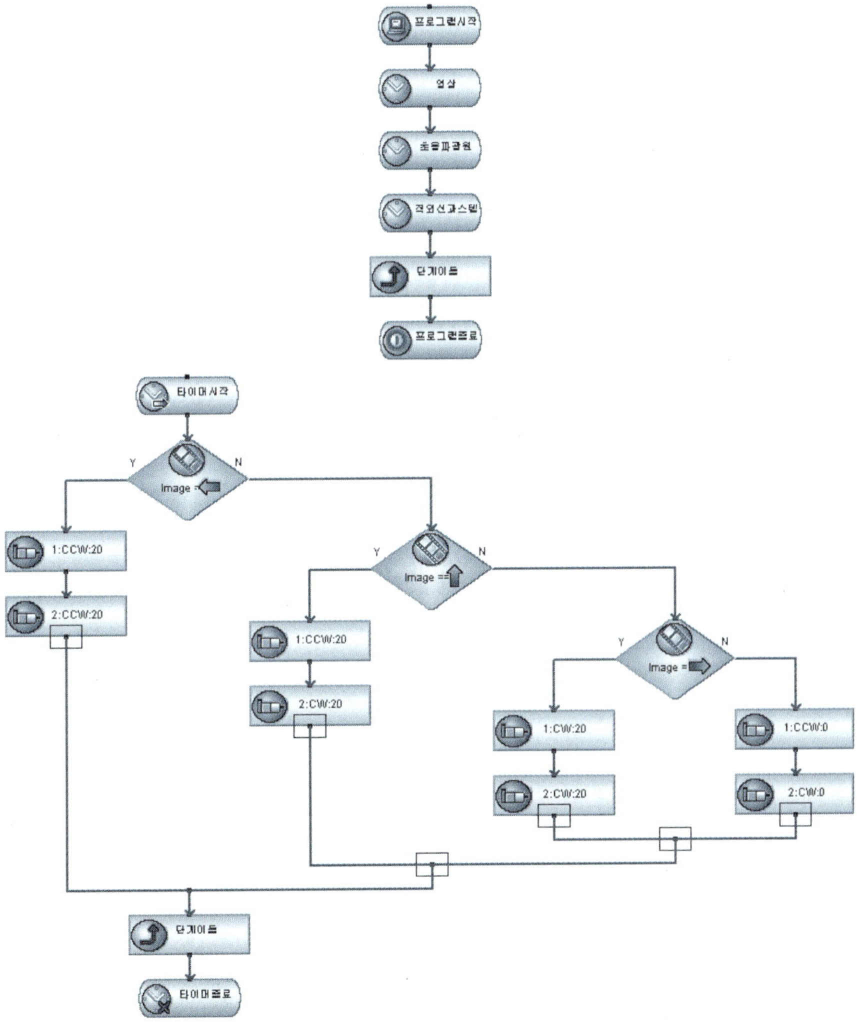

[그림 25-1] 영상 센서를 이용한 타이머 함수

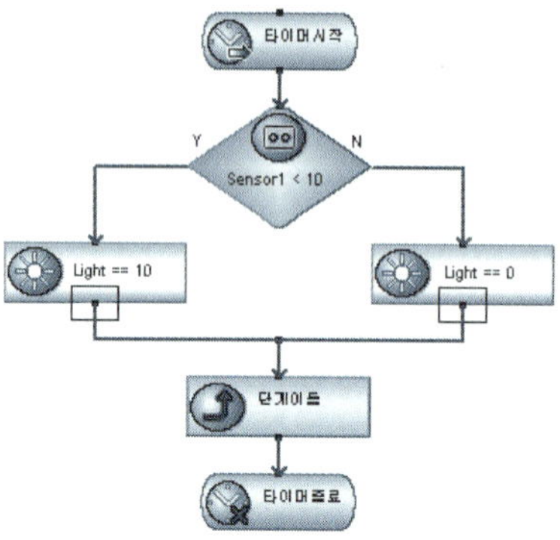

[그림 25-2] 초음파 센서를 이용한 타이머 함수

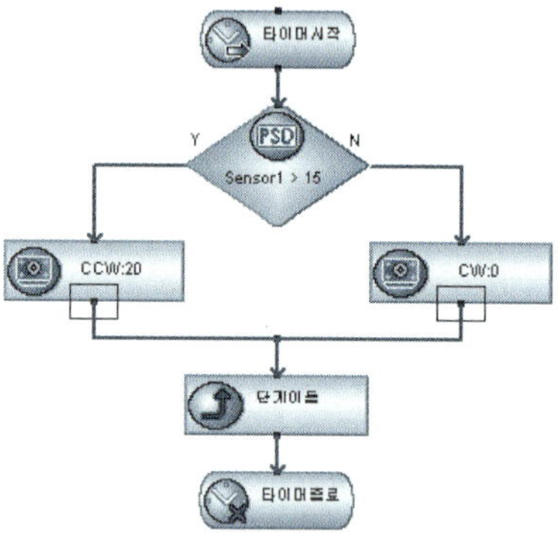

[그림 25-3] 적외선 거리감지 센서를 이용한 타이머 함수

2. MFC를 이용한 프로그램 작성

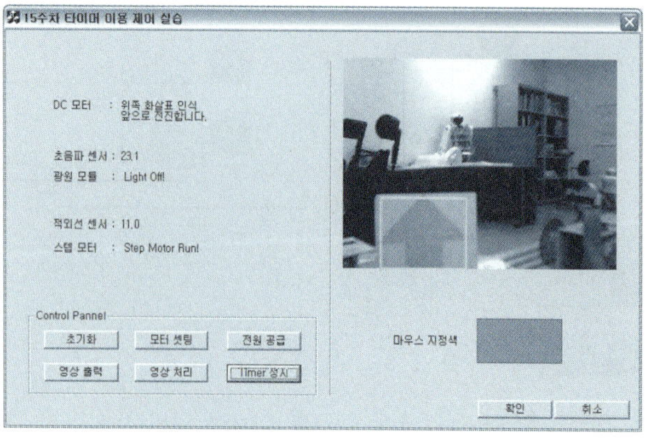

[그림 25-4] 실습 목표

(1) 프로젝트 생성, 기본 버튼 / 함수작성

다음 그림들을 참고하여 작성한다.

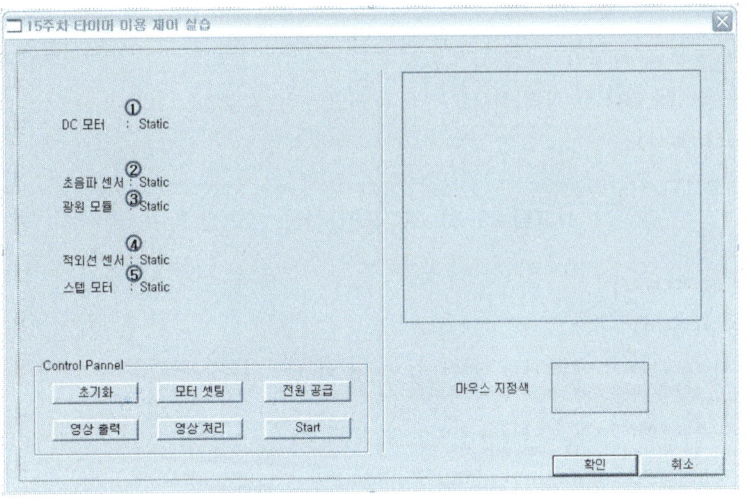

[그림 25-5] Dialog 배치

[표 25-1] ID, 변수형, 변수명

번 호	ID	변수형	변수명
1	IDC_DCMOTOR	CString	m_strDCmotor
2	IDC_ULTRA	CString	m_strUltra
3	IDC_LIGHTSOURCE	CString	m_strLightsource
4	IDC_IR	CString	m_strIRsensor
5	IDC_STEPMOTOR	CString	m_strStepmotor

(2) DC 모터 제어 함수

영상처리를 이용한 로봇의 이동과 같은 방식으로 다음 그림을 참조하여 작성한다.

```
void CMy15Dlg::DCForward()
{
    UpdateData(TRUE);

    DCServo01_SetAbsoluteVelocity( pMotion, 1, 60 );
    DCServo01_SetAbsoluteVelocity( pMotion, 2, 60 );

    DCServo01_ForwardStart( pMotion, 2 );
    DCServo01_BackwardStart( pMotion, 1 );

    m_strDCmotor.Format( "위쪽 화살표 인식 ₩r₩n앞으로 전진합니다. " );

    UpdateData(FALSE);
}

void CMy15Dlg::DCRight()
```

```
{
    UpdateData(TRUE);

    DCServo01_SetAbsoluteVelocity( pMotion, 1, 20 );
    DCServo01_SetAbsoluteVelocity( pMotion, 2, 50 );

    DCServo01_ForwardStart( pMotion, 2 );
    DCServo01_BackwardStart( pMotion, 1 );

    m_strDCmotor.Format( "오른쪽 화살표 인식 \r\n오른쪽으로 회전합니다. " );

    UpdateData(FALSE);
}
```

[그림 25-6] DC 모터 전진, 우회전 함수

```
void CMy15Dlg::DCLeft()
{
    UpdateData(TRUE);

    DCServo01_SetAbsoluteVelocity( pMotion, 1, 50 );
    DCServo01_SetAbsoluteVelocity( pMotion, 2, 20 );

    DCServo01_ForwardStart( pMotion, 2 );
    DCServo01_BackwardStart( pMotion, 1 );

    m_strDCmotor.Format( "왼쪽 화살표 인식 \r\n왼쪽으로 회전합니다. " );

    UpdateData(FALSE);
}

void CMy15Dlg::DCStop()
{
    UpdateData(TRUE);

    DCServo01_StopSmoothly( pMotion, 1 );
    DCServo01_StopSmoothly( pMotion, 2 );

    m_strDCmotor.Format( "영상이 없습니다.\r\n명령을 내리세요" );

    UpdateData(FALSE);
}
```

[그림 25-7] DC 모터 좌회전 정지 함수

```
void CMy15Dlg::VisionRecg()
{
    if ( Process.find_success == TRUE )            // 도형을 찾으면..
        {
            if ( Process.Shape == 3 )
            {
                DCForward();
            }
            else if ( Process.Shape == 4 )
            {
                DCLeft();
            }
            else if ( Process.Shape == 5 )
            {
                DCRight();
            }
        }
        else if ( Process.find_success == FALSE )   // 도형을 못찾으면..
            DCStop();
}
```

[그림 25-8] 영상인식을 통한 DC 모터 제어 함수

(3) 초음파 센서를 이용한 광원 모듈 제어 함수

```
void CMy15Dlg::GetUtrasonic()
{
    SSN_GetUtrasonic( pSensor, fUltraSensor );

    m_strUltra.Format( "%4.1f", fUltraSensor[0] );
    UpdateData(FALSE);
}

void CMy15Dlg::UsingUltra()
{
    GetUtrasonic();

    if ( fUltraSensor[0] < 10 )
    {
        SSN_SetLightSource( pSensor, 10 );
        m_strLightsource.Format( " Light On! " );
    }
    else
    {
        SSN_SetLightSource( pSensor, 0 );
        m_strLightsource.Format( " Light Off! " );
    }

    UpdateData(FALSE);
}
```

[그림 25-9] 초음파 함수 / 초음파값을 통한 광원 모듈 제어 함수

(4) 적외선 센서를 이용한 스텝 모터 제어 함수

```
void CMy15Dlg::GetIRDistance()
{
    SSN_GetIRDistance( pSensor, fIRSensor );

    m_strIRsensor.Format( "%4.1f", fIRSensor[0] );
    UpdateData(FALSE);
}

void CMy15Dlg::StepForward()
{
    UpdateData(TRUE);

    dwPluse = 10000;
    dwStepVel = 20;

    STEP_SetVelocity( pMotion, dwStepVel );
    STEP_AbsoultePulseStart( pMotion, DIR_CW, dwPluse );

    m_strStepmotor.Format( " Step Motor Run! " );
    UpdateData(FALSE);
}
```

[그림 25-10] 적외선 / 스텝 전진 함수

```
void CMy15Dlg::StepStop()
{
    UpdateData(TRUE);
    STEP_Stop( pMotion );
    m_strStepmotor.Format( " Step Motor Stop! " );
    UpdateData(FALSE);
}

void CMy15Dlg::StepUsingIR()
{
    GetIRDistance();

    if ( fIRSensor[0] < 15 )
        StepForward();
    else
    {
        StepStop();
        STEP_DefineHome( pMotion );
    }
}
```

[그림 25-11] 스텝 모터 정지 / 밑 적외선 값을 이용한 스텝 모터 제어 함수

위 그림들과 같이 함수를 작성한 다음 Header 파일에 다음 그림처럼 변수를 등록한다.

```
    unsigned char nSelectSensor[1];
    float fUltraSensor[1], fIRSensor[1];
    DWORD dwPluse, dwStepVel;

    char cLight;
```

[그림 25-12] Header 파일의 변수 선언

※ 함수선언 역시 지금까지와 같은 방법으로 Header 파일에 선언해준다.

```
void CMy15Dlg::OnBtTimer()
{
    if( bTimerFlag == FALSE )
    {
        bTimerFlag = TRUE;
        SetTimer( 1, 100, NULL );
        SetDlgItemText( IDC_BT_TIMER, "Timer 정지" );
    }
    else
    {
        bTimerFlag = FALSE;
        DCStop(); StepStop();
        KillTimer(0); KillTimer(1);
        SetDlgItemText( IDC_BT_TIMER, "TImer 실행" );
    }
}
void CMy15Dlg::OnTimer(UINT nIDEvent)
{
    if ( nIDEvent == 0 )
        OnPaint();

    if ( nIDEvent == 1 )
    {
        VisionRecg();
        UsingUltra();
        StepUsingIR();
    }

    CDialog::OnTimer(nIDEvent);
}
```

[그림 25-13] OnTimer() 함수

06 동작 확인 및 결과

작성한 프로그램이 올바르게 동작하는지 확인한다.

1. 동작 확인

① 13주차 첫 번째 실험과 동일하게 영상 Target에 색채 정보를 세팅한 후 DC 모터가 프로그램과 같이 동작하는지 확인한다.

② 초음파 센서의 반응에 따른 광원 모듈의 밝기를 체크한다.

③ 적외선 거리감지 센서의 반응에 따른 스텝 모터의 회전 및 정지를 확인한다.

④ 위 3가지의 동작이 개별적으로 프로그램한 상태와 타이머를 이용하여 작성하였을 때와의 차이점을 확인한다.

⑤ 사용자가 임의로 타이머의 시간을 지정하였을 때의 차이점을 알아보자.

2. 결과 및 토의

이 실습에서는 타이머를 사용자가 지정한 간격별로 동작하는지를 확인할 수 있다. 타이머의 간격을 높게 할수록 동작 상태의 반응속도가 느려지는 것을 확인할 수 있다.

타이머를 사용하지 않은 경우에 비해 동작이 보다 원활하게 동작하는 것을 확인할 수 있다. 앞의 프로그램을 일반 순서도 형태로 프로그램한 것과 타이머를 작성한 프로그램 형태를 비교하여 볼 때 보다 프로그램이 유연하게 동작하는 것을 확인할 수 있다.

CHAPTER 26

지능 로봇 제어실습

01 실습 과제

이번 실험은 초음파 센서, 청각 센서, 영상 센서를 이용하여 각 반응에 따라 로봇의 움직임을 조절한다. 초음파 센서로는 로봇의 앞에 장애물이 있는 것을 감지하면 로봇은 뒤로 조금 이동하고, 옆으로 회전하여 장애물을 피하게끔 설정한다. 청각 센서로는 3방향 중 한 곳에 소리가 감지되면 우선 그쪽으로 RC 모터를 회전시킨다. 그 후 RC 모터를 제자리로 움직인 다음, 소리가 났던 방향으로 회전하고 전진한다. 또, 영상 센서가 특정한 패턴과 색깔을 감지하면 그에 따라 움직임을 다르게 설정하였다. 각각의 패턴을 감지하기 위하여 우선 각 패턴별로 마우스로 지정한 색을 저장하게 한다. 패턴은 총 6개로, 각각 좌회전, 우회전, 뒤돌아가기, 천천히 움직이기, 빠르게 움직이기, 일시정지 기능을 수행하게 한다(단, 일단 속도가 달라지면 다른 패턴이 감지될 때까지 그 속도를 유지한다).

02 실습 목표

초음파, 청각, 영상 센서를 사용하여 정해진 값에 따라 로봇을 제어하는 지능형 로봇 제어에 대하여 알아본다.

03 전체 순서도 설명

우선 초음파 센서로 장애물을 감지하면 '장애물 회피' 함수를 호출한다. 다음, 청각 센서로 앞쪽에서 소리를 감지하면 일시정지를 그 외에는 각 방향에 맞는 함수를 호출한다. 그리고 영상 센서로 적절한 패턴을 인식할 경우 그에 맞는 행동을 취하도록 설정하였다.

우선, '왼쪽 화살표', '오른쪽 화살표', '정삼각형'이 감지되면 단계이동을 이용하여 각각 '좌회전', '우회전', '뒤로돌기'를 호출하게 한다. '위쪽 화살표'를 감지하면 일시정지 후 느린 속도로 움직인다. '정사각형'이 감지되면 일시정지를 하고, 일정 시간이 지나면 다시 움직인다. '원'을 감지하면 일시정지 후 빠른 속도로 움직인다. 그 외에는 중간속도로 움직인다.

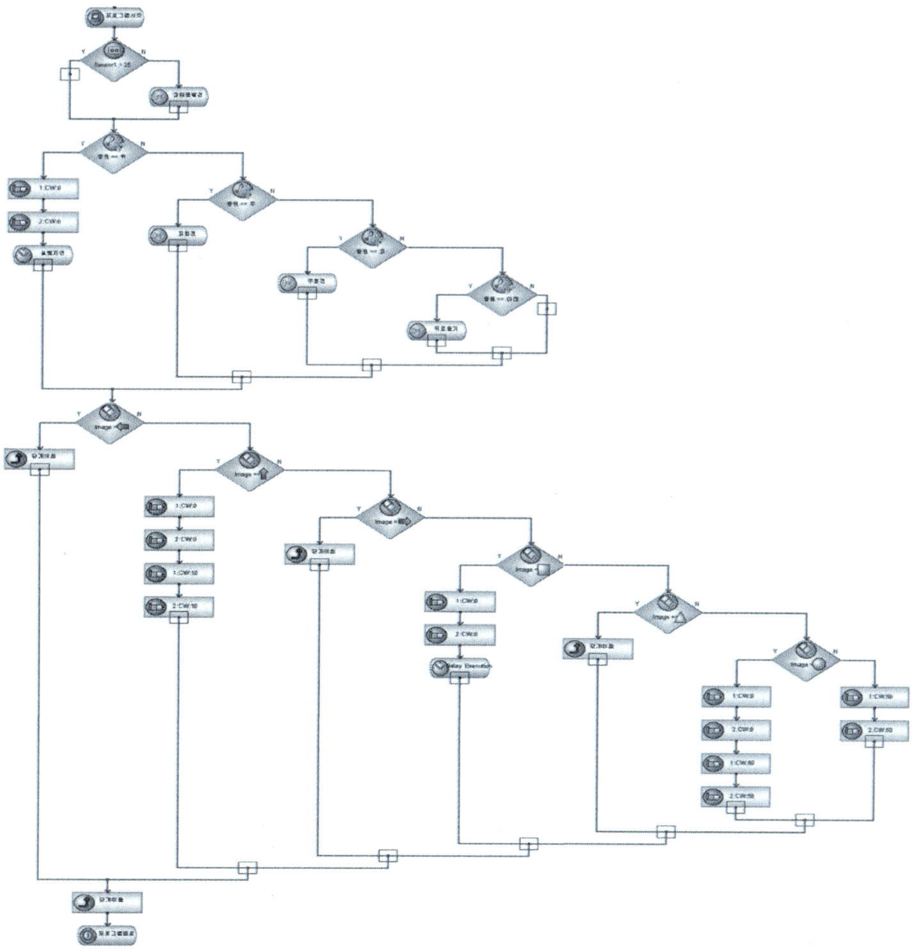

04 프로그램 작성

1. IRES를 이용한 프로그램 작성

장애물발견	좌회전	우회전	뒤로돌기

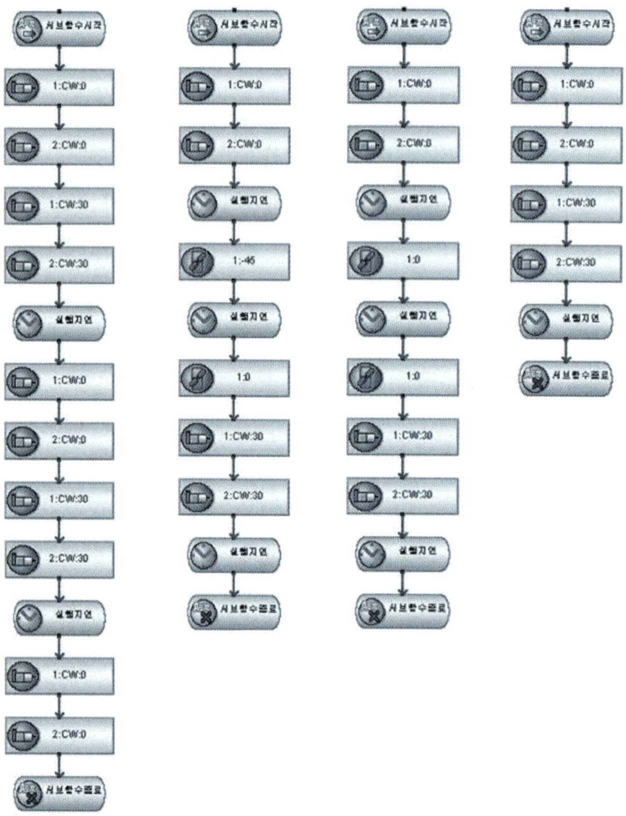

2. MFC를 이용한 프로그램 작성

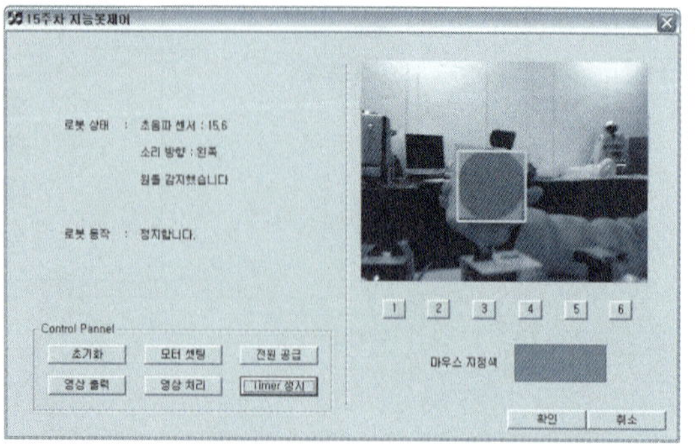

[그림 26-1] 실습 목표

(1) 프로젝트 생성, 기본 버튼 / 함수작성

다음 그림들을 참고하여 작성한다.

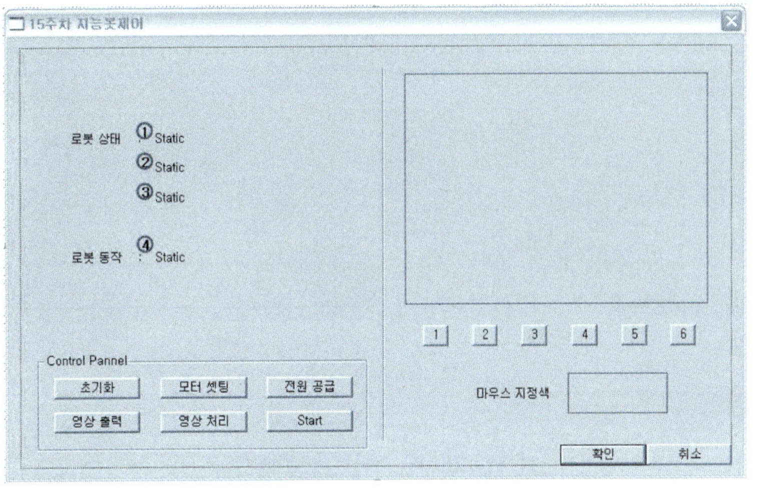

[그림 26-2] Dialog 배치

[표 26-1] ID, 변수형, 변수명

번 호	ID	변수형	변수명
1	IDC_ULTRA	CString	m_strUltra
2	IDC_SOUND	CString	m_strSound
3	IDC_VISION	CString	m_strVision
4	IDC_MOVEMENT	CString	m_strMovement

영상처리 버튼에 연결된 함수에 다음 그림과 같이 추가 작성한다.

```
void CMy15Dlg::OnBtProcess()
{
    process_flag = FALSE;
    process_flag_add = TRUE;
    UpdateData(FALSE);
}
```

[그림 26-3] 코드 추가 작성

(2) 패턴별 색상 저장 버튼 / 함수작성

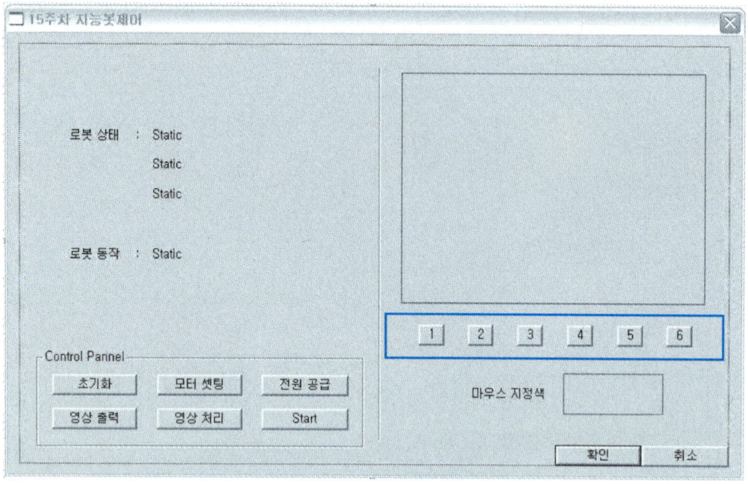

[그림 26-4] 색상 저장 버튼

각 버튼별로 'IDC_SAVE1~6'으로 지정한 후 더블클릭, 혹은 클래스위자드로 함수를 생성한 후 다음 그림들과 같이 작성한다.

```
                                    // DB 안의 모든 도형 찾기 -> 2
}Process_Info,*KProcess_Info;
Process_Info Process;  //구조체 선언

EDROBOT_API void Proccess_Image( KProcess_Info Process );

int S_Shape[6] = {0,};
int S_R[6] = {0,};
int S_G[6] = {0,};
int S_B[6] = {0,};

/////////////////////////////////////////////////////////////////////////////
// CAboutDlg dialog used for App About

class CAboutDlg : public CDialog
{
```

[그림 26-5] 색상을 저장하기 위한 배열 선언 및 초기화

생성된 함수들을 다음과 같이 작성한다. 단, OnSave6() 함수에는 표시된 부분을 추가 작성한다.

```
void CMy15Dlg::OnSave1()
{
    if ( Process.find_success == TRUE )
    {
        S_Shape[0] = Process.Shape;
        S_R[0] = Process.R;
        S_G[0] = Process.G;
        S_B[0] = Process.B;
    }
}
```

```
void CMy15Dlg::OnSave2()
{
    if ( Process.find_success == TRUE )
    {
        S_Shape[1] = Process.Shape;
        S_R[1] = Process.R;
        S_G[1] = Process.G;
        S_B[1] = Process.B;
    }
}
//--- 생략된 부분입니다. OnSave3()~OnSave5() 는 동일하게 작성합니다. --//

void CMy15Dlg::OnSave6()
{
    if ( Process.find_success == TRUE )
    {
        S_Shape[5] = Process.Shape;
        S_R[5] = Process.R;
        S_G[5] = Process.G;
        S_B[5] = Process.B;

        process_flag = TRUE;
        process_flag_add = FALSE;
    }
}
```

[그림 26-6] 패턴별 색상을 저장하기 위한 함수

영상 출력 버튼을 누르고 영상처리 버튼을 누른 후 1~6번까지 DB에 해당하는 순서(원, 삼각형, 사각형, 위쪽 화살표, 왼쪽 화살표, 오른쪽 화살표), 각각의 패턴별로 마우스로 지정색을 설정한 다음, 화면상에서 감지됐다는 표시(녹색 테두리)가 떴을 때 해당하는 번호를 클릭하면 각 패턴에 대한 색상 정보가 배열에 저장된다.

다음 그림은 이렇게 저장된 색상 정보로 해당하는 패턴을 찾는 부분이다. CallBack OnFrame() 함수에 다음과 같이 추가 작성한다.

```
    Process.width=320;
    Process.height=240;

    if(process_flag==FALSE)
    {
        Proccess_Image(&Process);

    }

    if ( process_flag_add == FALSE )
    {
        for ( int bb = 0 ; bb<6 ; bb++ )
        {
            Process.Shape = S_Shape[bb];
            Process.R = S_R[bb];
            Process.G = S_G[bb];
            Process.B = S_B[bb];

            Proccess_Image(&Process);

            if (Process.find_success == TRUE )
                break;
        }
    }
```

```
    CString bit;
    bit.Format("Org.bmp");
    SaveToBitmapFile(bit,Process.m_Inimg);
```

[그림 26-7] CallBackOnFrame() 함수에 코드 추가 작성

(3) 초음파 센서, 회피 함수

초음파 센서로부터 거리값을 받아들인 후 일정한 값에 따라서 회피운동을 하는 함수이다. 첫 번째 응용실습을 참고하여 작성한다.

```
void CMy15Dlg::GetUtrasonic()
{
    SSN_GetUtrasonic( pSensor, fUltraSensor );
    m_strUltra.Format( "초음파 센서 : %4.1f", fUltraSensor[0] );
    UpdateData(FALSE);
}
```

[그림 26-8] 초음파 센서 값 획득 함수

```
void CMy15Dlg::ObstacleDetect()
{
    if ( bAvoidBackflag == FALSE && bAvoidTurnflag == FALSE )
    {
        if ( fUltraSensor[0] < 5 )
        {
            bAvoidBackflag = TRUE;
            tempCenti = -Centi1;
        }
        else
        {
            bAvoidBackflag = FALSE;
            bAvoidTurnflag = FALSE;
            DCForward();
        }
    }
    else if ( bAvoidBackflag == TRUE )
    {
        ObstacleAvoidBack();
    }
    else if ( bAvoidTurnflag == TRUE )
    {
        ObstacleAvoidTurn();
    }
}
```

[그림 26-9] 장애물 발견 함수

```
void CMy15Dlg::ObstacleAvoidBack()
{
    if ( bAvoidBackflag == TRUE )
    {
        dbVelocity = 10;
        DCBackward();

        if ( -Centi1 < tempCenti-9 )
        {
            bAvoidTurnflag = TRUE;
            bAvoidBackflag = FALSE;
            DCStop();
```

```
            tempDegree = (int)-dbDegree2;
            ObstacleAvoidTurn();
        }
    }
}
void CMy15Dlg::ObstacleAvoidTurn()
{
    if ( bAvoidTurnflag == TRUE )
    {
        dbVelocity = 20;
        DCRight();

        if ( -dbDegree2 < tempDegree-179 )
        {
            DCStop();
            bAvoidTurnflag = FALSE;
        }
    }
}
```

[그림 26-10] 장애물 발견 후 후진, 회전 함수

(4) 음향탐지 모듈 함수

음향탐지 모듈로부터 음향이 탐지된 위치값을 받아들이는 함수이다.

```
void CMy15Dlg::GetVoiceDirection()
{
    cSound = 0;
    SSN_GetVoiceDirection( pSensor, 1, cSound );
}
```

[그림 26-11] 음향탐지 모듈 함수

(5) DC 모터 전진, 정지, 후진, 좌 / 우회전, 상태값 읽기 함수

```
void CMy15Dlg::DCForward()
{
    UpdateData(TRUE);

    DCServo01_SetAbsoluteVelocity( pMotion, 1, dbVelocity );
    DCServo01_SetAbsoluteVelocity( pMotion, 2, dbVelocity );

    DCServo01_ForwardStart( pMotion, 2 );
    DCServo01_BackwardStart( pMotion, 1 );
}

void CMy15Dlg::DCBackward()
{
    UpdateData(TRUE);

    DCServo01_SetAbsoluteVelocity( pMotion, 1, dbVelocity );
    DCServo01_SetAbsoluteVelocity( pMotion, 2, dbVelocity );

    DCServo01_ForwardStart( pMotion, 1 );
    DCServo01_BackwardStart( pMotion, 2 );
}

void CMy15Dlg::DCStop()
{
    UpdateData(TRUE);

    DCServo01_StopSmoothly( pMotion, 1 );
```

```
    DCServo01_StopSmoothly( pMotion, 2 );

    m_strMovement.Format( "정지합니다." );
    UpdateData(FALSE);
}

void CMy15Dlg::DCRight()
{
    UpdateData(TRUE);

    DCServo01_SetAbsoluteVelocity( pMotion, 1, dbVelocity );
    DCServo01_SetAbsoluteVelocity( pMotion, 2, dbVelocity );

    DCServo01_ForwardStart( pMotion, 1 );
    DCServo01_ForwardStart( pMotion, 2 );
}

void CMy15Dlg::DCForward()
{
    UpdateData(TRUE);

    DCServo01_SetAbsoluteVelocity( pMotion, 1, dbVelocity );
    DCServo01_SetAbsoluteVelocity( pMotion, 2, dbVelocity );

    DCServo01_ForwardStart( pMotion, 2 );
    DCServo01_BackwardStart( pMotion, 1 );
}

void CMy15Dlg::DCBackward()
{
    UpdateData(TRUE);

    DCServo01_SetAbsoluteVelocity( pMotion, 1, dbVelocity );
    DCServo01_SetAbsoluteVelocity( pMotion, 2, dbVelocity );

    DCServo01_ForwardStart( pMotion, 1 );
    DCServo01_BackwardStart( pMotion, 2 );
}

void CMy15Dlg::DCStop()
{
    UpdateData(TRUE);

    DCServo01_StopSmoothly( pMotion, 1 );
    DCServo01_StopSmoothly( pMotion, 2 );

    m_strMovement.Format( "정지합니다." );
    UpdateData(FALSE);
}

void CMy15Dlg::DCRight()
{
    UpdateData(TRUE);

    DCServo01_SetAbsoluteVelocity( pMotion, 1, dbVelocity );
    DCServo01_SetAbsoluteVelocity( pMotion, 2, dbVelocity );

    DCServo01_ForwardStart( pMotion, 1 );
    DCServo01_ForwardStart( pMotion, 2 );
}

void CMy15Dlg::DCLeft()
{
    UpdateData(TRUE);

    DCServo01_SetAbsoluteVelocity( pMotion, 1, dbVelocity );
    DCServo01_SetAbsoluteVelocity( pMotion, 2, dbVelocity );

    DCServo01_BackwardStart( pMotion, 1 );
    DCServo01_BackwardStart( pMotion, 2 );
}
```

[그림 26-12] DC 모터 전진, 후진, 정지, 좌 / 우회전 함수

```
void CMy15Dlg::ReadCantimeter()
{
    DCServo01_ReadCantimeter( pMotion, 1, Centi1 );
    DCServo01_ReadCantimeter( pMotion, 2, Centi2 );
}

void CMy15Dlg::ReadDegree()
{
    DCServo01_ReadDegree( pMotion, 1, dbDegree1 );
    DCServo01_ReadDegree( pMotion, 2, dbDegree2 );
}
```

[그림 26-13] DC 모터 상태값 읽기 함수

(6) 음향감지 후 RC 모터 제어 함수

```
void CMy15Dlg::SoundDetection()
{
    if ( cSound == 0x00 )
    {
        UpdateData(FALSE);
    }
    if ( cSound == 0x01 )
    {
        DCStop();   KillTimer(1);

        m_strMovement.Format( "정면을 봅니다" );
        UpdateData(FALSE);

        countTemp = count;
        RC_AbsoluteDegree( pMotion, 2, -60 );
        RC_AbsoluteDegree( pMotion, 1, 0 );
        SoundDirec = 1;
        delay = 0.2;
        SetTimer( 5, 100, NULL );
    }
```

[그림 26-14] 음향탐지 후 RC 모터 제어 함수 – 1

```
    if ( cSound == 0x02 )
    {
        DCStop();   KillTimer(1);

        m_strSound.Format( "소리 방향 : 오른쪽" );
        m_strMovement.Format( "우측을 봅니다" );
        UpdateData(FALSE);

        countTemp = count;
        RC_AbsoluteDegree( pMotion, 1, 60 );
        SoundDirec = 2;
        delay = 0.2;
        SetTimer( 5, 100, NULL );
    }

    if ( cSound == 0x04 )
    {
        DCStop();   KillTimer(1);

        m_strSound.Format( "소리 방향 : 아래쪽" );
        m_strMovement.Format( "정면을 봅니다" );
        UpdateData(FALSE);

        countTemp = count;
        RC_AbsoluteDegree( pMotion, 2, -60 );
        RC_AbsoluteDegree( pMotion, 1, 0 );
        SoundDirec = 4;
```

```
            delay = 0.2;
            SetTimer( 5, 100, NULL );
        }

        if ( cSound == 0x08 )
        {
            DCStop();   KillTimer(1);

            m_strSound.Format( "소리 방향 : 왼쪽" );
            m_strMovement.Format( "좌측을 봅니다" );
            UpdateData(FALSE);

            countTemp = count;
            RC_AbsoluteDegree( pMotion, 1, -60 );
            SoundDirec = 8;
            delay = 0.2;
            SetTimer( 5, 100, NULL );
        }
    }
```

[그림 26-15] 음향탐지 후 RC 모터 제어 함수 - 2

(7) Count() 함수

RC 모터 제어시, 일정한 방향을 정해진 시간만큼 고정시키기 위한 함수이다.

```
void CMy15Dlg::Count()
{
    if ( count > countTemp + delay )
    {
        UpdateData(FALSE);
        delay = 0;
        tempDegree = -dbDegree2;
        KillTimer(5);
        RC_DefineHome( pMotion, 1 );
        RC_DefineHome( pMotion, 2 );

        if ( SoundDirec == 1 )
            SetTimer( 1, 100, NULL );
        else if ( SoundDirec == 2 )
            SetTimer( 11, 100, NULL );
        else if ( SoundDirec == 4 )
            SetTimer( 12, 100, NULL );
        else if ( SoundDirec == 8 )
            SetTimer( 13, 100, NULL );
    }
}
```

[그림 26-16] Count() 함수

(8) 음향탐지 방향으로 회전하는 함수

```
void CMy15Dlg::VoiceDirectionRight()
{
    m_strSound.Format( "소리 방향 : 오른쪽" );
    m_strMovement.Format( "오른쪽 회전, 전진" );
    UpdateData(FALSE);

    dbVelocity = 20;
    DCRight();

    if ( -dbDegree2 < tempDegree-179 )
    {
        KillTimer(11);
```

```
        DCStop();
        SetTimer( 1, 100, NULL );
    }
}
```

[그림 26-17] 오른쪽 방향

```
void CMy15Dlg::VoiceDirectionDown()
{
    m_strSound.Format( "소리 방향 : 아래쪽" );
    m_strMovement.Format( "뒤로 회전, 전진" );
    UpdateData(FALSE);

    dbVelocity = 20;
    DCRight();

    if ( -dbDegree2 < tempDegree-359 )
    {
        KillTimer(12);
        DCStop();
        SetTimer( 1, 100, NULL );
    }
}

void CMy15Dlg::VoiceDirectionLeft()
{
    m_strSound.Format( "소리 방향 : 왼쪽" );
    m_strMovement.Format( "왼쪽 회전, 전진" );
    UpdateData(FALSE);

    dbVelocity = 20;
    DCLeft();

    if ( -dbDegree2 > tempDegree+179 )
    {
        KillTimer(13);
        DCStop();
        SetTimer( 1, 100, NULL );
    }
}
```

[그림 26-18] 아래쪽, 왼쪽 방향

(9) 영상인식 함수

```
void CMy15Dlg::VisionRecog()
{
    if ( Process.Find_success == TRUE )
    {
        if ( Process.Shape == 0 )
        {
            m_strVision.Format( "원을 감지했습니다" );
            UpdateData(FALSE);  KillTimer(1);   DCStop();
            dbVelocity = 70;        SoundDirec = 1;
            delay = 0.1;            countTemp = count;
            SetTimer( 5, 100, NULL );
        }

        if ( Process.Shape == 1 )
        {
            m_strVision.Format( "삼각형을 감지했습니다" );
            UpdateData(FALSE);  KillTimer(1);   DCStop();
            dbVelocity = 40;        SoundDirec = 4;
            SetTimer( 5, 100, NULL );
        }
```

[그림 26-19] 영상인식 함수 -1

```
        if ( Process.Shape == 2 )
        {
            m_strVision.Format( "사각형을 감지했습니다" );
            UpdateData(FALSE);  KillTimer(1);   DCStop();
            dbVelocity = 40;          SoundDirec = 1;
            delay = 0.3;              countTemp = count;
            SetTimer( 5, 100, NULL );
        }

        if ( Process.Shape == 3 )
        {
            m_strVision.Format( "위쪽 화살표를 감지했습니다" );
            UpdateData(FALSE);  KillTimer(1);   DCStop();
            dbVelocity = 20;          SoundDirec = 1;
            delay = 0.1;              countTemp = count;
            SetTimer( 5, 100, NULL );
        }

        if ( Process.Shape == 4 )
        {
            m_strVision.Format( "왼쪽 화살표를 감지했습니다" );
            UpdateData(FALSE);  KillTimer(1);   DCStop();
            dbVelocity = 40;          SoundDirec = 0;
            SetTimer( 5, 100, NULL );
        }

        if ( Process.Shape == 5 )
        {
            m_strVision.Format( "오른쪽 화살표를 감지했습니다" );
            UpdateData(FALSE);  KillTimer(1);   DCStop();
            dbVelocity = 40;          SoundDirec = 2;
            SetTimer( 5, 100, NULL );
        }
    }

}
```

[그림 26-20] 영상인식 함수 – 2

```
CMy15Dlg::CMy15Dlg(CWnd* pParent /*=NULL*/)
    : CDialog(CMy15Dlg::IDD, pParent)
{
    //{{AFX_DATA_INIT(CMy15Dlg)
    m_strMovement = _T("");
    m_strSound = _T("");
    m_strUltra = _T("");
    m_strVision = _T("");
    //}}AFX_DATA_INIT
    // Note that LoadIcon does not require a subsequent DestroyIcon in Win32
    m_hIcon = AfxGetApp()->LoadIcon(IDR_MAINFRAME);

    pImageBuffer = NULL;     // 버퍼 초기화

    Process.m_Inimg = NULL; // Process 버퍼 초기화
    MouseImg = NULL;        // 버퍼 초기화
    process_flag = TRUE;    // Process flag
    process_flag_add = TRUE;
}
```

[그림 26-21] 생성자의 변수 초기화

```
    capPreviewRate(m_hWndCap, 30);
    capPreview(m_hWndCap, true);

    pImageBuffer= new unsigned char[BmInfo.bmiHeader.biWid

    bTimerFlag = FALSE;
    bAvoidTurnflag = FALSE;
    bAvoidBackflag = FALSE;
    Process.robot_select = 2; // DB 안의 모든 도형을 검색
    //m_Shape = 0;
    countTemp = 0.0;
    count = 0.0;
    dbVelocity = 40;
    delay = 0;
    SoundDirec = 0;

    return TRUE;
}
```

[그림 26-22] 초기화 함수(초기화 버튼)의 변수 초기화

```
    MOTION_SESSION pMotion;
    SSN_SESSION pSensor;
    HWND m_hWndCap;
    BOOL bTimerFlag, bAvoidTurnflag, bAvoidBackflag;

    CRect m_Cap_Rect;
    CRect m_RectTrack;
    CRect m_RECT_mouse;
    unsigned char *MouseImg, ndir;
    COLORREF m_CaptureColor( unsigned char *InImg );
    // 마우스로 도형의 색을 추출하는 변수 초기화

    unsigned char nSelectSensor[1];
    float fUltraSensor[1];

    int Centi1, Centi2, tempCenti;
    double dbVelocity, dbDegree1, dbDegree2, tempDegree, count, countTemp;
    char cSound;

    MOTION_SESSION pMotion;
    SSN_SESSION pSensor;
    HWND m_hWndCap;
    BOOL bTimerFlag, bAvoidTurnflag, bAvoidBackflag;

    CRect m_Cap_Rect;
    CRect m_RectTrack;
    CRect m_RECT_mouse;
    unsigned char *MouseImg, ndir;
    COLORREF m_CaptureColor( unsigned char *InImg );
    // 마우스로 도형의 색을 추출하는 변수 초기화

    unsigned char nSelectSensor[1];
    float fUltraSensor[1];

    int Centi1, Centi2, tempCenti;
    double dbVelocity, dbDegree1, dbDegree2, tempDegree, count, countTemp;
    char cSound;
```

[그림 26-23] Header 파일의 변수 선언

※ 함수선언 역시 Header 파일에 지금까지와 같은 방법으로 선언한다.

```
void CMy15Dlg::OnBtTimer()
{
    if( bTimerFlag == FALSE )
    {
        bTimerFlag = TRUE;
        SetTimer( 1, 100, NULL );
        SetTimer( 2, 50, NULL );
        SetTimer( 10, 100, NULL );
        SetDlgItemText( IDC_BT_TIMER, "Timer 정지" );
    }
    else
    {
        DCStop();
        bTimerFlag = FALSE;
        KillTimer(0); KillTimer(1);
        SetDlgItemText( IDC_BT_TIMER, "TImer 실행" );
    }
}
```

[그림 26-24] Start 버튼의 함수

```
void CMy15Dlg::OnTimer(UINT nIDEvent)
{
    if ( nIDEvent == 0 )
    {
        OnPaint();
    }

    if ( nIDEvent == 1 )
        ObstacleDetect();

    if ( nIDEvent == 2 )
    {
        GetUtrasonic();
        GetVoiceDirection();
        SoundDetection();
        ReadCantimeter();
        ReadDegree();
        count += 0.01;
    }

    if ( nIDEvent == 5 )
        Count();

    if ( nIDEvent == 10 )
        VisionRecog();

    if ( nIDEvent == 11 )
        VoiceDirectionRight();

    if ( nIDEvent == 12 )
        VoiceDirectionDown();

    if ( nIDEvent == 13 )
        VoiceDirectionLeft();


    CDialog::OnTimer(nIDEvent);
}
```

[그림 26-25] OnTimer() 함수

05 동작 확인 및 결과

1. 동작 확인

① 영상처리 버튼까지의 과정 후 원 → 삼각형 → 사각형 → 위쪽 화살표 → 왼쪽 화살표 → 오른쪽 화살표의 순서대로 영상처리가 되는 것을 확인한 후 각각의 패턴이 인식될 때마다 해당하는 번호의 저장 버튼을 눌러서 색상값을 저장한다.

② Start 버튼을 누르면 프로그램이 시작된다.

2. 결 과

'지능 로봇'은 초음파 센서, 청각 센서, 영상 센서, 소리 센서를 이용하여 다양한 기능을 하도록 만든 지능 로봇이다. 사실, 각 기능들의 구현은 이전 실험에서 부분적으로 했던 것들이고 이를 집약하여 만든 것이 이 프로그램이다.

이전 실험을 통해 얻어진 경험으로 적절하게 시간 지연과 일시정지를 추가하면서 문제들은 금방 해결되었고, 실제 이 프로그램을 만드는 데에도 그리 오랜 시간이 걸리지 않았다.

단 저장된 색상을 사용하여 각 패턴들에 대하여 지속적인 확인을 하는 작업 때문에 영상처리의 속도가 느려지는 문제점이 있었다.

참고문헌

[1] 차세대퍼스널 로봇시장, 야노 경제연구소, 2004.

[2] World Robotics 2004, IFR/UN ECE, 2004.

[3] Technology Roadmap -로봇-, 한국산업기술평가원, 2001.

[4] NTRM(인공지능 및 지능로봇 기술), 2002.

[5] 국가 지능로봇 육성 기본계획 수립 방안 연구, 과학기술부, 2001.

[6] 지능형 로봇 산업, 차세대 성장동력 실천계획안, 2003.

[7] 지능형로봇, 산업기술혁신 5개년 계획 산업별보고서, 한국산업기술평가원, 2003.

[8] 지능형로봇, 차세대 성장동력 국제산업기술협력지도, 한국산업기술재단, 2004.

[9] 로봇, 국제산업기술협력지도, 한국산업기술재단, 2004.

[10] 지능형로봇산업 비전과 발전전략, 산업자원부 산업기계과, 2005.

[11] 로봇 산업의 육성 방안, 한국공학한림원, 2004.

[13] 퍼스널로봇기반기술개발(차세대신기술개발사업 제2단계 수행을 위한 산업분석), 산업자원부, 2004.

[14] 차세대 성장동력사업 인력 수급조사 결과 및 양성방안, 교육인적자원부, 2005.

[15] 지능형로봇 발전전략 워크샵, 산업자원부/정보통신부, 2005.

[16] 차세대 성장동력 산업기술로드맵 Kick-off 워크샵, 산업자원부/한국산업기술재단, 2005.

[17] 지능형 로봇의 산업 유망성 평가 - 자동차 제조용 지능형 로봇 시스템 등 16개 분야 -, 한국과학기술정보연구원, 2005.

[18] 21C에 다가오는 로봇사회창조를 위한 기술전략조사보고서, (사)일본기계공업연합회, 2002.

[19] Entertainment + Health Care 로봇기술 개발에 관한 산업분석, 산업자원부, 2005.

[20] 지능형로봇산업의 기반조성을 위한 종합지원체계 구축, 산업자원부, 2004.

[21] 로봇의 신규산업분야에 관한 니즈 조사보고서, (사)일본로봇공업회, 1998.

[22] 21세기에 있어서의 로봇산업 고도화를 위한 과제와 역할에 관한 조사 연구, (사)일본로봇공업회, 2000.

[23] 네트워크로봇의 실현을 향해서, (사)일본로봇공업회/일본 총무성, 2003..

[24] [이미지센서#3] 센서구조 및 Bayer/Interpolation에 대하여

[25] 월간로봇기술 "지능형 로봇의 시각 시스템 기술", 2008년 5월-7월호..

[26] http://www.3dtool.com/kor/menu01/down_07.htm(주)이너텍 홈페이지.

찾아보기

저자 약력

■ 남 상 엽

- 공학박사
- 삼성종합기술원 정보시스템연구소 근무
- 모토로라 반도체통신(주) 기술연구소 근무
- (현) 국제대학 IT계열 교수

■ 정 완 균

- U.C.Berkeley 방문학자(1985~1986)
- Carnegie Mellon University, Robotics Institute 교환교수(1988~1989)
- 포항공과대학교 기계공학과 교수(1987~현재)
- 지능형 이동로봇 연구실(국가지정연구실)
- 다수 로봇 관련 국제저널 편집인

■ 김 석 중

- (현) (주)ED 기술연구소 이사

■ 오 상 록

- 서울대학교 전자공학 학사(1976~1980)
- KAIST 전기 및 전자공학 석사(1980~1982) 및 박사(1982~1987)
- 한국과학기술원 박사 후 연수연구원(1987~1988)
- 미국 IBM T. J. Watson Research Center Visiting Research Staff(1991~1992)
- 일본 통산성 기계기술연구소 객원연구원(1995.12~1996.2)
- 한양대학교 공과대학 겸임교수(1998~2003)
- 한국과학기술연구원 지능제어연구센터 생체모방시스템 국가지정연구실장(1999~2003)
- 정보통신부 지능형로봇 PM(2003.9~2008.2) 및 IT정책 자문관(Master PM)(2006.12~2008.2)
- 정보통신연구진흥원 기술기획본부장 및 지능형로봇전문위원(2003.9~2008.2)
- 국민로봇사업단장(2005.11~2008.2)
- 한국과학기술연합대학원대학교 교수(2004~현재)
- 고려대학교 공과대학 객원교수(1997~현재)
- 한국과학기술연구원(KIST) 시스템 연구부 선임 및 책임연구원(1988~현재)

지능형 로봇시스템 제어

2009년 8월 20일 1판 1쇄 발행

저 자 남 상 엽 · 정 완 균
오 상 록 · 김 석 중
발행인 남 승 우

발행처 도서출판 상尙 학學 당堂

서울특별시 동작구 사당3동 220-43
TEL : 02) 595-1692 ~ 4
FAX : 02) 595-1394
E-mail : namdoo6@unitel.co.kr
신고 : 2-155호 (1968. 11. 29)

(CD 포함) **정가 29,000원**

ISBN 978-89-93383-50-8 93560

신재생 에너지

New & Renewable Energy Trainer

Model : ED-9710, 9720, 9730, 9740, 9741

ED-9710

신재생 에너지 교육장비를 통해서 일상의 바람이나 햇빛이 전기에너지로 변환되는 과정을 이해할 수 있고 발전 시스템의 구조와 기능의 이해를 통하여 에너지 관련 지식과 응용력을 향상시킬 수 있다.

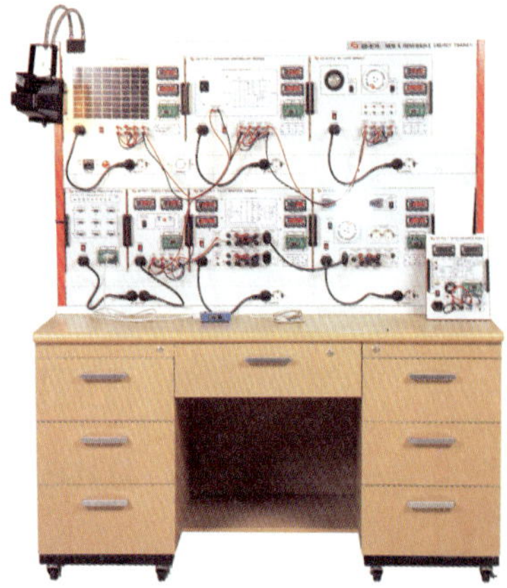

- 다양한 신재생 에너지의 특성 실험(태양광, 풍력 및 연료전지 등)
- 생성된 에너지의 변환 과정 실험(전력생산/전력처리)
- 에너지 생성 및 변환 과정에 따른 에너지 효율 실험
- 전압, 전류 특성 곡선 실험
- 에너지 실험 모듈의 독립적 운용 실습
- 에너지 실험 모듈의 연계를 이용한 시스템 구동 실습
- 신재생 에너지 교육훈련장비 전용 프로그램을 통한 구동 실습
- 교보재의 다양화 (전력 생성 및 회로 실습 시뮬레이션 S/W 제공, 도움말 기능으로 에너지 관련 어휘 검색 및 색인 검색이 쉽다.)

실험실습내용

- 태양광 에너지의 이해
- 광전효과 시뮬레이션
- 옴의 법칙, 전압/전류계 실험
- 태양광 특성 실험(Isc, Voc, Im, Vm, Fill Factor)
- 광원의 세기 및 그림자 실험
- 충전 및 인버터 기초회로 실험
- 태양광을 이용한 충전 실험
- DC/AC 인버터 실험(정현파/유사정현파)
- 12V 독립형 태양광시스템 실험
- 12V 독립형 시스템 설계
- 웹서버를 통한 시스템 모니터링(Option)
- 하이브리드 실험(Option)

ED-9720

- 신재생 에너지 발전 원리 및 개념 이해
- 생성된 에너지의 변환 과정 실험(전력생산/처리)
- 태양광 모듈의 전압, 전류 특성 실험
- 에너지 생산 및 처리 단계의 일체형 구성
- 오배선시 경고음 발생 및 외부출력 포트 구비
- DC 및 AC를 측정할 수 있는 전압, 전류계 포함
- 다양한 교육 교보재(시뮬레이션, 동영상)지원
- PC를 이용한 제어와 파형 및 그래프 출력 기능

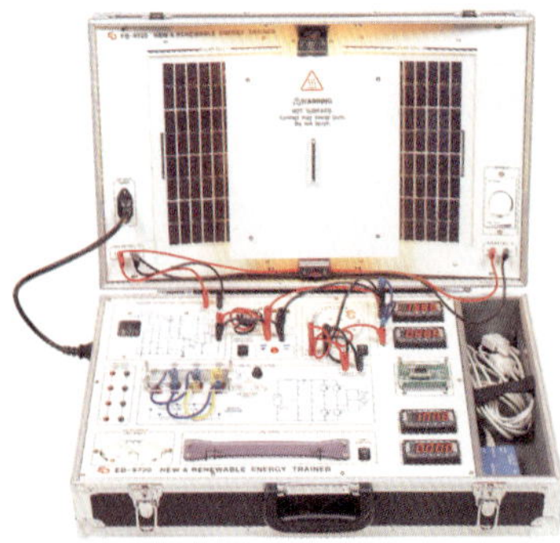

실험실습내용

- 태양광 에너지의 이해
- 광전효과 시뮬레이션
- 옴의 법칙, 전압/전류계 실험
- 태양광 특성 실험(Isc, Voc)
- 광원의 세기 및 그림자 실험
- 태양광을 이용한 충전 실험
- DC/AC 인버터 실험
- 12V 독립형 태양광시스템 실험
- 12V 독립형 시스템 설계
- 웹서버를 통한 시스템 모니터링(Option)
- 하이브리드 실험(Option)

신재생 에너지

New & Renewable Energy Trainer

Model : ED-9730, 9731, 9732, 9740, 9741

ED-9730

- 풍력 발전 원리 및 개념 이해
- 우리나라 지역별 풍속 데이터를 임베디드 모듈에 저장하여 지역별에 따른 발전과 전력 변화 시뮬레이션 및 모니터링
- 발전량 USB 메모리에 저장 가능
- 에너지 변환 과정에 따른 효율 실험
- 전압, 전류계 내장으로 전류, 전압 모니터링가 능
- PC를 이용한 파형 및 그래프 출력 기능
- GUI가 터치 패널로 구성되어 사용자의 편의 제공
- 임베디드 모듈로 전압, 전류, 모터 RPM, 풍속 모니터링 가능
- 발전기 케이스가 투명 아크릴로 장착으로 발전기의 내부 및 전기 생성 모습 확인 가능

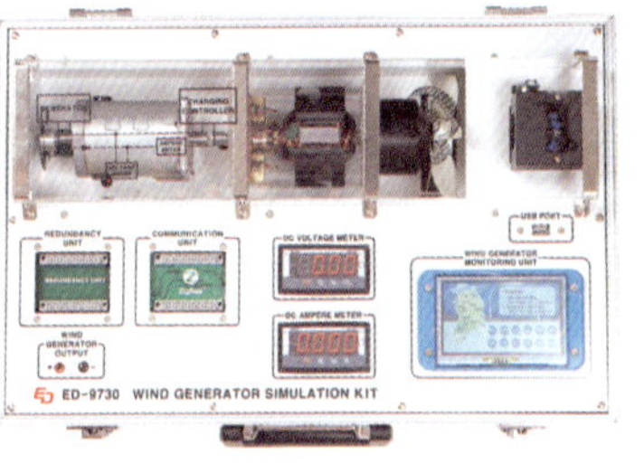

ED-9732

- 풍력 발전 원리 및 개념 이해
- 6엽 회전 날개 장착
- 역 전류 흐름 방지 기능
- 충전 컨트롤러 내장
- 과충전/방전 방지 기능
- 풍향에 따라 360° 회전 가능
- 베터리 내장
- 다양한 에너지 생산 모듈과 복합 구성 가능 (태양광, 연료전지 수력 등)
- 복합적인 에너지 생산모듈 구성으로 하이브리드 발전 시스템 구축 가능
- ED-9710 또는 ED-9720과 연동하여 에너지 처리 실험 가능

ED-9740

- 연료전지 발전 원리 및 개념 이해
- 태양광을 이용한 연료전지 발전
- 연료전지 완전 분해 조립 가능(세계최초)
- PEM Fuel Cell Stack의 각 Cell 마다 전압, 전류 측정 가능
- PEM Fuel Cell, DM Fuel Cell 전력생산 실험
- 물의 전기 분해, 연료전지의 구동까지 Module 화
- 다양한 로드 실험
- DMFC(메탄올), PEMFC(수소) 발전 실험이 가능
- 연료전지를 동시에 최대 4개 까지 부하 Test 가능
- LabView 프로그램을 통한 모니터링

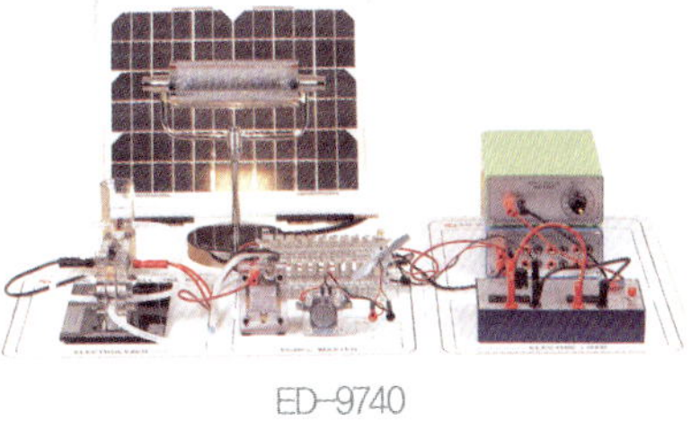

ED-9740

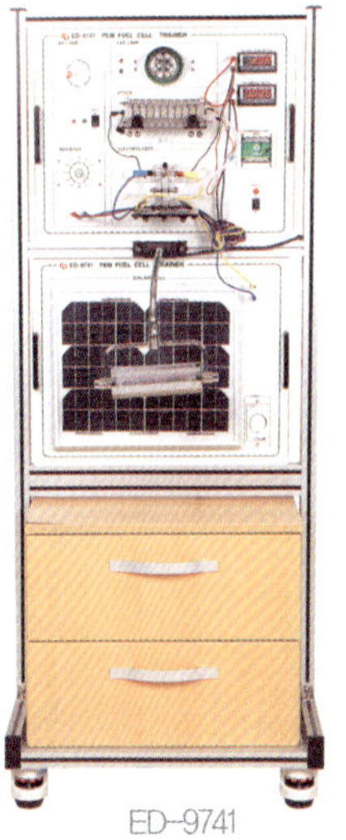

ED-9741

지능형 로봇 토탈솔루션

Intelligent Robot Trainer

Model : ARO, ED-7270U, 7271, 7275

ARO

관공서 및 공공기관, 병원, 박물관 등 방문객을 위한 안내 홍보 도우미 서비스 로봇으로 방문객의 즐거운 관람 및 시설 안내를 위해 살아 있는 듯한 눈표정과 인간과 유사한 팔 동작으로 멋진 서비스를 제공해 드립니다.

ED-7270U

- 유비쿼터스 및 홈네트워크 기반 실험실습에 적합
- 차세대 2차 전지(리튬이온)을 사양한 배터리 소형화 및 사용시간 증가
- 대화형 언어(프로그램)을 통한 다양한 콘텐츠 로봇 실험실습
- 지능형 로봇에 대한 전반적인 이해와 단계별 실습 가능
- Pan/Tilt USB 카메라를 이용한 영상처리 학습 기능
- 경사도 15˚에서 안정된 자세 제어를 통한 주행 알고리즘 적용
- 무인 방범 기능을 활용한 홈 시큐리티 실험실습
- 인간과 교감할 수 있는 인간 친화형 디자인

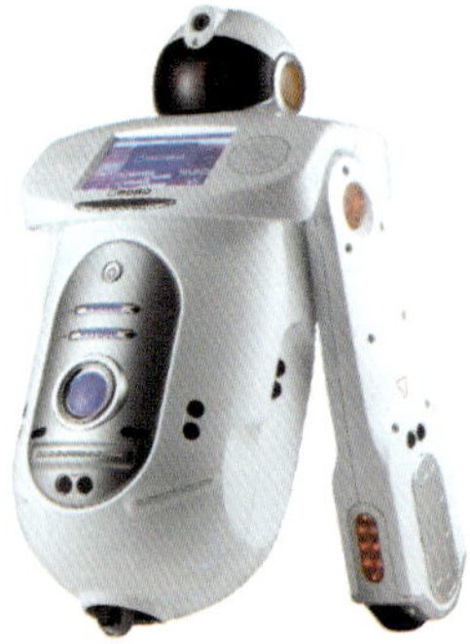

ED-7271

- 지능형 로봇에 꼭 필요한 센서 9종 및 구동기 3종, 응용모듈 4종으로 구성
- 지능형 로봇 구조를 쉽게 파악할 수 있는 시스템
- 초기 로봇 입문 및 활용 교육까지 가능한 풍부한 실습예제 제공
- 창의적인 실험실습이 가능한 탈부착 모듈형 타입
- 유비쿼터스 및 홈 네트워크에서 사용되는 센서 응용학습 가능
- 센서 결과 데이터를 Visual한 그래픽 형태로 표현하여 센서의 특성 파악 용이
- USB 카메라를 이용한 영상처리 학습 기능
- USB High Speed(480Mbps) 인터페이스 방식 채용

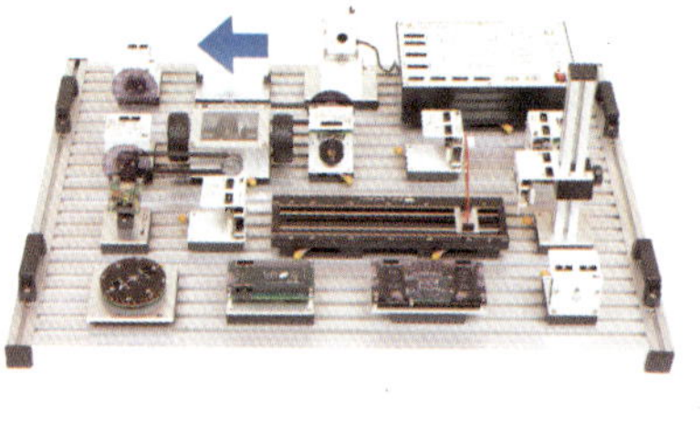

ED-7275

- 바닥 감지용 센서 및 전방 감지용 거리 센서를 이용하여 모바일 로봇에 대한 전반적인 기초 실습 가능
- 모바일 로봇에 사용되는 임베디드 마이컴, 3축 모터, IR 센서, PSD 센서 및 Omni-directional 구동을 사용함으로써 로봇제어에 대한 기초부터 활용실습까지 가능
- 전 방향 이동에 대하여 다이나믹하게 주행이 가능하도록 120˚ 간격으로 부착된 Omni-wheel을 사용한 독특한 형태의 메카니즘으로 구성
- IR 센서에 의한 특정 색상을 검출 하고 인터럽트를 이용하여 Host CPU에게 정보를 전달 하도록 IR 센서 5개 부착

RFID 토탈솔루션

RFID Application Trainer

Model : ED-3730, 3710, 3100

ED-3730

- 신호 레벨의 RFID Principle 실습
  - Data Coding-Modulation-Demodulation-Decoding의 동작원리 실습
  - Data Coding-RZ, NRZ, Miller, Biphase, Manchester, FMO 이해
  - Modulation-ASK, FSK, PSK 이해와 실습
- 여러 대역의 RFID Reader와 Tag실습
  - 125kHz Reader : ISO 18000-2 표준 적용
  - 13.56MHz Reader : ISO 14443A/B, ISO 15693, Tag- IT 표준 적용
  - 900MHz Reader : ISO/IEC 18000-6B, 6C
  - USB 인터페이스 제공
- RFID Embedded 실습

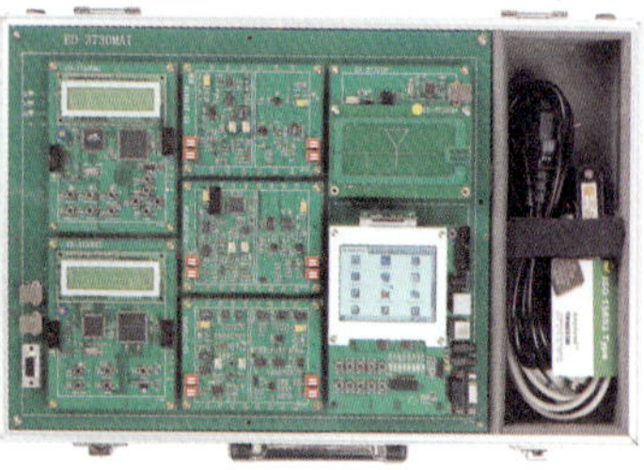

ED-3710

- 2개의 Antenna를 제공하여 안테나 크기에 따른 감도 실험 실습을 할 수 있으며 안테나의 트리머 2개를 이용하여 안테나 감도 조정 기능
- 13.56MHz, 900MHz RFID 응용 프로그램 제공 (Visual C++, Labview, QT(Linux)기반)
- 응용 프로그램 개발 매뉴얼 제공
- 임베디드(PXA270, 사용 PDA) 제품과 연동 및 S/W 제공
- Serial 및 TCP/IP(Network)를 이용하여 장비를 제어 가능

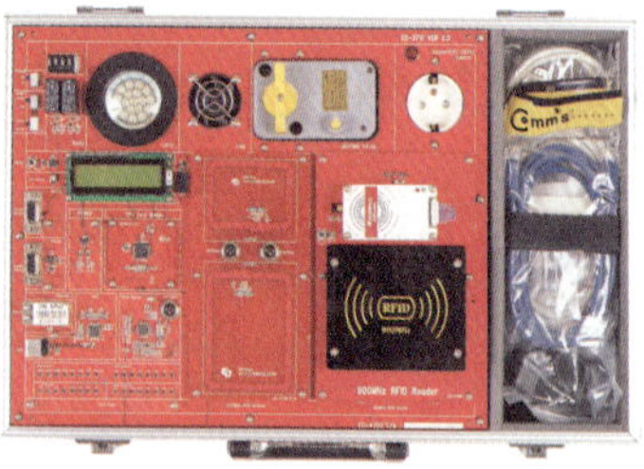

ED-3100

- RFID 리더기에 대한 F/W 프로그램 실습
- Air-interface 등의 실험이 가능하도록 다수의 Test Point 제공
- Anti-Collision 기능 지원
- Application Engineer를 위한 OCX Library 제공
- 범용으로 사용되는 13.56MHz I-CODE Type
- Tag에 Data를 Read / Write 가능
- 컨베이어와 연동되는 미니 플랜트 제공 (창고관리, 공정관리, 주차관리 등)
- 탈부착이 가능한 응용 모듈 (출입통제, 물류관리, 자판기 등)

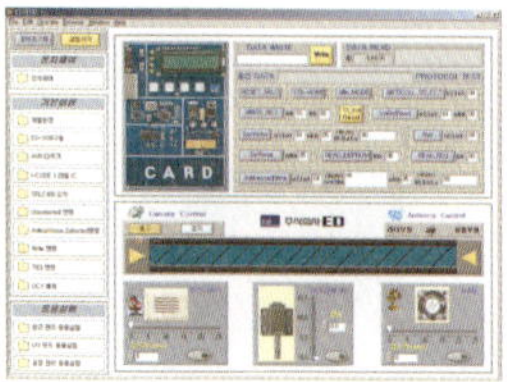

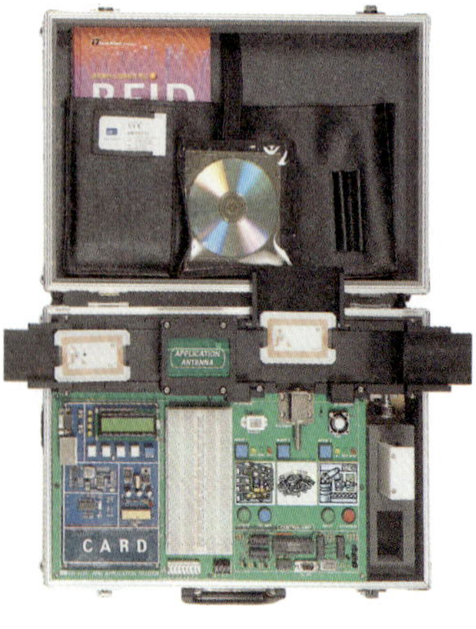

USN 토탈솔루션

Ubiquitous Sensor Network Trainer

Model : ED-3120, 3160, 3190

ED-3120 특징

- 유비쿼터스 센서네트워크 ZigBee (IEEE 802.15.4) 방식 원리 및 개념이해 가능
- 다양한 센서의 장착 및 확장성 확보 (조도센서, 온도센서, 습도센서, 가스센서, 초음파센서)
- 센서네트워크 시스템 교육 및 개발에 필요한 토탈 솔루션을 제공
- 다양한 적응 분야 (운영체제, 네트워크, Security, 로봇, H/W 개발, 센서 응용 등)
- PAN Coordinator에 접수된 화재, 가스누출 등의 경보상황을 PC를 통해 모바일 SMS로 수신 가능

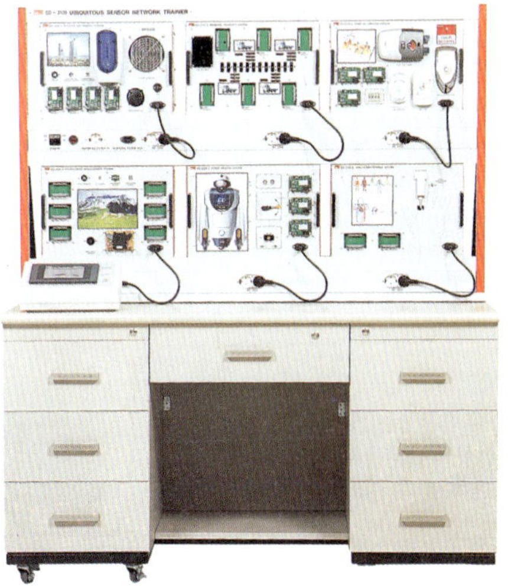

ED-3120

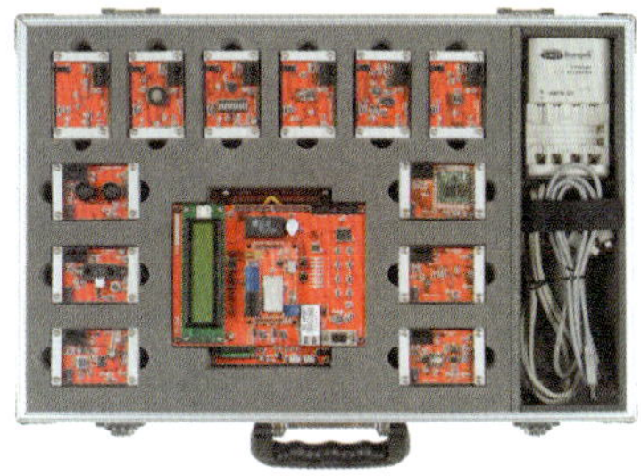

ED-3160

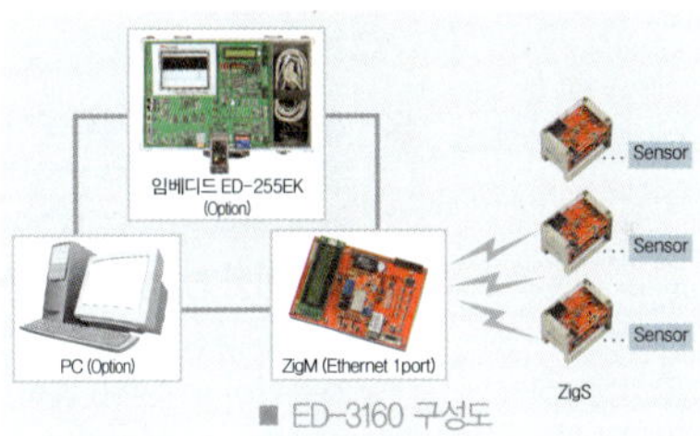

■ ED-3160 구성도

ED-3120 실험실습내용

- 센서 네트워크의 개요
- 센서 네트워크 모듈 하드웨어 이해
- 센서 네트워크 OS의 이해
- 센서 네트워크 환경 구축
- UART를 이용한 통신 프로그램
- 센서 기초 프로그램 (가스, 습도, 온도, 조도)
- 센서 기초 프로그램 (맥박, 체온, 기울기, 방위센서 등)
- RF 응용실습
- 센싱 및 제어 프로그램 및 Multi-hop Routing 프로그램
- Multi-hop을 이용한 제어 프로그램
- 센서네트워크 모니터링
- SMS 전송장치 연동 모니터링
- 센서 네트워크 구축 팀 프로젝트 제안서 작성
- 센서 네트워크 구축 팀 프로젝트 중간보고 및 프로젝트 수정
- 센서 네트워크 구축 팀 프로젝트 최종 보고 및 자료정리
- 팀 프로젝트 결과평가 및 보고회

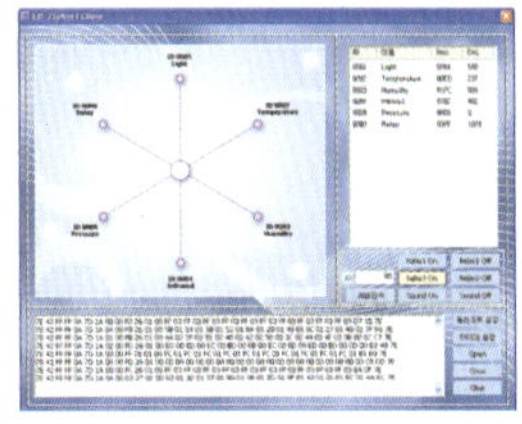

시뮬레이션 소프트웨어

Simulation Software

Model : EDRS, PHLego Plus, SimPL, ESS

EDRS

EDRS는 사용자에게 다양한 환경 로봇을 제공하여, 쉽고 빠르게 지능형 로봇을 개발하고 교육하기 위한 시뮬레이션 소프트웨어입니다. 또한, 3D 환경을 토대로 역동적인 로봇 시뮬레이션을 제공할 뿐만 아니라, Kinetic 엔진을 통해 실감나는 로봇 시뮬레이션과 섬세한 동작 제어를 제공합니다.

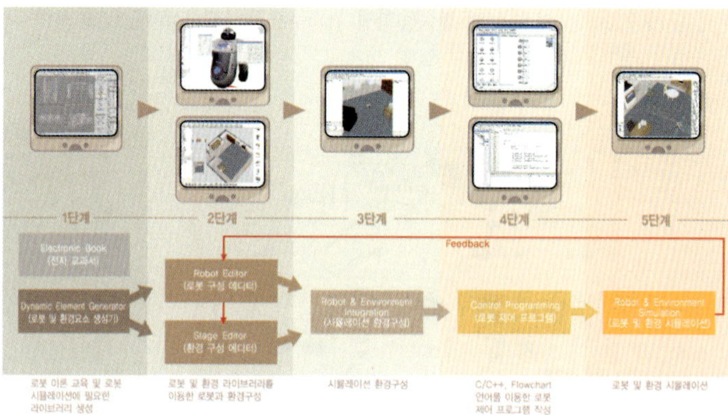

PHLego Plus

유공압 시스템 시뮬레이션 학습과 유공압 전기, PLC 및 디지털 회로에 이르는 다양한 회로의 실험 실습뿐만 아니라 유공압 시스템 회로 실습을 PC상에서 구현해 볼 수 있도록 하기 위한 시뮬레이션 소프트웨어입니다.

실사를 통한 회로 구성과 시뮬레이션은 유공압 회로를 이해하고 시뮬레이션 소프트웨어의 벽을 넘어 사용자들에게 실제 유공압 회로를 가상 체험할 수 있도록 도와 줄 수 있을 것입니다.

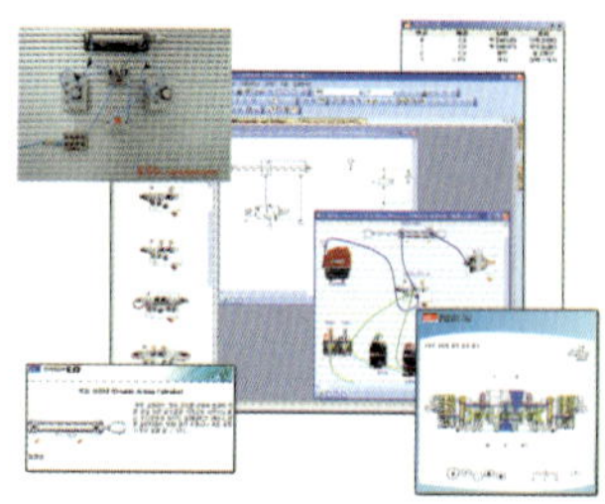

SimPL

- PLC교육을 하드웨어 없이 소프트웨어만으로 가능
- GMWIN에서 작성한 프로그램을 별도의 작업없이 바로 가상 실습 기능 (GMWIN Ver 4.04 이상)
- 가상플랜드 프로그램에서 GMWIN Simulator를 RUN/STOP 모드로 동작상태 직접 변경가능
- 최적의 가상플랜트 환경을 위한 GMWIN Simulator의 디지털 입출력 모듈 및 아날로그 입출력 모듈에 대한 인터페이스 제공

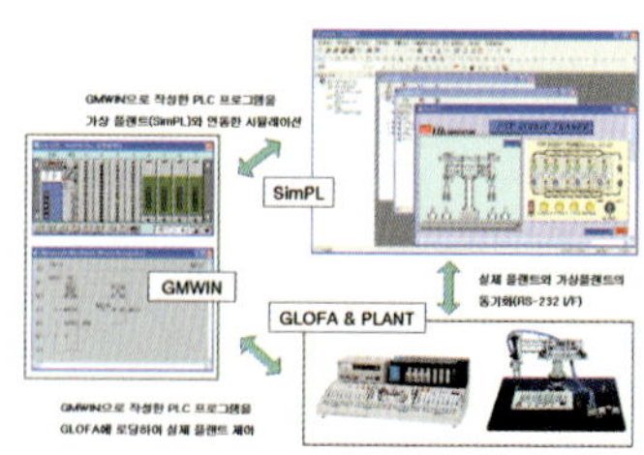

ESS

PC상에서 전기 시퀀스회로 설계 (IEC, KS 규격지원), 시퀀스 제어 시뮬레이션 그리고 설계된 회로의 파트리스트 생성을 바탕으로 가상 부품을 생성하여 배선을 실습할 수 있게 함으로써 전기 시퀀스 설계부터 응용까지의 전 과정에 대한 교육이 가능한 전기 시퀀스 제어 시뮬레이션 소프트웨어입니다.

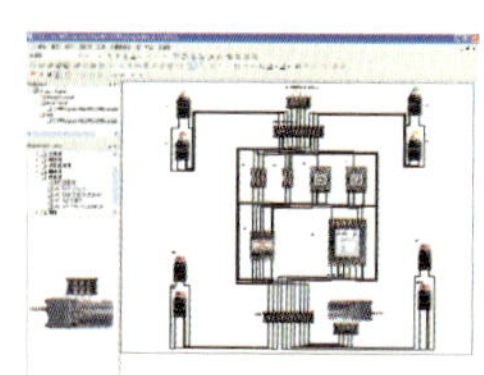